2024
年版

中小企業診断士
2次試験合格者の頭の中にあった

関山春紀・川口紀裕［編著］
Sekiyama Haruki / Kawaguchi Norihiro

同友館

はじめに

このたびは本書をご購入いただき，まことにありがとうございます。

数少ない中小企業診断士2次試験専門の攻略書として，好評をいただき続け，今や中小企業診断士2次試験合格の定番書ともいえる本シリーズ（『全知識』編＆『全ノウハウ』編）ですが，今年もまた，2023（令和5）年度の中小企業診断士試験に合格したばかりの熱い気持ちを持った力強いメンバーが執筆に参加し，『全知識』『全ノウハウ』ともに内容のブラッシュアップと最新試験対応を行いました。

本シリーズは2007年に刊行して以来今年で18年目を迎えるわけですが，老舗の鰻屋のタレが何十年も継ぎ足され，他にない深い味わいを醸しだすように，毎年新たなメンバーに執筆に参加してもらい，のべ60人以上の合格者によって18年間，内容の見直しとブラッシュアップを行い続け，まさに他にない深い内容になっていると自負しております。

このように毎年新たな試験合格者により内容の見直しをし続けている中小企業診断士試験関連の教材は，なかなか世にないのではないでしょうか。私たちがそうするのは，試験を熟知した受験予備校や研究者だけによる指導内容は確かに効率的ですが，生々しい実践力に欠けると考えるからです。よって，一意に解答が決まらないことが多い中小企業診断士2次試験では，実際に合格したばかりの人間による内容の見直しが，本シリーズで活きた内容を維持するうえで外すことができないと考えています。

また，これは毎年お伝えしていることですが，本当に内容がパワーアップしているかどうかを受験者の皆さまにご判断いただくことは今年度の合格結果を見ないとわかりません。そこでまずは『全ノウハウ』編の模範解答をご覧いただき，その内容と質にいかにご自分が納得できるか，という点で本書の力を推し量っていただくことは一つの手段かと思います。すべてが納得できなくとも，できるだけ多くの気づきをご提供できるよう執筆しております。

本シリーズの意図は，解答作成の背景にある2次試験特有の必要な知識内容を紹介するだけではなく，合格者がどうやってそれらを解答作成プロセスに落とし込んだか，という思考経路を明示することです。『全知識』編では前者の背景知識，『全ノウハウ』編では後者の解答構築プロセスを主眼に構成されています。

2024年版も新チームとして，試験の辛酸を強く知る新旧中小企業診断士合格者計6名が本気で議論と検討を重ね，"受験者の役に立つため"という熱い想いを反映し完成に至りました。

他資格に比べ独占業務が少ないといわれる中小企業診断士資格ですが，合格した後の大きな自己成長の喜び，それによる自己への確固たる自信，そして何よりも以前では得られなかった，新たな顧客や仲間たちという“人と人との大きな広がり”は，合格した者にしかわからないすばらしいものであると自信を持っていえます。私たちもそうしたつながりを経て本シリーズを出版し続けています。

　ぜひ，本シリーズを最大限ご活用いただき，中小企業診断士2次試験合格を悠々と勝ち取っていただくことを願っております。そして，合格された暁には，ぜひとも本シリーズの2025年版の執筆への参加も考えていただき，合格の襷を次の世代へ一緒につないでいただければ，と願っております。

　本シリーズの構成は，以下のようになっています。
知識編＝『2次試験合格者の頭の中にあった全知識』
　1．事例Ⅰの知識
　2．事例Ⅱの知識
　3．事例Ⅲの知識
　4．事例Ⅳの知識
ノウハウ編＝『2次試験合格者の頭の中にあった全ノウハウ』
　1．2次試験のノウハウ（基本）
　2．本試験問題でのノウハウ活用例（令和5年度，令和4年度）
　3．2次筆記試験対策
　4．事例別最頻出テーマと令和6年度予測
　5．2次口述試験対策
　それぞれ，代表的切り口，各事例特有のSWOT分析，テーマ別パッケージ，と必要な内容をまとめています。また今回，新たに『全ノウハウ』編に「合格者が実践した事例の復習方法」を掲載しました。
　受験者の皆さまには，ご自分の不得意な分野から読み進めていただくことをお勧めいたします。

2024年6月

中小企業診断士（登録休止中）　関山　春紀
中小企業診断士　　　　　　　　川口　紀裕

目　　次

第2章　令和4年度2次筆記試験考察 ――――――――――――― 177

第 3 章　2 次口述試験対策 ─────────────── 397

2次試験のノウハウ
（基本パート）

I ▶▶▶ 2次試験における5つの基本的心構え

■心構え その1

試験の解答用紙は中小企業診断協会へ提出する解答ではなく，**顧客への診断報告書と思え**！ よって，キレイに見やすさを心がけて書くのは当然であり，顧客へのソリューションが示されているべきものである。

■心構え その2

「1＋1は？」と聞かれたら，「2である。なぜなら既存の1にさらに1が加わるためである」と，**素直に論理的に書く意識を大切にせよ**！

■心構え その3

事例Ⅰ～Ⅲは基本的に点差が出にくい，点差が開くのは事例Ⅳである。事例Ⅳをしっかり押さえれば受かる！ **事例Ⅳ財務・会計対策を特に重視せよ**！

■心構え その4

「お客様は神様です」。そのとおりである。自分のアイデアよりも**「顧客志向」を解答内容の根本と心得よ**！

■心構え その5

「中小企業診断士なんて取ったって意味ないでしょ？」取ってから言え！ **試験日当日まで邪念を捨てて突き進め**！ 口だけの何もしない人間を，**結果をもって密かに見返してやれ**！

II ▶▶▶ 2次試験全体の重要な切り口

　2次試験対策上いろいろな切り口がありますが，本番の緊張感の中，実際にすぐに頭に浮かぶレベルの切り口は以下のものくらいです。しかし，これらは全体を通してその重要度と有用性の特に高いものであり，これだけでも試験には最低限の対応ができると思われます。

■切り口1 「内と外」（SWとOT，自社と他社，自社と顧客，自社と環境，など）

　まずは基本中の基本であるものの，あまり公には紹介されず，しかも有用性の高い「**内と外**」を考えましょう。自社と競合他社，業界内と業界外など，まずは大きく内と外の視点を常に持つことを心がけましょう。

■切り口2 「短期と長期」（計画や施策について短期長期の視点で書く）

　同じく基本なのですが，意外とこの視点が抜けている人が多い「**短期と長期**」の切り口です。100字解答などで，解答に盛り込む案が多くあって混乱しているような場合，短期的な対応と長期的な対応に分けて記載すると非常にスムーズにいくことがあります。有用性は高いので，意識してください。

■切り口3 「4つのC」：Company（人・物・金・情報・ブランド），Customer，Competitor，Cooperator

　一般的に4Pとセットで使われる4Cではなく，**Companyの中に人・物・金・情報・ブランドの切り口を盛り込んだ切り口**です。これは全切り口の中で最も使えるものです。問題点を考える場合，解決の切り口を考える際，この切り口でほとんど対応できるはずです。

■切り口4 「新規参入，競合，代替品，売り手，買い手」の5つの視点

　ポーター競争構造の5つの要素です。競争環境を考えるとき以外でも，だれ？　を考える際に広く使えます。

■切り口5 「PDS」

　PDS（Plan, Do, See）も**PDCA**（Plan, Do, Check, Action）でもどちらでもOKです。諸施策の進め方を考える際は，やはりこのPDSを基本に考えましょう。

■切り口6 「4M（Man, Machine, Material, Method）＋I（Information）」

　生産管理の4M＋Iですが，生産管理以外でも自社リソースを考える際に人・物・金・情報・ブランドで考えにくい場合には，4M＋Iが使える場合があります。自社を考える際に，

控えとして考えてみましょう。

■切り口7 「だれに，なにを，どのように＝ドメイン」

　これも基本のドメインですが，実際，ドメインは何か？　と直接聞かれる問題は少ないです。一般にコンセプトを考える際に，このドメインの「だれに，なにを，どのように」，の切り口が広く使えます。"コンセプト"ときたら，このドメイン3要素を考えましょう。

■切り口8 「金，固定客，ブランド」：最新3大・企業が欲しいもの（企業の目的）

　諸施策のメリット・デメリットや目的を考える際，企業が本当に欲しいものであるこの切り口で考えるとスムーズにいくことが多いです。他に技術・ノウハウ・人・設備・販路・調達先などがありますので，できるだけ多く押さえましょう。

■切り口9 「戦略と戦術」

　この区分は実は，時にあいまいなのですが，一般に，**戦略は社長／会社全体レベルの話，戦術は部門長／各部門レベルの話，**との認識でよいと思います。戦略と戦術は設問でどちらを聞かれているか慎重に判断しましょう。そこを間違えると0点になってしまう可能性もあります。

【全体の重要な切り口】

```
1．内と外
2．短期と長期
3．4つのC
4．新規参入，競合，代替品，売り手，買い手
5．PDS
6．4M＋I
7．だれに，なにを，どのように＝ドメイン
8．金，固定客，ブランド
9．戦略と戦術
```

III ▶▶▶ 2次試験全体のノウハウ

1. 設問文の読み方

1）まず，与件文の最初の3行程度をざっと眺め，わかる範囲で業種，規模，立地などを把握する（5秒程度で深追いしない）

2）設問文を先に読む

　問われている内容を把握してから与件文を読むことにより，解答に使う箇所の当たりをつけやすくなる。

① 問われている事項を確認する（理由，課題，体制，戦略，狙い，対策など）

　　→問われている事項別に解答要素をリストアップする

　　　例）理由：外部の変化＋内部の状況→結果

　　　　　狙い：対策→効果→問題解決

② 解答のレベルを明確化する（戦略，戦術，施策など）

　　　例）企業経営の課題／事業部単位の問題解決／生産現場の対策／

　　　　　営業利益改善／品質の向上策／士気向上の具体策

③ 制約条件の確認をする

　　→なるべく細かい単位でチェックすることで制約の漏れをなくす

　　　例）短期的に売上増大する→<u>短期的に</u>／売上増大する

　　　　　　　　　　　　　　　　　　　⇒時間がかかるものはNG

　　　　　独自の経営の→<u>独自の</u>／経営の　　⇒特定客先に依存しない

　　　　　1つ答えよ→<u>1つ</u>／答えよ　　　　⇒列挙しない

　　　　　商品特性の視点から　　　　　　　　⇒商品特性を必ず盛り込む

④ 設問文も与件の一部とみなして，書いてある情報を確認する

　　　例）A社の取引の80％以上を占めている航空業界…外部環境

　　　　　成果主義的要素をわずかながら取り入れた　…内部環境

　　　　　収益改善に取り組む現社長　　　　　　　　…課題

⑤ 設問文を読んだ段階で想起できる切り口やフレームワーク，知識をメモしておく

　　　例）戦略：4P，3C，誰に＋何を＋どうする

　　　　　情報：データ・誰と・共有・活用

　　　　　生産：QCD，4M＋I

　　　　　サービス：需要の変動，不可視性，不可分性

　　　　　在庫：欠品と過剰在庫

　　　　　「影響を答えよ」→良い影響／悪い影響

　　　　　「品揃え」→増やすもの／減らすもの

2. 与件文（事例文）の読み方

① 最初の３行ぐらいまでで業種，規模，社歴，社員数を把握して，**会社のレベルを意識する**

② SWOTは，**特にＳとＯに注意**してマーキングして読む

③ １ページは約1,000字と考えて与件文の分量を確認し，読む回数の目安を決める

④ 事例が「**問題解決型**」と「**課題設定型**」のどちらかを問われることを意識して読む

⑤ 組織や製造工程など**複雑な内容は図表にしてしまう**

⑥ 数値が多く与件文にある場合，それらを**簡単な図表にして把握する**

⑦ 文章の現在形と過去形の違いを明確にしておく

⑧ 図表は**変化が起きたポイントを重点チェック**する

⑨ 設問文の中の**追加情報も与件の一部**としてしっかり押さえる

⑩ **社長の夢や希望は，全体戦略の方向性を決める大きな手がかり**と意識する

3. 注意すべき与件文のポイント

① 基本的にすべての「〜ない」という否定文は，すべて「それを行うべきである」という出題者の示唆と意識する

② 「ただし，」「しかし，」の後の部分は，解答の際の制限になる可能性があるので注意し，時制の変化にも注意する

③ 文脈と関係なく不自然に足されたような表現の情報に注意する

④ 「〜が一般的である」という文章は，提案では反対のことを書いてもよい，というかむしろ書くのでは？　と疑う

⑤ 「既存どおりのやり方を続けるためには〜」といった変革のなさそうな点は，改善すべきでは？　と疑う

⑥ 社長の甘そうな判断部分（"想い"ではない）は，本当にそれが正しいのか疑う視点も持つ

⑦ 自社以外への他への依存部分は脱却，回避，内製を意識してリスク低減を意識する

⑧ 業界の中でも劣っているような点は改善を意識する

⑨ 利益率が低い，その他自社経営を苦しめているような製品やサービスの存在は撤退を意識する

⑩ 「〜にまでなっている」「一層」「とりわけ」「〜ばかりでなく」といった強調表現部分には特に注意する

⑪ 「さらに，」「加えて，」の後の部分は，解答に使わせるためにわざわざ書いている可能性を意識する

⑫ 顧客の要望が書かれている場合は，必ずそれに沿う形の解答が求められると意識する

4.　解答の構築ポイント

① 解答は絶対にいきなり書かないこと。問題用紙の余白にまずはメモあるいは骨子を書いておき，他の設問すべてを簡単に見てから最後に書く

② 与件文「～はしていない」⇒解答「～をする」で，多くの問題解決の解答となる

③ 事例企業が一見救いようもなさそうにみえる場合，少しでもその企業が過去に成功した経験があれば，その経験で現在でも使えそうな要素を，今後はさらに強化する方向で書く

④ 規模は求めず，小規模の細かなニーズを拾う戦略：「ちりも積もれば山となる」戦略は有効である

⑤ 他社との連携は，時にローコストで打開できる

⑥ アウトソーシングによるコアコンピタンス集中は有効

⑦ 直販，カスタマイズ，商品／顧客特化型は「3大・使える戦略」と強く認識する

⑧ 問題なさそうならリスクマネジメントを書け

⑨ 当たり前のことを丁寧に書く意識が大切。ただし，人・物・金の面での実現可能性を裏づけて書くように！

⑩ 低価格，需要の変動が激しい，管理が煩雑，競合がやっていること，など自社でどうにもならないこと，競合の猿真似は基本的にやってはいけない意識を持つこと

⑪ IT活用の事例は今後もっと増える！　ブログ，HP，SNS，アプリ

⑫ 特徴：良いことと悪いこと，特長：良いことのみ（強み）

⑬ 「早急な」という形容詞には注意！　必ず早急な対応を提案する。「今からすぐに実施できるような」というニュアンスでOK

⑭ 「具体的な」という形容詞には注意！　必ず具体的な対応を提案する

⑮ 「～を踏まえて解答せよ」では，その「～」の部分の記載は必ず入れる

⑯ まったく書くことが思い浮かばず，時間がかかりそうなときは，与件文からの抜き出しだけでもよいからとりあえず解答欄を埋める。そして，書いたということで精神的プレッシャーを除去し，最後に心理的な余裕を持ってから再度見直すとよい

5.　解答の書き方

① 解答用紙の最初の1マスはあけない

② 「留意すべき点は？」の設問　→　「～に留意する」とオウム返しを基本にする

③ 3つあげるなどの複数羅列型解答ならば，「～こと」「～こと」「～こと」と各文末をそろえる

④ 以下の構成をフレキシブルに活用する

　　・結論＋具体策

・結論＋進め方

・結論＋別の結論

⑤　100字の場合なら

・解答に自信あり　→　２つほど盛り込む

・自信あいまい　　→　２つ〜３つほど盛り込む

・解答に自信なし　→　３つほど盛り込み，ありったけのキーワードを書く

⑥　50字〜60字の場合なら

・解答に自信あり　→　１つ盛り込み，具体策や進め方を書く

・自信あいまい　　→　２つほど盛り込む

・解答に自信なし　→　２つほど盛り込み，ありったけのキーワードを書く

⑦　書き方

・筆圧が弱い人は字が薄くなるため，Ｂまたは２Ｂの芯を使って書く

・殴り書きはしないように注意する

・最後に時間が余ったら，解答の「、」「。」をきれいに書き直す。これだけで，解答
全体を見たときの印象が格段に変わる

6.　80分間のタイムマネジメント（基本例）

《試験開始》

①　最初にざっとボリューム（分量）を確認する（段落番号を振る）

②　次に，与件文の最初の段落４〜５行を読み，企業の概要を頭に入れる

③　５分以内で設問文を読み，設問で問われている分野や解答の方向性としてのイメー
ジを膨らませる

④　その後，与件文を15分程度かけて読む

⑤　配点と難易度をチェックし，余裕時間を加味して，設問ごとに時間をかける優先順
位を決める

⑥　５分間で設問の解答構築を考える

⑦　解答案（あるいは解答骨子）を問題用紙の余白に簡単に書く

⑧　全解答を通して矛盾がないか，一貫性はあるかをチェックする

⑨　与件文との関連性をチェックする

《30分経過》

⑩　残り50分で解答を書く。最後の５分は最終チェックに充てる

⑪　余裕時間を使って，配点の高い設問を修正or加筆する

⑫　最後に微修正する

7.　試験会場での緊張対策

　試験当日までどんなに周到な準備をしても，本番には緊張感という最後の悪魔が存在します。この対策のため，受験予備校の模擬試験などで場数を踏むということは有効ですが，他に以下の方法を実践することをお勧めします。

■緊張対策1「腹式呼吸を行う」

　緊張状態とは，簡単にいうと体への酸素の摂取量が少ない状態のことです。酸素の摂取量が少ないため，脳に送られる酸素量も少なく，判断力や思考力が弱まり，通常どおりの実力が出せなくなるのです。そのため，腹式呼吸を本番直前に行い，体にたっぷりの酸素を供給しましょう。特に事例Ⅳ（財務・会計）で頭がパニックにならない対策として有効です。

《方法》

- まず，ゆっくりと体内のすべての息を出すように息を吐く
- 鼻から5秒間かけて息をゆっくり吸う（体全体に酸素がいき渡り，最後に腹にいくイメージで）
- 腹に酸素がたまるイメージで，吸いも吐きもしないで3秒間，無になる
- 口から10秒間かけてゆっくり息を吐く（腹から口へ出るイメージで）
- 上記を試験直前に4～5回繰り返す

■緊張対策2「試験開始1時間以上前に会場へ到着する」

　これは特に論理的な理由はないのですが，やはり緊張対策として有効です。ポイントは，試験を受ける席に一度座っておくことです。座ってからは外に出て一服してもよいです。

《効果》

- 遅刻のリスクを回避できる
- 会場内で自分の席を焦って探すという，無駄な焦りを回避できる
- 開始まで時間があることの心理的な安心感を獲得できる
- 会場内で自分の荷物の置き位置をいち早く確保できる
- 席の周りの環境に適応できる（黒板や前後の人間までの距離感や窓の眺めなど）

■緊張対策3「自信を持つ」

　自信を持てば，緊張は和らぎます。

《自信の持ち方》

- 過去の高校・大学受験や就職，他資格試験での成功を思い出し，自分はできる人間と信じる
- 合格率は20％だが，1次試験をぎりぎりで受かった運のいい受験者，十分に2次試験

対策を行っていない受験者，過去に受かった古い知識ばかりの1次試験合格者が合わせて5割程度いると考えると，しっかり2次試験対策を行った自分は，合格率40%という有利な条件であると考える

・結局，4事例合わせて平均60%取れれば合格なのだから，落ち着いて事例ごとの目標点数を獲得すれば受かることを思い出し，合格率をそもそも考えない

8.　ツールの活用法

■ツール1「マーカー」

2次試験では，黒鉛筆・シャープペンシルだけでなくマーカーも使用可能です。与件文を読む際に解答に活用できそうな重要な箇所を色分けしてマーキングすると解答時にまとめやすくなり便利です。

《例》

オレンジ：強み，緑：弱み，黄：機会，青：脅威，その他重要点（社長の想いやスローガン等）：ピンク

■ツール2「シャープペンシル」

長時間にわたって，しかも緊張して力が入った状態で書き続けると非常に手が疲れるので，疲れにくいものを使いましょう。ドクターグリップが使いやすいです。

■ツール3「消しゴム」

解答中の一文字が簡単に消せるよう，角が四角くなっているものを利用しましょう。一文字消し用のノック式の消しゴムとまとめて消す用の通常の消しゴムの2種類準備するのも便利です。

■ツール4「電卓」

電卓選びのポイントは以下のとおりです。

・1から9までを一気に高速で押してみて123456789と確実に数字が表示されるもの

・上記を何度か試し，数字抜けが出ないものを選ぶ

・ボタン（キー）の深さが深いと確実に押しやすく，浅いものは押しにくい

・ボタンを押した音が小さく，押して電卓に指の力が届いた感覚が伝わるもの

・本体サイズは大きいほど押しやすいが，試験の際に邪魔になるのでA6サイズぐらいがベスト

・裏面にスタンド立て，もしくは表示部分が手前側に折れるタイプが見やすい

・四則演算のための基本キーと，メモリー機能やグランド・トータル機能があるものがよい

9.　戦略的に得点を確保する

　2次試験は4事例合計で240点取ればよいのです。そこで，全事例で60点を狙うのではなく，事例ごとに戦略的に得点を獲得しましょう。4事例すべてで60％以上を目指すことは，通常非効率です。

　基本的な考え方として，得意な事例で確実に高得点を狙い，苦手な事例では最初から50％ぐらいを狙うことで，心理的な2次試験への苦手意識を低減させ，最終的に合格得点を獲得しましょう。

■得点戦略1「オーソドックス2極型」

　「財務・会計」と「マーケティング・流通」でそれぞれ70点以上を狙い，「生産・技術」と「組織・人事」で計100点を狙う＝計240点

■得点戦略2「1事例苦手型」

　「マーケティング・流通」で70点，「生産・技術」と「組織・人事」でそれぞれ60点，「財務・会計」で50点を狙う＝計240点

　特に財務・会計事例は，苦手な方もいるとは思いますが，唯一事前対策をすればするほど確実に得点が稼げる科目です。市販の受験対策問題集がカバーしている範囲はほとんど同じであるため，範囲が限られており，受験者の知識にそれほど差は出ないからです。

　ここを落ち着いて解けるように訓練することで70点を目指し，得意な方の多いマーケティング・流通事例でも70点を獲得するという，オーソドックス2極型の戦略で得点を獲得することが効率的と考えます。

　極端ないい方をしますと，**2次試験は財務ができるかできないかで得点に大差**がつき，他事例での若干の得点差が重なって合否が決まると考えられます。

10.　学習上，必ず行うべきこと

　2次試験対策上，必ず行うべきアクション項目を以下に提示します。

■アクション1「組織・人事事例」「マーケティング・流通事例」「生産・技術事例」

① 　1次試験で使用した「運営管理」「企業経営理論」のテキストを見直し，基本知識を確固たるものにする

② 　本書（できれば『全知識』も）の内容を確実に押さえる

③ 　過去問とその模範解答や合格者の再現答案などを，少なくとも過去5年分を手に入れ，そのすべてを解く。自分の解答と模範解答や合格者再現答案を比較して，自分な

りの反省を重ねる

④　市販の２次試験対策問題集をできるだけ手に入れ，そのすべての事例問題を解き，自分の解答と模範解答を比較して，自分なりの反省を重ねる

⑤　受験予備校の公開模試を可能な限り受験し，添削答案をもとに自分なりに反省する

⑥　その他，自分の解答を添削してもらえる機会，反省できる機会があれば，できる限り獲得する

⑦　これらの反省点のすべてを１冊のノートに記録し，常に定期的に見直す

⑧　２次試験本番直前まで③〜⑦を行い続ける

■アクション２「財務・会計事例」

①　１次試験で使用した「財務・会計」のテキストを見直し，基本知識を確固たるものにする

②　本書（できれば『全知識』も）の内容を確実に押さえる

③　過去問とその模範解答や合格者の再現答案などを，少なくとも過去５年分を手に入れ，そのすべてを解く。記述問題は自分の解答と模範解答や合格者再現答案を比較して，自分なりの反省を重ねる。計算問題は最低３回は繰り返し解き，間違った問題は目をつぶっても解けるくらいまで定期的に解き続ける

④　２次財務事例対策問題集を１冊購入し，最低３回は繰り返し解き，間違った問題は目をつぶっても解けるくらいまで定期的に解き続ける

⑤　③④がある程度終了したら受験予備校の公開模試や市販の問題集を解き続け，応用力を身につける

⑥　上記で得たすべての「気づき」やよくある間違いを１冊のノートに記録し，常に定期的に見直す

⑦　２次試験本番直前まで③〜⑥を繰り返す

■アクション３「写経」

　まだ解答の書き方がイメージできないとか，学習の早い段階のうちは，模範解答例や優秀な解答を写経する（書き写す）ことをお勧めします。写経の効果は次の３つ。ただし，それなりの実力がついてきた場合はやりすぎないこと。

①　文章の表現方法を理解できるようになること

　　解答するうえでの言い回しなどがわかるようになります。

②　重要なキーワードや解答の方向性を覚えやすくなること

　　ただ読むだけとは違うため，記憶に残りやすい。設問に対してどのようなキーワードがよく使われるか，どういう方向性の解答が多いかを覚えられます。

③　手が鍛えられること

　　訓練することで長時間書いても手が疲れにくくなるので，試験本番でも有効です。

11.　解答における考え方のトレンド（全体）

① 　社長主導ですべてやるのは望ましくなく，**権限委譲**が望ましい

② 　大口受注の獲得より，**小口受注**を確実に安定的に獲得することが大切

③ 　**若手**を活用することは大事

④ 　**自社**が**主体**となって良くなることが大切で，第三者や"運"に依存した方向性は望ましくない

⑤ 　**自社ブランドや創業時からのこだわりは育成すべき**

⑥ 　**インターネット技術**を使うことは，どの企業にとっても必要不可欠

⑦ 　最大の関心事は競合の動向ではなく，**市場ニーズの動向**であるべき

⑧ 　**従業員の年齢だけではなにもヒントはない。若いからダメとも高齢者だからダメ**ともいい切れないことに注意！

⑨ 　従業員，企業が**挑戦する姿勢**は非常に望ましく，継続していくべき

Ⅳ ▶▶▶ 設問のタイプ別対応パターン

（1）与件抜出し型：与件文を抜き出して解答する

《例》経営環境の変化が激しい中にあって，C社が好業績をあげている理由を2つあげ，
　　　それぞれについて30字以内で述べよ。

① 関係しそうなポイントはすべてマーキングし，抜き出す（1箇所にまとまっている
　　とは限らない）
② 抜き出して解答に最も関係しそうな順に並べる
③ 解答字数を見ながら文字数を計算し，盛り込めるキーワードを決めて問題用紙の余
　　白に書き出す
④ 他の全設問で③までのプロセスが終わってから，再度問題に戻る
⑤ 頭の中でマス目に文章を入れる（まだ書かない！）
⑥ 何とか変な文章にならず入れられそうとの見通しが立ってから書く！
⑦ 解答が厳しそうでも，今ある記載候補の削除，追加を後で検討する前提で，書いて
　　しまう！
⑧ とりあえず次の問題に取りかかる
⑨ 最後の見直しで再度見て，必要に応じて修正する

（2）与件類推型：与件文から類推して解答する

《例1》A社が新しい事業展開をしていく上で，今後，どのような組織を構築していく
　　　　ことが望ましいか。100字以内で述べよ。

① これはただのSWOTを聞いているのではないか？　と疑う
② 関連ポイントをマーキングする
③ 関連ポイントの文章を精読し，ヒントを抜き出す
④ 事例全体の方向性を頭に置き，その方向に関連するようにヒントをつなぎ想像する
　　（顧客囲い込みの方向ならば，顧客囲い込みをすべきだったような解答に持っていく）
⑤ 仮で書く内容をある程度決めておき，キーワードだけ余白に書いて次の問題に進む
⑥ 他の解答が終わって，最初に考えた方向性が変わっていないか確認する
⑦ 変わっていなければ，その流れで文字数を考えて空書きの後，実際に書く！
⑧ 多少変わっていれば，その方向性に配慮しながら空書きの後，実際に書く！

《例2》B商店街の主な非食品小売店である家具店，食器店，スポーツ用品店の中から
　　　　ひとつの業種店を対象に選択し，助言内容を100字以内で述べよ。＜H27事例Ⅱか

　　ら一部抜粋＞

① 解答にあたって選択肢が与えられている設問では，与件文を根拠として論理的に整合性が取れていれば，どの選択肢を選んでも得点を確保できると考えられる

② 正解の選択肢を選ぶことに執着し，時間を浪費しないことが重要

③ 与件文を読んで自然と思い浮かべられる選択肢があれば，素直にその選択肢で解答する

④ 繰り返しになるが，選択肢を選んだ根拠が常に与件文にあること（あるいは飛躍しない範囲で類推できること）が大前提

（3）知識解答型：1次試験の知識や関連知識を活用して解答する

《例》C社では，中国から部品を調達することで，コスト競争力を高めることを検討している。こうした海外からの部品調達についての留意点を100字以内で述べよ。

① 知っていれば勢いで書いてもよい。時間をかけず，他へ時間を振り分ける→余裕感の醸成

② 知らなければ，とりあえず置いておいて他の問題へ進む

③ 他の問題が終わったら戻り，配点の3割ぐらいを狙って，キーワードやPDSを意識して少しでも関係しそうなことを書き，それ以上踏み込まない

④ どうせ他の受験生もできないから，他の問題に時間を使おうと思うことが大切

（4）アイデア出す型

《例》B社にとって，インターネットを活用し，顧客との関係を強化するための有効な方策はどのようなものか。具体的に2つ挙げ，それぞれ60字以内で述べよ。

① 自分の中で1人ブレーンストーミングをする

② 切り口を使って思いつくキーワードを出す

③ 普段利用する店や駅，商店街，ショッピングモール，ホームページなどで，自分がそこで見た看板やイベント，商品の並び方，人の応対，客など，ありったけの事象を思い出し，具体策として使えないか考える

④ 同じく成功している有名企業の戦略を思い出す：DELL，Apple，アマゾン，スターバックス，キヤノン，ドモホルンリンクル（再春館製薬所）など，なぜ自分はそこで買うのか？　を考えて応用する

⑤ たくさんのアイデアから，最初に考えた戦略と矛盾しない方向を選んで書く

Ⅴ ▶▶▶ 2次試験事例別のノウハウ

　2次試験で出題される4つの事例には，それぞれ特徴があります。その特徴を把握することで，より高い品質の解答を，より短い時間で作成できるようになります。

　そこで，本節では，「事例別の特徴」と「その特徴を踏まえた対策」をノウハウとしてまとめました。ご自身の学習に合わせてご活用ください。特にストレート生の方は，過去問や練習問題に取り組む前に本節の内容を確認することで，いち早く合格レベルに近づけると思います。

本節で扱う事例別のノウハウの一覧

事例	事例別の特徴
事例Ⅰ	1. 要求事項がわかりづらい設問がある 2. 設問文中の指示語のさし示す内容がわかりづらい場合がある 3. 類推で解答する場合が多い 4. モラール向上を図る施策が問われることが多い 5. 組織・人事以外のことを聞かれているように見える設問がある 6. 第1問では「強み」や「外部環境」が問われやすい
事例Ⅱ	1. ターゲット・セグメントに関する設問が毎年1問程度出題される 2. 4Pのいずれかに関する設問が多い 3. 売上拡大や利益向上の論点を含む設問がある 4. 与件文と設問に2つの要素が含まれる場合が多い 5. 業種が多様であり，かつ設問に影響する 6. インターネット活用の施策が問われることが多い 7. 出題委員の著作に関連した論点が問われる場合がある
事例Ⅲ	1. 業種は多岐にわたるが，なじみの薄い業種も出題される 2. 短期的にはC/Dの改善，中長期的にはQの改善・成長戦略を描くストーリーが多い 3. 第1問は内部環境に関する環境分析問題で，以降の設問に影響する 4. 生産・技術戦略ではQCDに関する出題が多い 5. IT問題はほぼ毎年出題される 6. 経営戦略・成長戦略に加え，マーケティングや組織・人事要素も求められる
事例Ⅳ	1. 第1問では，経営分析・財務分析の設問が出題される 2. 損益分岐点分析とキャッシュフロー計算のどちらかは出題される 3. 財務・会計に直接的に関連しない分野の課題が問われる場合がある 4. 難問が1〜2問出題される場合がある 5. 財務上での長所・短所はパターン化されたものが多い 6. 計算過程を問われる場合がある

■事例Ⅰ（組織・人事）

1.　【要求事項がわかりづらい設問がある】

　設問文に，「〜以外について」，「営業活動について」などの制約がない場合には，どのような分野について問われているか特定できないことがあります。たとえば，H29年度の第

4問では，全国市場への拡大を進めていくうえで障害となるリスクの可能性について助言を求められていますが，制約がないうえ「可能性」を問われているため，経営上や組織運営上など書こうと思えば何でも解答できる設問になっています。

●対策

設問文や与件文を読んでも何を問われているかわからない場合は，悩んでいる時間がもったいないですから，わかる設問から優先的に解答します。そのあとに，その設問については，解答として想定できる項目を可能な限りすべて解答してリスク回避を図るほうがよいです。

●過去問での例

【R5第3問】

「A社経営者は，経営統合に先立って，X社のどのような点に留意するべきか。100字以内で助言せよ」

【R3第4問】

「2代目経営者は，プロジェクトごとに社内と外部の協力企業とが連携する形で事業を展開してきたが，3代目は，2代目が構築してきた外部企業との関係をいかに発展させていくことが求められるか，中小企業診断士として助言せよ」

【H29第4問】

「A社は，全国市場に拡大することでビジョンの達成を模索しているが，それを進めていく上で障害となるリスクの可能性について，中小企業診断士の立場で助言せよ」

【H25第1問（設問2）】

「A社は，急速な事業拡大にもかかわらず，正規社員の数を大幅に増員せずに成長を実現してきた。今後もそうした体制を維持していく上で，どのような点に留意していくべきか」

2.　【設問文中の指示語のさし示す内容がわかりづらい場合がある】

設問文中に「その」「このような」などの指示語が使われているが，その指示語が何を指しているのか，また，どの部分まで指しているのか曖昧な場合があります。

H25第1問（設問2）

～今後もそうした体制を維持していく上で～

　　　　　　→「正規社員の数を大幅に増員」しない体制？

　　　　　　→「急激な事業拡大」でも成長できる体制？

●対策

その指示語が何を指しているかわからない場合には，無理して断定せずに，指している可能性があるものをすべてピックアップして，その中から一番大きな範囲を指示語として指していると仮定して，解答するようにします。

【R2第3問】「その時，部下の営業担当者に対して」

【R1第2問】「その背景にあるA社の企業風土」

【H27第5問】「そうしたサービス事業」

【H26第1問】「そうしたタイプの企業」

【H25第1問（設問2）】「そうした体制」

3.　【類推で解答する場合が多い】

　事例Ⅰは他の事例と比べて与件文が短く，また与件文中に根拠が少ないのが特徴です。知識問題とも考えられますが，事例診断ですからすべて知識のみで解答してはいけません。与件文に少しでも根拠になる部分はないか，考えて読む必要があります。

●対策

　与件文には一見，設問とは関係ないと思われる箇所があります。しかし，設問や与件文にわざわざ記載されている単語に注意することで解答が導き出せることがあります。また，過去事例の類題や1次知識を用いて類推することも必要です。

・R5第4問（設問1）では，どのようにA社とX社の組織の統合を進めていくべきかの助言が求められましたが，与件文には経営統合過程の進め方についての記述がないため，類推が必要です。第8段落に「A社経営者は，接客リーダーとともに会社として目指す方向性を明確にし，目的意識の共有や意思の統一を図るチームづくりを行った」という記述や「チームとして相互に助け合う土壌が生まれ」，「自主的に問題点を提起し解決するような風土が醸成されていた」と記載されています。これらは，A社での組織文化や一体感の醸成に結び付いた施策であることから，X社との経営統合においても用いられるのではないかと類推して解答を導き出すことができます。

・R4第4問（設問1）では，今後の事業展開にあたり，どのような組織構造を構築すべきかの助言を求められましたが，与件文にはA社の組織構造についての記述がないため，類推が必要です。第6段落の「従業員間で明確な役割分担がなされていなかった」という記述や，第9段落・第10段落の業務の兼務についての記述から，A社の組織構造に関する課題を類推することで，解答を導くことができます。

・R3の問題はすべての設問において，一定程度の類推を行って解答することが求められました。たとえば，第2問ではA社での経験のなかった3代目にデザイン部門の統括を任せた理由について問われていますが，与件文中に理由を示す直接的な記述がないため類推が必要です。第1段落の「2020年より3代目が事業を承継している」，第8段落の「広告代理店に勤務していた3代目」などの記述から，解答要素を

類推する必要があります。

・R2の問題はすべての設問において，一定程度の類推を行って解答することが求められました。たとえば，第3問では営業担当者に対して，どのような能力を伸ばすことを求めたかについて問われていますが，与件文中に求めた能力を明確に示す記述がないため類推が必要です。第11段落の「杜氏や蔵人と新規事業との橋渡し役としての役割も果たしている」などの記述から，解答要素を類推する必要があります。

・R1の問題はすべての設問において，一定程度の類推を行って解答することが求められました。たとえば，第2問ではA社の企業風土について問われていますが，与件文中に企業風土を明確に示す記述がないため，与件文中の複数箇所の記載から，解答要素を類推する必要があります。

・H30の問題は，第2問（設問2）を除き，残りの4問すべてについて，類推で解答することが求められました。たとえば，第2問（設問1）では，A社が最終消費者に向けた製品開発に力点を置いてこなかった理由が問われていますが，A社の従業員は研究者がおよそ9割を占めるなどの与件文の記載から，解答要素を類推する必要があります。

・H29第2問では，少人数の正規社員での運営を可能にしているA社の経営体制の特徴を問われていますが，与件文には直接的な記述がないため類推が必要です。2段落目の製造部門にて非正規社員を活用しているという記述から製造部門の体制について着目すると，5段落目の製造工程を自動化していることが解答の方向性として類推できるほか，H25年度の第2問で問われた正規社員を増員せず成長するための体制についての解答の方向性（正社員はコア業務に集中し，非正規社員をコア業務以外に配置する）を用いて類推すると，2段落目に記述されている「非正規社員は補助業務を行っている」という記述から，正社員はコア業務に集中しているという体制も解答の方向性として類推できます。

・H28第2問（設問2）では，これまでの機能別組織から複数の事業間で全社的に人材の流動性を確保する組織に改変した理由が問われていますが，与件文には理由についての直接的な記述がないため類推が必要です。1段落目には従業員数が150人前後で推移してきたという記述があり，経営改革を行ううえで限られた人的資源を有効活用することが求められるのではないかと類推することで解答を導き出すことができます。

・H27第3問では，プラスチック容器製造事業の売上が60％を占めるようになったことによる今後の経営への課題が問われています。与件文には直接的な記載がないため，類推が必要です。しかし，9段落目を読むと，経営危機に陥った際に事業が多角化していたため，事業の継続を果たしてきたことがわかります。そのことから，たとえばプラスチック容器製造事業の売上割合が増加することで，一事業への売

上の依存度が高まり，経営リスクが増加するのではないかと類推して解答を導き出すことができます。

・H26第4問では，近年，良品率が60％から90％へと大幅に改善している要因が問われていますが，それに関する記述は与件文には少ないため類推が必要です。ここでは，第3問が組織構造の問題，第5問が人的資源管理の問題であるため，本問はこれら以外の組織文化の問題と類推することができます。

・H25第2問（設問2）には，非正規社員の低離職率を保つ施策が問われており，与件文で確認すると，今まで実行した施策や非正規社員の不平・不満などの解答根拠がないため，解答が思いつかないかもしれません。しかし，7段落目を読むと，非正規社員は直接採用していることが記載されているので，もし派遣会社を利用した間接採用の場合にはどうなるか，たとえば，仕事の内容や雇用条件が正確に志望者に伝わらずミスマッチが起きて離職率が高まるのではないかと類推して解答を導き出すことができます。

●過去問での例

【R5第4問（設問1）】
「どのように組織の統合を進めていくべきか。助言せよ」

【R4第4問（設問1）】
「A社は今後の事業展開にあたり，どのような組織構造を構築すべきか，助言せよ」

【R3第2問】
「2代目経営者は，なぜA社での経験のなかった3代目にデザイン部門の統括を任せたと考えられるか」

【R2第3問】
「現在，A社長の右腕である執行役員は，従来のルートセールスに加えて直販方式を取り入れ売上伸長に貢献してきた。その時，部下の営業担当者に対して，どのような能力を伸ばすことを求めたか」

【R1第2問】
「A社長を中心とした新経営陣が改革に取り組むことになった高コスト体質の要因は，古い営業体質にあった。その背景にあるA社の企業風土とは，どのようなものであるか」

【H30第2問（設問1）】
「A社は創業以来，最終消費者に向けた製品開発にあまり力点を置いてこなかった。A社の人員構成から考えて，その理由を…答えよ」

【H29第2問】
「A社の正規社員数は，事業規模が同じ同業他社と比して少人数である。少人数の正規社員での運営を可能にしているA社の経営体制には，どのような特徴があるのか」

【H28第2問（設問1）】

「新規のアルバム事業を拡大していく際に留意すべき点について，…どのような助言をするか」

【H28第2問（設問2）】

「複数の事業間で全社的に人材の流動性を確保する組織に改変した理由を述べよ」

【H27第3問】

「そのことは，今後の経営に，どのような課題を生み出す可能性があると考えられるか」

【H26第4問】

「ところが近年，良品率が…，どのようなことが考えられるか」

【H25第1問（設問2）】

「今後もそうした体制を維持していく上で，どのような点に留意していくべきか」

【H25第2問（設問2）】

「今後，その水準を維持していくために，…どのような具体的施策を講じるべきか」

4. 【モラール向上を図る施策が問われることが多い】

　組織・人事は，経営資源の1つである「ヒト」を最大限に活用するためにあるといえます。そのためには，「やる気と能力ある人間」を育成することが大切です。そのため，「モチベーション管理」や「能力開発」を行うことが重要になってきます。このうち，「モラール向上を図る施策」について，出題頻度が高くなっています。

●対策

　従業員を育成する，従業員の低離職率を保つなど人事に関する設問の際には，まず正規社員および非正規社員ともに従業員のモラール向上を図る必要があるのではないか，と考えてみます。そして，インターナルマーケティング，公平かつ適正な評価制度の導入，キャリアコースの構築，権限委譲，職務充実などの知識を使い解答していきます。

●過去問での例

【R4第2問】

「新規就農者を獲得し定着させるために必要な施策について，助言せよ」

【R1第4問】

「…古い営業体質を引きずっていたA社の営業社員が，新規事業の拡大に積極的に取り組むようになった。その要因として，どのようなことが考えられるか」

【H30第4問】

「社員のチャレンジ精神や独創性を維持していくために，金銭的・物理的インセンティブの提供以外に，どのようなことに取り組むべきか」

【H28第3問】

「有能な人材を確保していくためには，どういった人事施策を導入することが有効であ

ると考えられるか」

【H26第5問】

「採用した…長期的に勤務させていくためには，どのような管理施策をとるべきか」

【H25第2問（設問2）】

「…賃金制度以外に，どのような具体的施策を講じるべきか」

5. 【組織・人事以外のことを聞かれているように見える設問がある】

事例Ⅰは，戦略や組織・人事に関する事例について問われますが，時として「マーケティングなどについて問われているのか？」と思ってしまう設問があります。

H21第5問では，「短期的に売り上げを増進させるための具体的施策」について問われていますが，新作菓子の開発による品揃え，プロモーションなど組織・人事以外の施策を解答してしまわないように注意する必要があります。

●対策

組織・人事以外のことを聞かれているように見える設問であっても，たとえば販売面としてマーケティングに偏った解答は避けます。事例Ⅰとしては，マーケティング戦略として解答する場合であっても，組織・人事に結び付けて解答するように注意します。

●過去問での例

【R5第2問】

「先代経営者と比べてどのような戦略上の差別化を行ってきたか，かつその狙いは何か」

【R5第4問（設問2）】

「今後，どのような事業を展開していくべきか」

【R3第5問】

「新規事業であるデザイン部門を担う3代目が，印刷業を含めた全社の経営を引き継ぎ，これから事業を存続させていく上での長期的な課題とその解決策について述べよ」

【R2第3問】

「現在，A社長の右腕である執行役員は，従来のルートセールスに加えて直販方式を取り入れ売上伸長に貢献してきた。その時，部下の営業担当者に対して，どのような能力を伸ばすことを求めたか」

【R1第3問】

「A社は，新規事業のアイデアを収集する目的でHPを立ち上げ，試験乾燥のサービスを展開することによって市場開拓に成功した。…その成功の背景にどのような要因があったか」

【H28第1問（設問2）】

「1990年代後半になっても…新規事業が大きな成果を上げてきたとはいえない状況であった。その要因として，どのようなことが考えられるか」

【H26第4問】

「近年，良品率が60％から90％へと…。その要因として，どのようなことが考えられるか」

【H25第1問（設問1）】

「…事業を長期的に継続させていくために必要な施策として，新商品の企画や新規顧客を開拓していくこと以外に，どのような点に留意して事業を組み立てて…」

6.　【第1問では「強み」や「外部環境」が問われやすい】

　どの事例でもSWOTについて出題されますが，事例ⅠではH30年度とH25年度を除き，第1問で「強み」や「外部環境」が出題されています。また，「弱み」については，組織・人事に関するものとして最終問題として出題されることもあります。

　なお，強みに関しては直接「強み」を聞かれることが多いですが，外部環境は「変化」を聞かれることが多くなっています。

　また，①外部環境の変化を直接聞く場合（H24），②経営方針の変更の理由として，間接的に外部環境の変化が問われている場合（H23）があります。

●対策

　事例Ⅰは与件文中に根拠が少ないうえ，直接的に根拠が記載されていないことが多いため，与件文を読むときは，直接「強み」「外部環境」の記述を探すのではなく，競合他社との比較や顧客からの評価（強み），経営方針の変更（外部環境の変化）に関する記述に注意する必要があります。

●過去問での例

【R5第1問】

「統合前のA社における①強みと②弱みについて，それぞれ述べよ」

【R4第1問】

「A社が株式会社化（法人化）する以前において，同社の強みと弱みを分析せよ」

【R3第1問】

「2代目経営者は，なぜ印刷工場を持たないファブレス化を行ったと考えられるか」

【R2第1問（設問1）】

「A社の経営権を獲得する際に，A社長の祖父は，どのような経営ビジョンを描いていたと考えられるか」

【R1第1問】

「A社長がトップに就任する以前のA社は，苦境を打破するために，自社製品のメンテナンスの事業化に取り組んできた。それが結果的にビジネスとして成功しなかった最大の理由は何か」

【H29第1問】

「景気低迷の中で，一度市場から消えた主力商品をＡ社が再び人気商品にさせた最大の要因は，どのような点にあると考えられるか」

【H28第1問（設問1）】

「当初立ち上げた一般印刷事業などの事業展開によってＡ社は成長を遂げることができた。その要因として，どのようなことが考えられるか」

【H27第1問】

「ゲートボールやグラウンドゴルフなど，…市場には，どのような特性があると考えられるか」

【H26第1問】

「近年，そうしたタイプの企業が…，どのような経営環境の変化があると考えられるか」

■事例Ⅱ（マーケティング・流通）

1.　【ターゲット・セグメントに関する設問が毎年1問程度出題される】

　問われ方はさまざまですが，ターゲット・マーケティングを意識した設問が，毎年のように出題されています。

●対策

　ターゲット・マーケティングは，特定の製品やサービスに対してマーケティング・ミックス（4Pの政策）を行うことです。与件文中の「〜向けの」「〜を対象に」といったキーワードをマーキングし，製品やサービスの対象顧客をより強く意識して解答します。

●過去問での例

【R5第4問】

「オンライン・コミュニケーションを活用し，関係性の強化を図ろうと考えている。誰にどのような対応を取るべきか，…」

【R4第3問】

「どのような施策をとればよいか，顧客ターゲットと品揃えの観点から…」

【R3第2問】

「どの商品を，どのように販売すべきか。ターゲットを明確にした上で…」

【R2第2問】

「今後はZ社の製品とは異なるターゲット層を獲得したいと考えているが」

【R1第3問（設問1）】

「どのような協業相手と組んで，どのような顧客層を獲得すべきか」

【H30第2問】

「今後のメインターゲット層を明確にして…」

【H29第4問】

「B社は今後，シルバー世代以外のどのセグメントをメイン・ターゲットにし，…」

【H28第2問（設問1）】

「今後の成長に必要な製品戦略について，ターゲット層を明確にし…」

【H27第1問（設問1）】

「今後，B商店街はどのような顧客層をターゲットとすべきか」

【H27第1問（設問2）】

「設問1で解答したターゲット顧客層向けに，新たに…」

【H26第3問（設問2）】

「B社が戦略的にターゲットとすべき顧客像…」

【H25第4問（設問2）】

「副社長はX市地域外の消費者をターゲットに，…売上拡大を目指している。…」

2. 【4Pのいずれかに関する設問が多い】

「プロモーション戦略について助言せよ」「製品戦略について助言せよ」など，明らかな4P（製品戦略，価格戦略，流通チャネル戦略，プロモーション戦略）の切り口での設問が多く出題されています。出題が多いのはプロモーション，製品，流通チャネル，価格の順です。

●対策

4Pごとの提案の引き出しを多く持ったうえで，与件文をヒントに具体的な施策を助言しましょう。

●過去問での例

【R5第2問】

「B社は，こうしたニーズにどのような販売方法で対応すべきか，プライシングの新しい流れを考慮して，…」

【R5第3問】

「そのためにB社が取るべきプロモーションやイベントについて，…」

【R4第2問】

「…新たな商品開発を行うことにした。商品コンセプトと販路を明確にして…」

【R4第3問】

「顧客ターゲットと品揃えの観点から…」

【R3第2問】

「どの商品を，どのように販売すべきか。ターゲットを明確にした上で…」

【R1第3問（設問2）】

「初回来店時に…どのような提案をすべきか。価格プロモーション以外の提案について…」

【H28第2問（設問1）】

「今後の成長に必要な製品戦略について，ターゲット層を明確にし…」

【H28第2問（設問2）】

「ターゲット層に訴求するための，プロモーションと販売の戦略…」

【H27第1問（設問3）】

「個々の飲食店の店主達はどのようなマーケティング戦略をとるべきか」

【H27第3問（設問1）】

「当該食品小売店のマーケティング戦略と併せて…」

【H25第4問（設問2）】

「…どのようなコミュニケーション戦略あるいはセールス・プロモーション戦略が有効と思われるか」

3.　【売上拡大や利益向上の論点を含む設問がある】

　他の事例と比べ，売上に直結する施策が問われやすいという特徴があります。なお，プロモーションに関する問題も売上向上を目的としており，同様に扱うことができます。

●対策

　以下のような「分解」を頭に入れておくとスムーズに切り口を整理することができます。

　　・売上＝客数×客単価

　　　　　客数＝（既存顧客＋新規顧客）×来店頻度，客単価＝購買点数×平均商品単価

　　・利益＝売上－費用

　　　　　費用＝売上原価＋販売費・一般管理費

　なお，設問によっては客数の増加が見込めないなどの制約があります。その場合，「客数増加がない」という制約はヒントであり，客単価を上げるしかないことになるので，関連購買の施策⇒セット販売の助言　などのように考えることができます。

●過去問での例

【R5第4問】

「B社社長は，長期的な売上げを高めるために，ホームページ，SNS，スマートフォンアプリの開発などによる」

　⇒既存顧客の購買頻度増加・客単価向上と新規顧客の獲得

【R4第3問】

「B社は直営の食肉小売店の販売力強化を図りたいと考えている。どのような施策をとればよいか，顧客ターゲットと品揃えの観点から…」

　⇒新規顧客開拓か既存顧客の購買頻度増加で客数増

【R1第2問】

「既存顧客の客単価を高めるためには，個別にどのような情報発信を行うべきか」

　⇒客単価を高めるためのアカウント（ユーザーID）を用いた個別の情報発信

【H30第4問】

「B社への宿泊需要を生み出したいと考えている」

　⇒新規顧客の創出による客数増

【H29第3問】

「シルバー世代の顧客生涯価値を高めるための施策」

　⇒顧客生涯価値（LTV）とは，顧客が生涯にわたって企業（店舗）にもたらす利益のこと。

【H28第3問】

「売り上げが向上すること以外のメリットと効果について，…説明せよ」

　⇒売上拡大「以外」を解答させる少し特殊な問題でした。

【H26第4問】

「現社長は，介護付きツアーの客単価を高くすることを目指している」

⇒客単価＝購買点数×平均商品単価

【H25第4問（設問1）】

「利益確保上の注意点を…」

⇒利益＝売上－費用　と分解する。

（解答構成例）売上面で〜，費用面で〜に注意する。

4. 【与件文と設問に2つの要素が含まれる場合が多い】

　2つの製品，2つの取引先，2つの同じような施策，など2つのことを混在した与件文または設問が出ることが多いという特徴があります。2つのことを取り違えてしまうと致命的な誤りにつながる場合も少なくないでしょう。

●対策

　意識して読みながら色分けするなどの対策が考えられます。場合によっては，簡単な比較表を作ることも効果的です。

●過去問での例

　【R5】　3つの顧客「少年野球チーム」「少年野球をやっているメンバーとその保護者」「女子の軟式野球チーム」

　【R3】　2つの顧客「高齢者」と「主婦層」

　【R2】　2つの製品「アンチエイジングの効能があるハーブY」と「安眠効果のあるハーブ」

　【R1】　2つの顧客「既存顧客」と「協業を通じた新規顧客」

　【H30】　2つの顧客「ビジネス客」と「インバウンド客」

　【H29】　2つの世代「シルバー世代」と「子育て世代」

　【H28】　2つの製品「しょうゆ」と「しょうゆ関連製品」

　【H26】　3つの商品「一般向けツアー」「海外研修ツアー」「介護付きツアー」

　【H25】　2つの製品「さつまあげ（直接販売：BtoC）」と「かまぼこ（卸：BtoB）」

5. 【業種が多様であり，かつ設問に影響する】

　他の事例と比べて，事例企業の業種が解答の背景になりやすいという特徴があります。

●対策

　製造業，小売業，サービス業，卸売業に分類し，それぞれの特徴，頻出事項，キーワード，課題となりやすいテーマなどを整理して覚えておき，与件文を読んだときに想起できるように準備しておくと対応がスムーズにできます。中小企業白書のコラムなどを読むのもお勧めです。

●過去問での例

【R5】

「B社は資本金500万円，従業者数は2代目社長を含めて8名（うちパート3名）で，スポーツ用品の加工・販売を行っている」

⇒第2問～第4問の価格・流通戦略，プロモーション戦略，コミュニケーション戦略の背景になっています。

【R4】

「B社は資本金3,000万円，従業者数は45名（うちパート従業員21名）で，食肉と食肉加工品の製造・販売を行う事業者である」

⇒第3問のターゲティング戦略，商品戦略提言の背景になっています。

【R3】

「B社は資本金300万円，社長を含む従業者数15名の豆腐の製造販売業者である」

⇒第2問のターゲティング戦略，商品戦略および流通戦略提言の背景になっています。

【R2】

「B社は，資本金450万円，社長をはじめ従業員10名（パート・アルバイト含む）の農業生産法人（現・農地所有適格法人）である」

⇒第4問のB社とX島のファンづくりのためのプログラム立案の背景になっています。

【R1】

「B社は資本金200万円，社長を含む従業者2名の完全予約制ネイルサロンであり，」

⇒第3問（設問2）の，接客を通じて新規顧客をリピートにつなげるための提案（価格プロモーション以外）の背景となっています。

【H30】

「B社は，X市市街地中心部にある老舗日本旅館である」

⇒第4問のX市の夜の活気を取り込む施策の背景となっています。

【H29】

「B社は資本金1,000万円，社員3名，パート3名の寝具小売業である」

⇒記載のとおり小売業ですが，寝具だけでなく日用品の販売や婦人服の予約会も実施しており，設問ごとにどれを背景とするか見極めが必要です。

【H28】

「B社は，X市郊外にあるしょうゆ及びしょうゆ関連製品のメーカーである」

⇒第2問（設問1）の製品戦略の背景となっています。しょうゆ市場に関する図表も与えられているため，それらを分析して解答を構築します。

【H27】

「B商店街は，ローカル私鉄のX駅周辺に広がる商店街である」

⇒多種多様な業種の店舗が商店街の中に存在しているため，個店からの視点と商店街全体からの視点の切り分けが各設問に必要である背景となっています。

【H26】

「B社は，資本金1,500万円，従業員12名（パートを含む）の旅行業者である」

⇒第2問のコミュニケーション戦略，第4問の新商品開発（or既存商品改良）の背景となっています。

【H25】

「B社は地方都市X市にある水産練物の製造小売業である」

⇒製造業：第2問の新商品開発，第3問のYスーパーでのイベントの背景となっています。

⇒小売業：第4問のインターネット販売の背景となっています。

6. 【インターネット活用の施策が問われることが多い】

ここ数年の傾向として，インターネットを活用したプロモーションや顧客関係強化が問われることが増えています。

●**対策**

インターネット活用のメリットやデメリットをカバーするための注意点を整理して覚え，ホームページの改善やメルマガ配信，SNSでの双方向コミュニケーション提案などの解答ができるようにしておきましょう。

●**過去問での例**

【R5第4問】

「B社社長は，長期的な売上げを高めるために，ホームページ，SNS，スマートフォンアプリの開発などによるオンライン・コミュニケーションを活用し，関係性の強化を図ろうと考えている。誰にどのような対応をとるべきか」

【R4第4問】

「B社社長は，新規事業として，最終消費者へのオンライン販売チャネル開拓に乗り出すつもりである。…B社はどのようなオンライン販売事業者と協業すべきか」

【R3第2問】

「B社社長は社会全体のオンライン化の流れを踏まえ，ネット販売を通じ，地元産大豆の魅力を全国に伝えたいと考えている」

【R2第3問（設問2）】

「自社オンラインサイト上でどのようなコミュニケーション施策を行っていくべきか」

【R1第2問】

「このアカウントを用いて，デザインを重視する既存顧客の客単価を高めるためには，個別にどのような情報発信を行うべきか」

【H30第2問】

「B社のホームページや旅行サイトにB社の建物の外観や館内設備に関する情報を掲載

したが，反応がいまひとつであった。B社はどのような自社情報を新たに掲載することによって，閲覧者の好意的な反応を獲得できるか」

【H30第3問】

「B社は，宿泊客のインターネット上での好意的なクチコミをより多く誘発するために」

【H28第4問（設問2）】

「インターネット上でどのようなマーケティング・コミュニケーションを展開するべきか」

7.　【出題委員の著作に関連した論点が問われる場合がある】

　マーケティング論の専門家である岩崎邦彦先生が長く出題委員として作問しており，著作に記述のある論点が，設問内容や与件文を読み解く要素となっている場合があります。

●対策

　著書である『スモールビジネス・マーケティング』と『小が大を超えるマーケティングの法則』は，小規模企業が「小規模であること」を生かして優位性を高めるための考え方やノウハウが詰まっています。与件文や設問の内容を理解するための補助書籍として得るものが少なからずあるでしょう。もし時間があれば精読をお勧めします。

●過去問での例

【R5】

与件文中

「その量販店では，かなり低価格で販売されているため，B社は価格面で太刀打ちができない」（第10段落），「第1に，総合的なスポーツ用品を扱いながらも，1970年代に事業転換したときからの強みである，野球用品の強化をさらに進める。特に子どもたち一人一人の体格や技術，特性に応じた商品カスタマイズの提案力をより強化することで，大型スポーツ用品量販店との差別化を図る」（第18段落）

　　⇒上掲書『小が大を～』のp.108では総合的な取り揃えによるデメリット，p.139では価格競争を避けることが小さな企業のマーケティングの鉄則であることが述べられています。

【H25第2問】

「地域ブランドの価値を高め，かつ原材料の農産物の質の高さを訴求するためにはパッケージをどのように工夫すべきか」

　　⇒上掲書『小が大を～』のp.128では，デザインや商品名と並んで，パッケージやラベルが顧客からみた品質の「手がかり」となるという点で重要である旨が記載されています。

【H25】

与件文中「Yスーパー主催の親子食育教室」

⇒上掲書『スモール〜』のp. 67では，小売り段階で付加できる独自の「目に見えない価値」があるとしており，具体的には「サービス」「情報」「学びの提供」を挙げています。

■事例Ⅲ（生産・技術）

1. 【業種は多岐にわたるが，なじみの薄い業種も出題される】

　H13の金属切削加工業からR5の業務用食品製造業まで，出題業種は多岐にわたり，同じ業種の出題はありません。

　カット野菜製造販売業（H28），食肉製品加工業（H24）などある程度なじみのある業界と，鋳物製品製造業（H27），通信施設用部材製造業（H25）のようになじみの薄い業務も多く出題されています。

●対策

　なじみの薄い業種は，ほとんどの受験生にとってもなじみは薄く，条件は一緒です。また，なじみの薄い業種であるからこそ，与件文や設問はわかりやすいように記述されており，難しい用語などには解説がしてあります。与件文を正しく読めば素直に解答できる問題が多く，記載されている内容の範囲内で考えていけばよいでしょう。したがって，不安に思ったり，特定業種に関する知識を習得したりする必要は全くありません。むしろSWOT分析やドメインの設定，経営課題の抽出など，事例問題を解答する際の基本的能力と生産技術に関する1次知識，日本語の読解能力が必要とされます。

●過去問での例

　【R5】　業務用食品（和洋総菜，菓子，パン類）の製造

　【R4】　金属製品（プレス加工製品，板金加工製品）の製造，販売

　【R3】　革製バッグ（メンズ，レディース）の製造，販売

　【R2】　ステンレス製品の受注・製作・据付

　【R1】　金属熱処理および機械加工の生産，販売

　【H30】　電気・電子部品のプラスチック射出成形加工の生産，販売

　【H29】　金属部品の加工（賃加工型）

　【H28】　カット野菜の生産，販売

　【H27】　鋳物製品の生産，販売

　【H26】　超精密小型部品の生産，販売

　【H25】　通信施設用部材の生産，据付

2. 【短期的にはC/Dの改善，中長期的にはQの改善・成長戦略を描くストーリーが多い】

　第1問でSWOT分析を行い，第2問・第3問で生産技術の課題を生産管理の改善やITの活用で解決し，次なる成長に向けて，最終問題で経営戦略や成長戦略を描くという基本パターンで毎年出題されています。短期的には，「生産技術戦略」で低コスト・短納期要請（リードタイム短縮）を「ITの活用」で解消・回避し，中長期的には品質改善・海外・新

製品・新事業などでの差別化による「成長戦略」を描くという流れになっています。

●対策

設問単位で解答を導くのではなく，一連の流れを崩すことなく，一貫性を持った解答が必要です。与件文は【企業概要】【生産概要】【新規事業】などとブロック分けされていることが多く（H23年度は例外），与件文を国語的な観点でしっかりと読むことが肝要です。

●過去問での例

【R4】　設計業務の納期短縮，生産工程の小ロット化と段取り改善，IT活用で成長

【R3】　製品企画面と生産面の課題を解決し，納期遅延解消とともに高付加価値製品で成長

【R2】　業務および製作プロセスでの納期遅延を解消し，高付加価値製品で事業拡大

【R1】　生産体制の変更により新規受注に対応し，高付加価値化で成長

【H30】　生産面の問題点を解決し，他企業と連携して高付加価値製品で成長

【H29】　生産管理上の問題点を改善し，中長期的には高付加価値の事業に成長

【H28】　品質・コスト管理面の課題を解決し，新規事業立ち上げによる収益拡大

【H27】　生産面，特に納期管理面の課題を解決し，国内生産を維持しつつ競争力を向上

【H26】　生産面の課題を解決し，X社への依存度を下げ新たな販路を開拓

【H25】　生産体制の変更によりC/Dを解決，新規事業開発による成長戦略

3.　【第1問は内部環境に関する環境分析問題で，以降の設問に影響する】

H29年度とR4年度を除き，H13年度からR5年度まで一貫して，第1問はSWOT分析の問題です。特に内部環境からの出題が多いですが，H20年度は外部環境・内部環境が共に問われています。第2問以降はSWOT分析に基づいて課題の解決，次なる成長・発展を目指すという設問構成になっています。

●対策

SWOT分析を行い，そこから事例企業のドメインを設定し，そのうえで機能別戦略である生産技術戦略を構築，さらに将来の成長戦略を描きます。生産技術戦略や成長戦略がSWOT分析から導き出されていること，つまり解答の一貫性が必要です。

●過去問での例

【R5第1問】「C社の生産面の強み」

【R3第1問】「革製バッグ業界におけるC社の強みと弱み」

【R2第1問】「C社の強みと弱み」

【R1第1問】「C社の事業変遷を理解した上で，C社の強み」

【H30第1問】「顧客企業の生産工場の海外移転があってもC社の業績は維持されてきた理由（強み）」

【H28 第 1 問】「カット野菜業界における C 社の強みと弱み」

【H27 第 1 問（設問 1）】「C 社が自動車部品分野に参入する場合の強み」

【H26 第 1 問】「精密小型部品加工業界における C 社の強みと弱み」

【H25 第 1 問（設問 1）】「C 社が首都圏市場への参入で活用すべき競争優位性」

4.　【生産・技術戦略では QCD に関する出題が多い】

　生産・技術戦略が中核のテーマとなっています。なかでも Q（品質＝品質管理），C（コスト＝原価管理），D（納期＝工程管理）に関する問題が多く出題されています。

●**対策**

　生産計画，工程管理，生産体制・方式，内製・外注化，OEM，在庫管理，設計・調達・作業などの運営管理（生産管理）の 1 次知識は必須です。知識そのものを記述させる設問はありませんが，QCD を満たすための生産管理という観点で問われますので，与件文や設問を読み込んで解答を導くためには，これらの知識が必要となります。

●**過去問での例**

【R 5 第 3 問】

「材料価格高騰の影響による収益性低下への対応策」

【R 4 第 3 問】

「発注ロットサイズの減少に伴う生産面の対応策」

【R 3 第 2 問】

「受託生産品の製造工程について，効率化を進めるうえでの課題とその対応策」

【R 3 第 3 問】

「自社ブランド製品の開発強化を実現するための生産面の課題」

【R 2 第 2 問】

「納期遅延が生じている問題点と対応策」

【R 1 第 3 問（設問 1）】

「生産性を高める量産加工のための新工場の在り方」

【H30 第 2 問】

「成形加工の作業方法に関する問題点とその改善策」

【H30 第 3 問】

「生産計画策定方法と製品在庫数量の推移に関する生産計画上の問題点とその改善策」

【H29 第 1 問】

「CNC 木工加工機の生産販売を進めるために検討すべき生産管理上の課題とその対応策」

【H28 第 2 問】

「（最大の経営課題である）収益改善を早急に図るための生産管理面での対応策」

【H28 第 3 問】

「クレーム改善活動を最も効果的に実施するために，着目するクレーム内容と，それを解決するための具体的対応策」

【H27第1問（設問3）】

「自動車部品受注獲得に向け，自動車業界で要求される短納期対応への改善策」

【H27第2問】

「鋳造工程の生産能力強化によって生じた生産工程の問題点とその改善策」

【H26第2問】

「切削工程で問題視されている加工不良率の増加について，その改善を図るために必要な具体的対応策」

【H26第3問（設問2）】

「生産計画や資材調達計画の今後の改革」

5. 【IT問題はほぼ毎年出題される】

ITに関する問題がほぼ毎年出題されています。ITの活用による情報共有によって，時間・距離・部門・立場などのギャップを埋めるという流れです。効率面（生産性・効率性など内部）と効果面（受注・営業支援など外部）のいずれかが問われています。

●対策

ITの難しい知識は必要なく，CAD/CAM，生産管理やインターネットによる情報共有などの1次試験の基本的な知識を整理しておけば十分です。与件文の内容をもとに素直に課題を読み取り，ITを使った情報共有によって課題を解決するという流れで解答します。

●過去問での例

【R4第4問】

「生産業務の情報の交換と共有についてデジタル化を進め，生産業務のスピードアップを図るために，優先すべきデジタル化の内容とそのための社内活動の進め方」

【R3第2問】

「製造工程の効率化対策としての社内ITの活用」

【R2第3問】

「納期遅延対策としての社内ITの活用」

【H30第4問】

「生産管理のコンピュータ化を進めるために，事前に整備しておくべき内容」

【H27第3問】

「納期遅延解消のための生産管理IT化と活用すべき情報」

【H25第2問】

（設問1）技術部内で共有化が必要と考えられる具体的情報名

（設問2）技術部内の業務効率化を図るために必要な具体的改善内容

6. 【経営戦略・成長戦略に加え，マーケティングや組織・人事要素も求められる】

ほぼ毎年，最終問題として経営戦略・成長戦略に関する問題が出題されています。近年ではマーケティング要素も問われ始めています。生産・技術戦略は内部面に関する取組み，マーケティング戦略は外部面に関する取組みという関係にあります。

●対策

第1問のSWOT分析から「強み」と「機会」の掛け合わせによりドメインを定義するスキルを身につける必要があります。またマーケティング戦略の「製品戦略」「価格戦略」「流通チャネル戦略」「プロモーション戦略」をしっかりと押さえておく必要があります。第1問から最終設問まで，一貫性のある解答になっているかに留意します。

●過去問での例

【R5第4問】

「既存販売先との関係性強化と販路拡大のための自社製品企画開発」

【R4第5問】

「ホームセンターX社との新規取引開始が今後の戦略に与える可能性」

【R3第4問】

「直営店事業展開における，経営資源を有効に活用して最大の効果を得るための戦略」

【R2第4問】

「モニュメント製品事業の充実・拡大を行うための戦略」

【R1第4問】

「新工場が稼働した後のC社の戦略」

【H30第5問】

「立地環境や経営資源を生かして付加価値を高めるための今後の戦略」

【H29第3問】

「潜在顧客を獲得するためのホームページの活用方法，潜在顧客を受注に結び付けるための社内対応策」

【H28第4問】

「経営体質強化のために提案すべき新事業と，成功に導くために必要な社内対応策」

【H27第4問】

「国内生産を維持しつつ競争力を高めるためにC社が強化すべき点」

【H26第4問】

「X社との取引を高める一方で，X社以外の販路開拓を行う提案」

【H25第3問】

「共同開発事業の失敗の要因と，それを踏まえた今後の新規事業開発の留意点」

■事例Ⅳ（財務・会計）

1. 【第1問では，経営分析・財務分析の設問が出題される】

　過去23年間を通して，第1問には「経営分析・財務分析」に関する設問が出題されました。基本的な出題スタイルは，特徴を最もよく表す経営指標を3つ選び，その特徴を具体的に記述させるものでしたが，令和3年度では指標を4つ（優れているものと課題を示すもの各2つ）選ぶ設問が，また令和4年度では，生産性に関する指標を少なくとも1つは入れる条件が付いて，指標を3つ選ぶ設問が出題されました。

●対策

　今後もほぼ確実に出題されると考えられますので，事前に十分に対策しておきましょう。最近は，上記のように選択すべき指標にさまざまな指定が課されることもあります。さまざまなパターンに対応できるよう，過去問や問題集を利用して，①経営指標の計算，②特徴的な経営指標の選択，③特徴の記述，の3点を繰り返し練習しておきましょう。

　試験中は，「計算ミス」と「与件文からの情報抽出漏れ」に気をつけましょう。特に予想財務諸表を作成する場合は，与件文や設問文から膨大な数値情報を抽出する必要があるため，抽出ミスが命取りになることが考えられます。

●過去問での例

【R5第1問】

　D社の2期間の財務諸表を用いて経営分析を行い，前年度と比較して悪化したと考えられる財務指標を2つ，改善したと考えられる財務指標を1つ取り上げ，悪化したと考えられる2つの財務指標のうちの1つを取り上げ，その原因を80字で記述させる問題でした。

【R4第1問】

　D社と同業他社の当期の財務諸表を用いて，同業他社と比較した場合のD社が優れていると考えられるものを2つ，課題と考えられるものを1つ取り上げ（うち，生産性に関する指標を少なくとも1つ入れる条件あり），財政状態および経営成績について，同業他社と比較して明らかに劣っている点を指摘し，その要因を80字で記述させる問題でした。

【R3第1問】

　D社と同業他社の財務諸表を用いて，同業他社と比較した場合のD社の優れていると考えられるものを2つ，課題を示すと考えられるものを2つ取り上げ，財政状態および経営成績について，同業他社と比較した場合の財務的特徴と課題を80字で記述させる問題でした。

【R2第1問】

　D社と同業他社の当期の財務諸表を用いて，同業他社と比較した場合のD社の優れていると思われるものを1つ，劣っていると思われるものを2つ取り上げ，当期の財政状態および経営成績について，同業他社と比較した場合の特徴を60字で記述させる問題でした。

【R1第1問】

　D社の前期および当期の連結財務諸表を用いて，前期と比較した場合のD社の財務指標で悪化していると思われるものを2つ，改善していると思われるものを1つ取り上げ，当期の財政状態および経営成績について，前期と比較した場合の特徴を50字で記述させる問題でした。

【H30第1問】

　D社と同業他社の当年度の財務諸表を用いて，同業他社と比較した場合のD社の課題を示すと考えられるもの（短所）を2つ，優れていると思われるもの（長所）を1つ取り上げ，同業他社と比較した場合のD社の財政状態および経営成績の特徴（優れている点と課題）を50字で記述させる問題でした。

【H29第1問】

　D社と同業他社の当年度の財務諸表を用いて，同業他社と比較した場合のD社の課題を示すと考えられるもの（短所）を2つ，優れていると思われるもの（長所）を1つ取り上げ，同業他社と比較した場合のD社の財政状態および経営成績の特徴を40字で記述させる問題でした。

【H28第1問】

　D社の前期および当期の財務諸表を用いて，前期と比較した場合のD社の課題を示す財務指標のうち重要と思われるものを3つ取り上げ，その課題が生じた原因を70字で記述させる問題でした。

【H27第1問】

　同業他社と比較した上で，D社が財務指標で優れているものを1つ，課題を2つあげ，さらにその内容について60字で記述させる問題でした。

【H26第1問】

　D社の現在の財務状況を，すでに与えられている同業他社の財務諸表と比較し，その特徴を問う設問でした。また，D社の財務指標の中で優れているものを1つ，課題を2つ選びその特徴についてコメントを記述させる形式でした。

【H25第1問】

　現在検討中の「新事業への出資」に関して，財務面での影響を問われました。出資に関する具体的情報をもとに予想B/Sを作成し，現在のB/Sと比較することが求められました。また，P/Lがないことや，記述問題において材料が与件文中にほとんどないことも特徴的でした。

2.　【損益分岐点分析とキャッシュフロー計算のどちらかは出題される】

　経営分析・財務分析に続き，損益分岐点分析とキャッシュフロー計算は頻出分野です。過去23年間を通して，毎年必ずどちらかは出題されました。

●対策

　必ず両テーマに対して，過去問や問題集を用いて繰り返し練習しましょう。おおむね毎年交互に出題されている傾向がありますが，連続して出題された年度もありますので，ヤマをはるのはやめましょう。どちらのテーマも，計算ミスや情報見落としが命取りになりますので，試験中はミスをしないよう注意しましょう。

●過去問での例

　損益分岐点分析：R5第2問，R3第3問，R2第2問，R1第2問，H30第3問，H29第2問，H28第4問，H27第2問，等

　キャッシュフロー計算：R5第3問，R4第3問，R3第2問，R2第2問，R1第3問，H29第3問，H28第2問，H26第2問，H25第2問，等

3.　【財務・会計に直接的に関連しない分野の知識が問われる場合がある】

　事例企業の課題として，法務や情報など，財務・会計の分野に直接的に関係しない知識が問われる場合があります。過去には，1次試験の「企業経営理論」「経営法務」「経済学・経済政策」「経営情報システム」「運営管理」の分野の知識が問われました。

●対策

　試験対策としては，ときどき1次試験のテキストを読み返す程度で十分です。特に，2次試験を受験する年度に1次試験を受験しなかった方は，まとまった時間を確保して1次試験のテキストを読み直しておくことをお勧めします。

　試験中の対策としては，もし知らない論点が出題された場合には，与件文の情報から類推し，できるだけ解答を埋め，部分点を少しでも稼ぐようにしましょう。

●過去問での例

【R5第4問】

　基礎化粧品などの企画・開発・販売に特化しOEM生産していることの財務的メリット，新たな製品分野として男性向けアンチエイジング製品を開発し販売することの財務的メリットについて問われました。

【R4第4問】

　中古車販売事業を実行する際に考えられるリスクとそのマネジメントについて問われました。

【R3第4問】

　（設問2）で，社会貢献色の強い不採算事業が与える企業価値への影響について問われました。

【R2第3問】

　（設問2）で，負ののれんが発生する場合の買収のリスクについて問われました。

【R2第4問】

（設問3）で，単一の財務指標を用いた業績評価の問題点と改善案について問われました。

【R1第4問】

（設問2）で，EDIを導入した場合に期待できる財務的効果が問われました。

【H30第4問】

業務委託を行う場合の，事業展開や業績に悪影響を及ぼす可能性を問われました。

【H29第4問】

（設問3）で，関連会社を子会社化した場合の財務指標以外への影響が問われました。

4.　【難問が1～2問出題される場合がある】

　得点を稼ぎにくい設問（難問）が1～2問出題される場合があります。難問に時間を費やしてしまうと，易しい設問にかける時間が不足し，合格点の確保が難しくなります。難問には，①多くの受験生が知らない論点を問う設問，②計算量が膨大である設問，③計算に前問の値を用いるために失点リスクが高い設問，があります。

●対策

　試験対策として，日頃から設問の難易度を見極める力を磨くとよいでしょう。試験中は，設問の難易度に応じて，確実に得点すべき設問を見極め，それらの設問に時間を費やしましょう。なお，記述形式の設問では，部分点を少しでも得るために，記述欄に何かを書くことをお勧めします。

●過去問での例

【R5第3問】

　設備投資案のNPV計算問題でした。年間販売量による場合分けと期待値計算（設問1）に加え，年間販売量が明らかになった場合に投資実行時期を遅らせた際のNPVとの比較（設問2）まで問われました。情報処理量が非常に多く，時間内に完答することは極めて困難でした。計算過程も問われていたので，部分点を狙いましょう。

【R4第3問（設問2）（設問3）】

　追加事業に関するキャッシュフローから，投資回収期間とNPVを計算させる問題でした。条件の整理と解釈に時間がかかる問題であり，計算過程も多く難問でした。ただし，計算過程も問われていたので，部分点を狙いましょう。

【R3第2問（設問2）（設問3）】

　取替投資案の比較について問われており，条件の整理に時間がかかるうえ，投資案の正味現在価値を算出する投資期間にも迷いやすい難問でした。ただし，計算過程も問われていたので，部分点を狙いましょう。

【R2第2問（設問2）】

情報量が1ページ分あり，かなり多く，条件の整理に時間がかかる問題でした。かつ正確な計算が求められる正味現在価値の問題で，広告料や資産の処分等どの現価係数を用いて計算するべきか迷いやすく，時間をかけても正答できない可能性がある難問でした。

【H30第3問（設問2）（設問3）】

（設問1）の解答を用いて（設問2）を答え，さらに（設問2）の解答を用いて（設問3）を答える難問でした。ただし，計算過程も問われていたため，前問の解答に自信がなくとも部分点を狙いましょう。

【H25第2問（設問3）（b）】（5年後の現金有高の値）

（設問1）の計算結果を直接的に用いることと，計算結果のみを解答することから，難問でした。

5. 【財務上での長所・短所はパターン化されたものが多い】

経営分析では，与件文に記載されている定性情報と，財務諸表から読み取れる定量情報とを関連づけて，分析を行います。この関連づけにはパターン化されたものが多いという特徴があります。

●対策

試験対策として，過去にどのようなパターンが出題されたかを整理しておきましょう。

●過去問での例

（各年度とも，上段に与件文に記載の情報，下段に財務諸表から読み取れる情報を記載）

年度	収益性に関する情報	安全性に関する情報	効率性に関する情報
R5	同業他社との競争激化 人件費等の削減は行わない	資金の確保を進めている	指標悪化に関する直接的な定性情報の記載なし
	売上高営業利益率（悪）	当座比率（良）	有形固定資産回転率（悪）
R4	順調にビジネスを拡大	現状に関する記載はなし	現状に関する記載はなし
	各種利益率（良）	自己資本比率（悪）	有形固定資産回転率（悪） 棚卸資産回転率（良）
R3	収益性も圧迫	安全性に関する指標なし	事業間シナジー追求
	売上高営業利益率（悪）	負債比率（悪）	有形固定資産回転率（良） 棚卸資産回転率（良）
R2	営業利益がマイナス	安全性に関する指標なし	顧客志向で評判が高い
	売上高営業利益率（悪）	自己資本比率（悪）	棚卸資産回転率（良）
R1	売上原価の削減が課題	現状に関する記載はなし	所有物件の安定的な賃貸収入
	売上高総利益率（悪）	当座比率（悪）	有形固定資産回転率（良）

H30	労働集約的事業での採算の改善が課題	資本剰余金が多いため，自己資本比率が高い資本構造	現状に関する記載はなし
	売上高営業利益率（悪）	自己資本比率（良）	
H29	採算の改善と加工コスト削減が課題	内部留保が少なく負債に依存した資本構造	海外でも一定の評価を受ける染色加工技術
	売上高総利益率（悪）	自己資本比率（悪）	棚卸資産回転率（良）
H28	創作料理店の業績悪化	約8億円の投資を自己資金と借入で調達	新社屋用地として市内の好適地を取得
	売上高総利益率（悪）	固定長期適合率（悪）	有形固定資産回転率（悪）
H27	D社の技術力は市場から一定の評価		需要変動や月次ベースでの生産数量の変動が大きく
	売上高総利益率（良）	自己資本比率（悪）	売上債権回転率（悪）
H26	知名度があり，商品力が高い	借入依存の資本構造	店舗の老朽化
	売上高総利益率（良）	自己資本比率（悪）	有形固定資産回転率（悪）
H25	収益性に関する指標なし	出資は，余剰資金から70百万円，金融機関からの長期借入金30百万円	効率性に関する指標なし
		当座比率（悪） 固定比率（悪） 負債比率（悪）	

6.　【計算過程を問われる場合がある】

　計算結果だけではなく，計算過程の説明が求められる設問があります。この形式の設問では，部分点を稼ぎやすいというメリットがありますが，記述自体に時間を要することや，わかりやすく整理して記述する必要があることなどのデメリットがあります。R5年度，R4年度，R3年度，R2年度，R1年度，H30年度，H28年度，H27年度，H26年度などで出題されており，今後も出題される可能性があります。

●対策

　試験対策としては，計算結果のみが求められる設問であっても計算過程を書こう，練習するとよいでしょう。練習にあたり，加点対象となる箇所を意識しましょう。

●過去問での例

【R5第2問（設問2），第3問（設問1）（設問2）】

　製品別セグメント損益分析，NPVの算出において，それぞれ計算過程が問われました。

【R4第2問（設問1）（設問2），第3問（設問1）（設問2）（設問3）】

　セールスミックス，内製・外注判定，回収期間，NPVの算出において，それぞれ計算過程が問われました。

【R3第2問（設問1）（設問2）（設問3），第3問（設問2）】

取替投資案評価（正味現在価値法）の問題，目標利益達成のために必要な販売数量の計算で計算過程が問われました。

【R2第2問（設問1）（設問2）】

損益分岐点売上高，利益改善のための対策案評価（正味現在価値法）の問題で計算過程が問われました。

【R1第2問（設問3），第3問（設問3）】

損益分岐点分析の変動費率，投資（プロジェクト）評価の問題で計算過程が問われました。

【H30第2問（設問1）（設問2）（設問3），第3問（設問1）】

加重平均資本コスト（WACC），増分キャッシュフロー，フリーキャッシュフロー，一定率成長モデル，損益分岐点分析の変動費率，営業利益。合計6問で計算過程が問われました。

【H28第2問（設問2），第3問，第4問（設問2）】

キャッシュフロー関連の算定，セールスミックス，CVPの問題で計算過程を記述する問題が複数ありました。

【H27第2問（設問3），第3問（設問3）】

計算過程を問う問題が複数ありました。損益分岐点売上高の算定と，プロジェクトの評価です。

【H26第2問（設問1）（設問2），第3問（設問2）（設問3）】

計算過程を問う設問が複数ありました。分野は「キャッシュフロー」，「正味現在価値」，「セールスミックス」と，多岐にわたります。

令和5年度
2次筆記試験考察

令和5年度の本章では，解法の基本として一般的にも定着しつつある「設問分析→与件文チェック」という順序を重視し，各執筆者の実際の解答作成プロセスに沿って，以下の構成でまとめてあります。

1．設問分析

2．与件分析＋SWOT分析

3．各問題の分析と活用できるノウハウ

（※事例Ⅳのみ構成が異なります）

令和5年度　第2次試験問題

1. 中小企業の診断及び助言に関する実務の事例 I

9：40〜11：00

＊試験開始前に，次の事項を必ずご確認ください。

　携帯電話やスマートフォン，ウエアラブル端末などの通信機器・電子機器は，机上に置くことも，身に着ける（ポケット等に入れる）ことも，使用することもできません。このことが試験時間中に守られていない場合は，不正行為として対処します。試験開始前に必ず電源を切った上でバッグなどにしまってください。

　スマートウオッチやワイヤレスイヤホンなどの取り扱いも同様です。

注意事項

1. 開始の合図があるまで，問題用紙・解答用紙に手を触れてはいけません。
2. 開始の合図があったら，最初に，解答用紙を開いて受験番号を間違いのないように必ず記入してください。

　　受験番号の最初の3桁の数字（230）は，あらかじめ記入してあるので，4桁目から記入すること。
3. 解答は，黒の鉛筆またはシャープペンシルで，問題ごとに指定された解答欄にはっきりと記入してください。
4. 解答用紙には，受験番号以外の氏名や符号などを記入したり，所定の解答欄以外に記入をしてはいけません。
5. 解答用紙は，必ず提出してください。持ち帰ることはできません。
6. 試験開始後30分間および試験終了前5分間は退室できません。（下記参照）
7. 試験終了の合図と同時に必ず筆記用具を置いてください。試験終了後に記入や修正をしてはいけません。記入や修正をした場合は，不正行為として対処します。

　　解答用紙は広げたまま，受験番号を記入した面を上にして机上に置いてください。
8. 解答用紙の回収が終わり監督員の指示があるまで席を立たないでください。
9. 試験時間中に体調不良などのやむを得ない事情で席を離れる場合には，監督員に申し出てその指示に従ってください。
10. その他，受験に当たっての注意事項は，受験票裏面などを参照してください。

＜途中退室者の方へ＞

　試験開始30分後から終了5分前までの間に退室する場合は，解答用紙と受験票を監督員席まで持参して，解答用紙を提出してから退室してください。問題用紙も，表紙の下部に受験番号を記入した上であわせて提出してください。

　問題用紙は，当該科目の試験終了後に該当する受験番号の席に置いておきますので，必要な方は当該科目の試験終了後20分以内に取りに来てください。それ以降は回収します。回収後はお渡しできません。なお，問題用紙の紛失については責を負いませんのでご承知置きください。

（途中退室する場合は，下の欄に受験番号を必ず記入してください。）

受験番号：

　A社は，資本金1千万円，従業員15名（正社員5名，アルバイト10名）の蕎麦店である。先代経営者は地方から上京し，都市部の老舗蕎麦店で修業し，1960年代後半にのれん分けして大都市近郊に分店として開業した。鉄道の最寄り駅からバスで20分ほど離れた県道沿いに立地し，当時はまだ農地の中に住宅が点在する閑散とした中での開業であった。

　開業当初は小さな店舗を持ちながらも，蕎麦を自前で打っており，コシの強い蕎麦が人気を博した。出前中心の営業を展開し，地域住民を取り込むことで，リピート客を増やしていった。また，高度経済成長によって自家用車が普及する途上にあったことから，多少離れていてもマイカーで来店する顧客も年々増え始め，県道沿いの立地が功を奏した。付近には飲食店がほとんどなかったことから，地元で数少ない飲食店の一つとして顧客のニーズに応えるようになり，蕎麦店の範疇を超えるようになった。うどん，丼もの，カレー，ウナギ，豚カツ，オムライスなどもメニューに加え始め，まちの食堂的な役割を担うようになっていった。

　1980年代には，店舗周辺の宅地化が急速に進み，地域人口が増えるに従って，来店客，出前の件数ともに増加していった。1980年代末には売上高が1億円に達するようになった。客数の増加に伴い店舗規模を拡大し，駐車場の規模も拡大した。店舗の建て替えによって，収容客数は30席から80席にまで拡大し，厨房設備も拡張し，出前を担当する従業員の数もアルバイトを含めて20名にまで増加した。

　しかしながら，1990年代半ばになると，近隣にファミリーレストランやうどんやラーメンなどのチェーン店，コンビニエンスストアなどの競合が多数現れるようになり，売上高の大半を占める昼食の顧客需要が奪われるようになった。バブル経済崩壊とも重なって，売上高が前年を下回るようになっていった。厨房を担当していた数名の正社員も独立するようになり，重要な役割を担う正社員の離職も相次いだため，一時的に従業員は家族とアルバイトだけとなり，サービスの質の低下を招いていった。

　現経営者は先代の長男であり，先代による事業が低迷していた2000年代初頭に入社した。売上高が5千万円にまで低下していたことから，売上高拡大のためのさまざまな施策を行ってきた。2008年にかけて，メニューの変更を度々行い，先代が行っていた総花的なメニューを見直し，この店にとってはオペレーション効率の悪い丼もの，うどんなどのメニューを廃止し，出前をやめて来店のみの経営とし，元々の看板であった蕎麦に資源を集中した。

　2005年までに売上高は7千万円にまで改善され設備更新の借り入れも完済したが，他方で従業員の業務負荷が高まり，その結果，離職率が高くなった。常に新規募集してアルバイトを採用しても，とりわけ宴会への対応においては仕事の負担が大きく，疲弊して辞めていく従業員が相次いだ。また，新規のメニューの開発力も弱く，効率重視で，接客サービスが粗雑なことが課題であった。

　2010年に先代が経営から離れ，現経営者に引き継がれると，経営方針を見直して，メインの客層を地元のファミリー層に絞り込んだ。店舗の改装を行い，席数を80から50へと変

更し，個室やボックス席を中心としたことで家族や友人など複数で来店する顧客が増加した。使用する原材料も厳選して，以前よりも価格を引き上げた。また，看板となるオリジナルメニューを開発し，近隣の競合する外食店とは異なる，商品とサービスの質を高めることで，差別化を行った。ただ，近隣の原材料の仕入れ業者の高齢化によって，原材料の仕入れが不安定になり，新たな供給先の確保が必要となりつつある。

　社内に関しては，正社員を増やして育成を行い，仕事を任せていった。経営者の下に接客，厨房，管理の３部体制とし，それぞれに専業できるリーダーを配置してアルバイトを統括させた。接客リーダーは，全体を統括する役割を担い，Ａ社経営者からの信任も厚く，将来は自分の店を持ちたいと思っていた。他方で，先代経営者の下で働いていたベテランの厨房責任者が厨房リーダーを務め，厨房担当の若手従業員を育成する役割を果たした。管理リーダーは，Ａ社の経営者の妻が務め，会社の財務関係全般，計数管理を行い，給与や売上高の計算などを担った。Ａ社経営者は，接客リーダーとともに会社として目指す方向性を明確にし，目的意識の共有や意思の統一を図るチームづくりを行った。その結果，チームとして相互に助け合う土壌が生まれ，従業員が定着するようになった。とりわけ接客においては，自主的に問題点を提起し解決するような風土が醸成されていた。現経営者に引き継がれてから５年間は前年度の売上高を上回るようになり，2015年以降，安定的に利益を確保できる体制となった。

　コロナ禍においては，営業自粛期間に開発した持ち帰り用の半調理製品の販売などでしのいだが，店舗営業の再開後も，主に地域住民の需要に支えられて客足が絶えることはなく，逆に売上高を伸ばすことができた。ただ，原材料の高騰がＡ社の収益を圧迫する要因となっていた。さらに，常連である地元の顧客も高齢化し，新たな顧客層の取り込みがますます重要となっていった。

　そのような状況の中で，かつて同じ蕎麦店からのれん分けした近隣の蕎麦店Ｘ社の経営者が，自身の高齢と後継者不在のために店舗の閉鎖を検討していた。Ａ社経営者に経営権の引き継ぎが打診されたため，2023年より事業を譲り受けることとなった。Ａ社の経営者は，Ｘ社との経営統合による新たな展開によって，これまで以上の売上高を期待できるという見通しを持っていた。

　Ｘ社はＡ社から３kmほどの距離に位置し，資本金１千万円，従業員12名（正社員４名，アルバイト８名）の体制で経営していた。店舗は50席で一見の駅利用者や通勤客をターゲットとしており，Ａ社よりは客単価を抑えて顧客回転率を高めるオペレーションであったため，接客やサービスは省力化されてきた。原材料の調達については，Ｘ社経営者の個人的なつながりがある中堅の食品卸売業者より仕入れていた。この食品卸売業者は，地元産の高品質な原材料をも扱う生産者と直接取引をしていた。社内の従業員の業務に関しては，厨房，接客，管理の担当制がありＸ社経営者が定めた業務ルーティンで運営されていた。厨房，接客，管理の従業員は担当業務に専念するのみで横のつながりが少なく，淡々と日々のルーティンをこなしている状況であった。店舗レイアウトやメニューの変更などの

担当を横断する意思疎通が必要な場合，X社経営者がそれを補っていた。

　10年前に駅の構内に建設された商業ビル内に，ファーストフード店やチェーン経営の蕎麦店が進出して競合するようになり，駅前に立地しながらも急速に客足が鈍くなり売上高も減少し始めていた。この頃から，X社では価格を下げて対応を始めるとともに，朝昼から深夜までの終日営業に変更した。ただ，駅構内に出店した大手外食チェーンとの価格競争は難しく，商品やサービスの差別化が必要であった。営業時間が，早朝から夜遅くまでであったことから，アルバイト従業員のシフト制を敷いて対応していたが，コロナ禍の影響でさらに来店客が減少し，営業時間を大幅に短縮し，アルバイトの数を16名から8名に減らしてシフト制を廃止していた。ただ，営業時間内は厨房も接客もオペレーションに忙殺されることから，仕事がきついことを理由に離職率も高く，常にアルバイトを募集する必要があった。

　近年では，地域の食べ歩きを目的とした外国人観光客や若者が増え始めた。とりわけSNSの口コミやグルメアプリを頼りに，公共交通機関を利用する来訪者が目立つようになった。X社を買収後の経営統合にともなって，不安になったX社の正社員やアルバイトから退職に関わる相談が出てきている。A社ではどのように経営統合を進めていくべきか，中小企業診断士に相談することとした。

第1問（配点20点）
　統合前のA社における①強みと②弱みについて，それぞれ30字以内で述べよ。

第2問（配点20点）
　A社の現経営者は，先代経営者と比べてどのような戦略上の差別化を行ってきたか，かつその狙いは何か。100字以内で述べよ。

第3問（配点20点）
　A社経営者は，経営統合に先立って，X社のどのような点に留意するべきか。100字以内で助言せよ。

第4問（配点40点）
　A社とX社の経営統合過程のマネジメントについて，以下の設問に答えよ。
（設問1）
　どのように組織の統合を進めていくべきか。80字以内で助言せよ。
（設問2）
　今後，どのような事業を展開していくべきか。競争戦略や成長戦略の観点から100字以内で助言せよ。

1. 設問分析

（1）認識

　事例Ⅰは「組織・人事」に関する事例です。一言でいえば，「やる気と能力のある人間が，円滑な流れの中で，正しい方向へ，持続的に，業務を行えているか？」を聞いているのです。事例企業は，このすべてはまず満たされておらず，大抵はどこかに問題が潜んでいるはずです。その問題こそが，出題者が最も意図している出題テーマといえます。そのメインの問題を捉えながら設問にあたると，比較的一貫した解答が作りやすくなります。

　上記に加えて，「組織体制も人事制度も経営戦略に従う」という考え方に従い，組織体制と人事制度を構築するために必要な経営戦略を明確にすることが求められます。そのため，設問の前半で，経営戦略に関する問題が出題される傾向にあります。

　→参照：『全知識』事例Ⅰ　「Ⅲ-1．事例Ⅰの基本的な考え方」「Ⅲ-2．大枠戦略検討」

（2）各設問の分析

　与件文を読む前に，設問文から以下の点を読み解き，設問文が要求している事項を解釈しました。

第1問（配点20点）
　統合前のＡ社における①強みと②弱みについて，それぞれ30字以内で述べよ。

・強みと弱みの内部分析を問われているので，与件文を読むときに，強みと弱みを意識します。

・「統合前のＡ社」と条件があるので，強みと弱みの時制に注意して解答する必要があります。

・本設問の解答に直接は関与しないかもしれませんが，「統合前」という点から，Ｍ＆Ａ（合併と買収）を行う際のメリット，デメリットおよび留意点について想起します。

・解答文字数が30字と少ないので，短い字数の中で，なるべく多くの要素を盛り込むことを意識します。

第2問（配点20点）
　Ａ社の現経営者は，先代経営者と比べてどのような戦略上の差別化を行ってきたか，かつその狙いは何か。100字以内で述べよ。

・設問の冒頭に「現経営者は」とあるので，戦略上の差別化を行う主語は現経営者であることを意識します。

・「先代経営者と比べて」とあるため，先代経営者の戦略がどのようなものかを把握する必要があります。

・「どのような戦略上の差別化」と問われているため，競争戦略として，特定市場に絞り，

商品とサービスによって差別化する差別化集中戦略を意識します。

・「狙い」については，価格競争を避けた高付加価値化を想起しながら，与件文に関連した記載がないかを意識します。

・「差別化」と「狙い」について問われているため，解答でもそれぞれに対して明確に分けて解答することを意識します。

・設問が，「100字以内で述べよ」となっているため，与件文に記載されている解答要素を抽出して記述することを意識します。

第3問（配点20点）

　A社経営者は，経営統合に先立って，X社のどのような点に留意するべきか。100字以内で助言せよ。

・「経営統合に先立って」とあるので，統合前に何に留意すべきかを意識します。

・X社の抱える経営戦略や組織に関する課題を把握することを意識します。

・助言問題ですので，与件文の内容をヒントにしながらも，知識と類推から解答を組み立てることを意識します。

・解答文字数が100字ですが，多面的な解答を意識して，2～3文で解答要素を組み立てることを意識します。

第4問（配点40点）

　A社とX社の経営統合過程のマネジメントについて，以下の設問に答えよ。

（設問1）

　どのように組織の統合を進めていくべきか。80字以内で助言せよ。

・リード文に「経営統合過程」とあるため，A社の今後の経営統合において，(a) 準備段階，(b) 実行段階，(c) 経営統合後の各段階での手続きと注意点について意識します。

・「組織の統合」とあるため，両社の企業文化を融合させ，経営統合を円滑に進める施策について意識します。

・「組織」の成立する3条件である①共通の目的，②貢献意欲，③コミュニケーションを満足する施策を想起します。

・解答文字数が80字と短いため，その中で，共通の目的，貢献意欲を喚起，コミュニケーションの活性化について簡潔にまとめる必要があると考えます。

（設問2）

　今後，どのような事業を展開していくべきか。競争戦略や成長戦略の観点から100字以内で助言せよ。

・本問のリード文に，「A社とX社の経営統合過程」とあるので，統合後の経営体制が今後の戦略に合致する必要があると考えます。そのため，A社とX社の双方の弱みを克服

し，互いに強みを活かしてシナジーを発揮できる戦略を意識します。

・「競争戦略や成長戦略の観点から」とあるので，どのような商品，サービスで差別化するのか，また狙う市場はどこかを明確に意識します。

・「どのような事業を展開していくべきか」と問われているので，「～事業を展開すべきである」とまとめることを考えます。

・解答文字数が100字のため，シナジーを発揮する方法で40字，差別化の方法で30字，事業を展開する市場，顧客について30字を目安とし，必ず3つの点を解答に含めるようにします。

ここまでの分析から，「A社に関してわかること」と「与件文から読み取るべき情報」をまとめると次のとおりです（各カッコ内の数字は設問の番号を示す）。

〈A社に関してわかること〉
・A社は経営統合を行った。（第1問）
・A社経営者は先代経営者の行ってきた経営戦略を変えようとしている。（第2問）
・X社には，経営統合するにあたって留意すべき点がある。（第3問）
・経営統合過程において，経営者が取り組まなければならない課題がある。（第4問：設問1）
・A社経営者は，X社との経営統合により，新しい事業展開を考えている。（第4問：設問2）

〈与件文から読み取るべき情報〉
(1) A社の経営統合のタイミングと，経営統合する前の強みと弱みの記述（第1問に関連）
(2) A社の先代経営者が実施していた経営戦略に関する記述。現経営者が実施した経営戦略の先代経営者からの変更点および差別化に関する記述。新しい経営戦略の方針に関する記述（第2問に関連）
(3) X社が持つ経営戦略や組織に関する課題についての記述（第3問に関連）
(4) A社とX社の組織統合を進めるプロセスに関する記述（第4問：設問1に関連）
(5) A社とX社の双方の強みに関する記述。双方の強みを活かして展開でき，他社と差別化できる事業に関する記述（第4問：設問2に関連）

（3）与件文の情報と設問の対応づけ

ここまでで整理した「与件文から読み取るべき情報」をもとに，与件文を一読しました。その結果として，読み取るべき情報と，与件文中の該当箇所の対応は次のとおりとなりました。

項番	与件文から読み取るべき情報	該当箇所
(1)	A社の経営統合のタイミングと，経営統合する前の強みと弱みの記述（第1問に関連）	第10段落に2023年に経営統合を行ったとの記載があるので，それより時系列的に前の情報に限定する。第7段落から第9段落にA社の強み，弱みに関する記述がある。

(2)	A社の先代経営者が実施していた経営戦略に関する記述。現経営者が実施した経営戦略の先代経営者からの変更点および差別化に関する記述。新しい経営戦略の方針に関する記述（第2問に関連）	第5段落に，先代経営者の経営手法から現経営者の経営手法の変更点に関する記述がある。また，第7段落には経営が現経営者に引き継がれた後，経営方針を見直して，商品とサービスの質を高めることで競合店との差別化を図った点について記述されている。
(3)	X社が持つ経営戦略や組織に関する課題についての記述（第3問に関連）	第11，12段落にX社の組織文化および競合店に対する経営戦略についての問題点が記述されている。従業員は横のつながりが希薄であり，競合店との差別化に苦慮しており，アルバイトの離職率が高いことについての記述がある。
(4)	A社とX社の経営統合を進めるプロセスに関する記述（第4問：設問1に関連）	第8段落にA社の現経営者がA社において実施した組織文化の醸成についてのプロセスの記述がある。
(5)	A社とX社の双方の強みに関する記述。双方の強みを活かして展開でき，他社と差別化できる事業に関する記述（第4問：設問2に関連）	第7段落にA社が商品とサービスの質を高めることで差別化を行ったこと，A社には原材料の仕入れに弱みがあることの記述がある。一方で，第11段落に，X社は高品質な原材料を扱う生産者と直接取引している食品卸売業者から調達している強みがあることの記述がある。また，第13段落に事業を展開するにあたっての機会になる来訪者の増加に関する記述がある。

（4）全体を通して

【配点と解答戦略】

各設問の配点・解答文字数は以下のとおりです。

設問番号	主題	配点	解答文字数	10文字当たり配点
第1問	統合前の強みと弱みについて	20点	60字	3.3点
第2問	現経営者の戦略と先代との違いについて	20点	100字	2.0点
第3問	経営統合の留意点について	20点	100字	2.0点
第4問設問1	経営統合の進め方について	40点	80字	2.2点
第4問設問2	今後の事業展開について		100字	
全体		100点	440字	2.3点

5問構成であるのは例年と同じですが，総解答文字数が440字と比較的少なかったです。

【解答自信度】

70%

事例Ⅰは，1次試験の知識をもとに類推する必要があるため，令和5年度では成長戦略，競争戦略，経営統合，組織成立などの知識が不足していると解答が難しかったものと思われます。その中で，戦略に関する設問については，各設問と関連している言葉が，与件文

のどの段落と紐づいているかの判断がしやすいですが，経営統合に関する設問は，題意を捉えにくく難易度はやや難しめといえます。解答の方向性に迷った場合に，自分自身の中で根拠を持ち，それに沿った解答を意識します。事例Ⅰは2次試験で最初に取り組む事例であり，緊張の中での対応が求められることからメンタルコントロールとタイムマネジメントを意識することが大切です。

設問文に記載されている語句を与件文から探していき，その前後の文章から類推する手法と，1次試験の知識を活用し，設問間の関係性を考えながら，全体を俯瞰しつつ解答を調整することで正答に近づけると思います。

事例Ⅰの与件文では，時制が前後することがありますが，令和5年度は，時系列になっておりわかりやすい構成となっていました。一方で，「経営統合」に関する問題が多く，経営統合における留意点，プロセス等の知識が不足していると，これに沿った解答が難しいため，その点で点数に差がついた可能性があると思います。特に第3問では，設問の意図が読みづらく，経営統合に関する1次知識がないと解答の方向性に苦慮し，時間を要したと考えられます。

【使える解法テクニック（『全知識』事例Ⅰ）】
■テクニック1
設問を読んでみて，問われている内容がまったく理解できない場合でも，必ず組織・人事に関する解答を書く
■テクニック4
組織としては「学習する組織」を目指すのが正しい方向性
■テクニック5
提案する際に企業の成長ステージを意識する
■テクニック12
組織・人事は2次試験の中で最初の事例であり，自分だけでなく他の受験生もほぼ間違いなく緊張している。他の受験生も思うような解答が書けなかったり，解答そのものが浮かばなかったりして焦っている可能性が高い。だから，必要以上に高得点を狙うことを意識せず，0点の解答がないように少しずつ着実に点を取ることを意識する
■テクニック13
想定できる形式的な変化（与件文字数，解答文字数）などについてはあらかじめシミュレーションをしておく。想定しきれない「難しすぎる設問」にはあらかじめ対応方法を決めておき，落ち着いて対応する
■テクニック15
設問文で問われている項目と比較できるものが与件文にないか探してみる
■テクニック17
具体的施策が思いつかなかったら，自分を事例企業の経営者に当てはめて想像して書く

【知っておきたい考え方のトレンド（『全知識』事例Ⅰ）】

■トレンド1

　技術革新のスピードが速く，保有していた知識やノウハウが陳腐化しやすい業界では「学習する組織」を構築することは非常に有効

■トレンド4

　社員のモチベーションを考えることは優先順位が高い

■トレンド6

　パート／アルバイトを正社員のように使うことは有効

■トレンド7

　OB＆OG人材（シニア），障がい者，非正規社員，被買収企業の人材の活用は有効

【事例Ⅰ】

2. 与件分析とSWOT分析

（1）実際の与件文チェック

A社は，資本金1千万円，従業員15名（正社員5名，アルバイト10名）の蕎麦店である。先代経営者は地方から上京し，都市部の老舗蕎麦店で修業し，1960年代後半にのれん分けして大都市近郊に分店として開業した。鉄道の最寄り駅からバスで20分ほど離れた県道沿いに立地し，当時はまだ農地の中に住宅が点在する閑散とした中での開業であった。

開業当初は小さな店舗を持ちながらも，蕎麦を自前で打っており，コシの強い蕎麦が人気を博した。出前中心の営業を展開し，地域住民を取り込むことで，リピート客を増やしていった。また，高度経済成長によって自家用車が普及する途上にあったことから，多少離れていてもマイカーで来店する顧客も年々増え始め，県道沿いの立地が功を奏した。付近には飲食店がほとんどなかったことから，地元で数少ない飲食店の一つとして顧客のニーズに応えるようになり，蕎麦店の範疇を超えるようになった。うどん，丼もの，カレー，ウナギ，豚カツ，オムライスなどもメニューに加え始め，まちの食堂的な役割を担うようになっていった。

1980年代には，店舗周辺の宅地化が急速に進み，地域人口が増えるに従って，来店客，出前の件数ともに増加していった。1980年代末には売上高が1億円に達するようになった。客数の増加に伴い店舗規模を拡大し，駐車場の規模も拡大した。店舗の建て替えによって，収容客数は30席から80席にまで拡大し，厨房設備も拡張し，出前を担当する従業員の数もアルバイトを含めて20名にまで増加した。

しかしながら，1990年代半ばになると，近隣にファミリーレストランやうどんやラーメンなどのチェーン店，コンビニエンスストアなどの競合が多数現れるようになり，売上高の大半を占める昼食の顧客需要が奪われるようになった。バブル経済崩壊とも重なって，売上高が前年を下回るようになっていった。厨房を担当していた数

――――――――――

与件文チェック

→ 蕎麦について確かな技術を習得して，開業したことがわかる。

→ 開業当初は，顧客ニーズに適合して，事業が順調だったことがわかる。

→ 第2問
先代経営者の経営方針で，さまざまな顧客ニーズに応えて，まちの食堂的な役割を担っていたと記載があり，現経営者の経営方針との変化点を求める要素になる。

→ 第2問
先代の経営でうまくいかなくなった経緯の説明であり，現経営者の経営方針を考えるうえで，基礎になる要素である。

名の正社員も独立するようになり，重要な役割を担う正社員の離職も相次いだため，一時的に従業員は家族とアルバイトだけとなり，サービスの質の低下を招いていった。

現経営者は先代の長男であり，先代による事業が低迷していた2000年代初頭に入社した。売上高が5千万円にまで低下していたことから，売上高拡大のためのさまざまな施策を行ってきた。2008年にかけて，メニューの変更を度々行い，先代が行っていた総花的なメニューを見直し，この店にとってはオペレーション効率の悪い丼もの，うどんなどのメニューを廃止し，出前をやめて来店のみの経営とし，元々の看板であった蕎麦に資源を集中した。

> **第2問**
> 先代経営者の経営方針からの変更点が明確に記載されており，解答要素になると考えられる。

2005年までに売上高は7千万円にまで改善され設備更新の借り入れも完済したが，他方で従業員の業務負荷が高まり，その結果，離職率が高くなった。常に新規募集してアルバイトを採用しても，とりわけ宴会への対応においては仕事の負担が大きく，疲弊して辞めていく従業員が相次いだ。また，新規のメニューの開発力も弱く，効率重視で，接客サービスが粗雑なことが課題であった。

> **第2問**
> 先代経営者の経営方針からの変更点であり，解答要素になると考えられる。

2010年に先代が経営から離れ，現経営者に引き継がれると，経営方針を見直して，メインの客層を地元のファミリー層に絞り込んだ。店舗の改装を行い，席数を80から50へと変更し，個室やボックス席を中心としたことで家族や友人など複数で来店する顧客が増加した。使用する原材料も厳選して，以前よりも価格を引き上げた。また，看板となるオリジナルメニューを開発し，近隣の競合する外食店とは異なる，商品とサービスの質を高めることで，差別化を行った。ただ，近隣の原材料の仕入れ業者の高齢化によって，原材料の仕入れが不安定になり，新たな供給先の確保が必要となりつつある。

> **第2問**
> 先代経営者の経営方針からの変更点であり，解答要素になると考えられる。

> **第1問**
> 強み
> **第2問，第4問**
> 高品質な商品とサービスが強みになっているとともに戦略上の差別化ポイントであるため，第2問の解答要素になると考えられる。
> A社の成長の成功要因であり，X社との経営統合後の戦略としても解答要素と考えられる。

社内に関しては，正社員を増やして育成を行い，仕事を任せていった。経営者の下に接客，厨房，管理の3部体制とし，それぞれに専業できるリーダーを配置してアルバイトを統括させた。接客リーダーは，全体を統括する役割を担い，A社経営者からの信任も厚く，将来は自

> **第1問**
> 弱み：仕入れ業者の高齢化により原材料の仕入れが不安定になっていることが弱みになっている。

分の店を持ちたいと思っていた。他方で，先代経営者の下で働いていたベテランの厨房責任者が厨房リーダーを務め，厨房担当の若手従業員を育成する役割を果たした。管理リーダーは，Ａ社の経営者の妻が務め，会社の財務関係全般，計数管理を行い，給与や売上高の計算などを担った。Ａ社経営者は，接客リーダーとともに会社として目指す方向性を明確にし，目的意識の共有や意思の統一を図るチームづくりを行った。その結果，チームとして相互に助け合う土壌が生まれ，従業員が定着するようになった。とりわけ接客においては，自主的に問題点を提起し解決するような風土が醸成されていた。現経営者に引き継がれてから5年間は前年度の売上高を上回るようになり，2015年以降，安定的に利益を確保できる体制となった。

コロナ禍においては，営業自粛期間に開発した持ち帰り用の半調理製品の販売などでしのいだが，店舗営業の再開後も，主に地域住民の需要に支えられて客足が絶えることはなく，逆に売上高を伸ばすことができた。ただ，原材料の高騰がＡ社の収益を圧迫する要因となっていた。さらに，常連である地元の顧客も高齢化し，新たな顧客層の取り込みがますます重要となっていった。

そのような状況の中で，かつて同じ蕎麦店からのれん分けした近隣の蕎麦店Ｘ社の経営者が，自身の高齢と後継者不在のために店舗の閉鎖を検討していた。Ａ社経営者に経営権の引き継ぎが打診されたため，2023年より事業を譲り受けることとなった。Ａ社の経営者は，Ｘ社との経営統合による新たな展開によって，これまで以上の売上高を期待できるという見通しを持っていた。

Ｘ社はＡ社から3kmほどの距離に位置し，資本金1千万円，従業員12名（正社員4名，アルバイト8名）の体制で経営していた。店舗は50席で一見の駅利用者や通勤客をターゲットとしており，Ａ社よりは客単価を抑えて顧客回転率を高めるオペレーションであったため，接客やサービスは省力化されてきた。原材料の調達については，Ｘ社経営者の個人的なつながりがある中堅の食品卸売業者より仕入れていた。この食品卸売業者は，地元

> （第1問）
> 強み：目的意識を持ち，互助の精神と学習する組織文化が強みになっている。

> （第4問（設問1））
> Ａ社の組織文化が醸成されていく過程を述べており，Ｘ社との経営統合過程でも解答要素になると考えられる。

> （第1問）
> 強み：コロナ禍でも来店してくれる地元住民の固定客は強みになっている。

> （第1問）
> 弱み：原材料の高騰による収益の圧迫が弱みになっている。

> （第1問）
> 弱み：地元の固定客が高齢化し，新規顧客層の取り込みが必要になっている点が弱みになっている。

> （第1問）
> 時系列的に，これより前のＡ社の強み・弱みを抽出する必要がある。

> （第4問（設問2））
> Ａ社の弱みである原材料の調達が，Ｘ社の強みであり，成長戦略の観点で解答要素になると考えられる。

産の高品質な原材料をも扱う生産者と直接取引をしていた。社内の従業員の業務に関しては，厨房，接客，管理の担当制がありX社経営者が定めた業務ルーティンで運営されていた。厨房，接客，管理の従業員は担当業務に専念するのみで横のつながりが少なく，淡々と日々のルーティンをこなしている状況であった。店舗レイアウトやメニューの変更などの担当を横断する意思疎通が必要な場合，X社経営者がそれを補っていた。

> 〔第3問〕
> X社の弱みと考えられるため，A社経営者が留意する要素と考えられる。

10年前に駅の構内に建設された商業ビル内に，ファーストフード店やチェーン経営の蕎麦店が進出して競合するようになり，駅前に立地しながらも急速に客足が鈍くなり売上高も減少し始めていた。この頃から，X社では価格を下げて対応を始めるとともに，朝昼から深夜までの終日営業に変更した。ただ，駅構内に出店した大手外食チェーンとの価格競争は難しく，商品やサービスの差別化が必要であった。営業時間が，早朝から夜遅くまでであったことから，アルバイト従業員のシフト制を敷いて対応していたが，コロナ禍の影響でさらに来店客が減少し，営業時間を大幅に短縮し，アルバイトの数を16名から8名に減らしてシフト制を廃止していた。ただ，営業時間内は厨房も接客もオペレーションに忙殺されることから，仕事がきついことを理由に離職率も高く，常にアルバイトを募集する必要があった。

> 〔第3問〕
> X社の経営課題と考えられるため，A社経営者が経営統合に先立って留意する要素につながるものと考えられる。

> 〔第3問〕
> X社の弱みと考えられるため，A社経営者が留意する要素と考えられる。

近年では，地域の食べ歩きを目的とした外国人観光客や若者が増え始めた。とりわけSNSの口コミやグルメアプリを頼りに，公共交通機関を利用する来訪者が目立つようになった。X社を買収後の経営統合にともなって，不安になったX社の正社員やアルバイトから退職に関わる相談が出てきている。A社ではどのように経営統合を進めていくべきか，中小企業診断士に相談することとした。

> 〔第4問（設問2）〕
> 事業を展開する機会と考えられる。

> 〔第3問〕
> X社の経営に関する問題点のため，経営統合前に留意すべき点と考えられる。

第1問（配点20点）

　統合前のA社における①強みと②弱みについて，それぞれ30字以内で述べよ。

【事例Ⅰ】

第2問（配点20点）

A社の現経営者は，先代経営者と比べてどのような戦略上の差別化を行ってきたか，かつその狙いは何か。100字以内で述べよ。

第3問（配点20点）

A社経営者は，経営統合に先立って，X社のどのような点に留意するべきか。100字以内で助言せよ。

第4問（配点40点）

A社とX社の経営統合過程のマネジメントについて，以下の設問に答えよ。

（設問1）

どのように組織の統合を進めていくべきか。80字以内で助言せよ。

（設問2）

今後，どのような事業を展開していくべきか。競争戦略や成長戦略の観点から100字以内で助言せよ。間で，後継者を中心とした組織体制にすることを検討している。その際，どのように権限委譲や人員配置を行っていくべきか，中小企業診断士として100字以内で助言せよ。

（2）SWOT分析

事例企業をよく理解するためには，与件文を読む際に，事例企業のSWOT分析を行いながら読むことが有効です。

具体的な方法は，マーカーを使って，与件文に記載されている企業内部面から強み（S）と弱み（W），外部環境面から機会（O）と脅威（T）をマーキングします（必要に応じて，SWOTに分けて余白欄にマトリクスを描くこともあります）。一般に，強みを機会に注ぐ方向性を企業の進むべき経営戦略の方向性と考え，弱みを克服できるか，脅威を避けることができるか，を考えながら最終的な企業ビジョンを導きます。

また，本事例は，設問の要求事項にもあるように，A社とX社が経営統合するタイミングに注意しながら分析を行います。

本事例のSWOT分析は次のとおりです。なお，強み（S）と弱み（W）は設問要求から，経営統合の前に限定して記載しています。

【A社のSWOT分析】

S（強み）	W（弱み）
・原材料を厳選して高品質な商品とサービス ・チームとして相互に助け合う組織土壌 ・接客において，自主的に問題点を提起し解決する風土 ・地域住民の固定客	・原材料の仕入れ業者の高齢化により，仕入れが不安定 ・原材料価格の高騰 ・地元固定客が高齢化し，新たな顧客の取り込みが必要
O（機会）	T（脅威）
・X社との経営統合による新たな展開 ・地域の食べ歩きを目的とした来訪者の増加	・経営統合するX社の売上減少

（3）課題・問題の抽出分析

「やる気と能力のある人間が」	→ 　**問題あり**。経営統合するX社では，権限委譲が進んでおらず，従業員は担当業務に専念するのみで，ルーティン業務をこなすだけになっている。また，仕事がきついことを理由に離職率も高く，常にアルバイトを募集している状況である。
「円滑な流れの中で」	→ 　**問題あり**。X社において，従業員は担当業務に専念するのみで横のつながりが少なく，担当を横断する対応の場合，X社経営者がそれを補っている。権限委譲により，組織を俯瞰して見られる担当者の任命が必要である。
「正しい方向へ」	→ 　**問題あり**。X社では競合店に対して，低価格対応と営業時間の延長で対応している。しかし，価格競争は難しいため，商品とサービスの差別化による優位性確保が必要な状況である。
「持続的に」	→ 　**課題あり**。X社は組織の活性化が課題のため，A社の互助の組織文化を浸透させることが必要である。A社には仕入れ業者に弱みがある一方で，X社の仕入れ業者は強みであるため，統合後も引き続きX社の仕入れ業者との取引を継続できるようにする。A社とX社双方の弱みを克服し，互いの強みを活かしてシナジーを発揮できる戦略立案が必要な状況である。

3.　各問題の分析と活用できるノウハウ

第1問（配点20点）

　統合前のA社における①強みと②弱みについて，それぞれ30字以内で述べよ。

●問題の類型

100%与件抜出し型

●解答の自信度

75% →与件文に強みと弱みが複数記述されているため，経営統合のタイミングさえ間違えなければ難易度としては高くないと思われます。ただし，文字数が30字と少ないため，解答要素を要約することが必要になります。留意点は，①字数制限を考慮し複数の強みと弱みを入れ込む，②強みはＡ社の競合に対して差別化できている点，弱みは経営へのインパクトの大きいものを優先的に選びます。

●与件文のチェックと解答の構築

① 与件文のチェック

　与件文から，Ａ社が経営統合する前の強みと弱みに関係する記述を確認します。まずは，強みについて確認します。

✓ 第7段落：「使用する原材料も厳選して，以前よりも価格を引き上げた」

✓ 第7段落：「看板となるオリジナルメニューを開発し，近隣の競合する外食店とは異なる，商品とサービスの質を高めることで，差別化を行った」

⇒高品質な原材料にこだわったオリジナルメニューを開発し，商品とサービスの質で競合店との差別化を行っているのは，Ａ社の強みと考えられます。

✓ 第8段落：「チームとして相互に助け合う土壌が生まれ，従業員が定着するようになった」

✓ 第8段落：「接客においては，自主的に問題点を提起し解決するような風土が醸成されていた」

⇒組織の一体感および学習する組織文化の醸成はＡ社の経営資源の強みとなります。

✓ 第9段落：「主に地域住民の需要に支えられて客足が絶えることはなく，逆に売上高を伸ばすことができた」

⇒コロナ禍でも離れることなく，Ａ社の固定客となっている地域住民の存在は，Ａ社の強みとなります。

　続いて，弱みについて確認します。

✓ 第7段落：「原材料の仕入れ業者の高齢化によって，原材料の仕入れが不安定になり，新たな供給先の確保が必要となりつつある」

⇒Ａ社は高品質な原材料を用いたオリジナルメニューにより差別化を行っているため，その原材料の仕入れが不安定な状況になっているのは，Ａ社の弱みとなります。

✓ 第9段落：「原材料の高騰がＡ社の収益を圧迫する要因となっていた」

⇒明確に収益を圧迫する要因として記載されているため，原材料の高騰はＡ社の弱みとなります。

✓ 第9段落：「常連である地元の顧客も高齢化し，新たな顧客層の取り込みがますます重要となっていった」

⇒コロナ禍でも来店をしてくれ，Ａ社を支えてくれた顧客が高齢化することは，顧客の減

少を意味するため，A社の弱みとなります。

✓　第10段落：「A社経営者に経営権の引き継ぎが打診されたため，2023年より事業を譲り
受けることとなった」

⇒A社に経営権が渡ったタイミングが明記されているため，第1問の解答要素は，時系列
的にこれより前から抜き出すことがわかります。

②　解答の構築

・「①強みと②弱み」を問われていますが，それぞれ解答欄が分かれており，文字数が各
30字と非常に短いため，「強みは～，弱みは～」の書き出しは不要と考えます。

・強みと弱みは，基本は与件文から抜き出すのですが，令和5年度は文字数が少ないこと
から，解答要素を要約して，多くの要素を盛り込むように意識します。

・事例Ⅰでは，組織・人事に関連する事項を優先する傾向にありますが，令和5年度のA
社の強みは，組織文化を除いて，商品自体の優位性，顧客との関係性といった事例Ⅱで
よく使われる要素になりました。

【模範解答】

①強み

①	高	品	質	な	商	品	と	サ	ー	ビ	ス	②	相	互	扶	助	し	学	習
す	る	組	織	③	地	元	固	定	客										

②弱み

①	原	材	料	仕	入	れ	が	不	安	定	②	地	元	固	定	客	の	高	齢
化	③	原	材	料	価	格	の	高	騰										

●**活用できるノウハウ**

『全知識』事例Ⅰ　2．大枠戦略検討
　　　　　　　　　4．組織形態（組織デザイン）
　　　　　　　　　5．組織の成立と存続要件
　　　　　　　　　6．組織風土・組織文化

A社の現経営者は，先代経営者と比べてどのような戦略上の差別化を行ってきたか，かつその狙いは何か。100字以内で述べよ。

●問題の類型

70％与件抜出し型＋30％知識解答型

●解答の自信度

70% →与件文に本設問の解答要素となる戦略上の違いが明確に記載されているため，解答構築の難易度自体は低いと考えられます。ただし，差別化とその狙いを問われているので，1次試験における知識をもとに差別化とその狙いをわかりやすく記載する必要があります。

●与件文のチェックと解答の構築

① 与件文のチェック

まずは，先代経営者の戦略についての記載を探します。

✓ 第2段落：「顧客のニーズに応えるようになり，蕎麦店の範疇を超えるようになった」

✓ 第2段落：「うどん，丼もの，カレー，ウナギ，豚カツ，オムライスなどもメニューに加え始め，まちの食堂的な役割を担うようになっていった」

✓ 第3段落：「客数の増加に伴い店舗規模を拡大し，駐車場の規模も拡大した」

✓ 第4段落：「1990年代半ばになると，近隣にファミリーレストランやうどんやラーメンなどのチェーン店，コンビニエンスストアなどの競合が多数現れるようになり，売上高の大半を占める昼食の顧客需要が奪われるようになった」

⇒先代経営者の戦略は，来客数の増加に伴うニーズの多様化に対応して，メニューの多角化，規模の拡大を行ってきましたが，競合の出現により，差別化ができず，顧客を奪われたことがわかります。

これに対して，現経営者の競合に対する差別化の施策を探します。

✓ 第7段落：「メインの客層を地元のファミリー層に絞り込んだ」

✓ 第7段落：「使用する原材料も厳選して，以前よりも価格を引き上げた」

✓ 第7段落：「看板となるオリジナルメニューを開発し」

⇒さまざまなニーズに対応するのは，経営資源の分散になるため，ターゲットを明確にするとともに商品も絞ることで差別化を図ったことが見て取れます。

✓ 第7段落：「使用する原材料も厳選して，以前よりも価格を引き上げた」

⇒差別化の点でも抽出した内容ですが，価格を以前よりも引き上げたことにより，競合との価格競争を避け，高付加価値化を狙ったと考えられます。

② 解答の構築

・「どのような戦略上の差別化を行ってきたか，かつその狙い」を求められているため，1次試験の知識をもとに与件文の記述を抽出することでの解答が求められています。

・設問文では，「どのような戦略上の差別化」と問われており，現経営者に引き継がれた後の経営方針に関して「商品とサービスの質を高めることで，差別化を行った。」との記述より解答要素と考えます。狙いについては，X社の状況から，「価格競争が難しく」との記載があり，汎用的な考えとして，価格競争を避けることが考えられます。

【模範解答】

主	要	客	を	地	元	フ	ァ	ミ	リ	ー	層	に	絞	り	込	み	，	高	品
質	で	高	価	格	な	蕎	麦	を	中	心	と	し	た	独	自	メ	ニ	ュ	ー
を	良	質	な	サ	ー	ビ	ス	を	用	い	て	店	舗	内	で	提	供	す	る
こ	と	で	差	別	化	を	図	っ	た	。	狙	い	は	，	周	辺	飲	食	店
や	小	売	店	と	の	価	格	競	争	を	避	け	る	た	め	で	あ	る	。

●活用できるノウハウ

『全知識』事例Ⅰ　2．大枠戦略検討

> **第3問**（配点20点）
>
> 　A社経営者は，経営統合に先立って，X社のどのような点に留意するべきか。100字以内で助言せよ。

●問題の類型

50％与件類推型＋50％知識解答型

●解答の自信度

> | 60% | →設問文に「経営統合に先立って」とあるので，統合する前に留意すべき点を考えますが，問われていることが曖昧なため，自分なりに根拠を持って解答をする必要があります。そのため，難易度はやや高いと考えます。

●与件文のチェックと解答の構築

① 　与件文のチェック

　設問文の「経営統合に先立って」より，買収側のデメリットとして考えられる，買収後に予想どおりのシナジー効果が得られないリスクについての記述を探します。

　また，「どのような点に留意するべきか」ということから，X社の経営戦略や経営組織に関する課題について分析をします。そのうえで，統合によるシナジー効果で，その課題を克服する方向性を考えます。

✓　第12段落：「駅構内に出店した大手外食チェーンとの価格競争は難しく，商品やサービスの差別化が必要であった」

⇒現状の経営戦略において，商品やサービスの差別化に課題があることがわかります。

✓　第12段落：「仕事がきついことを理由に離職率も高く，常にアルバイトを募集する必要があった」

✓　第13段落：「X社を買収後の経営統合にともなって，不安になったX社の正社員やアルバイトから退職に関わる相談が出てきている」

⇒離職率が高く，従業員が定着しなければ高品質なサービスの提供が困難になりますので，課題と考えます。

② 　解答の構築

・「（中小企業診断士としての）助言」を求められているため，中小企業診断士が持っている知識により与件文の記述を補っての解答が求められています。

・A社の経営戦略の強みである商品とサービスによる差別化に対し，X社の現状を分析します。

・X社の従業員から退職に関わる相談が出てきており，離職率が高い現状に対し，A社で行った組織文化の醸成も参考に対応を考えます。

・A社経営者が対応すべき，X社の経営戦略，経営組織に関する課題と考え，現状の商品

とサービスについての対応と離職率低下への対応の両面で解答します。

【模範解答】

①	統	合	に	よ	る	シ	ナ	ジ	ー	を	生	む	為	に	X	社	の	商	品,
サ	ー	ビ	ス	な	ど	の	現	状	を	分	析	し	て	活	か	せ	る	強	み
と	克	服	す	べ	き	弱	み	を	把	握	す	る	。	②	X	社	の	離	職
率	を	下	げ	る	為	,	X	社	従	業	員	と	個	別	面	談	し	て	現
状	ヒ	ア	リ	ン	グ	や	不	安	解	消	へ	の	対	応	を	行	う	。	

●活用できるノウハウ —————————————————

　『全知識』事例Ⅰ　　2．大枠戦略検討

　　　　　　　　　　5．組織の成立と存続要件

　　　　　　　　　18．M&A（合併と買収）

【事例Ⅰ】

第4問（配点40点）

　A社とX社の経営統合過程のマネジメントについて，以下の設問に答えよ。

（設問1）

　どのように組織の統合を進めていくべきか。80字以内で助言せよ。

●問題の類型

　25％与件抜出し型＋50％与件類推型＋25％知識解答型

●解答の自信度

　65% →「どのように組織の統合を進めていくべきか」との設問から，1次試験の知識
　　　　の「組織の成立する3条件」を基本に解答を組み立てられるため，比較的難易
　　　　度は低いと考えます。ただし，1次試験の知識を用いながらも，できるだけ与
　　　　件文に沿い，与件文をヒントにして解答を作成することが加点される可能性を
　　　　高める方法であると考えられます。80字という限られた字数の中で，3条件を
　　　　すべて解答しているかという点も重要と考えます。

●与件文のチェックと解答の構築

①　与件文のチェック

　A社で成功した組織文化や一体感の醸成に結び付いた状況についての文章を探します。

✓　第8段落：「A社経営者は，接客リーダーとともに会社として目指す方向性を明確にし，
　　目的意識の共有や意思の統一を図るチームづくりを行った」

⇒組織の成立する1つの条件である目的の共有を図ったことが記述されており，X社との
　経営統合でも行うべき対応と考えられます。

✓　第8段落：「チームとして相互に助け合う土壌が生まれ」

✓　第8段落：「自主的に問題点を提起し解決するような風土が熟成されていた」

⇒組織の成立条件である貢献意欲，コミュニケーションが活性化された状態である記述が
　あり，X社との経営統合後も同様の組織文化が目指す姿であると考えます。

②　解答の構築

・「（中小企業診断士としての）助言」を求められているため，中小企業診断士が持ってい
　る知識により与件文の記述を補っての解答が求められています。

・「どのように組織の統合を進めていくべきか」と問われているため，統合を進めていく
　具体的なプロセスを明記する必要があると考えます。

・組織の成立する3条件の知識より，X社との経営統合において，共通の目的，貢献意欲，
　コミュニケーションを構築すべきと考えます。

・経営統合後には，両社の企業文化を融和させ，経営統合を円滑に進めていくことを考え
　ます。

・解答文字数が80字と少ないですが，上記解答要素を簡潔にまとめて書くことを意識します。

【模範解答】

A	社	経	営	者	が	統	合	後	の	ビ	ジ	ョ	ン	を	社	員	に	共	有
し	，	ビ	ジ	ョ	ン	実	現	に	向	け	て	社	員	の	意	欲	を	喚	起
す	る	と	共	に	各	社	間	の	交	流	を	促	進	し	，	互	助	の	精
神	を	浸	透	さ	せ	組	織	の	一	体	感	を	高	め	て	進	め	る	。

●活用できるノウハウ

『全知識』事例Ⅰ　　5．組織の成立と存続条件

　　　　　　　　　　6．組織風土・組織文化

　　　　　　　　　18．M＆A（合併と買収）

（設問2）

　　今後，どのような事業を展開していくべきか。競争戦略や成長戦略の観点から100字以内で助言せよ。

●問題の類型

　25％与件抜出し型＋50％与件類推型＋25％知識解答型

●解答の自信度

　70%　→設問文の中で，「競争戦略や成長戦略の観点から」と解答の方向性が示されているため，難易度は中程度と考えます。与件文に沿いながら，経営統合によるシナジーを活かせる戦略を1次試験の知識を活用して解答を構築する必要があります。

●与件文のチェックと解答の構築

①　与件文のチェック

　まずは，経営統合によるシナジーを活かせる対応を与件文から探します。

✓　第7段落：「近隣の原材料の仕入れ業者の高齢化によって，原材料の仕入れが不安定になり，新たな供給先の確保が必要となりつつある」

✓　第11段落：「原材料の調達については，X社経営者の個人的なつながりがある中堅の食品卸売業者より仕入れていた。この食品卸売業者は，地元産の高品質な原材料をも扱う生産者と直接取引をしていた」

⇒A社の弱みである安定した仕入れ先の確保が，X社の強みであることから，経営統合後もX社の仕入れ先との取引継続により，シナジー効果が発揮できることがわかります。

　次に競争戦略の観点で，商品・サービスでの差別化について，与件文から抽出する必要があります。

✓　第7段落：「使用する原材料も厳選して，以前よりも価格を引き上げた。また，看板となるオリジナルメニューを開発し，近隣の競合する外食店とは異なる，商品とサービスの質を高めることで，差別化を行った」

⇒A社の経営が好転，安定した経営戦略について述べられており，経営統合後も同様の戦略を採るものと考えられます。

　続いて，成長戦略の観点からどのように事業を展開するかについて，機会に関する記述を与件文より探します。

✓　第13段落：「近年では，地域の食べ歩きを目的とした外国人観光客や若者が増え始めた。とりわけSNSの口コミやグルメアプリを頼りに，公共交通機関を利用する来訪者が目立つようになった」

⇒地域の来訪者が増えている状況が記載されており，これを取り込む事業とすることが重要と考えます。

② 解答の構築

・「（中小企業診断士としての）助言」を求められているため，中小企業診断士が持っている知識により与件文の記述を補っての解答が求められています。

・A 社と X 社の双方の強みを活かし，経営統合によるシナジーについて記述すべきと考えます。

・差別化の仕方，どのような市場を獲得するかについて，明記する必要があると考えます。

・設問文に，「どのような事業を展開していくべきか」と問われているため，解答文は，「～事業を展開すべきである。」とまとめます。

【模範解答】

A	社	の	商	品	開	発	力	と	良	質	な	サ	ー	ビ	ス	及	び	X	社
の	高	品	質	原	材	料	の	安	定	仕	入	と	い	う	強	み	を	相	互
に	活	用	し	，	高	付	加	価	値	な	オ	リ	ジ	ナ	ル	メ	ニ	ュ	ー
を	開	発	し	て	競	合	店	と	差	別	化	し	，	食	べ	歩	き	好	き
な	客	層	を	取	り	込	む	事	業	を	展	開	す	べ	き	で	あ	る	。

●活用できるノウハウ

『全知識』事例 I　2．大枠戦略検討
　　　　　　　　18．M & A（合併と買収）

執筆：中川進次（令和 5 年度本試験合格）

Ⓑ 令和5年度　第2次試験問題

2. 中小企業の診断及び助言に関する実務の事例Ⅱ

11：40〜13：00

＊試験開始前に，次の事項を必ずご確認ください。

　携帯電話やスマートフォン，ウエアラブル端末などの通信機器・電子機器は，机上に置くことも，身に着ける（ポケット等に入れる）ことも，使用することもできません。このことが試験時間中に守られていない場合は，不正行為として対処します。試験開始前に必ず電源を切った上でバッグなどにしまってください。

　スマートウオッチやワイヤレスイヤホンなどの取り扱いも同様です。

注 意 事 項

1．開始の合図があるまで，問題用紙・解答用紙に手を触れてはいけません。
2．開始の合図があったら，最初に，解答用紙を開いて受験番号を間違いのないように必ず記入してください。
　　受験番号の最初の3桁の数字（230）は，あらかじめ記入してあるので，4桁目から記入すること。
3．解答は，黒の鉛筆またはシャープペンシルで，問題ごとに指定された解答欄にはっきりと記入してください。
4．解答用紙には，受験番号以外の氏名や符号などを記入したり，所定の解答欄以外に記入をしてはいけません。
5．解答用紙は，必ず提出してください。持ち帰ることはできません。
6．試験開始後30分間および試験終了前5分間は退室できません。（下記参照）
7．試験終了の合図と同時に必ず筆記用具を置いてください。試験終了後に記入や修正をしてはいけません。記入や修正をした場合は，不正行為として対処します。
　　解答用紙は広げたまま，受験番号を記入した面を上にして机上に置いてください。
8．解答用紙の回収が終わり監督員の指示があるまで席を立たないでください。
9．試験時間中に体調不良などのやむを得ない事情で席を離れる場合には，監督員に申し出てその指示に従ってください。
10．その他，受験に当たっての注意事項は，受験票裏面などを参照してください。

＜途中退室者の方へ＞

　試験開始30分後から終了5分前までの間に退室する場合は，解答用紙と受験票を監督員席まで持参して，解答用紙を提出してから退室してください。問題用紙も，表紙の下部に受験番号を記入した上であわせて提出してください。

　問題用紙は，当該科目の試験終了後に該当する受験番号の席に置いておきますので，必要な方は当該科目の試験終了後20分以内に取りに来てください。それ以降は回収します。回収後はお渡しできません。なお，問題用紙の紛失については責を負いませんのでご承知置きください。

（途中退室する場合は，下の欄に受験番号を必ず記入してください。）

受験番号：

　B社は資本金500万円，従業者数は2代目社長を含めて8名（うちパート3名）で，スポーツ用品の加工・販売を行っている。現在の事業所は，小売1店舗（ユニフォームなどの加工，刺しゅうを行う作業場併設）である。取扱商品は野球，サッカー，バスケットボールやバレーボールなどの球技用品，陸上用品，各種ユニフォーム，ジャージーなどのトレーニング用品，テーピングやサポーターなどのスポーツ関連用品などである。また，近隣の公立小中学校の体操服や運動靴も扱っている。

　B社はX県の都市部近郊に立地する。付近にはJRと大手私鉄が乗り入れている駅があり，交通の便がよいため，住宅街が広がり，戸建てやアパート，マンションなどから構成されている。駅前は商店が多く，スーパーを中心に各種専門店や飲食店などがあり，買い物も便利でにぎわっている。

　また，B社のある町の中には幹線道路が通っていて，自動車での移動も便利である。すぐ近くには大きな河川があり，河川敷がスポーツ施設として整備され，野球場，サッカー場，多目的広場などがある。近隣の強豪社会人野球チームがここを借りて練習しているということで地域住民の野球熱が高く，野球場の数も通常の河川敷に比べるとかなり多い。

　B社は1955年にこの地で衣料品店として，初代社長である，現社長の父が開業した。1960年代から付近の宅地開発が始まり，居住者が急激に増えた。同時に子どもの数も増えてきたため，公立小中学校が新たに開校し，公立小中学校の体操服や運動靴を納品する業者として指定を受けた。この際，体操服に校章をプリントしたり，刺しゅうでネームを入れたりする加工技術を初代社長が身に付けて，この技術が2代目社長にも継承されている。

　子どもの数が増えてきたことと，河川敷に野球場が整備されたこと，さらにはプロ野球の人気が高まってきたことなどがあり，1970年代初頭から少年野球チームがこの地域で相次いで設立された。初代社長の知り合いも少年野球チームを設立し，B社はユニフォームや野球用品の注文について相談を受けた。ユニフォームについては衣料品の仕入れルートから紹介を受けて調達し，自店舗の作業場でチーム名や背番号の切り文字の切り抜き，貼り付け加工をすることができた。また，ユニフォームの調達を通じて野球用品の調達ルートも確保できた。1970年代初頭，まだ付近にはスポーツ用品を扱う店舗がなかったため，複数の少年野球チームから野球用品の調達について問い合わせを受けるようになり，ちょうど事業を承継した2代目社長はビジネスチャンスを感じ，思い切って衣料品店をスポーツ用品店に事業転換することとした。

　1970年代から1980年代までは少年野球が大変盛んであり，子どもの数も多く，毎年多くの小学生が各少年野球チームに加入したため，4月と5月には新規のユニフォームや野球用品の注文が殺到した。

　低学年から野球を始めた子どもは，成長に伴って何度か，ユニフォーム，バット，グラブ，スパイクといった野球用品を買い替えることになる。B社は各少年野球チームから指定業者となっていたので，こうした買い替え需要を取り込むことに成功しており，また，チームを通さなくても個別に買い物に来る顧客を囲い込んでいた。さらに，年間を通じて，

各チームに対してボール，スコア表，グラウンドマーカー（ラインを引く白い粉）などの納入もあった。

　1990年代初頭にはJリーグが開幕し，河川敷にサッカー場も整備され，今度は急激に少年サッカーチームが増えたため，B社はサッカー用品の品揃えも充実させ，各少年サッカーチームとも取引を行うように事業の幅を広げていった。

　子どもたちのスポーツ活動が多様化してきたので，バスケットボールやバレーボールなどの球技用品，陸上用品などの扱いにも着手し，中学校の部活動にも対応できるように取扱商品を増やしていった。

　しかし，2000年代に入ると，付近にサッカーやバスケットボール用品の専門店が相次いで開業し，過当競争になった。これらの専門店と比べると，B社は品揃えの点で見劣りがしている。また，数年前には自動車で15分ほどの場所に，大型駐車場を備えてチェーン展開をしている大型スポーツ用品量販店が出店した。その量販店では，かなり低価格で販売されているため，B社は価格面で太刀打ちができない。

　そこでB社は，品揃えと提案力に自信のある野球用品をより専門的に取り扱っていくこととした。

　古くから取引がある各少年野球チームは，B社の各種有名スポーツブランド用品の取り揃え，ユニフォーム加工技術や納品の確かさ，オリジナルバッグなどのオリジナル用品への対応力，子どもたちの体格や技術に応じた野球用品の提案力などについて高く評価しており，チームのメンバーや保護者には，引き続きB社からの購入を薦めてくれている。

　ユニフォームやオリジナル用品などは，各チームに一括納品できる。しかし，メンバーの保護者から，価格面でのメリットなどを理由に，大型スポーツ用品量販店で汎用品の個別購入を希望された場合，各チームの監督ともB社で購入することをなかなか強く言えなくなっている。

　また，成長に伴う買い替えや，より良い用品への買い替えも保護者には金銭的な負担となっていて，他の習い事もあり，買い替えの負担を理由に野球をやめてしまう子どもたちもいるということでB社は相談を受けていた。

　さらに，野球をやりたいという子どもの確保も各チームの課題となっている。従来のようにポスターを貼ったりチラシを配布したりするといった募集活動に加え，SNSを用いた募集活動への対応がある。また，女子の軟式野球が盛んになってはいるものの，まだまだ少ない女子の参加希望者を増やしていくことも課題である。どのチームも女子のメンバー獲得に苦しんでいる。

　他には，チームやそのメンバーのさまざまなデータ管理についても，たとえばスマートフォンを使って何かできないかとB社は相談を受けていた。

　2代目社長は，ICT企業に勤めている30代の長男がB社を事業承継する決意をして戻ってくるのを機に，次のような事業内容の見直しをすることとした。

　第1に，総合的なスポーツ用品を扱いながらも，1970年代に事業転換したときからの強みで

ある，野球用品の強化をさらに進める。特に子どもたち一人一人の体格や技術，特性に応じた商品カスタマイズの提案力をより強化することで，大型スポーツ用品量販店との差別化を図る。

　　第2に，各少年野球チームの監督とのより密接なコミュニケーションを図り，各チームのデータ管理，メンバーや保護者の要望の情報把握，および相談を受けた際のアドバイスへの対応を進める。また，用品に関する買い替えなどの多様なニーズに応えるいくつかの販売方法を導入する。

　　第3に，女子の軟式野球が盛んになってきたことに着目し，女子メンバー獲得に苦しんでいるチームを支援し，女子向けの野球用品の提案力を高め，新規顧客としての女子チームの開拓を行う。

　　第4に，インターネットの活用の見直しである。現在は店舗紹介のホームページを設けている程度である。今後，このホームページにどのような情報や機能を搭載すべきか，また，SNSやスマートフォンアプリの活用方法についても検討し，顧客との関係性強化を考えている。

　B社社長は，自社の強みを生かせる新たな事業展開ができるよう，中小企業診断士に助言を求めた。

第1問（配点30点）

　B社の現状について，3C（Customer：顧客，Competitor：競合，Company：自社）分析の観点から150字以内で述べよ。

第2問（配点20点）

　低学年から野球を始めた子どもは，成長やより良い用品への願望によって，ユニフォーム，バット，グラブ，スパイクといった野球用品を何度か買い替えることになるため，金銭的負担を減らしたいという保護者のニーズが存在する。

　B社は，こうしたニーズにどのような販売方法で対応すべきか，プライシングの新しい流れを考慮して，100字以内で助言せよ（ただし，割賦販売による取得は除く）。

第3問（配点20点）

　女子の軟式野球チームはメンバーの獲得に苦しんでいる。B社はメンバーの増員のために協力することになった。そのためにB社が取るべきプロモーションやイベントについて，100字以内で助言せよ。

第4問（配点30点）

　B社社長は，長期的な売上げを高めるために，ホームページ，SNS，スマートフォンアプリの開発などによるオンライン・コミュニケーションを活用し，関係性の強化を図ろうと考えている。誰にどのような対応をとるべきか，150字以内で助言せよ。

【事例Ⅱ】

1. 設問分析

（1）認識

　事例Ⅱは「マーケティング」に関する事例です。B社の収益拡大や地域の活性化を目的として，新規顧客獲得や顧客関係強化，客単価向上等の施策が求められます。設問の流れとしては，第1問で3C分析（SWOT分析）を行って現状・課題を整理し，企業の進むべき方向を確認した後に，第2問以降で具体的な施策を提案する流れが一般的です。

　筆者が事例Ⅱに取り組むときに注意していたのは次の2点でした。

　1つ目は，連携できる企業や団体，イベントはないかを探しておくこと，2つ目は，施策の提案では，「誰に・何を・どのように・効果」を記載できるようにすることです。

　与件文は2回読むのですが，1回目は気になった箇所だけ，あまり何も考えずにマークしていました。わざわざ言っている記述，B社の強みになりそうなものに加えて，連携先の候補です。そこを目立たせておいて，2回目の与件解釈に移っていました。

　そして，施策の提案については，要素を与件文中からいかに拾うか，また設問の中から求められている効果を導き出すことが大事と考えていました。たとえば，LTV（Life Time Value／ライフタイムバリュー）を向上させるための施策を求められた場合も，単純にLTVではなく，施策によってどのような結果がもたらせられるか，どうしたらLTVが向上するのか，というようなことです。令和5年度の問題では第4問が特にそれに該当したと思います。顧客と考えられる人が複数おり，それぞれ誰に対して，どのような施策を行い，どのような効果を求めるかをきちんと書き分ける必要があったと思います。

　→参照：『全知識』事例Ⅱ　「Ⅳ　使える解法テクニック」

（2）各設問の分析

　設問文から以下の点を読み取りました。

第1問（配点30点）
　B社の現状について，3C（Customer：顧客，Competitor：競合，Company：自社）分析の観点から150字以内で述べよ。

【設問からわかること】
　B社の現状を聞いている。
【設問要求】
　3C（Customer：顧客，Competitor：競合，Company：自社）の観点からB社の現状を分析することを問われています。
【制約条件】
・「現状」（現在）という時制がありますので，過去の出来事や状況ではなく現在であることに注意します。

・「顧客，競合，自社」の3つの観点で現状を述べる必要があることに注意します。

【与件文から確認すべきこと】

　現在のB社の，顧客，競合，自社（強み・弱み）の状況

【解答の方向性】

・第2問以降の答案作成の根拠となるパートです。該当箇所を与件文から抽出します。与件に解答要素が多く，特に自社と競合に関する記述が冗長になりそうだったことから，コンパクトにまとめることを意識しました。

・字数制限は，150字と多めですが，「顧客，競合，自社」の3つの観点から現状を記述すると，字数の余裕はそれほどないと思われます。配点は30点と高いので確実に6～7割を確保したいところです。時間をかけずに，要素を列挙する必要がありそうです。

第2問（配点20点）

　低学年から野球を始めた子どもは，成長やより良い用品への願望によって，ユニフォーム，バット，グラブ，スパイクといった野球用品を何度か買い替えることになるため，金銭的負担を減らしたいという保護者のニーズが存在する。

　B社は，こうしたニーズにどのような販売方法で対応すべきか，プライシングの新しい流れを考慮して，100字以内で助言せよ（ただし，割賦販売による取得は除く）。

【設問からわかること】

・現在の顧客のニーズ

　…子どもの野球用品の買い替えによって，保護者は金銭的負担が大きいため，それを減らしたい，というニーズがあることがわかります。

・B社がすべきこと

　…新しいプライシングや販売方法を採用することで，保護者のニーズに応える必要があることがわかります。

【設問要求】

　保護者のニーズを満たすために，B社は新しいプライシングの方式を採用する必要がありますが，それはどのような販売方法か助言する必要があります。

【制約条件】

・野球用品を「買い替えることによる」「金銭的負担を軽減する」必要があります。

・「プライシングの新しい流れ」を考慮する必要があります。

・ただし，割賦販売は除外されています。

【与件文から確認すべきこと】

　価格面でのメリットを理由に，大型スポーツ用品量販店で汎用品の個別購入を希望する保護者もいることや，買い替えの金銭的負担を理由に野球をやめてしまう子どもたちもいるという事実があることから，優先度が高く解決すべき課題であることを確認しておきます。

・この問題は，制約条件としての「プライシングの新しい流れを考慮し」という記述がかなりのヒントとなっていることがわかります。つまり，近年一般的になってきたプライシングでなければ，制約条件から外れてしまいます。

・「助言せよ」とあるため，社長相手にわかりやすく説明することを意識し「誰に・何を・どのように・効果」をベースに解答を構成するとよいと考えました。

第3問（配点20点）

　女子の軟式野球チームはメンバーの獲得に苦しんでいる。B社はメンバーの増員のために協力することになった。そのためにB社が取るべきプロモーションやイベントについて，100字以内で助言せよ。

【設問からわかること】

・女子の軟式野球チームはメンバーの獲得に苦慮しています。

・メンバー増員のために必要なプロモーションやイベントを助言する必要があります。

【設問要求】

　女子軟式野球チームのメンバー獲得のためにB社が取るべきプロモーションやイベントについて，助言します。

【制約条件】

・女子の軟式野球チームがメンバーを獲得したいと思っています。

・助言は「プロモーションやイベント」に関して行います。

【与件文から確認すべきこと】

・従来からメンバー集めで実施されてきたこと

・近年行っているメンバーの募集活動が何かないか

・女子メンバー獲得のためにすでに行われていたり，考えられていたりするプロモーションやイベントがないか

【解答の方向性】

・「助言せよ」とあるため，「誰に・何を・どのように・効果」をベースに解答を構成するとよいと考えました。

・従来から行ってきた「ポスターを貼ったり，チラシを配布したりする」募集活動では，女子メンバーの獲得ができていないため，今回の助言が必要になったと判断し，解答の対象外としました。

・「SNSを用いた募集活動」が近年行われていること，そのほか設問文に「イベント」とあるため，この2つに関しては何かしら言及する必要があると判断しました。

第4問（配点30点）

B社社長は，長期的な売上げを高めるために，ホームページ，SNS，スマートフォンアプリの開発などによるオンライン・コミュニケーションを活用し，関係性の強化を図ろうとしている。誰にどのような対応をとるべきか，150字以内で助言せよ。

【設問からわかること】

・B社は，長期的な売上を高めたいと考えています。

・このために，B社はオンライン・コミュニケーションを活用し，顧客との関係性の強化を図りたいと考えています。

・「誰」に対して「どのような対応をとるべきか」の２点を助言する必要があります。

【設問要求】

B社が長期的な売上を高めるために必要なオンライン・コミュニケーション施策に対する助言が必要です。「誰に」「どのような対応」を取り，「関係性強化」を図ればよいか，を助言します。

【制約条件】

・「オンライン・コミュニケーションを活用し」とあるため，オンラインでの施策である必要があります。

・B社が行いたいことは，長期的な売上を高めるために，関係性強化を図ることです。それ以外の効果を狙った施策は得点にならない可能性があります。

【与件文から確認すべきこと】

・B社が関係性強化を図るべき対象（人や団体）の候補は何か？

・対象が必要としている情報やその他B社が提供できる何かがないか？

【解答の方向性】

「助言せよ」とあるため，前述のとおり社長相手にわかりやすく説明することを意識し，「誰に・何を・どのように・効果」をベースに解答を構成するとよいと考えました。

ここまでの分析から，「与件文から確認すべきこと」は次のとおりです。

〈与件文から確認すべきこと〉
(1)　現在のB社の，顧客，競合，自社（強み・弱み）の状況（第1問）
(2)　顧客のニーズ（第2，3，4問）
(3)　ターゲットとなりそうな顧客層（第3，4問）
(4)　活用できそうな経営資源（第3，4問）
(5)　従来から行われているマーケティング施策や新施策のヒント（第2，3，4問）

（3）与件の情報と設問の対応づけ

与件文から探したい情報と，与件文中の該当箇所の対応は次のとおりです。

項番	与件文から探したい情報	該当箇所
(1)	＜顧客＞ ＜競合＞ ＜自社＞ 　①Strength：強み 　②Weakness：弱み	第4，5，8，9，10段落 第10段落 ①第11，12段落 ②第10，13段落
(2)	顧客のニーズ	第13，15，16段落
(3)	ターゲットとなりそうな顧客層	第12，14，15段落
(4)	活用できそうな経営資源	第16，17，18，19，20段落
(5)	従来から行われているマーケティング施策や新施策のヒント	①従来：第15段落 ②新施策：第16，18，19，20，21段落

（4）全体を通して

【配点と解答戦略】

各設問の配点・解答文字数は以下のとおりです。

設問番号	主題	配点	解答文字数	10文字当たり配点
第1問	B社の現状に関する3C分析	30点	150字	2.0点
第2問	護者の金銭的負担を軽減するプライシングについての助言	20点	100字	2.0点
第3問	女子軟式野球チームメンバー獲得のためのプロモーションやイベントについての助言	20点	100字	2.0点
第4問	顧客関係性強化のためのオンライン・コミュニケーションを活用したマーケティング施策についての助言	30点	150字	2.0点
全体		100点	500字	2.0点

　今回は，前年度同様の4問構成となりました。設問構成は，第1問で3C分析を行い，それ以降の設問で具体的な施策を助言する，というオーソドックスなものです。

　第1問の3C分析で，B社内外の経営環境の分析を求められました。第2問は「プライシング・販売方法の提案」，第3問「女子軟式野球チームメンバーの獲得」，第4問は「顧客関係性強化のためのWeb活用」に関する設問であることを鑑みると，第2問は自社の弱みや顧客の課題を解決すること，第3，4問は自社の強みを現在ある経営資源で生かすことが必要だと考えられます。

　総解答文字数は，前年度と同様に500字でした。与件文の長さは前年度の2,630字から大きく増加し，3,032字でした。これは令和3年度と同等の分量ですが，一瞬戸惑った受験生も多かったかもしれません。筆者は与件文に段落番号を振っていくのですが，全部で22段落まであり，とても焦った記憶があります。与件文が長くなったため，情報処理に時間がかかることに気をつけましょう。解答の優先順位付けやタイムマネジメント等の解答戦略

が重要であったと考えます。

　特に第1問に関しては，例年難易度はそれほど高くなく与件抜出し型であるため，3C（Customer：顧客，Competitor：競合，Company：自社）を与件文から読み取り，確実に解答したいところです。筆者の場合，配点はあまり意識せず，どの問題でも満遍なく点数が取れるようにすることを意識していました。特に事例Ⅱは近年4問で構成されていることが多く，どれかで大コケすると挽回が難しくなるからです。確実に取りこぼさないご自身の型を作っていきましょう。

　そのために重要なことは，あまり難しいことを考えずに，各設問に関する記載周辺にヒントとなる記述がないかを素直に見つけることです。事例Ⅱには，一見すると「それが設問で問われている施策そのものでは？」という記述も多いものです。疑わずに直に与件文の記述やヒントに従いましょう。また，よく言われることですが，協業に関する設問は最終問題などに多く見られますが，協業先は与件文の前半に書かれていることも多いです（B社の周辺の説明が書かれているあたりなど）。何に使えるかわからない，けれども「与件文の気になる部分」もマークしておくことが必要になります。

【解答自信度】

65%

　前年度までと異なり，新型コロナウイルスに関する影響は考慮しなくてよい問題となりました（特に明記はされていないが，新型コロナウイルスに関連するような記載が一切ない）。スポーツ用品店と少年野球・女子軟式野球チームとそのメンバー（保護者を含む）という登場人物で，野球の経験やそもそも野球に興味や関心がない人には馴染みがなかった内容かもしれません。実際，筆者も幼少期にそのような経験もなく，子どもにスポーツを習わせた経験もないため，あまり知らない業界の話でした。

　ただし，与件文の内容は平易で，顧客のニーズや課題およびB社の抱える課題や今後の方向性についてはわかりやすかったといえます。しかし，分量が非常に多く，情報処理に時間を取られてしまった受験生も少なくなかったかもしれません。

　第1問に関しては，前年度に引き続き3C分析が出題されました。また，独特だったのは第2問です。与件文にはほとんどヒントがないなか，「プライシングの新しい流れを考慮して」という問題が出されました。中小企業診断士たるもの，世の中の時流はきちんと把握しておく必要がある，という出題者の意図でしょうか？　SNSやスマートフォンアプリを活用した具体的な施策を提案する必要があったこと（第4問）も今どきな問題であったといえます。

【使える解法テクニック（『全知識』事例Ⅱ）】

■テクニック1

　事例のほとんどは課題設定型なので，強みと機会を特に注視する

■テクニック2

　まず与件文から解答に盛り込めそうな経営資源をすべてチェック（ピックアップ）しておく

■テクニック4

　戦略のほとんどは市場浸透戦略で，顧客や地元（第1次商圏）との関係性強化が進むべき道

■テクニック6

　あるいは，施策そのものの記載は最小限にし，与件文の「因」から設問の意図の「果」への因果関係や，望ましい経営状態としての期待効果等について書け

■テクニック7

　最終問題は，経営者の想いや地域のニーズを満たす解答を求められることが多いので，設問文に明記されなくても意識すること

　逆に，経営者が「今は想定していないこと」は絶対に提案しない！（たとえば，追加コストは考えていない，設備交換は考えていない，価格上昇は考えていない，など）

■テクニック8

　与件文に書いてあることをそのまま丁寧に抜き出す問題が多い。複雑に考えるな！　ただの国語。かなり当たり前な解答もOK（たとえば，「売上向上」といった当たり前の期待効果であっても忘れずに解答に書くこと）

■テクニック9

　業態別戦略

　①小売業：分野特化「この分野だけはどこにも負けない」

■テクニック11

　与件文は「オウム返し」！　書いてある言葉をそのまま活かす。その際に「出題者が解答してほしいキーワード」であることを意識することで「＋αの得点」を狙う。

　特に，図や注釈等の資料は，「解答作成の制約条件」と捉え，必ず活かす！

■テクニック12

　詰め込み

　きれいな解答を書く必要はない。キーワードと見極めたものは，制限字数内に優先順位順に詰め込むことで，少しでも得点を稼ぐ。ただし，因果関係はおろそかにしないこと

■テクニック14

　顧客のニーズや経営者の想いには必ず応える

■テクニック15

　施策の助言を問われたら，「誰に・何を・どのように・効果」のフレームワークを活用する

【知っておきたい考え方のトレンド（『全知識』事例Ⅱ）】

■トレンド 1

　とにかく顧客との接点を増やし，関係を深めることが大切

■トレンド 2

　固定客（リピーター客）化し，さらに口コミを誘発して新規顧客を獲得する

■トレンド 5

　顧客の価値観を最も大切に考えろ！　年齢や性別は古い，生活スタイルが重要

【事例Ⅱ】

2. 与件分析とSWOT分析

（1）実際の与件文チェック

B社は資本金500万円，従業者数は2代目社長を含めて8名（うちパート3名）で，スポーツ用品の加工・販売を行っている。現在の事業所は，小売1店舗（ユニフォームなどの加工，刺しゅうを行う作業場併設）である。取扱商品は野球，サッカー，バスケットボールやバレーボールなどの球技用品，陸上用品，各種ユニフォーム，ジャージーなどのトレーニング用品，テーピングやサポーターなどのスポーツ関連用品などである。また，近隣の公立小中学校の体操服や運動靴も扱っている。

B社はX県の都市部近郊に立地する。付近にはJRと大手私鉄が乗り入れている駅があり，交通の便がよいため，住宅街が広がり，戸建てやアパート，マンションなどから構成されている。駅前は商店が多く，スーパーを中心に各種専門店や飲食店などがあり，買い物も便利でにぎわっている。

また，B社のある町の中には幹線道路が通っていて，自動車での移動も便利である。すぐ近くには大きな河川があり，河川敷がスポーツ施設として整備され，野球場，サッカー場，多目的広場などがある。近隣の強豪社会人野球チームがここを借りて練習しているということで地域住民の野球熱が高く，野球場の数も通常の河川敷に比べるとかなり多い。

B社は1955年にこの地で衣料品店として，初代社長である，現社長の父が開業した。1960年代から付近の宅地開発が始まり，居住者が急激に増えた。同時に子どもの数も増えてきたため，公立小中学校が新たに開校し，公立小中学校の体操服や運動靴を納品する業者として指定を受けた。この際，体操服に校章をプリントしたり，刺しゅうでネームを入れたりする加工技術を初代社長が身に付けて，この技術が2代目社長にも継承されている。

子どもの数が増えてきたことと，河川敷に野球場が整備されたこと，さらにはプロ野球の人気が高まってきたことなどがあり，1970年代初頭から少年野球チームがこ

与件文チェック

→B社の事業内容

→B社は販売だけでなく，加工や刺繍なども自社で行える。

→近隣の小中学校の指定用品も扱っているということは，経営的にある程度安定した部分がある。

→立地

→立地の特徴

→立地の特徴

→立地の特徴

→立地の特徴

→周りにスポーツをできる環境が整備されている。

→顧客や協業の可能性

→B社にとってのプラス要因

→B社の過去の業種

→顧客（過去に関する記述だが，現在も継続している）

→顧客の可能性

の地域で相次いで設立された。初代社長の知り合いも<u>少年野球チームを設立し，Ｂ社はユニフォームや野球用品の注文について相談を受けた</u>。ユニフォームについては衣料品の仕入れルートから紹介を受けて調達し，自店舗の作業場でチーム名や背番号の切り文字の切り抜き，貼り付け加工をすることができた。また，<u>ユニフォームの調達を通じて野球用品の調達ルートも確保できた</u>。1970年代初頭，まだ付近にはスポーツ用品を扱う店舗がなかったため，複数の少年野球チームから野球用品の調達について問い合わせを受けるようになり，ちょうど事業を承継した2代目社長は<u>ビジネスチャンスを感じ，思い切って衣料品店をスポーツ用品店に事業転換することとした</u>。

→ 顧客（過去に関する記述だが，現在も継続している）

→ Ｂ社の仕入れについて

→ Ｂ社が現在の店舗（業態）になった過去の背景

【事例Ⅱ】

　1970年代から1980年代までは少年野球が大変盛んであり，子どもの数も多く，毎年多くの小学生が各少年野球チームに加入したため，4月と5月には新規のユニフォームや野球用品の注文が殺到した。

　<u>低学年から野球を始めた子どもは，成長に伴って何度か，ユニフォーム，バット，グラブ，スパイクといった野球用品を買い替えることになる</u>。Ｂ社は各少年野球チームから指定業者となっていたので，こうした買い替え需要を取り込むことに成功しており，また，チームを通さなくても個別に買い物に来る顧客を囲い込んでいた。さらに，年間を通じて，各チームに対してボール，スコア表，グラウンドマーカー（ラインを引く白い粉）などの納入もあった。

→ 児童がスポーツ（野球）を行う際の特徴

　<u>1990年代初頭にはＪリーグが開幕し</u>，河川敷にサッカー場も整備され，今度は急激に少年サッカーチームが増えたため，Ｂ社はサッカー用品の品揃えも充実させ，<u>各少年サッカーチームとも取引を行うように事業の幅を広げていった</u>。

→ 時代背景（Ｂ社にとっては追い風となる可能性）

→ 顧客の拡大

　子どもたちのスポーツ活動が多様化してきたので，バスケットボールやバレーボールなどの球技用品，陸上用品などの扱いにも着手し，<u>中学校の部活動</u>にも対応できるように取扱商品を増やしていった。

→ 顧客

　しかし，2000年代に入ると，付近に<u>サッカーやバスケ</u>

ットボール用品の専門店が相次いで開業し，過当競争に
なった。これらの専門店と比べると，B社は品揃えの点
で見劣りがしている。また，数年前には自動車で15分ほ
どの場所に，大型駐車場を備えてチェーン展開をしてい
る大型スポーツ用品量販店が出店した。その量販店で
は，かなり低価格で販売されているため，B社は価格面
で太刀打ちができない。

　そこでB社は，品揃えと提案力に自信のある野球用品
をより専門的に取り扱っていくこととした。

　古くから取引がある各少年野球チームは，B社の各種
有名スポーツブランド用品の取り揃え，ユニフォーム加
工技術や納品の確かさ，オリジナルバッグなどのオリジ
ナル用品への対応力，子どもたちの体格や技術に応じた
野球用品の提案力などについて高く評価しており，チー
ムのメンバーや保護者には，引き続きB社からの購入を
薦めてくれている。

　ユニフォームやオリジナル用品などは，各チームに一
括納品できる。しかし，メンバーの保護者から，価格面
でのメリットなどを理由に，大型スポーツ用品量販店で
汎用品の個別購入を希望された場合，各チームの監督と
もB社で購入することをなかなか強く言えなくなってい
る。

　また，成長に伴う買い替えや，より良い用品への買い
替えも保護者には金銭的な負担となっていて，他の習い
事もあり，買い替えの負担を理由に野球をやめてしまう
子どもたちもいるということでB社は相談を受けていた。

　さらに，野球をやりたいという子どもの確保も各チー
ムの課題となっている。従来のようにポスターを貼った
りチラシを配布したりするといった募集活動に加え，
SNSを用いた募集活動への対応がある。また，女子の軟
式野球が盛んになってはいるものの，まだまだ少ない女
子の参加希望者を増やしていくことも課題である。どの
チームも女子のメンバー獲得に苦しんでいる。

　他には，チームやそのメンバーのさまざまなデータ管
理についても，たとえばスマートフォンを使って何かで
きないかとB社は相談を受けていた。

94

→競合
→自社（弱み）

→競合

→自社（弱み）

→自社（強み）

→自社（強み）

→B社の弱み，顧客が離れていく理由

→顧客の課題，ニーズ

→従来からのメンバー集めの方法

→メンバー獲得に対して，チームがや
　りたいこと

→第3問に関連。女子メンバーは男子
　メンバーと同じ方法では集まらない。

→チームがやりたいこと
→スマホを活用するヒント

　2代目社長は，ICT企業に勤めている30代の長男がB社を事業承継する決意をして戻ってくるのを機に，次のような事業内容の見直しをすることとした。　　　　　→ここ以降，ヒントが始まる。

　第1に，総合的なスポーツ用品を扱いながらも，1970年代に事業転換したときからの強みである，野球用品の　　→強みの強化
強化をさらに進める。特に子どもたち一人一人の体格や技術，特性に応じた商品カスタマイズの提案力をより強　　→強みの強化の具体的な方法
化することで，大型スポーツ用品量販店との差別化を図る。

　第2に，各少年野球チームの監督とのより密接なコミュニケーションを図り，各チームのデータ管理，メン　　→チームやその保護者との関係性強化，
バーや保護者の要望の情報把握，および相談を受けた際　　ニーズを満たす手法
のアドバイスへの対応を進める。また，用品に関する買　　→野球用品の費用面での解決策
い替えなどの多様なニーズに応えるいくつかの販売方法
を導入する。

　第3に，女子の軟式野球が盛んになってきたことに着　　→女子向けの野球用品には男子向けと
目し，女子メンバー獲得に苦しんでいるチームを支援　　異なるものがあるし，その提案方法
し，女子向けの野球用品の提案力を高め，新規顧客とし　　も検討する必要がある。
ての女子チームの開拓を行う。　　　　　　　　　　　　→B社は今後，女子メンバーへの販売
　　　　　　　　　　　　　　　　　　　　　　　　　　　にも本腰を入れたい。

　第4に，インターネットの活用の見直しである。現在　　→B社の現在のホームページの活用方法
は店舗紹介のホームページを設けている程度である。今後，このホームページにどのような情報や機能を搭載すべきか，また，SNSやスマートフォンアプリの活用方法　　→B社はこういうことがやりたい。
についても検討し，顧客との関係性強化を考えている。

　B社社長は，自社の強みを生かせる新たな事業展開ができるよう，中小企業診断士に助言を求めた。

第1問（配点30点）　　　　　　　　　　　　　　　→現在のことを聞かれている。
　B社の現状について，3C（Customer：顧客，Competitor：競合，Company：自社）分析の観点から150　→3C分析を行う。
字以内で述べよ。

第2問（配点20点）
　低学年から野球を始めた子どもは，成長やより良い用　　→小さいときから野球をしている。
品への願望によって，ユニフォーム，バット，グラブ，スパイクといった野球用品を何度か買い替えることにな

【事例Ⅱ】

るため，金銭的負担を減らしたいという保護者のニーズ　→用品の買い替えに対し，保護者に金
が存在する。　　　　　　　　　　　　　　　　　　　　銭的負担軽減のニーズがある。

　　B社は，こうしたニーズにどのような販売方法で対応　→最近よく聞く「プライシング」。サブス
すべきか，プライシングの新しい流れを考慮して，100　クかフリマ販売のようなものを想像
字以内で助言せよ（ただし，割賦販売による取得は除　→「誰に，何を，どのように」
く）。　　　　　　　　　　　　　　　　　　　　　　　→制約条件

第3問（配点20点）　　　　　　　　　　　　　　　→女子メンバーを集める記載を与件文
　　女子の軟式野球チームはメンバーの獲得に苦しんでい　から探す必要がある。
る。B社はメンバーの増員のために協力することになっ　→B社がメンバー集めを行う。強みは
た。そのためにB社が取るべきプロモーションやイベン　生かせるか。
ト について，100字以内で助言せよ。　　　　　　　　→このようなものを提案する（ヒント）。
　　　　　　　　　　　　　　　　　　　　　　　　　　→「誰に，何を，どのように」

第4問（配点30点）　　　　　　　　　　　　　　　→顧客生涯価値（LTV）向上を目指
　　B社社長は，長期的な売上げを高めるために，ホーム　している。
ページ，SNS，スマートフォンアプリの開発などによる　→Webマーケティングを活用
オンライン・コミュニケーションを活用し，関係性の強　→関係性強化を図れる施策を提案する
化を図ろうと考えている。誰にどのような対応をとるべ　必要がある。
きか，150字以内で助言せよ。　　　　　　　　　　　　→「誰に，何を，どのように，効果」を
　　　　　　　　　　　　　　　　　　　　　　　　　　意識
　　　　　　　　　　　　　　　　　　　　　　　　　　→「誰に，何を，どのように」

（2）SWOT分析

事例企業をよく理解するためには，与件文を読む際に，事例企業のSWOT分析を行いながら読むことが有効です。

具体的には，与件文を読みながら，内部環境の強み（S）と弱み（W），外部環境の機会（O）と脅威（T）をマーキングしていきます（必要に応じて，SWOTに分けて余白欄にマトリクスを描くこともあります）。

一般に，強みを機会に注ぐ方向を企業の進むべき経営戦略の方向性と捉え，弱みと脅威を克服できるかを考えながら最終的な企業ビジョンを導きます。

【事例Ⅱ】

【B社のSWOT分析】

S（強み）	W（弱み）
・品揃えと提案力に自信のある野球用品 ・近隣の公立小中学校の体操服や運動靴を扱っており，中学校の部活動（バスケットボール，バレーボール，陸上など）にも対応 ・野球の各種有名スポーツブランド用品の取り揃え，ユニフォーム加工技術や納品の確かさ，オリジナルバッグなどのオリジナル用品への対応力，子どもたちの体格や技術に応じた野球用品の提案力 ・ユニフォームなどの加工，刺しゅうを行う作業場を店舗に併設	・（サッカーやバスケットボール用品の）専門店と比べると，品揃えの点で見劣りしている ・（チェーン展開をしている大型スポーツ用品量販店には）価格面で太刀打ちできない
O（機会）	T（脅威）
・B社のある町の河川敷はスポーツ施設として整備され，野球場，サッカー場，多目的広場などがある ・メンバー集めに苦慮しているものの，女子の軟式野球が盛んになってはいる	・付近にサッカーやバスケットボール用品の専門店が相次いで開業し，過当競争になった ・自動車で15分ほどの場所に，大型駐車場を備えてチェーン展開している大型スポーツ用品量販店が出店し，かなり低価格で販売している

3. 各問題の分析と活用できるノウハウ

第1問（配点30点）

B社の現状について，3C（Customer：顧客，Competitor：競合，Company：自社）分析の観点から150字以内で述べよ。

●問題の類型

90％与件抜出し型＋10％与件類推型

●解答の自信度

| 70% | →与件抜出しで対応できる問題である一方，与件文に解答要素が多く，特に自社の強みや弱み・競合に関する記載が冗長になりそうな記述が多いため，コンパクトにまとめることを意識しました。よくSWOT分析（3C分析）の設問は「最後に回して，第2問目以降と整合性を取る」といわれますが，筆者の場合は最初にB社に関する情報を整理するため，一番に取り組んでいました。また，本問は30点と配点が高いわりに難易度は高くないことから，落ち着いて時間をかけずに取り組める最初に解くほうがよいと思います。

3C分析ということで，与件文から漏れなく3Cに関わる情報を探していきます。「顧客，競合，自社」についてですが，自社についての記述は強みと弱みの両側面を書きたいため，それぞれを単純に3分の1ずつ，というよりは自社の記述が若干多くなるように，顧客・競合は単語で羅列できるように意識しました。

●与件文のチェックと解答の構築

与件文を読みながら，3Cの要素となりそうな記述を広く拾い出しました。編集に時間をかけず，なるべく単語の羅列となるよう150字以内にまとめました。

① Customer：顧客

第1段落：「近隣の公立小中学校の体操服や運動靴も扱っている」

第5段落：「少年野球チームを設立し，B社はユニフォームや野球用品の注文について相談を受けた」

第5段落：「複数の少年野球チームから野球用品の調達について問い合わせを受けるようになり」

第8段落：「少年サッカーチームとも取引を行うように事業の幅を広げていった」

第9段落：「中学校の部活動にも対応できるように取扱商品を増やしていった」

第12段落：「古くから取引がある各少年野球チームは，（中略），チームのメンバーや保護者には，引き続きB社からの購入を薦めてくれている」

第18段落：「総合的なスポーツ用品を扱いながらも，1970年代に事業転換したときから
　　　　　の強みである，野球用品の強化をさらに進める」

　以上から，「顧客」は，要素を列挙する形で「顧客は小中学校，中学校の部活動，地元の
少年野球・サッカーチームとそこに所属する選手・保護者。」としました。

②　Competitor：競合

第10段落：「2000年代に入ると，付近にサッカーやバスケットボール用品の専門店が相
　　　　　次いで開業し」

第10段落：「数年前には自動車で15分ほどの場所に，大型駐車場を構えてチェーン展開
　　　　　をしている大型スポーツ用品量販店が出店した」

　以上から，「競合」は，B社の競合となっている順に列挙し，「競合は付近のサッカーや
バスケットボール用品の専門店，チェーンの大型スポーツ用品量販店。」としました。

③　Company：自社

［1．強み（S）について］

第11段落：「そこでB社は，品揃えと提案力に自信のある野球用品をより専門的に取り
　　　　　扱っていくこととした」

第12段落：「古くから取引がある各少年野球チームは，B社の各種スポーツブランド用品
　　　　　の取り揃え，ユニフォーム加工技術や納品の確かさ，オリジナルバッグなど
　　　　　のオリジナル用品への対応力，子どもたちの体格や技術に応じた野球用品の
　　　　　提案力などについて高く評価しており」

［2．弱み（W）について］

第10段落：「（サッカーやバスケットボール用品の）専門店と比べると，B社は品揃えの
　　　　　点で見劣りがしている」

第10段落：「（大型スポーツ用品量販店に対して）Bは価格面で太刀打ちができない」

第13段落：「メンバーの保護者から，価格面でのメリットなどを理由に，大型スポーツ用
　　　　　品量販店で汎用品の個別購入を希望された場合，各チームの監督ともB社で
　　　　　購入することをなかなか強く言えなくなっている」

　強み・弱みともに，与件文における記述が長いため，要点を絞って記載することにしま
した。強みのポイントは「野球用品の品揃え」と「B社の加工技術や提案力」としました。
弱みのポイントは「（野球以外のスポーツ用品においては）品揃えの点で見劣りがしてい
る」と「価格面（高価)」に絞りました。

　以上から，「自社」は，強みと弱みの両面から，「自社は野球用品の品揃えに強み，加工
技術や提案力等に定評があり，サッカー等では専門店に品揃え面で，大型店には価格面で
劣る。」としました。

【模範解答】

顧	客	は	小	中	学	校	，	中	学	校	の	部	活	動	，	地	元	の	少
年	野	球	・	サ	ッ	カ	ー	チ	ー	ム	と	そ	こ	に	所	属	す	る	選
手	・	保	護	者	。	競	合	は	付	近	の	サ	ッ	カ	ー	や	バ	ス	ケ
ッ	ト	ボ	ー	ル	用	品	の	専	門	店	，	チ	ェ	ー	ン	の	大	型	ス
ポ	ー	ツ	用	品	量	販	店	。	自	社	は	野	球	用	品	の	品	揃	え
に	強	み	，	加	工	技	術	や	提	案	力	等	に	定	評	が	あ	り	，
サ	ッ	カ	ー	等	で	は	専	門	店	に	品	揃	え	面	で	劣	り	，	大
型	店	に	は	価	格	面	で	劣	る	。									

●活用できるノウハウ

『全知識』事例Ⅱ　Ⅰ．代表的 SWOT 項目

　　　　　　　　　１．大枠戦略検討　（１）SWOT 分析

　　　　　　　　　２．競争戦略

　　　　　　　　　３．市場細分化（標的市場の選定）

第2問（配点20点）

　低学年から野球を始めた子どもは，成長やより良い用品への願望によって，ユニフォーム，バット，グラブ，スパイクといった野球用品を何度か買い替えることになるため，金銭的負担を減らしたいという保護者のニーズが存在する。

　B社は，こうしたニーズにどのような販売方法で対応すべきか，プライシングの新しい流れを考慮して，100字以内で助言せよ（ただし，割賦販売による取得は除く）。

●問題の類型

30％与件抜出し型＋20％与件類推型＋50％アイデア出す型

●解答の自信度

[70%] →顧客のニーズに対し，「プライシングの新しい流れを考慮して」どのような販売方法で対応すべきか，を解答する問題です。与件内には，子どもの成長に伴い野球用品の買い替えが必要なことや金銭的な負担を理由に競合（他の習い事など）へ流れてしまう顧客の情報はありますが，これは設問文と同じような情報であまりヒントになりません。

設問内の「プライシングの新しい流れ」をヒントに施策を類推する必要があります。筆者は試験勉強のときに「サブスクリプション」に関する問題を解いたこともあり，サブスクリプションサービスか，メルカリや2nd Streetのような中古品販売で金銭を得て，買い替え時のプラスにすることを考えました。しかし，中古品販売は昔からある手法のため，ここは「サブスクリプション」だと決定しました。

●与件文のチェックと解答の構築

「誰に・何を・どのように・効果」のフレームワークのうち，「誰に」と「何を」は設問文に記述されているため，「何を」「どのように」に対する記述が重要と判断しました。

［1．顧客のニーズ・悩み＝効果］

・第13段落に「価格面でのメリットなどを理由に，大型スポーツ用品量販店で汎用品の個別購入を希望された場合，各チームの監督ともB社での購入をなかなか強く言えなくなっている」とあります。

・第14段落に「成長に伴う買い替えや，より良い用品への買い替えも保護者には金銭的な負担となっていて，他の習い事もあり，買い替えの負担を理由に野球をやめてしまう子どもたちもいるということでB社は相談を受けていた」とあります。

・これらの記述により，保護者の金銭的負担は野球継続の障害となっていることがわかります。そのため，保護者の金銭的負担を軽減するような施策の提案が必要となります。

［2．誰に］

ここはシンプルに「保護者」でよいと判断しました。

［3．何を・どのように］

・ここで「新しいプライシングの流れ」について考える必要があります。ただし，設問文には「割賦販売による取得は除く」とあるため，これは除外します。

・最近よく見る，または最近出てきたプライシングは何か，それは金銭的な負担を軽減するものだと考えたとき，これは筆者の場合は受験勉強時代に解いた問題や日常のニュースなどに考えをめぐらせ，「サブスクサービスは金銭的負担が減らせる，月々の安価で商品やサービスが使える」というメリットを思い出しました。また，ニュースやネット記事でも「サブスクサービス」がたくさん紹介されています。このことから，これが解答のポイントではないか，と考えました。

・もう1つ，これは報道番組で見ましたが，「中古品市場が熱い」というものです。ただ，中古品販売は昔からある手法のため，これはこの設問にはふさわしくない，と判断しました。

・サブスクリプションサービスだと思いついて，「サブスクリプションサービスで提供する」とだけ書くと，ものすごく文字数が余ってしまいます。そのため，サブスクの基本的な説明や施策の詳細を記載することにしました。「複数の用品ごとの月々の料金設定」があり，セットで割安になるプランがあれば，さらに保護者にもまたB社にもメリットがあると考え，それも施策の一部としました。

・また，子どもの成長に合わせての野球用品の買い替えが負担となっていることから，サイズ変更も可能である，という条件も追加しました。

　以上より，「保護者のニーズに対し，野球用品の種類に応じて月々定額で利用可能で，子の成長に応じ用品のサイズを変更可能とし，セット割も可能なサブスクリプションサービスを提供することで，保護者の金銭的負担を軽減する。」という解答を作成しました。

【模範解答】

保	護	者	の	ニ	ー	ズ	に	対	し	，	野	球	用	品	の	種	類	に	応
じ	て	月	々	定	額	で	利	用	可	能	で	，	子	の	成	長	に	応	じ
用	品	の	サ	イ	ズ	を	変	更	可	能	と	し	，	セ	ッ	ト	割	も	可
能	な	サ	ブ	ス	ク	リ	プ	シ	ョ	ン	サ	ー	ビ	ス	を	提	供	す	る
こ	と	で	，	保	護	者	の	金	銭	的	負	担	を	軽	減	す	る	。	

●活用できるノウハウ
　『全知識』事例Ⅱ　1．大枠戦略検討　（3）顧客囲い込み戦術
　　　　　　　　　14．Price①　価格設定
　　　　　　　　　16．Price③　メニュー選択式価格設定
　　　　　　　　　32．4C

第3問（配点20点）

　女子の軟式野球チームはメンバーの獲得に苦しんでいる。B社はメンバーの増員のために協力することになった。そのためにB社が取るべきプロモーションやイベントについて，100字以内で助言せよ。

【事例Ⅱ】

●問題の類型

40％与件抜出し型＋20％与件類推型＋40％アイデア出す型

●解答の自信度

60% →助言系の問題であるため，「誰に・何を・どのように・効果」のフレームワークを活用しました。本問は，女子軟式野球チームのメンバー集めの施策が問われています。女子のメンバーが集まらない理由は何かを類推する必要があると考えました。男子との違いや，（一般的な）女子特有の傾向などを想定しました。その結果，筆者は「女子がスポーツを習うことに対する，何かしらの心理的ハードルがある」と考えました。ジェンダーに関する区別はタブーとされている昨今ですが，あえていうと「男子はスポーツを習うのが一般的」という認識があるなか，女子がスポーツを習うことはそれほど一般的でないような印象を受けます。女子からすると「ハードそう」「おしゃれじゃない」「周りの子がやっていない」などの先入観があるのではないでしょうか？　これを払拭するような施策の提案が必要と考えました。

　また，これまで行われてきた施策は助言から外す必要があり，そちらも確認しました。

　これ以降は，与件文のヒントからアイデアを出していきます。SNSの記述が「いかにも」なという雰囲気があり，これは使うべきと判断しました。また，設問文に「イベント」とあるため，「何かイベントを行え」という出題者からのヒントと考えました。

●与件文のチェックと解答の構築

　「誰に・何を・どのように・効果」のフレームワークのうち，「何を」「どのように」をメインに記述することを意識しました。効果は先ほど考えた「心理的ハードルを下げる」とし，「誰に」は「女児とその保護者」と設定しました。

　［1．誰に］

　前述のとおり，「女児とその保護者」ですが，全く野球に興味のないターゲットに対しては効果も得られないと考え，「軟式野球に興味がある」という点を追加しました。

　［2．何を・どのように］

・第15段落に「従来のようにポスターを貼ったりチラシを配布したりするといった募集活動」との記述があることから，この従来からの方法ではうまくいっていないことがわか

ります。

- 第15段落に「SNSを用いた募集活動への対応がある」とあり、これは施策に使え、というメッセージだと判断しました。SNSで女児やその保護者（習い事関係のため、主には母親と考えました）が馴染みがあるものはInstagramではないでしょうか？　軟式野球チームがある程度キラキラした「野球って実はこんなに楽しくて、おしゃれで映える」というような投稿をすることをイメージしました。SNSであれば、気軽につながることも可能で、ターゲットの心理的ハードルは下がりそうです。

- 第3段落に「河川敷がスポーツ施設として整備され、野球場、サッカー場、多目的広場などがある」とあることから、ここで体験会や野球教室のようなイベントをすればよいのではないかと判断しました。近隣には強豪の社会人野球チームもありますし、休日のイベントにも良さそうです。軟式野球を身近なものと捉えてもらうのにもよいと判断しました。

- 第20段落に「女子向けの野球用品の提案力を高め、新規顧客としての女子チームの開拓を行う」とあることから、男子向けとは商品が異なるものもありそうです。特にバッグや練習用のTシャツ、靴などは女子が好みそうなカラーリングや装飾が施されたものがありそうです。ここからこれを試着するイベントなどはどうか、という施策を考えました。試着した我が子の可愛い様子をSNSに投稿する保護者の姿もイメージがつきました。ここで、なんとなく「野球って地味」という女子や保護者のイメージを変えることも可能そうです。

　　以上より、「軟式野球に興味がある女児や保護者に対し、SNSでクラブチームと繋がりを作り、情報を提供し、軟式野球の教室や体験入部を開催し、女児向けユニフォームの試着会を行い、軟式野球への心理的ハードルを下げる。」という解答を作成しました。

【模範解答】

軟	式	野	球	に	興	味	が	あ	る	女	児	や	保	護	者	に	対	し	、
SN	S	で	ク	ラ	ブ	チ	ー	ム	と	繋	が	り	を	作	り	、	情	報	を
提	供	し	、	軟	式	野	球	の	教	室	や	体	験	入	部	を	開	催	し
女	児	向	け	ユ	ニ	フ	ォ	ー	ム	の	試	着	会	を	行	い	、	軟	式
野	球	へ	の	心	理	的	ハ	ー	ド	ル	を	下	げ	る	。				

●活用できるノウハウ ────────────────────────────

『全知識』事例Ⅱ　　1．大枠戦略検討　（1）SWOT 分析，（5）新市場選択戦略

　　　　　　　　　19．口コミ（プル戦略2）

　　　　　　　　　20．Promotion ③　ホームページ，SNS など

　　　　　　　　　22．Promotion ⑤　具体的な Promotion 案

　　　　　　　　　24．IT

　　　　　　　　　30．地域資源の活用

【事例Ⅱ】

第4問 (配点30点)

　B社社長は，長期的な売上げを高めるために，ホームページ，SNS，スマートフォンアプリの開発などによるオンライン・コミュニケーションを活用し，関係性の強化を図ろうと考えている。誰にどのような対応をとるべきか，150字以内で助言せよ。

●**問題の類型**

　30％与件・設問抜出し型＋40％与件・設問類推型＋30％アイデア出す型

●**解答の自信度**

　50%　→助言系の問題であるため，「誰に・何を・どのように・効果」のフレームワークを活用しました。長期的な売上を高めるためのオンライン・コミュニケーションを活用した施策を問われています。

　　　　活用する媒体はホームページやSNS，スマホアプリというヒントがありますが，それ以外は「誰に」「どのように」すればいいかは与件文から顧客のニーズや自社の強みを生かした施策を考える必要があります。施策は無限大に考えられるといっても過言ではないため，ポエムにならないように，なるべく与件文から解答のヒントを拾ってくるようにしました。

●**与件文のチェックと解答の構築**

　「誰に・何を・どのように・効果」のフレームワークのうち，「効果」は「顧客との関係性強化」が設問文から与えられているため，残りの3つに対して検討する必要があります。この中で，まずは「誰に」を設定する必要があると判断しました。あとは与件文から，施策の「何を」「どのように」のヒントとなるようなものを探してきます。

〔1．誰に〕

　顧客となる人物が主なターゲットであるため，「野球チーム」と「メンバーやその保護者」と考えました。けれどもそれで十分でしょうか？　ここからはポエムに近くなるかもしれませんが，野球人口の裾野を広げることや，少年野球やアマチュア野球への貢献も顧客生涯価値（LTV）や顧客との関係性強化，愛顧向上のためには重要と判断し，少年野球に関わる人たちやその周囲の人全体もターゲットとすべきと考えました。ステークホルダーへの関わり，というイメージです。

〔2．何を・どのように〕

　「何を・どのように」はターゲットごとに分けて検討しました。

＜野球チーム＞

・第16段落に「チームやそのメンバーのさまざまなデータ管理についても，たとえばスマートフォンを使って何かできないかとB社は相談を受けていた」，そして第19段落に「各少年野球チームの監督とのより密接なコミュニケーションを図り，各チームのデータ管理，（中略），および相談を受たけ際のアドバイスへの対応力を進める」とあります。

・第12段落に「オリジナルバッグなどのオリジナル用品への対応力」とあり，チームが一括して購入する品物があることがわかります。

・そのため，スマホを利用し，データ管理ができたり，オンラインで注文できたりする仕組みで利便性を高めることが必要と判断しました。

＜メンバーやその保護者＞

・メンバーやその保護者のニーズは明確には与件文に記載がありません。ただ，第19段落にB社の事業内容の見直しとして「メンバーや保護者の要望の情報把握（中略）を進める」とあります。これを実現するにはメンバーや保護者と密につながる必要があります。

・さらに，保護者としては子どもの成長や野球チームでの様子が知りたいのではないか，と考えました。

・第12段落に「子どもたちの体格や技術に応じた野球用品の提案力などについて」とあり，個別に子どもの成長に合わせた提案ができれば，保護者の満足度も上がると判断しました。また買い替えをさせることで売上も上がります。

・これらをスマートフォンアプリでできるような仕組みの構築をイメージしました。

＜野球に関わる人全体＞

・ここは与件文にはあまり記述がありません。そこで与件文の内容から類推し，アイデアを出す必要があります。

・顧客や誰かとの関係性強化といえば「双方向コミュニケーション」ではないでしょうか？　少年野球や草野球を考えると，やはり体作りや効果的な練習方法，そしてどこでどのような試合が開催されているか，どんなチームが活動しているか，などの情報が皆知りたいのではないだろうか，と想像しました。わからないことが質問できるようなコミュニティサイトがあればよいのではないか，と考えました。

　以上より，「チームに対し，アプリでの注文や，選手や戦績のデータ管理を可能とし利便性を高める。チームのメンバーや親に対し，アプリで子供の身体状態や戦績を閲覧可能にし，成長に合わせた商品情報を提供する。野球に関わる人に対し，HPで交流の場を提供し，情報交換を可能にする。これらの施策によって関係性を強化していく。」という解答を作成しました。

【模範解答】

チームに対し，アプリでの注文や，選手や戦績のデータ管理を可能とし利便性を高める。チームのメンバーや親に対し，アプリで子供の身体状態や戦績を閲覧可能にし，成長に合わせた商品情報を提供する。野球に関わる人に対し，HPで交流の場を提供し，情報交換を可能にする。これらの施策によって関係性を強化していく。

● 活用できるノウハウ ──────────

『全知識』事例Ⅱ　1．大枠戦略検討　（1）SWOT分析

19．口コミ（プル戦略2）

20．Promotion③　ホームページ，SNSなど

22．Promotion⑤　具体的なPromotion案

24．IT

執筆：中野　葵（令和5年度本試験合格）

Ⓒ 令和5年度　第2次試験問題

3. 中小企業の診断及び助言に関する実務の事例Ⅲ
14：00〜15：20

＊試験開始前に，次の事項を必ずご確認ください。

　携帯電話やスマートフォン，ウエアラブル端末などの通信機器・電子機器は，机上に置くことも，身に着ける（ポケット等に入れる）ことも，使用することもできません。このことが試験時間中に守られていない場合は，不正行為として対処します。試験開始前に必ず電源を切った上でバッグなどにしまってください。

　スマートウオッチやワイヤレスイヤホンなどの取り扱いも同様です。

注意事項

1. 開始の合図があるまで，問題用紙・解答用紙に手を触れてはいけません。
2. 開始の合図があったら，最初に，解答用紙を開いて受験番号を間違いのないように必ず記入してください。

　　受験番号の最初の3桁の数字（230）は，あらかじめ記入してあるので，4桁目から記入すること。
3. 解答は，黒の鉛筆またはシャープペンシルで，問題ごとに指定された解答欄にはっきりと記入してください。
4. 解答用紙には，受験番号以外の氏名や符号などを記入したり，所定の解答欄以外に記入をしてはいけません。
5. 解答用紙は，必ず提出してください。持ち帰ることはできません。
6. 試験開始後30分間および試験終了前5分間は退室できません。（下記参照）
7. 試験終了の合図と同時に必ず筆記用具を置いてください。試験終了後に記入や修正をしてはいけません。記入や修正をした場合は，不正行為として対処します。

　　解答用紙は広げたまま，受験番号を記入した面を上にして机上に置いてください。
8. 解答用紙の回収が終わり監督員の指示があるまで席を立たないでください。
9. 試験時間中に体調不良などのやむを得ない事情で席を離れる場合には，監督員に申し出てその指示に従ってください。
10. その他，受験に当たっての注意事項は，受験票裏面などを参照してください。

＜途中退室者の方へ＞

　試験開始30分後から終了5分前までの間に退室する場合は，解答用紙と受験票を監督員席まで持参して，解答用紙を提出してから退室してください。問題用紙も，表紙の下部に受験番号を記入した上であわせて提出してください。

　問題用紙は，当該科目の試験終了後に該当する受験番号の席に置いておきますので，必要な方は当該科目の試験終了後20分以内に取りに来てください。それ以降は回収します。回収後はお渡しできません。なお，問題用紙の紛失については責を負いませんのでご承知置きください。

（途中退室する場合は，下の欄に受験番号を必ず記入してください。）

受験番号：

【企業概要】

C社は資本金3,000万円，従業員60名（うちパート従業員40名）の業務用食品製造業である。現在の組織は，総務部4名，配送業務を兼務する営業部6名，最近新設した製品開発部2名，製造部48名で構成されている。パート従業員は全て製造部に配置されている。

C社は地方都市に立地し，温泉リゾート地にある高級ホテルと高級旅館5軒を主な販売先として，販売先の厨房（ちゅうぼう）の管理を担う料理長（以下，販売先料理長という）を通じて依頼がある和食や洋食の総菜，菓子，パン類などの多品種で少量の食品を受託製造している。

高級ホテルの料理人を経験し，ホテル調理場の作業内容などのマネジメントに熟知した現経営者が，ホテル内レストランメニューの品揃えの支援を行う調理工場を標ぼうして1990年にC社を創業した。近年，販売先のホテルや旅館では，増加する訪日外国人観光客の集客を狙って，地元食材を使った特色のあるメニューを提供する傾向が強まっているが，その一方で材料調達や在庫管理の簡素化などによるコスト低減も目指している。そのためもあり，C社の受注量は年々増加してきた。

2020年からの新型コロナウイルスのパンデミックの影響を受け，C社の受注量は激減していたが，最近では新型コロナウイルス感染も落ち着き，観光客の増加によって販売先のホテルや旅館の稼働率が高くなり，受注量も回復してきている。

【生産の現状】

C社の製造部は，生産管理課，総菜製造課，菓子製造課，資材管理課で構成されている。総菜製造課には5つの総菜製造班，菓子製造課には菓子製造とパン製造の2つの班があり，総菜製造班は販売先ごとに製造を行っている。各製造班にはベテランのパートリーダーが各1名，その下にはパート従業員が配置されている。製造部長，総菜製造課長，菓子製造課長（以下，工場管理者という）は，ホテルや旅館での料理人の経験がある。

C社の工場は，製造班ごとの加工室に分離され，食品衛生管理上交差汚染を防ぐようゾーニングされているが，各加工室の設備機器のレイアウトはホテルや旅館の厨房と同様なつくりとなっている。

受注量が最も多い総菜の製造工程は，食材の不用部トリミングや洗浄を行う前処理，食材の計量とカットや調味料の計量を行う計量・カット，調味料を入れ加熱処理する調理があり，鍋やボウル，包丁など汎用調理器具を使って手作業で進められている。

C社の製造は，販売先から指示がある製品仕様に沿って，工場管理者3名と各製造班のパートリーダーがパート従業員に直接作業方法を指導，監督して行われている。

C社が受託する製品は，販売先のホテルや旅館が季節ごとに計画する料理メニューの中から，その販売先料理長が選定する食品で，その食材，使用量，作業手順などの製品仕様は販売先料理長がC社に来社し，口頭で直接指示を受けて試作し決定する。また納入期間中も販売先料理長が来社し，製品の出来栄えのチェックをし，必要があれば食材，製造方法などの変更指示がある。その際には工場管理者が立ち会い，受託製品の製品仕様や変更

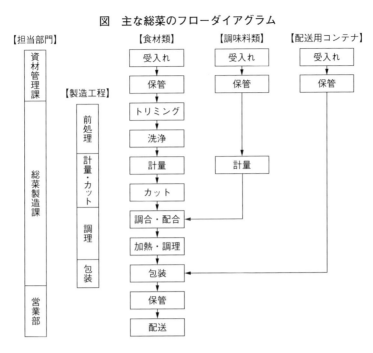

図　主な総菜のフローダイアグラム

【事例Ⅲ】

の確認を行っている。毎日の生産指示や加工方法の指導などは両課長が加工室で直接行う。

　販売先料理長から口頭で指示される各製品の食材，使用量，作業手順などの製品仕様は，工場管理者が必要によってメモ程度のレシピ（レシピとは必要な食材，その使用量，料理方法を記述した文書）を作成し活用していたが，整理されずにいる。

　受託する製品の仕様が決定した後は，C 社の営業部員が担当する販売先料理長から翌月の月度納品予定を受け，製造部生産管理課に情報を伝達，生産管理課で月度生産計画を作成し，総菜製造課長，菓子製造課長に生産指示する。両製造課長は月度生産計画に基づき製造日ごとの作業計画を作成しパートリーダーに指示する。パートリーダーは，月度生産計画に必要な食材や調味料の必要量を経験値で見積り，長年取引がある食品商社に月末に定期発注する。食品商社は，C 社の月度生産計画と食材や調味料の消費期限を考慮して納品する。食材や調味料の受入れと，常温，冷蔵，冷凍による在庫の保管管理は資材管理課が行っているが，入出庫記録がなく，食材や調味料の在庫量は増える傾向にあり，廃棄も生じる。また製造日に必要な食材や調味料は前日準備するが，その時点で納品遅れが判明し，販売先に迷惑をかけたこともある。

　販売先への日ごとの納品は，宿泊予約数の変動によって週初めに修正し確定する。朝食用製品については販売先消費日の前日午後に製造し当日早朝に納品する。夕食用製品については販売先消費日の当日14：00までに製造し納品する。

【新規事業】

　現在，C 社所在地周辺で多店舗展開する中堅食品スーパーX 社と総菜商品の企画開発を共同で行っている。X 社では，各店舗の売上金額は増加しているが，総菜コーナーの売上

伸び率が低く，X社店舗のバックヤードでの調理品の他に，中食需要に対応する総菜の商品企画を求めている。C社では，季節性があり高級感のある和食や洋食の総菜などで，X社の既存の総菜商品との差別化が可能な商品企画を提案している。C社の製品開発部は，このために外部人材を採用し最近新設された。この採用された外部人材は，中堅食品製造業で製品開発の実務や管理の経験がある。

この新規事業では，季節ごとにX社の商品企画担当者とC社で商品を企画し，X社が各月販売計画を作成する。納品数量は納品日の2日前に確定する。納品は商品の鮮度を保つため最低午前と午後の配送となる。X社としては，当初は客単価の高い数店舗から始め，10数店舗まで徐々に拡大したい考えである。

C社社長は，この新規事業に積極的に取り組む方針であるが，現在の生産能力では対応が難しく，工場増築などによって生産能力を確保する必要があると考えている。

第1問 （配点10点）

C社の生産面の強みを2つ40字以内で述べよ。

第2問 （配点20点）

C社の製造部では，コロナ禍で受注量が減少した2020年以降の工場稼働の低下による出勤日数調整の影響で，高齢のパート従業員も退職し，最近の増加する受注量の対応に苦慮している。生産面でどのような対応策が必要なのか，100字以内で述べよ。

第3問 （配点20点）

C社では，最近の材料価格高騰の影響が大きく，付加価値が高い製品を販売しているものの，収益性の低下が生じている。どのような対応策が必要なのか，120字以内で述べよ。

第4問 （配点20点）

C社社長は受注量が低迷した数年前から，既存の販売先との関係を一層密接にするとともに，他のホテルや旅館への販路拡大を図るため，自社企画製品の製造販売を実現したいと思っていた。また，食品スーパーX社との新規事業でも総菜の商品企画が必要となっている。創業から受託品の製造に特化してきたC社は，どのように製品の企画開発を進めるべきなのか，120字以内で述べよ。

第5問 （配点30点）

食品スーパーX社と共同で行っている総菜製品の新規事業について，C社社長は現在の生産能力では対応が難しいと考えており，工場敷地内に工場を増築し，専用生産設備を導入し，新規採用者を中心とした生産体制の構築を目指そうとしている。このC社社長の構想について，その妥当性とその理由，またその際の留意点をどのように助言するか，140字以内で述べよ。

1.　設問分析

（1）認識

　事例Ⅲは「生産・技術」に関する事例です。一言でいえば，「安く品質の高い製品を納期どおりに，混乱なく効率よく作って，売っているか」が問われます。具体的には，「安く＝Cost（原価）」「品質の高い＝Quality（品質）」「納期どおりに＝Delivery（納期）」のどこに問題を抱えているのかを設問から想定しました。

　→参照：『全知識』事例Ⅲ　「事例Ⅲの概要」，「Ⅱ．最重要の切り口」

　さらに，与件文より，QCDにおける問題の原因が，生産計画・生産統制（Smoothly）に起因しているのか，生産性（Effectively）の低さに起因しているのかを判断しました。そして，1次試験の知識や使える解法テクニックを活用して，与件文に忠実に従いつつ，具体的な対応策や助言を解答することを心がけました。与件文に紐づかない理論だけの解答や，与件文の関係性が読み取りにくい解答は，得点が入らないと考えました。

　→参照：『全知識』事例Ⅲ　「事例Ⅲの概要」，「Ⅳ．使える解法テクニック」

　事例Ⅲの基本構成は，本書第1部「2次試験のノウハウ（基本パート）」の「Ⅴ　2次試験事例別のノウハウ」の事例Ⅲに記載のとおり，第1問が内部環境に関する環境分析問題で，第2問以降で生産技術の課題を生産管理の改善やITの活用で解決し，最終問題で経営戦略や成長戦略を描くという基本パターンを意識しました。

　最終問題の経営戦略に関する設問は，内部環境と外部環境を分析することが重要と考え，強み，弱み，機会，脅威を与件文から読み取り，クロスSWOT分析を行うことで，事業の方向性とそれに必要な施策を解答することを心がけました。

　→参照：『全知識』事例Ⅲ　「Ⅳ．使える解法テクニック」

（2）各設問の分析

1．設問文を読み，そこから得られた情報を「C社に関してわかること」と「設問要求」に整理しました。

2．設問レイヤーを決めました。情報整理（SWOT）なのか，生産管理（Smoothly）なのか，生産性（Effectively）なのか，経営戦略なのか。

3．設問レイヤー，配点にもとづいて，解く順番を決めました。

4．「聞かれていること」を主語にし，羅列する場合は「①～，②～，③～」と番号を振って解答骨子を作成しました。（実際に解答を書くときは崩してしまって構いません。）

5．上記4．で羅列したうえで，設問によっては効果を書き添えることを意識しました。

　例：設問「製品企画面の課題と対応策を述べよ」→解答骨子「製品企画面の課題は，①～，②～，③～，対応は①～，②～，③～し，生産性向上を図る」

6．切り口にもとづき，「解答すべきこと」を検討しました。

> **第1問**（配点10点）
>
> 　C社の生産面の強みを２つ40字以内で述べよ。

【C社に関してわかること】

・C社は少なくとも生産面に２つ，強みを持つ。

【設問要求】

・C社の生産面の強みを40字以内に解答することが求められています。

・"生産面"との制約があるので，生産面以外の強みを記載しないように意識して解答しました。

・"２つ"と制約があるので，強みが３つ以上ある場合でも，２つのみ解答するよう意識しました。

・設問文に時制は記載されていませんが，現在の強みを要求されていると判断し解答しました。

【設問レイヤー】

・第１部「２次試験のノウハウ（基本パート）」の「Ⅴ　２次試験事例別のノウハウ　事例Ⅲ　２．」に記載の基本パターンに沿って，情報整理（SWOT）と判断しました。

【想定した解答骨子】

・「①〜，②〜」と強みを２つ羅列する形で組み立てました。

・字数が40字以内と少なく，問われている内容も生産面の強み以外にないので，主語は記載しなくてもよいと判断しました。

・字数が40字以内と少ないので，羅列番号を記載しない判断もできますが，２つの強みを解答していることを採点者に明確に示すために，羅列番号は記載しました。

【第１問で解答すべきこと】

・基本的には，与件文から強みを抜き出していく必要があると考えました。

・解答の整合性と一貫性を意識し，なるべく第２問以降の解答で使える強みを記載していきました。

●考え方のヒント

　過去問を見ると，第１問はSWOTや強みと弱みを抜き出すパターンが多いです。強みは今後の事業展開に活用できるもの，弱みは各設問で解決するもの，という視点を持つと解答が書きやすくなると思います。

> **第2問**（配点20点）
>
> 　C社の製造部では，コロナ禍で受注量が減少した2020年以降の工場稼働の低下による出勤日数調整の影響で，高齢のパート従業員も退職し，最近の増加する受注量の対応に苦慮している。生産面でどのような対応策が必要なのか，100字以内で述べよ。

114

【C社に関してわかること】

・C社はコロナ禍で受注量が減少し，その結果高齢のパート従業員も退職し，コロナ禍後の最近の受注量増加への対応に苦慮している。

・上記から生産性（Effectively）向上が課題であると考えました。

・受注量の減少による工場稼働の低下に出勤日数調整で対応したことから，パート従業員の利用により人件費の一部を変動費化することで受注量の増減に対応してきたと考えました。

・パート従業員が退職してしまうほど出勤日数が減少したと考えられ，コロナ禍における受注量減少はC社の受注量変動を吸収するバッファーの限界値を超えたものであったと考えました。

・敢えて"高齢の"パート従業員と記載されていることから，高齢のパート従業員が生産において重要な役割を担っていた可能性があると考えました。

【設問要求】

・生産性向上のための，生産面における対応策を解答する必要があると考えました。

・与件文から，生産性向上を阻んでいる要因（弱み）を分析し，その要因を解消する対応策を解答しなければならないと考えました。

・退職者により従業員が減少した状態で受注量の増加に対応しなければならないことを踏まえて，対応策を解答する必要があると考えました。

・高齢のパート従業員の退職が与える影響を踏まえて，対応策を解答する必要があると考えました。

・解答字数は100字以内です。

【設問レイヤー】

・設問レイヤーは生産性（Effectively）と考えました。

【想定した解答骨子】

・「対応策は①〜，②〜，③〜…し，生産性向上を図る。」を解答骨子としました。

・100字であるため，要素は3つか4つを想定し，それぞれ20字〜30字で与件文から読み取れる生産性向上の阻害要因（弱み）を解消する対応策を網羅的に解答することを意識しました。

【第2問で解答すべきこと】

・与件文から生産性向上の阻害要因（弱み）を把握したうえで，その弱みが解消される生産面の対応策を解答していきました。

・退職による従業員減少の中で受注量の増加に対応しなければならないことから，人員を増加させるか，IT化，多能工化，機械化，レイアウト改善などで生産性を向上させる必要があると考えました。本問では生産面の対応策を解答することを求められていますので，人員増加ではなく前述した生産性向上の余地がないか，与件文の確認の際には意識しました。

【事例Ⅲ】

・敢えて“高齢の”パート従業員と記載されていることから，高齢のパート従業員が退職する影響を意識する必要があると考えました。過去問を見ると，高齢の従業員はベテランで経験やノウハウを保有しており，ベテランの退職は労働力の減少以上の損失がある可能性が高いです。設問文のみからは判断できませんが，高齢パート従業員の暗黙知に依存した生産となっていないか，与件文の確認の際には意識しました。

●考え方のヒント

　設問解釈を踏まえて，生産性向上の余地が与件文にないか注目していきました。

　設問文を読んだ際に，生産性を向上させる対応策が思い浮かぶと与件文から要素を抜き出しやすくなり，解答作成のスピードアップにつながると思います。対応策を頭に入れておくために，第1部「2次試験のノウハウ（基本パート）」や『2次試験合格者の頭の中にあった全知識』を活用できると思います。

第3問（配点20点）

　C社では，最近の材料価格高騰の影響が大きく，付加価値が高い製品を販売しているものの，収益性の低下が生じている。どのような対応策が必要なのか，120字以内で述べよ。

【C社に関してわかること】

・製品の高付加価値化はすでに行っている。

・一方で材料価格高騰により収益性が低下している。

・収益性向上が課題であると考えました。

【設問要求】

・収益性向上のための対応策が求められています。

・すでに付加価値の高い製品を販売しているので，高付加価値化を解答としても得点にはならないと考えました。

・解答字数は120字以内です。

【設問レイヤー】

・設問レイヤーは生産管理（Smoothly）と考えました。

・生産性（Effectively）向上によっても収益性の向上が可能ですが，第2問との解答要素の切り分けのために，本設問では生産性（Effectively）ではなく生産管理（Smoothly）の側面から解答を作成することで全体としてバランスの取れた解答になると考えました。

【想定した解答骨子】

・「対応策は①〜，②〜，③〜し，収益性向上を図る。」を解答骨子としました。

・120字であるため，要素は3つか4つを想定し，それぞれ30字前後で与件文から読み取れる収益性向上につながる生産管理上の問題点を解消する対応策を網羅的に解答することを意識しました。与件文を読んで収益性向上の要素が費用削減に集約できる場合

は，「対応策は①〜，②〜，③〜し，費用削減で収益性向上を図る。」としてもよいと考えました。

【第3問で解答すべきこと】

・収益性向上に寄与する対応策を網羅的に解答することを意識しました。

・過去問の傾向から，収益性向上のための対応策としてまず思いつくのは「高付加価値化」ですが，設問文から高付加価値化はすでに行われていることが読み取れるので，他の対応策で収益性を向上させる必要があると考えました。

・「材料価格高騰」と記載があることから，材料調達や在庫管理の適正化による原材料費の低減は収益性向上に効果的であると思われるので，与件文に関連する記載があれば解答を作成しやすいと考えました。

・その他，収益性向上につながる余地が与件文にあれば，解答要素に取り込みたいと考えました。

● 考え方のヒント

収益性向上のための施策は，高付加価値化や費用低減によるコスト構造の改善などがありますが，本設問では「高付加価値化」以外の施策で収益性向上の対応策を解答するよう求められています。また材料価格高騰について言及していることから，原材料費を抑える施策を解答するよう誘導していると考えました。

第4問（配点20点）

　C社社長は受注量が低迷した数年前から，既存の販売先との関係を一層密接にするとともに，他のホテルや旅館への販路拡大を図るため，自社企画製品の製造販売を実現したいと思っていた。また，食品スーパーX社との新規事業でも総菜の商品企画が必要となっている。創業から受託品の製造に特化してきたC社は，どのように製品の企画開発を進めるべきなのか，120字以内で述べよ。

【C社に関してわかること】

・数年前に受注量が低迷した。

・社長は受注量の低迷を契機に，既存の販売先との関係性強化を行い，同時に新規顧客への販路拡大を実現したいと考えるようになった。

・社長は，既存販売先との関係性強化および新規顧客獲得には自社企画製品の製造販売が必要であると考えている。

・食品スーパーX社との新規事業を進めている。

・食品スーパーX社との新規事業で総菜の商品企画が必要となっている。

・受託製造に特化してきたため，自社企画製品を製造販売するためには対応が必要であると考えられる。

【設問要求】

・受託製造に特化してきたC社が自社製品の企画開発を進めるために必要な対応を解答

する必要があると考えました。

・自社企画製品の製造販売を実現できれば受注量増加につながり，売上拡大につながると考えました。

・解答字数は120字以内です。

【設問レイヤー】

・経営戦略レイヤーと考えました。

【想定した解答骨子】

・「①〜により〜（期待効果），②〜により〜（期待効果）とすることで，販路拡大で売上向上を図る。」を解答骨子としました。

【第4問で解答すべきこと】

・企画開発を行ってこなかったC社は企画力やニーズ収集能力などの開発力に弱みを持つと考え，自社企画開発を行ううえで弱みの解消を行う必要があると考えました。

・C社の弱みは，既存販売先，他のホテルや旅館，食品スーパーX社など外部との連携でカバーできる可能性があると考えました。

・自社企画開発に必要な施策について，与件文に関連した記載がないかを確認して解答する必要があると考えました。

・また企画開発においては，C社の強みを生かして差別化することができればよいと考えました。

●考え方のヒント

　戦略に関する設問は，与件文の中からクロスSWOT分析して方向性を定めるのが定石だと思います。また，解答のパターンを頭に入れておくと解答を作成しやすくなると思います。筆者は，開発経験の少ない企業が自社企画開発を進めると聞くと，「外部との連携で弱み（＝開発力）を補完し，与件文における強みを生かして機会を捉え，差別化・高付加価値化を図っていくこと」のパターンが想起されます。

第5問（配点30点）
　食品スーパーX社と共同で行っている総菜製品の新規事業について，C社社長は現在の生産能力では対応が難しいと考えており，工場敷地内に工場を増築し，専用生産設備を導入し，新規採用者を中心とした生産体制の構築を目指そうとしている。このC社社長の構想について，その妥当性とその理由，またその際の留意点をどのように助言するか，140字以内で述べよ。

【C社に関してわかること】

・食品スーパーX社との新規事業は現在の生産能力では対応が難しい。

・工場敷地内に工場を増築し，専用生産設備を導入して，新規採用者を中心とした生産体制の構築を目指している。

・新規事業に対応するためには，多額の投資や新規採用者の採用・教育に多くの労力が

必要になることが想定されます。

【設問要求】

・新規事業への C 社社長の構想の妥当性とその理由，またその際の留意点について問われています。

・2 つの選択肢の中からどちらか一方を選び，その理由と留意点を解答することが求められています。どちらの選択肢を選択するかは重要ではなく，選んだ選択肢と与件文を踏まえて論理的に解答できるかが求められていると考えました。

・解答字数は140字以内です。

【設問レイヤー】

・経営戦略レイヤーと考えました。

【想定した解答骨子】

・「増築計画は（妥当である／妥当でない）。理由は①〜，②〜のため。留意点は①〜，②〜。」を解答骨子としました。

・140字以内なので，理由と留意点はそれぞれ 2 つ程度と想定しました。

【第 5 問で解答すべきこと】

・まずは増築計画が妥当かどうかを解答することが求められています。

・選択肢の中からいずれかを選んだのち，選択の理由を解答することが求められていると考えました。妥当である場合は，多角化を行う理由を記載することになり，強みを生かせることや経営リスク分散などが想定されます。一方，妥当でない場合は，投資リスクが高いことを記載することになると考えました。

・留意点は，選んだ選択肢を進める際に気をつけるべきことを，設問文や与件文をもとに記載していくことになると考えました。

・特に専用生産設備の導入や新規採用者を中心とした生産体制の構築が必要になるので，標準化などの観点で解答を作成することが求められていると考えました。

●考え方のヒント

　事例Ⅲの最終問題では，第 1 問で答えた強みを生かして，今後の経営戦略を助言するパターンが頻出です。その場合は与件文の中からクロス SWOT 分析して方向性を定めると，解答を作成しやすいです。今回のように，2 つの選択肢から選んで経営戦略を助言するパターンも出題されますが，その場合は，与件文からどちらの選択肢がより適切であるかを整理するとよいと考えます。

　筆者は，どちらの選択肢とするか悩んだら，重要なのは選択肢ではなく付随する説明の論理性であると考えて，自身が解答しやすい選択肢を選ぶよう意識していました。また社長の思いに沿うという考え方もできると思います。

　ここまでの分析から，「C 社に関してわかること」と「設問要求」をまとめると次のとおりです（各カッコ内の数字は設問の番号を示す）。

〈C社に関してわかること〉
・少なくとも生産面に2つ強みを持つ（第1問に関連）
・数年前にコロナ禍で受注量が低迷した（第2問，第4問に関連）
・受注量の低迷で工場の稼働率が低下し，高齢のパート従業員が退職した（第2問に関連）
・コロナ禍後の最近は受注量が増加し，人員が不足している（第2問に関連）
・生産性（Effectively）向上が課題である（第2問に関連）
・材料価格高騰により収益性が低下している（第3問に関連）
・収益性向上が課題である（第3問に関連）
・社長は受注量の低迷を契機に，既存の販売先との関係性強化を行い，同時に新規顧客への販路拡大を実現したいと考えるようになった（第4問に関連）
・社長は，既存販売先との関係性強化および新規顧客への販路拡大には自社企画製品の製造販売が必要であると考えている（第4問に関連）
・食品スーパーX社との新規事業を進めている（第4問に関連）
・食品スーパーX社と新規事業は現在の生産能力では対応が難しい（第5問に関連）
・社長は，工場敷地内に工場を増築し，専用設備を導入して，新規採用者を中心とした生産体制の構築を行い，新規事業を進めようと考えている（第5問に関連）

〈設問要求〉
(1) C社の生産面の強み（第1問に関連）
(2) 生産性向上のための対応策（第2問に関連）
(3) 収益性向上のための対応策（第3問に関連）
(4) 受託製造に特化してきたC社が自社製品の企画開発を進めるために必要な対応策（第4問に関連）
(5) 新規事業へのC社社長の構想の妥当性とその理由，またその際の留意点について（第5問に関連）

（3）与件文の情報と設問の対応づけ

以上のように整理した「設問要求」をもとに与件文を読みました。この「設問要求」と与件文の該当箇所の対応づけは，次のとおりです。

項番	設問要求	該当箇所
(1)	C社の生産面の強み（第1問に関連）	第3段落，第5段落，第9段落
(2)	生産性向上のための対応策（第2問に関連）	第9段落～10段落
(3)	収益性向上のための対応策（第3問に関連）	第11段落～12段落
(4)	受託製造に特化してきたC社が自社製品の企画開発を進めるために必要な対応策（第4問に関連）	第4段落，第13段落
(5)	新規事業へのC社社長の構想の妥当性とその理由，またその際の留意点について（第5問に関連）	第13段落～15段落

（4）全体を通して

【配点・解答文字数】

各設問の配点・解答文字数は次のとおりです。

設問	主題	配点	解答文字数
第1問	強みの分析	10点	40字
第2問	生産性向上のための対応策	20点	100字
第3問	収益性向上のための対応策	20点	120字
第4問	自社製品企画開発を進める際の戦略	20点	120字
第5問	今後の新規事業戦略	30点	140字
全体	―	100点	520字

【事例Ⅲ】

　5問構成である点，および総解答文字数（520字）は概ね例年どおりです。

　与件文は約3ページとボリュームは前年度（令和4年度）より減りました。第1問の配点が10点と例年よりも低く，比較的得点しやすい第1問で得点が確保しにくくなっていると感じました。

【解答自信度】

70%

　設問は素直な内容が多く，問われていることは理解しやすかったと思います。また例年の事例Ⅲは，与件根拠を明確に切り分けて各設問と対応づけることが難しいと思いますが，その点は例年どおりの難易度だったと思います。一方で与件文において，強みと判別しにくい要素が記載されていたり，部分的に弱みへの対応がとられていたりとSWOTの分析がやや難しい与件要素が多いと感じました。

　これらを総合して，難易度としては中間的と考えています。

【解答に際しての留意点，意識したポイント】

　限られた時間内に合格レベルの答案が作成できるよう，次の点に留意しました。

(1)　設問の制約条件を見落とさないように注意し，大外しして得点を失うことを回避する。

(2)　環境分析については「与件抜出し型」で対応する。

(3)　「与件抜出し型」である場合，解答根拠は与件文中にバラバラに散りばめられていることが多いため，抜けがないように注意する。

(4)　課題や助言は「与件類推型」で対応し，「1次試験の知識」を活用して解答の方向性を早期に定める。

(5)　第1問で解答した強みはほかの設問で論点になっていることを確認する。

(6)　採点者が直感的に理解できるよう，与件文の言葉を用いて解答を書く。

2. 与件分析とSWOT分析

（1）実際の与件文チェック

【企業概要】

C社は資本金3,000万円，従業員60名（うちパート従業員40名）の業務用食品製造業である。現在の組織は，総務部4名，配送業務を兼務する営業部6名，最近新設した製品開発部2名，製造部48名で構成されている。パート従業員は全て製造部に配置されている。

C社は地方都市に立地し，温泉リゾート地にある高級ホテルと高級旅館5軒を主な販売先として，販売先の厨房の管理を担う料理長（以下，販売先料理長という）を通じて依頼がある和食や洋食の総菜，菓子，パン類などの多品種で少量の食品を受託製造している。

高級ホテルの料理人を経験し，ホテル調理場の作業内容などのマネジメントに熟知した現経営者が，ホテル内レストランメニューの品揃えの支援を行う調理工場を標ぼうして1990年にC社を創業した。近年，販売先のホテルや旅館では，増加する訪日外国人観光客の集客を狙って，地元食材を使った特色のあるメニューを提供する傾向が強まっているが，その一方で材料調達や在庫管理の簡素化などによるコスト低減も目指している。そのためもあり，C社の受注量は年々増加してきた。

2020年からの新型コロナウイルスのパンデミックの影響を受け，C社の受注量は激減していたが，最近では新型コロナウイルス感染も落ち着き，観光客の増加によって販売先のホテルや旅館の稼働率が高くなり，受注量も回復してきている。

【生産の現状】

C社の製造部は，生産管理課，総菜製造課，菓子製造課，資材管理課で構成されている。総菜製造課には5つの総菜製造班，菓子製造課には菓子製造とパン製造の2つの班があり，総菜製造班は販売先ごとに製造を行っている。各製造班にはベテランのパートリーダーが各1名，その下にはパート従業員が配置されている。製造部

与件文チェック

→パート従業員が多くを占める人員構造。業務量変動を吸収するためにパート従業員が多い可能性あり。

→業種を確認

→配送業務を兼務しており，営業力強化が必要になった場合は，配送業務を切り離し営業への専念が選択肢となりうる。

第4問，第5問
製品開発部が新設されており，外部環境の変化に対応するために開発力を強化したと考えられる。

→従業員のほとんどを製造部が占めている。

→顧客

→受託製造を行っている。見込生産と受託生産の違いを想起する。また事例Ⅲにおいて，多品種少量生産が可能であることは強みであることが多い。

第1問，第5問
強み

→顧客ニーズ

→顧客ニーズ

第4問
すでに去りつつある脅威。一方でC社社長が既存顧客との関係性強化，新規顧客の販路拡大を図るきっかけとなった。

第4問
受注量の激減の脅威に直面していたが，新型コロナウイルス感染が落ち着き，観光客が増加して販売先であるホテルや旅館向けの受注量が回復してきていることは機会と考えられる。

→各製造班のチーム構成を確認する。ベテランの存在が組織上のキーポイントになっていることが多い。

長，総菜製造課長，菓子製造課長（以下，工場管理者という）は，ホテルや旅館での料理人の経験がある。

> （第１問，第５問）
> 強み

Ｃ社の工場は，製造班ごとの加工室に分離され，食品衛生管理上交差汚染を防ぐようゾーニングされているが，各加工室の設備機器のレイアウトはホテルや旅館の厨房と同様なつくりとなっている。

> 衛生管理対応されている。強みであるかは判別しにくい。

> 特徴だが，強みか判別しにくい。

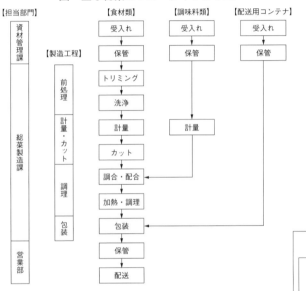

図　主な総菜のフローダイアグラム

> 受注量構成確認

> （第２問，第５問）
> 汎用器具を使用している。汎用器具と専用器具の特徴を想起する。

受注量が最も多い総菜の製造工程は，食材の不用部トリミングや洗浄を行う前処理，食材の計量とカットや調味料の計量を行う計量・カット，調味料を入れ加熱処理する調理があり，鍋やボウル，包丁など汎用調理器具を使って手作業で進められている。

> （第２問）
> 自動化，機械化の余地を検討。生産効率の向上に寄与する可能性あり。

> 製品仕様は販売先から指示があることを確認

Ｃ社の製造は，販売先から指示がある製品仕様に沿って，工場管理者３名と各製造班のパートリーダーがパート従業員に直接作業方法を指導，監督して行われている。

> （第２問）
> 社内の作業指導が直接行われており，マニュアル化されていない。

> （第１問，第４問）
> 強み。顧客対応の中で，ホテルや旅館が季節ごとに計画する料理メニューの生産対応が可能。

Ｃ社が受託する製品は，販売先のホテルや旅館が季節ごとに計画する料理メニューの中から，その販売先料理長が選定する食品で，その食材，使用量，作業手順などの製品仕様は販売先料理長がＣ社に来社し，口頭で直接指示を受けて試作し決定する。また納入期間中も販売先料理長が来社し，製品の出来栄えのチェックをし，必要があれば食材，製造方法などの変更指示がある。その際

> （第２問）
> 顧客は，製品仕様の伝達を，来社し口頭で行っていることを確認。マニュアル化やIT化などで効率化できないか検討できる。

> （第２問）
> 顧客は，製品の検品を，来社し直接行っていることを確認。マニュアル化やIT化などで効率化できないか検討できる。

【事例Ⅲ】

には工場管理者が立ち会い，受託製品の製品仕様や変更の確認を行っている。毎日の生産指示や加工方法の指導などは両課長が加工室で直接行う。

販売先料理長から口頭で指示される各製品の食材，使用量，作業手順などの製品仕様は，工場管理者が必要によってメモ程度のレシピ（レシピとは必要な食材，その使用量，料理方法を記述した文書）を作成し活用していたが，整理されずにいる。

受託する製品の仕様が決定した後は，C社の営業部員が担当する販売先料理長から翌月の月度納品予定を受け，製造部生産管理課に情報を伝達，生産管理課で月度生産計画を作成し，総菜製造課長，菓子製造課長に生産指示する。両製造課長は月度生産計画に基づき製造日ごとの作業計画を作成しパートリーダーに指示する。パートリーダーは，月度生産計画に必要な食材や調味料の必要量を経験値で見積り，長年取引がある食品商社に月末に定期発注する。食品商社は，C社の月度生産計画と食材や調味料の消費期限を考慮して納品する。食材や調味料の受入れと，常温，冷蔵，冷凍による在庫の保管管理は資材管理課が行っているが，入出庫記録がなく，食材や調味料の在庫量は増える傾向にあり，廃棄も生じる。また製造日に必要な食材や調味料は前日準備するが，その時点で納品遅れが判明し，販売先に迷惑をかけたこともある。

販売先への日ごとの納品は，宿泊予約数の変動によって週初めに修正し確定する。朝食用製品については販売先消費日の前日午後に製造し当日早朝に納品する。夕食用製品については販売先消費日の当日14：00までに製造し納品する。

【新規事業】

現在，C社所在地周辺で多店舗展開する中堅食品スーパーX社と総菜商品の企画開発を共同で行っている。X社では，各店舗の売上金額は増加しているが，総菜コーナーの売上伸び率が低く，X社店舗のバックヤードでの調理品の他に，中食需要に対応する総菜の商品企画を求

（第2問）
顧客からの製品仕様の伝達だけでなく，社内での伝達も直接行われていることを確認。マニュアル化やIT化などで効率化できないか検討できる。

（第2問）
レシピはメモ程度であり，整理されていないことを確認。マニュアル化やIT化などで効率化できないか検討できる。

（第3問）
週次，日次での生産計画で短サイクル化を図ることが課題対応にならないか検討する。

（第3問）
原料・副原料が経験値で見積もられていることを確認。廃棄ロス・欠品が生じている可能性あり。

定期発注方式が採用されていることを確認。定量発注方式との違いを想起する。

納品タイミングは原料調達先がC社の生産計画をもとに決めている。生産計画の精度向上が生産効率向上に寄与する可能性あり。

（第3問）
原料・副原料の在庫管理上の問題点。廃棄や納期遅延の可能性あり。

（第3問）
原料・副原料の在庫管理の問題点により廃棄が生じている。収益性改善の余地あり。

（第3問）
原料・副原料の在庫管理の問題点により納期遅延が生じている。

（第3問，第5問）
納期管理は週毎に修正されている。生産や原材料管理のもととなっている生産計画は月次で計画されており，ズレが生じる可能性が高く，改善の余地がある。

協業先の問題点

協業先のニーズ

124

めている。C社では，季節性があり高級感のある和食や洋食の総菜などで，X社の既存の総菜商品との差別化が可能な商品企画を提案している。C社の製品開発部は，このために外部人材を採用し最近新設された。この採用された外部人材は，中堅食品製造業で製品開発の実務や管理の経験がある。

> （第4問）
> 強みを生かして協業先のニーズに対応している。

> （第4問）
> 製品開発部を新設し，協業先のニーズに対応

> （第4問，第5問）
> 強み

この新規事業では，季節ごとにX社の商品企画担当者とC社で商品を企画し，X社が各月販売計画を作成する。納品数量は納品日の２日前に確定する。納品は商品の鮮度を保つため最低午前と午後の配送となる。X社としては，当初は客単価の高い数店舗から始め，10数店舗まで徐々に拡大したい考えである。

> （第5問）
> 既存の納期管理サイクルよりも短いサイクルが必要

> （第5問）
> 既存顧客と同程度の頻度もしくはそれ以上の頻度での配送が必要となる。

> 協業先ニーズ。高付加価値路線

C社社長は，この新規事業に積極的に取り組む方針であるが，現在の生産能力では対応が難しく，工場増築などによって生産能力を確保する必要があると考えている。

> （第5問）
> 社長の想い

【事例Ⅲ】

第1問 （配点10点）
　C社の生産面の強みを２つ40字以内で述べよ。

第2問 （配点20点）
　C社の製造部では，コロナ禍で受注量が減少した2020年以降の工場稼働の低下による出勤日数調整の影響で，高齢のパート従業員も退職し，最近の増加する受注量の対応に苦慮している。生産面でどのような対応策が必要なのか，100字以内で述べよ。

第3問 （配点20点）
　C社では，最近の材料価格高騰の影響が大きく，付加価値が高い製品を販売しているものの，収益性の低下が生じている。どのような対応策が必要なのか，120字以内で述べよ。

第4問 （配点20点）
　C社社長は受注量が低迷した数年前から，既存の販売先との関係を一層密接にするとともに，他のホテルや旅館への販路拡大を図るため，自社企画製品の製造販売を

実現したいと思っていた。また，食品スーパーX社との新規事業でも総菜の商品企画が必要となっている。創業から受託品の製造に特化してきたC社は，どのように製品の企画開発を進めるべきなのか，120字以内で述べよ。

第5問（配点30点）

食品スーパーX社と共同で行っている総菜製品の新規事業について，C社社長は現在の生産能力では対応が難しいと考えており，工場敷地内に工場を増築し，専用生産設備を導入し，新規採用者を中心とした生産体制の構築を目指そうとしている。このC社社長の構想について，その妥当性とその理由，またその際の留意点をどのように助言するか，140字以内で述べよ。

（2）SWOT分析

事例企業の状況をよく理解するためには，与件文を読みながらSWOT分析をしていくとよいと思います。

具体的な方法としては，マーカーを使って，S，W，O，Tをマーキングします。その際，後から見たときにもわかりやすいように，マーキングした部分に「S」「W」「O」「T」と記載しておきます。一般的に，強みを生かして機会を攻略することが，企業の経営戦略になり得ます。また，社長の想いも考慮しつつ，弱みを克服すること，脅威を回避することが解答の方向性にもつながりうるので，意識してマーキングすることで，与件文から解答根拠を探しやすくなります。

【C 社の SWOT 分析】

S（強み）	W（弱み）
・多品種で少量の食品を受託製造可能→② ・高級ホテルの料理人を経験し，ホテル調理場の作業内容などのマネジメントに熟知した現経営者→③ ・製造部長，総菜製造課長，菓子製造課長は，ホテルや旅館での料理人の経験がある→⑤ ・季節性があり高級感のある和食や洋食の総菜などで，X 社の既存の総菜商品との差別化が可能な商品企画を提案している→⑬ ・外部人材は，中堅食品製造業で製品開発の実務や管理の経験がある→⑬	・（総菜の製造工程の大部分が）手作業→⑦ ・直接作業方法を指導，監督→⑧ ・製品仕様は販売先料理長が C 社に来社し，口頭で直接指示を受けて試作し決定している→⑨ ・販売先料理長が来社し，製品の出来栄えをチェックしている→⑨ ・毎日の生産指示や加工方法の指導などは両課長が加工室で直接行う→⑨ ・メモ程度のレシピを作成し活用していたが，整理されずにいる→⑩ ・（納期管理は週毎だが）月度生産計画→⑪，⑫ ・必要な食材や調味料の必要量を経験値で見積もっている→⑪ ・入出庫記録がなく，食材や調味料の在庫量は増える傾向にあり，廃棄も生じている→⑪ ・納品遅れが生じている→⑪
O（機会）	T（脅威）
・増加する訪日外国人観光客の集客を狙って，地元食材を使った特色のあるメニューを提供する傾向が強まっているが，その一方で材料調達や在庫管理の簡素化などによるコスト低減も目指している→③ ・観光客の増加によって販売先のホテルや旅館の稼働率が高くなり，受注量も回復してきている→④ ・X 社では，中食需要に対応する総菜の商品企画を求めている→⑬	・2020年からの新型コロナウイルスのパンデミックの影響を受け，C 社の受注量は激減していた（既に去りつつある脅威）→④

※丸数字の番号は与件文の段落番号を示す。

（3）課題・問題の抽出分析

「品質の高い製品を」(Q)	→現経営者が高級ホテルでの料理人の経験を持ち，季節性と高級感のある総菜の企画が可能（第1問，第5問）
「安価に」(C)	→収益性向上に課題（第3問）
「納期どおりに」(D)	→納期遅延を起こしている（第3問）
「混乱なく，効率よく作って」 (Smoothness & Effectiveness)	→生産性向上に課題（第2問）
「売っているか」(Sell)	→新規顧客への販路拡大を目指している（第4問，第5問）

3. 各問題の分析と活用できるノウハウ

第1問（配点10点）
　C社の生産面の強みを2つ40字以内で述べよ。

●問題の類型

100％与件抜出し型

●解答の自信度

85%　→与件文から強みを確認しておき，第2問〜第5問の解答の方向性を決めた後に解答を作成しました。与件抜出し型のため難易度は低いかと思います。一方で過去問において強みであることの多い「多品種少量生産可能な体制」が，第2問〜第5問で使用できず，強みとして解答するか悩みました。

　もし，第1問から解く場合は，解答した強みを，第2問以降で解答要素として盛り込む必要があり，取捨選択に留意が必要だと考えます。

●与件文のチェック

　C社のSWOT分析にもとづき第2問以降の一貫性を意識し取捨選択しました。与件文より抜き出した内容と，それが第2問以降のどの設問で用いていくかの紐づけは以下のとおりです。

　(a)　強み

　第2段落：「多品種で少量の食品を受託製造」→設問との紐づけなし

　第3段落：「高級ホテルの料理人を経験し，ホテル調理場の作業内容などのマネジメントに熟知した現経営者」→第5問

　第5段落：「製造部長，総菜製造課長，菓子製造課長（以下，工場管理者という）は，ホテルや旅館での料理人の経験がある」→第5問

　第13段落：「季節性があり高級感のある和食や洋食の総菜などで，X社の既存の総菜商品との差別化が可能な商品企画を提案している」→第4問

　第13段落：「採用された外部人材は，中堅食品製造業で製品開発の実務や管理の経験がある」→第4問

　(b)　弱み

　第7段落：「総菜の製造工程は，（中略）手作業で進められている」→第2問

　第8段落：「製造は，（中略）パート従業員に直接作業方法を指導，監督」→第2問

　第9段落：「製品仕様は販売先料理長がC社に来社し，口頭で直接指示を受けて試作し決定する」→第2問

　第9段落：「販売先料理長が来社し，製品の出来栄えのチェックをし」→第2問

第9段落：「毎日の生産指示や加工方法の指導などは両課長が加工室で直接行う」→第2問

第10段落：「メモ程度のレシピ（中略）を作成し活用していたが，整理されずにいる」→第2問

第11段落＆第12段落：「（納期管理は週毎だが）月度生産計画」→第3問

第11段落：「必要な食材や調味料の必要量を経験値で見積り」→第3問

第11段落：「入出庫記録がなく，食材や調味料の在庫量は増える傾向にあり，廃棄も生じる」→第3問

第11段落：「納品遅れが判明」→第3問

（c）　機会

第3段落：「増加する訪日外国人観光客の集客を狙って，地元食材を使った特色のあるメニューを提供する傾向が強まっているが，その一方で材料調達や在庫管理の簡素化などによるコスト低減も目指している」→第3問，第4問

第4段落：「観光客の増加によって販売先のホテルや旅館の稼働率が高くなり，受注量も回復してきている」→第4問

第13段落：「X社では，（中略）中食需要に対応する総菜の商品企画を求めている」→第4問

（d）　脅威

第4段落：「2020年からの新型コロナウイルスのパンデミックの影響を受け，C社の受注量は激減していた」（既に去りつつある脅威）→第4問

　上記から，前述の判断基準にもとづき，解答候補を抜き出しました。また生産面の強みを2つ解答することが求められているので，網羅的な解答を作成するために，似通った強みは統合して1つとしました。

●解答の構築

　現経営者が，高級ホテルの料理人を経験し，ホテル調理場の作業内容などのマネジメントに熟知していること，製造部長，総菜製造課長，菓子製造課長（以下，工場管理者）が，ホテルや旅館での料理人の経験があることは似通った要素ですので，1つにまとめようと考えました。

　もちろん現経営者は「高級ホテル」の料理人を経験していますので，「普通の」ホテルや旅館の料理人の経験がある工場管理者とは一味違ったノウハウを保有していると考えられます。また，このノウハウは顧客である高級ホテルと高級旅館の対応の際に生かされていると想定できます。一方で，限られた字数で現経営者と工場管理者の持つ強みの違いを表現することは難しく，第2問以降の解答を考えても，現経営者と工場管理者の強みを分けて記載すると網羅的でない解答になると考えました。

筆者は，各事例の解答は経営者へのメッセージを模していると考えています。経営者が中小企業診断士に自社の強みを分析させる際には，なるべく網羅的な強みを聞いて今後の経営に生かしたいと考えるのではないかと想像します。この観点からも，解答は網羅的にすべきと思います。

上記から「現経営者や工場管理者が料理人の経験がある」と１つにまとめて表現することにしました。

次に２つ目の強みですが，第２段落を読んでいる段階では「多品種少量生産が可能な体制」が強みになると考えました。過去問を見ても，多品種少量生産が可能な体制は強みとなることが多かったのが理由です。

しかし，与件文を読み終えて各設問の解答の土台を作り始めると，第２問以降の解答には，この強みを使う場所がないことがわかり，第１問の解答から除外することとしました。

ほかに与件文に記載のある強みは，①季節性があり高級感のある総菜を企画できること，②製品開発部に所属する外部人材が製品開発の実務や管理の経験があること，です。いずれを選択するか悩みましたが，与件文の第３段落に「（販売先のホテルや旅館で）増加する訪日外国人観光客の集客を狙って，地元食材を使った特色のあるメニューを提供する傾向が強まっている」，第13段落に「（X社は）中食需要に対応する総菜の商品企画を求めている」と記載されており，第４問の設問文に記載されている社長の想いである「既存顧客との関係性強化および販路拡大の実現」に生かせる強みと考え，「季節性と高級感のある総菜の企画力」を２つ目の強みとしました。

もちろんC社社長は既存顧客との関係性強化と販路拡大には自社企画製品の製造販売が必要であると考えており，この社長の想いの実現には，外部人材の経験は重要であると思います。一方で，総菜の企画力のほうが与件文に沿った素直な強みであると感じました。

また１つ目の強みとして解答に表現できなかった「高級」対応が可能であるという点を解答に織り込みたかったのも理由の１つです。そして製品の「高級」化は高付加価値化につながると思いますので，収益性向上に寄与でき，第３問の方向性とも沿っていると考えました。

→参照：『全知識』事例Ⅲ　Ⅰ．代表的 SWOT 項目　S（強み），O（機会）

【模範解答】

①	現	経	営	者	や	工	場	管	理	者	が	料	理	人	の	経	験	を	持
つ	②	季	節	性	と	高	級	感	の	あ	る	総	菜	の	企	画	力	。	

●活用できるノウハウ ─────────────────────

　『全知識』事例Ⅲ　Ⅰ．代表的 SWOT 項目

第 2 問（配点20点）

　C 社の製造部では，コロナ禍で受注量が減少した2020年以降の工場稼働の低下による出勤日数調整の影響で，高齢のパート従業員も退職し，最近の増加する受注量の対応に苦慮している。生産面でどのような対応策が必要なのか，100字以内で述べよ。

●**問題の類型**

50％与件抜出し型＋50％与件類推型

●**解答の自信度**

　80%　→第 2 問で問われているのは生産性（Effectively）向上のための対応策と考え，第 1 問解答時に整理した SWOT 分析をもとに，生産性（Effectively）の向上を阻害している C 社の問題点（＝弱み）をピックアップし，対応策を類推すれば解答となると考えました。

●**与件文のチェックと解答の構築**

　下表のとおり，第 7 ～10段落から C 社生産面の問題点（＝弱み）を抽出しました。また，設問文から判断できるコロナ禍での高齢のパート従業員の退職に伴う人員不足，パート従業員不足は与件文に記載がなかったので追加しています。

　C 社は生産工程の随所に生産性向上につながる改善余地が散見されます。過去問を見ると，「手作業」，「コミュニケーション上の問題（口頭での指示，直接指示など）」，「（ノウハウが）整理されていない」，「レイアウトに不備がある」などの記載は生産性向上の余地であることが多いので，意識しながら与件文を確認していきました。

　なお，レイアウトについては第 6 段落に記載がありますが，不備があるのか読み取れませんでしたので優先度を下げて対応しました。

　→参照：『全知識』事例Ⅲ　事例Ⅲの概要

　　　　　　　　　　Ⅲ．項目別パッケージ「5．コミュニケーション」，「6．Q
　　　　　　　　　　（品質）（6）　作業標準化，マニュアル化，教育の実
　　　　　　　　　　施」，「12．工場設置の SLP」

段落	問題点
第 7 段落	・（総菜の製造工程の大部分が）手作業
第 8 段落	・（製造は）直接作業方法を指導，監督
第 9 段落	・製品仕様は顧客が来社し口頭で指示 ・出来栄えのチェックは顧客が来社し行う ・生産指示や加工方法の指導などは両課長（総菜・菓子）が直接行う
第10段落	・（製品仕様は）メモ程度のレシピを活用していたが，整理されずにいる
設問文	・人員が不足している ・高齢のパート従業員が退職し不足している

続いて，ピックアップした問題点を整理し対応策を起案していきました。

C社は，作業方法や加工方法の指導・監督を直接行い，製品仕様は顧客（販売先料理長）から口頭で指示され，検品も顧客が直接確認しており，指導・監督や顧客とのやり取りに時間を要していることが考えられます。さらにレシピのメモはありますが，整理されていません。また高齢のパート従業員が退職しており，技術やノウハウを持った従業員が不足していることが考えられます。対応策としては，作業方法や加工方法の標準化を進め，製品仕様・検品のチェック項目などをマニュアル化，DB化することで指導・監督・顧客とのやり取りの効率化につながり，生産性向上につながると考えられます。

→**参照：『全知識』事例Ⅲ　Ⅳ．使える解法テクニック　テクニック11**
　　　　　　　　　Ⅲ．項目別パッケージ「6．Q（品質）（6）作業標準化，
　　　　マニュアル化，教育の実施」

また，受注量が最も多い総菜の製造工程のうち，包装を除く前処理，計量・カット，調理の工程が手作業で行われています。設備投資は特に中小企業にとって簡単なものではなく，費用対効果の観点や規模の観点からも自動化・機械化が必ずしも最適解とは限りませんが，機械化によって生産性が向上する可能性はあります。そこで対応策は機械化の検討としました。

さらにC社は人員が不足しています。多能工化は人員不足のへの有効な対策として考えられますので，対応策としてOJTで多能工化を考えました。なお，機械化について前述しましたが，人員不足の問題点からも機械化は有効な対応策になりうると思います。

→**参照：『全知識』事例Ⅲ　Ⅲ．項目別パッケージ「7．C（コスト）（1）多能工による多工程持ち」**
　　　　　Ⅴ．知っておきたい考え方のトレンド　トレンド13

問題点	対応策
・（製造は）直接作業方法を指導，監督 ・製品仕様は顧客が来社し口頭で指示 ・出来栄えのチェックは顧客が来社し行う ・生産指示や加工方法の指導などは両課長（総菜・菓子）が直接行う ・（製品仕様は）メモ程度のレシピを活用していたが，整理されずにいる ・高齢のパート従業員が退職し不足している	標準化，マニュアル化，DB化
・（総菜の製造工程の大部分が）手作業	機械化を検討
・人員が不足している	OJTで多能工化

【模範解答】

対	応	策	は	①	製	品	仕	様	の	メ	モ	を	整	理	す	る	こ	と	で
標	準	化	②	作	業	方	法	の	マ	ニ	ュ	ア	ル	化	と	DB	化	で	従
業	員	指	導	の	効	率	化	③	受	注	量	の	多	い	総	菜	の	製	造
で	手	作	業	で	行	わ	れ	て	い	る	工	程	の	機	械	化	④	OJ	T
で	の	多	能	工	化	を	検	討	し	，	生	産	性	の	向	上	を	図	る。

●活用できるノウハウ ───────────────────────

『全知識』事例Ⅲ　事例Ⅲの概要

　　　　Ⅲ．5．コミュニケーション，　6．Q（品質）（6）作業標準化，マ
　　　　　ニュアル化，教育の実施，　7．C（コスト）（1）多能工による
　　　　　多工程持ち，　12．設備設置の SLP

　　　　Ⅳ．使える解法テクニック　テクニック11

　　　　Ⅴ．知っておきたい考え方のトレンド　トレンド13

【事例Ⅲ】

　C社では，最近の材料価格高騰の影響が大きく，付加価値が高い製品を販売しているものの，収益性の低下が生じている。どのような対応策が必要なのか，120字以内で述べよ。

●問題の類型

50％与件抜出し型＋50％与件類推型

●解答の自信度

80%　→第3問は収益性向上のための対応策が求められています。生産性（Effectively）向上によっても収益性の向上が可能ですが，第2問との解答要素の切り分けのために，本設問では生産管理（Smoothly）の側面から解答を作成しました。第1問解答時に整理したSWOT分析をもとに，生産管理に紐づく問題点（＝弱み）をピックアップし，対応策を類推すれば解答となると考えました。

●与件文のチェックと解答の構築

　下表のとおり第11段落から，C社の生産面の問題点（＝弱み）を抽出しました。C社の生産管理は問題点が山積みです。『全知識』事例Ⅲの「Ⅰ．代表的SWOT項目」のW（弱み）にも記載の，生産計画のスパンが長く，在庫管理に不徹底があります。結果として材料の在庫量や廃棄は増え，納期遅れまで生じています。これら問題点への対応で材料の在庫や廃棄を削減できれば，収益性を改善できると考えられますし，設問文にあるとおり材料価格が高騰している状況下では，収益性改善への寄与度は高くなると考えられます。

　→参照：『全知識』事例Ⅲ　Ⅰ．代表的SWOT項目　W（弱み）

段落	問題点
第11段落	・（納期管理は週毎であるが）月度で生産計画を作成している ・必要な食材や調味料の必要量を経験値で見積っている ・入出庫記録がなく，食材や調味料の在庫量は増える傾向にあり，廃棄も生じている ・（結果として）納品遅れが生じている

　続いて，ピックアップした問題点を整理し対応策を起案していきました。

　C社は，販売先に対する納期管理を週毎に行っているにもかかわらず，月度で生産計画を作成しています。また，材料である食材や調味料の食品商社からの納品はその月度生産計画をもとに行われていますので，実情に沿っていない生産計画をもとに材料が納品されてしまう可能性のある仕組みとなっていると考えました。まずは週毎に修正される納品量を反映できるように月度生産計画を週次に変更し，短サイクル化を行う必要があると考えました。

　次に，C社は材料の必要量をパートリーダーの経験値で見積っていますので，発注量にバラツキが生じており，受注量と在庫量に沿った材料発注となっていないと考えられます。

第2問のとおりC社は標準化・マニュアル化が行われていませんので経験値での見積りとならざるを得ないのかと思います。対応策としては，経験値でなくデータにもとづいて受注量と在庫量に合った発注とすると考えました。なお，この対応を取るためには在庫量がどれだけあるかのデータが管理されている必要があり，実際の受注量を知るために生産計画が週次になっている必要があると思います。

　しかし，困ったことにC社には食材や調味料の入出庫記録がなく，在庫量が管理されていません。そこで，入出庫記録を行い材料の在庫管理を徹底することで，材料発注量も適正化され，在庫・廃棄削減にもつながります。

　各対応策の効果は，在庫と廃棄削減による費用削減になると考えられますので，解答骨子は「①～，②～，③～し，在庫と廃棄削減により費用削減で収益性向上を図る。」としました。

→参照：『全知識』事例Ⅲ　Ⅳ．使える解法テクニック　テクニック5，テクニック11

Ⅲ．項目別パッケージ「1．生産計画はどうあるべきか」

問題点	対応策
・（納期管理は週毎であるが）月度で生産計画を作成している	週次に変更して短サイクル化
・必要な食材や調味料の必要量を経験値で見積っている	経験値でなくデータにもとづいて受注量と在庫量に応じた発注とする
・入出庫記録がなく，食材や調味料の在庫量は増える傾向にあり，廃棄も生じている	入出庫記録を行い，在庫管理を徹底する

【模範解答】

対	応	策	は	①	食	材	や	調	味	料	の	入	出	庫	記	録	を	行	い
在	庫	管	理	を	徹	底	し	②	月	度	生	産	計	画	を	週	次	に	変
更	し	て	短	サ	イ	ク	ル	化	を	行	い	③	受	注	量	と	在	庫	量
に	応	じ	た	発	注	と	す	る	こ	と	で	経	験	値	で	は	な	く	デ
ー	タ	に	基	づ	い	た	管	理	と	し	，	在	庫	と	廃	棄	削	減	に
よ	り	費	用	削	減	で	収	益	性	の	向	上	を	図	る	。			

●活用できるノウハウ

『全知識』事例Ⅲ　事例Ⅲの概要

Ⅰ．代表的SWOT項目　W（弱み）

Ⅲ．1．生産計画はどうあるべきか，　7．C（コスト）（1）多能工による多工程持ち

Ⅳ．使える解法テクニック　テクニック5，テクニック11

Ⅴ．知っておきたい考え方のトレンド　トレンド13

第4問 (配点20点)

　　C社社長は受注量が低迷した数年前から，既存の販売先との関係を一層密接にするとともに，他のホテルや旅館への販路拡大を図るため，自社企画製品の製造販売を実現したいと思っていた。また，食品スーパーX社との新規事業でも総菜の商品企画が必要となっている。創業から受託品の製造に特化してきたC社は，どのように製品の企画開発を進めるべきなのか，120字以内で述べよ。

●問題の類型

30％与件抜出し型＋40％与件類推型＋30％知識解答型

●解答の自信度

　50％　→受託製造に特化してきたC社が自社製品の企画開発を進めるために必要な対応を解答する必要があると考えました。基本的には，弱みを外部との連携で補完し，強みを生かして機会を捉え，高付加価値化を図っていく流れで解答できると考えましたが，外部人材を採用して製品開発部が既に新設されており，C社の開発力を強みと捉えてよいのか，まだ弱みなのか，または発展途上であるのか戸惑いました。

●与件文のチェックと解答の構築

　第1問解答時に整理したSWOT分析と設問文を踏まえて，強みである季節性や高級感のある総菜の企画力を生かして差別化・高付加価値化し，販路拡大で売上向上を図ることを解答の主軸としようと考えました。

　C社社長は受注量が低迷したことをきっかけに自社企画製品の製造販売を実現したいと考えており，開発した自社製品を生かすまたはその開発で培ったノウハウを生かして既存顧客からの受注増加と新規顧客への販路拡大で受注量増加が図れると考えたと判断しました。つまり，X社向けの開発は，方向性としては既存顧客にも転用できる製品であるべきで，第3段落に「増加する訪日外国人観光客の集客を狙って，地元食材を使った特色のあるメニューを提供する傾向が強まっている」と記載されていることから，季節性や高級感があり地元食材を使った総菜を開発していくことを解答とすることにしました。

　次に，本設問では，どのように製品の企画開発を進めるべきかが問われていますので，前述した解答の主軸に「どのように」の部分を加えようと考えました。方向性としては，「①強みを強化し，②弱みを補完して，季節性や高級感があり地元食材を使った総菜で差別化と高付加価値化し，販路拡大で売上向上を図る」と考えました。

　まず①の部分についての思考のプロセスを記載します。

　C社は，製品開発の実務や管理の経験がある外部人材を採用し製品開発部を新設しています。C社の製品開発力は既に強みであるのか，まだ弱みであるのか，発展途上段階なのか判断に悩みましたが，外部人材の経験は強みであるものの，実際に開発を進めるとなる

と，外部人材の経験をC社の他の従業員に展開していく必要があると考え，発展途上であると判断しました。そのため，開発力は強化していく必要があると考え，「強みである外部人材の経験を生かし，OJTで外部ノウハウを獲得し製品開発力を高める」という方向性としました。

②の弱みの補完については，これまで受託生産に特化してきたC社はニーズの収集力が弱みであると考えました。『全知識』事例Ⅲの「Ⅲ　項目別パッケージ　15．製品開発」に記載があるとおり，製品企画にはマーケティング戦略や市場調査を考慮する必要があり，ニーズが必要になってくると思います。与件文には明確にニーズの収集力について記載されていませんので，C社の弱みであるか悩みましたが，"開発経験がない＝ニーズ収集力も弱い"と考えました。また連携先としてはX社を想定し，「双方向コミュニケーションでニーズ収集する」ことを考えました。

補足ですが，SNSやブログを活用し双方向コミュニケーションを行い，ニーズを収集することも可能かと思います。

　→参照：『全知識』事例Ⅲ　Ⅲ．項目別パッケージ「15．製品開発」

　　　　『全知識』事例Ⅱ　Ⅴ．知っておきたい考え方のトレンド　トレンド6

【事例Ⅲ】

【模範解答】

①	強	み	で	あ	る	外	部	人	材	の	経	験	を	生	か	し	，	OJ	T
で	外	部	ノ	ウ	ハ	ウ	を	獲	得	し	製	品	開	発	力	を	高	め	②
ス	ー	パ	ー	と	の	関	係	性	を	強	化	し	双	方	向	コ	ミ	ュ	ニ
ケ	ー	シ	ョ	ン	で	ニ	ー	ズ	収	集	し	，		季	節	性	や	高	級	感
の	あ	る	地	元	食	材	を	使	っ	た	総	菜	で	差	別	化	と	高	付
加	価	値	化	し	，		販	路	拡	大	で	売	上	向	上	を	図	る	。

● 活用できるノウハウ ─────────────────────────

　『全知識』事例Ⅲ　Ⅲ．15．製品開発

　『全知識』事例Ⅱ　Ⅴ．知っておきたい考え方のトレンド　トレンド6

第5問（配点30点）

　食品スーパーX社と共同で行っている総菜製品の新規事業について，C社社長は現在の生産能力では対応が難しいと考えており，工場敷地内に工場を増築し，専用生産設備を導入し，新規採用者を中心とした生産体制の構築を目指そうとしている。このC社社長の構想について，その妥当性とその理由，またその際の留意点をどのように助言するか，140字以内で述べよ。

●問題の類型

30％与件抜出し型＋70％与件類推型

●解答の自信度

[60%]　→最終問題は例年どおりのパターンで，将来の経営戦略を問う問題でした。設問に2つの選択肢が与えられており，どちらかを選ぶか定めたうえで論理的に説明する必要があります。社長の想いに沿って工場の増築を行うか，X社の意向を踏まえ投資リスクの高さを指摘するのか，いずれも考えられると思いますが，選択肢を選ぶことに深く悩まず，理由の論理性を重要視するよう意識しました。設問文にある専用生産設備など生産面の留意点と新規採用者に係る留意点を盛り込むことを意識して解答することに留意しました。

●与件文のチェックと解答の構築

＜社長の構想の妥当性とその理由＞

　筆者は，いったんまず素直に社長の想いを尊重して「妥当である」と決めました。次に，その理由を論理的に作成できるか確認しました。妥当である理由としては，現経営者や工場管理者の経験や製品の企画力の強みを生かせ，食品スーパーという既存顧客と異なる業種で新規顧客を拡大でき，経営リスクを分散できることと考えました。

　次に念のため，妥当でない場合の理由を考えました。理由としては，投資額が大きそうであること，X社が「徐々に」新商品の取り扱い店舗を拡大させようとしていることから，投資リスクの割にすぐにリターンが返ってこない可能性があると思います。一方で，与件文の情報のみで投資を判断することはできませんし，本設問において判断する必要はないので，「妥当である」と解答しようと考えました。

　筆者は，社長の想いにはなるべく寄り添うべきと考えています。仮に本事例が現実だとしても，社長の構想が工場増築の方向性なのであれば，まずは増築の方向性で検討し，その後リスクを許容できないという判断になれば方向転換をすればよいだけと考えています。

・妥当な理由

現経営者や工場管理者の料理人の経験を生かせる	強みを生かせる
季節性と高級感のある総菜の企画力を生かせる	強みを生かせる
既存顧客（ホテル，旅館）に加え食品スーパーX社に販路拡大で経営リスク分散	経営リスク分散できる

・妥当でない理由

投資額が大きいと考えられ，投資リスクが高い	投資リスク
X社は「徐々」に新商品の取り扱い店舗を拡大させようとしている	投資リスクの割にすぐにリターンが返ってこない

＜留意点＞

　設問文にある生産設備など生産面の留意点と新規採用者に係る留意点を盛り込むことを意識しました。

　まずは生産面の留意点についてですが，C社はこれまで高級ホテルや高級旅館を顧客とし，そこに特化した食品の製造を行っていました。今回食品スーパーに販路拡大する場合，対応が求められることがいくつかあると考えました。第14段落に記載のとおり「納品数量は納品の2日前に確定し，納品頻度も最低午前と午後の1日2回の発送」となります。これまでは週次で納品数量が確定し，納品頻度も1日1度でしたので，新規事業のロットサイズは小さくなることが想定されます。また在庫管理，進捗管理，現品管理，余力管理も複雑になることが想定されます。そこで「全社的な生産計画を構築し，生産設備・配送頻度の異なる事業の生産統制を行うこと」を留意点としました。

　続いて，新規採用者に係る留意点についてですが，C社はコロナ禍後の受注増で人員が足りない状態です。そのため本設問では「新規採用者を中心とした生産体制の構築を目指そうとしている」とあります。一方で新規採用者のみで生産が行えるわけではないので，「既存事業の生産性を向上させ新規工場に割く余力を創出すべき」と考えました。

　なお，もっと素直に「新規採用者の教育体制を構築する」としてもよいかとは考えます。

　→参照：『全知識』事例Ⅲ　Ⅲ．項目別パッケージ「1．生産計画はどうあるべきか」

【事例Ⅲ】

【模範解答】

増築計画は妥当である。理由は①強みである料理人の経験や製品企画力を生かして②既存顧客に加えスーパーに顧客を拡大し，経営リスク分散できる為。留意点は①既存事業の生産性を向上させ新規工場に割く余力を創出し②全社的な生産計画を構築し生産設備・配送頻度の異なる事業の生産統制を行うこと。

●活用できるノウハウ

『全知識』事例Ⅲ　Ⅲ．1．生産計画はどうあるべきか

執筆：岡崎貴浩（令和5年度本試験合格）

Ⓓ　　令和5年度　第2次試験問題

4. 中小企業の診断及び助言に関する実務の事例Ⅳ
16：00〜17：20

---

*試験開始前に，次の事項を必ずご確認ください。

　携帯電話やスマートフォン，ウエアラブル端末などの通信機器・電子機器は，机上に置くことも，身に着ける（ポケット等に入れる）ことも，使用することもできません。このことが試験時間中に守られていない場合は，不正行為として対処します。試験開始前に必ず電源を切った上でバッグなどにしまってください。

　スマートウオッチやワイヤレスイヤホンなどの取り扱いも同様です。

注　意　事　項
1．開始の合図があるまで，問題用紙・解答用紙に手を触れてはいけません。
2．開始の合図があったら，最初に，解答用紙を開いて受験番号を間違いのないように必ず記入してください。

　　受験番号の最初の3桁の数字（230）は，あらかじめ記入してあるので，4桁目から記入すること。
3．解答は，黒の鉛筆またはシャープペンシルで，問題ごとに指定された解答欄にはっきりと記入してください。
4．解答用紙には，受験番号以外の氏名や符号などを記入したり，所定の解答欄以外に記入をしてはいけません。
5．解答用紙は，必ず提出してください。持ち帰ることはできません。
6．試験開始後30分間および試験終了前5分間は退室できません。（下記参照）
7．試験終了の合図と同時に必ず筆記用具を置いてください。試験終了後に記入や修正をしてはいけません。記入や修正をした場合は，不正行為として対処します。

　　解答用紙は広げたまま，受験番号を記入した面を上にして机上に置いてください。
8．解答用紙の回収が終わり監督員の指示があるまで席を立たないでください。
9．試験時間中に体調不良などのやむを得ない事情で席を離れる場合には，監督員に申し出てその指示に従ってください。
10．その他，受験に当たっての注意事項は，受験票裏面などを参照してください。

＜途中退室者の方へ＞

　試験開始30分後から終了5分前までの間に退室する場合は，解答用紙と受験票を監督員席まで持参して，解答用紙を提出してから退室してください。問題用紙も，表紙の下部に受験番号を記入した上であわせて提出してください。

　問題用紙は，当該科目の試験終了後に該当する受験番号の席に置いておきますので，必要な方は当該科目の試験終了後20分以内に取りに来てください。それ以降は回収します。回収後はお渡しできません。なお，問題用紙の紛失については責を負いませんのでご承知置きください。

（途中退室する場合は，下の欄に受験番号を必ず記入してください。）

受験番号：

D社は，資本金1億円，総資産約30億円，売上高約45億円，従業員31名の，化粧品を製造する創業20年の企業である。D社は独自開発の原料を配合した基礎化粧品，サプリメントなどの企画・開発・販売を行っており，製品の生産はOEM生産によっている。

　同社は大都市圏の顧客をメインとしており，基本的に，卸売会社を通さずに，百貨店やドラッグストアなどの取り扱い店に直接製品を卸している。また，自社ECサイトを通じて美容液の定期購買サービスも開始している。

　直近では，実店舗やネット上での同業他社との競争激化により販売が低迷してきており，このままでは売上高がさらに減少する可能性が高いと予想される。また，今後は，輸送コストが高騰し，原材料等の仕入原価が上昇すると予想される。しかし，D社では，将来の成長を見込んで，当面は人件費等の削減は行わない方針である。

　D社の主力製品である基礎化粧品は，従来，製品のライフサイクルが長く，新製品開発の必要性もそれほど高くなかった。しかし，高齢化社会の到来とともに，近年では，顧客の健康志向，アンチエイジング志向が強まったため，他のメーカーが次々に新製品を市場に投入してきており，競争が激化している。

　こうした状況に対応するため，D社では男性向けアンチエイジング製品を新たな挑戦として開発し販売することを検討している。男性向けアンチエイジング製品は，これまでD社では扱ってこなかった製品分野であるが，バイオテクノロジーを用いて，同製品の基礎研究を進めてきた。

　化粧品業界を取り巻く環境は，新型コロナウイルスの感染拡大などにより厳しい状況にあったが，中長期的には市場の拡大が見込まれている。しかし，当該男性向けアンチエイジング製品は，今までにない画期的な製品であり，市場の状況が見通せない状況であるため，慎重な検討を要すると考えている。

　D社では，この新製品については，技術上の問題からOEM生産ではなく自社生産を行う予定であり，現在，そのための資金の確保を進めている。D社社長は，同業他社との競争が激化していることもあり，早急にこの設備投資に関する意思決定を行うことが求められている。

　D社の直近2期分の財務諸表は以下のとおりである（令和3年度，令和4年度財務諸表）。D社社長は，自社が直面しているさまざまな経営課題について，特に財務的な観点から中小企業診断士に診断・助言を依頼してきた。

貸借対照表

（単位：千円）

	令和3年度	令和4年度		令和3年度	令和4年度
〈資産の部〉			〈負債の部〉		
流動資産	2,676,193	2,777,545	流動負債	851,394	640,513
現金等	593,256	1,133,270	買掛金	191,034	197,162
売掛金・受取手形	1,085,840	864,915	短期借入金	120,000	70,000
製品・原材料等	948,537	740,810	未払金	197,262	104,341
その他の流動資産	48,560	38,550	未払法人税等	250,114	184,887
固定資産	186,973	197,354	その他の流動負債	92,984	84,123
建物・工具等	64,524	63,256	固定負債	22,500	27,153
無形固定資産	37,492	34,683	長期借入金	22,500	24,360
投資その他の資産	84,957	99,415	リース債務	—	2,793
			負債合計	873,894	667,666
			〈純資産の部〉		
			資本金	100,000	100,000
			資本剰余金	—	—
			利益剰余金	1,889,272	2,207,233
			純資産合計	1,989,272	2,307,233
資産合計	2,863,166	2,974,899	負債・純資産合計	2,863,166	2,974,899

損益計算書

（単位：千円）

	令和3年度	令和4年度
売上高	5,796,105	4,547,908
売上原価	2,185,856	1,743,821
売上総利益	3,610,249	2,804,087
販売費及び一般管理費	2,625,222	2,277,050
営業利益	985,027	527,037
営業外収益	368	11,608
営業外費用	2,676	1,613
経常利益	982,719	537,032
特別利益	—	—
特別損失	—	—
税引前当期純利益	982,719	537,032
法人税等	331,059	169,072
当期純利益	651,660	367,960

第1問（配点20点）

（設問1）

　D社の2期間の財務諸表を用いて経営分析を行い，令和3年度と比較して悪化したと考えられる財務指標を2つ（①②），改善したと考えられる財務指標を1つ（③）取り上げ，それぞれについて，名称を(a)欄に，令和4年度の財務指標の値を(b)欄に記入せよ。解答に当たっては，(b)欄の値は小数点第3位を四捨五入して，小数点第2位まで表示すること。また，(b)欄のカッコ内に単位を明記すること。

（設問2）

設問1で解答した悪化したと考えられる2つの財務指標のうちの1つを取り上げ，悪化した原因を80字以内で述べよ。

第2問（配点30点）

（設問1）

D社の2期間の財務データからCVP分析を行い，D社の収益性の分析を行う。原価予測は営業利益の段階まで行い，2期間で変動費率は一定と仮定する。

以上の仮定に基づいてD社の2期間の財務データを用いて，⑴変動費率および⑵固定費を求め，⑶令和4年度の損益分岐点売上高を計算せよ。また，⑷求めた損益分岐点売上高を前提に，令和3年度と令和4年度で損益分岐点比率がどれだけ変動したかを計算せよ。損益分岐点比率が低下した場合は，△を数値の前に付けること。

解答に当たっては，変動費率は小数点第3位を四捨五入して，小数点第2位まで表示すること。また，固定費および損益分岐点売上高は，小数点第2位まで表示した変動費率で計算し，千円未満を四捨五入して表示すること。

（設問2）

D社のサプリメントの製品系列では，W製品，X製品，Y製品の3種類の製品を扱っている。各製品別の損益状況を損益計算書の形式で示すと，次のとおりである。ここで，この3製品のうち，X製品は営業利益が赤字に陥っているので，その販売を中止すべきかどうか検討している。

製品別損益計算書

（単位：万円）

	W製品	X製品	Y製品	合計
売上高	80,000	100,000	10,000	190,000
変動費	56,000	80,000	6,000	142,000
限界利益	24,000	20,000	4,000	48,000
固定費				
個別固定費	10,000	15,000	1,500	26,500
共通費	8,000	10,000	1,000	19,000
計	18,000	25,000	2,500	45,500
営業利益	6,000	△5,000	1,500	2,500

X製品の販売を中止してもX製品に代わる有利な取り扱い製品はないが，その場合にはX製品の販売によるX製品の個別固定費の80％が回避可能であるとともに，X製品と部分的に重複した効能を有するY製品に一部の需要が移動すると予想される。

⑴需要の移動がないとき，X製品の販売を中止すべきか否かについて，カッコ内の「ある」か「ない」に○を付して答えるとともに，20字以内で理由を説明せよ。さらに，⑵X製品の販売を中止した場合に，現状の営業利益合計2,500万円を下回らないためには，需要の移動によるY製品の売上高の増加額は最低いくら必要か。計算過程を示して答えよ。

なお，割り切れない場合には，万円未満を四捨五入すること。

（設問3）

　D社では，売上高を基準に共通費を製品別に配賦している。この会計処理の妥当性について，あなたの考えを80字以内で述べよ。

第3問（配点30点）

　D社は，研究開発を行ってきた男性向けアンチエイジング製品の生産に関わる設備投資を行うか否かについて検討している。

　以下の資料に基づいて各設問に答えよ。解答に当たっては，計算途中では端数処理は行わず，解答の最終段階で万円未満を四捨五入すること。また，計算結果がマイナスの場合は，△を数値の前に付けること。

〔資料〕

１．新製品の製造・販売に関するデータ

　現在の男性向けアンチエイジング市場の状況から，新製品の販売価格は１万円であり，初年度年間販売量は，0.7の確率で10,000個，0.3の確率で5,000個の販売が予想される。また，同製品に対する需要は５年間を見込み，２年度から５年度の年間販売量は，初年度の実績販売量と同数とする。

　単位当たり変動費は0.4万円であり，毎年度の現金支出を伴う年間固定費は2,200万円と予想される。減価償却費については，次の「２．設備投資に関するデータ」に基づいて計算する。

　初年度年間販売量ごとの正味運転資本の残高は，次のように推移すると予測している。運転資本は，５年度末に全額回収するため，５年度末の残高は「なし」となっている。なお，初年度期首における正味運転資本はない。

初年度販売量	初年度から４年度の各年度末残高	５年度末残高
10,000個	800万円	なし
5,000個	400万円	なし

２．設備投資に関するデータ

　設備投資額は11,000万円であり，初年度期首に支出される。減価償却は，耐用年数５年で，残存価額をゼロとする定額法による。また，５年度末の処分価額は取得原価の10％である。

３．法人税等，キャッシュフロー，割引率に関するデータ

　法人税等の税率は30％であり，D社は将来にわたって黒字を確保することが見込まれている。なお，初期投資以外のキャッシュフローは年度末に生じるものとする。

　本プロジェクトでは，最低要求収益率は８％と想定し，これを割引率とする。利子率８

％の複利現価係数と年金現価係数は次のとおりであり，割引計算にはこの係数を適用する。

	1年	2年	3年	4年	5年
複利現価係数	0.926	0.857	0.794	0.735	0.681
年金現価係数	0.926	1.783	2.577	3.312	3.993

（設問1）

　年間販売量が(1)10,000個の場合と，(2)5,000個の場合の正味現在価値を求めよ。(1)については，計算過程も示すこと。そのうえで，(3)当該設備投資の正味現在価値の期待値を計算し，投資の可否について，カッコ内の「ある」か「ない」に〇を付して答えよ。

（設問2）

(1)　初年度末に2年度以降の販売量が10,000個になるか5,000個になるかが明らかになると予想される。このとき，設備投資の実行タイミングを1年遅らせる場合の当該設備投資の正味現在価値はいくらか。計算過程を示して答えよ。1年遅らせる場合，初年度の固定費は回避可能である。また，2年度期首の正味運転資本の残高はゼロであり，その後は資料における残高と同様である。なお，1年遅らせる場合，設備の耐用年数は4年になるが，その残存価額および処分価額は変化しないものとする。

(2)　上記(1)の計算結果により，当該設備投資を初年度期首に実行すべきか，2年度期首に実行すべきかについて，根拠となる数値を示しながら50字以内で説明せよ。

第4問（配点20点）

（設問1）

　D社は，基礎化粧品などの企画・開発・販売に特化しており，OEM生産によって委託先に製品の生産を委託している。OEM生産の財務的利点について50字以内で述べよ。

（設問2）

　D社が新たな製品分野として男性向けアンチエイジング製品を開発し販売することは，財務的にどのような利点があるかについて50字以内で述べよ。

注
令和5年度中小企業診断士第2次試験の筆記試験における
試験問題の誤記およびその取り扱いについて

　一般社団法人中小企業診断協会は，令和5年10月29日(日)に実施した令和5年度「4. 中小企業の診断及び助言に関する実務の事例Ⅳ」において，次のとおり試験問題の誤記があった旨，当協会のWebサイトで公表しています。
1．第2問（設問2）（問題用紙5ページの5行目）※試験時間中に正誤表として配布
　［誤］(1)このとき，
　［正］(1)需要の移動がないとき，
2．第2問（設問2）（問題用紙5ページの1〜2行目）※R6.1.11にWebサイトで公表
　［誤］「……，その場合にはX製品の販売によって……」
　［正］「……，その場合にはX製品の販売による……」

　また，本件に関係する問題については，当該誤記を前提に解答可能であることから，採点に当たって特段の措置は行わないこととしています。
　なお，本書では，当該誤記の箇所を正しい内容に修正のうえ掲載しています。

1.　大枠戦略の検討

■事例Ⅳ（財務・会計）で問われていること

> 基本的な財務分析（B/S, P/L）ができ，損益計算書作成やCVP分析による会計面，プロジェクトや事業採算性評価および連結会計における財務的な助言ができるかどうか？

（1）SWOT分析と企業の方向性

【D社の概要】

- ・業　種：基礎化粧品，サプリメントなどの企画・開発・販売
- ・資本金：100百万円
- ・売上高：約4,500百万円
- ・総資産：約3,000百万円
- ・従業員：31名

【D社のSWOT分析】

S（強み）	W（弱み）
・独自開発の原料を配合した基礎化粧品・サプリメント ・画期的な男性向けアンチエイジング製品	・売上高，利益率の低迷 ・新製品開発経験が少ない
O（機会）	**T（脅威）**
・顧客の健康志向，アンチエイジング志向の高まり ・中長期的な市場拡大見込	・同業他社との競争激化 ・輸送コストや原材料費の高騰が予想

【D社の方向性】

　D社は，独自開発の原料を配合した基礎化粧品，サプリメントなどの企画・開発・販売を行う創業20年の企業です。大都市圏の顧客をメインとしており，OEM方式による生産体制と，卸売会社を通さず百貨店やドラッグストアなどの取り扱い店に直接製品を卸す物流ルートにより，効率性の高い事業展開をしています。また自社ECサイトでの定期購買サービスなどの販売チャネルも有しています。

　近年では，高齢化社会の到来による顧客の健康志向，アンチエイジング志向の高まりにより，中長期的には市場の拡大が見込まれてはいるものの，他のメーカーが次々に新製品を市場に投入してきており，競争激化により販売が低迷しています。また，今後は，輸送コストの高騰や原材料等の仕入原価が上昇すると予想されており，収益性の向上が課題となっています。

　一方で，財務安全性には特段問題がなく，資金も比較的潤沢であることから，上記課題を解決するための早急な投資意思決定が必要です。

（2）事例企業テーマ

既存事業の収益性が低下するなか，これまであまり経験してこなかった新製品市場への進出により競争を回避し，新たな収益源を確保できるかどうかを，生産体制（費用構造）の変化も加味して財務的に判断する。

（3）進むべき方向性

① 前年度比較によるD社全体の経営・財務状況の変動の分析
② 年度ごとのD社全体の収益性分析と，製品ごとのセグメント損益の予測
③ 新製品販売のための投資実行時期の意思決定
④ OEM生産体制や，新製品販売への進出に関する財務的利点の整理

（4）活用ノウハウ

『全知識』事例Ⅳ　使える解法テクニック1

→時間配分と効率的解法

事例Ⅳは，4つの事例のなかで最もバランス感覚を求められる事例です。特に①時間配分の見積もり，②できる設問とできない設問の見極め，③想定得点の推定，④失点リスクの推定などを意識しながら取り組むことが求められます。

事例Ⅳを解くにあたって最も重要なことは「一発勝負ではなく普段どおりの対応をすること」と「決して諦めない気持ちを持ち続けること」です。

次の手順に従って解いていくとよいでしょう。

手順1．配点，設問の種類，分野を確認します。

令和5年度の事例において，試験開始直後に確認すべき事項は，次のとおりです。

設問		配点	設問の種類	分野
第1問	（設問1）	20点	計算	経営分析・財務分析
	（設問2）		記述（80字）	
第2問	（設問1）	30点	計算	損益分岐点売上高の計算と比較
	（設問2）		計算＋記述（20字）	製品別セグメント損益分析
	（設問3）		記述（80字）	共通費の配賦処理の妥当性について
第3問	（設問1）	30点	計算	NPV期待値の計算
	（設問2-1）		計算	投資実行時期によるNPVの計算
	（設問2-2）		記述（50字）	投資実行時期によるNPV比較評価
第4問	（設問1）	20点	記述（50字）	OEM生産の財務的利点
	（設問2）		記述（50字）	新製品分野進出の財務的利点

手順2．与件文の最初の段落を読み，D社の概要を把握します。

手順3．与件文の続きを読む前に，設問文を読み，各設問で求められていることを把握し

ます。精読するための時間はありませんので，効率よく要点を捉えることに重点を置きます。

手順4．続いて，段落番号を振りながら与件文と財務諸表を読み，①D社のSWOT，②D社の問題点，③D社の今後の課題を把握します。読む際には，各設問で求められていることに関係する情報を探し出せるように意識します。また，事例Ⅳでは，他の事例に比べて比較的はっきりとSWOTが示されていますので，マーキング方法を他の事例より簡素にすることで対応時間を短縮するとよいでしょう。

手順5．続いて，各設問の難易度と想定解答時間を見積もり，各設問の時間配分を決定します。時間配分の目安は，設問文・与件文の読み込みに10分，計算・記述に60分，見直し・最終調整に10分です。

内容		配点		時間配分	
設問文・与件文の読み込み				10分	
計算・記述	第1問	100点	20点	60分	12分
	第2問		30点		18分
	第3問		30点		20分
	第4問		20点		10分
見直し・最終調整				10分	
合計				80分	

【事例Ⅳ】

手順6．設問に着手します。ここでは次の点に留意しましょう。
- 時間配分を意識しながら，解ける問題から解き，得点を積み上げていきます。
- 事例Ⅳでは例年，難問（難易度が高い設問や，時間がかかる設問）が1～2問出題される傾向があります。そのため，全く解けない設問や時間を要する設問はあまり深追いせず，解答の見通し程度のみを記載できたら戦略的に撤退することも視野に入れます。
- 記述式の設問では，部分点を少しでも得るために，必ず何か書くことを忘れずに。
- 検算は，最終的な解答が定まったときに行うのはもちろんですが，設問を解いている途中であっても行いましょう。できるだけ早い段階で計算ミスを発見して対処することが重要です。
- たった1つの誤りが数十点の失点につながる場合があることを認識し，情報の読み落とし，誤解，計算ミスなどには十分に注意しましょう。

手順7．最終の10分は見直しと最終調整時間に充てます。+5点の積み上げを狙うよりも，−5点のリスクを減らすことに注力します。

（5）課題・問題の抽出分析

- 財務分析・経営分析：与件文と財務諸表を総合的にみて分析
- 基本知識：財務諸表分析（損益計算書と貸借対照表から収益性，効率性，安全性の分析），

損益分岐点分析，将来キャッシュフロー

・令和5年度テーマ：

　　財務指標に関する基本知識を理解しており，その要因を分析できるか

　　原価の固変分解を行い，損益分岐点売上高の変動予測を計算できるか

　　共通費の配賦基準について，的確な評価ができるか

　　予測 CF をもとに設備投資案の NPV 評価ができるか

　　投資実行時期による投資案の NPV 比較評価ができるか

　　OEM 生産や新製品分野進出の財務的利点を理解しているか

（6）認識

　配点と難易度を見極め，時間とメンタルのマネジメントを徹底します。また，設問間の関係性を見極め，失点するリスクを最小限にすることにも留意します。

〈出題スタイルの特徴〉

　令和5年度の特徴は次のとおりです。

・第1問：経営分析・財務分析は，自社前年度と比較して悪化したと考えられる指標を2つ，改善したと考えられる指標を1つ指摘するものでした。R3年度の4指標での解答，R4年度の生産性指標を含めよ，などの制約がなく，オーソドックスな解答指示でした。従来どおり落ち着いて「収益性」「効率性」「安全性」の観点で解答すればよいでしょう。記述問題については，指標悪化の原因を，内部環境要因と外部環境要因の両方の側面から多面的に解答するように心がけます。

・第2問（設問1）：2期間の財務諸表から損益分岐点売上高およびその変動を計算する問題です。基本的な連立方程式で解答できるので，確実に得点しておきたい問題です。

・第2問（設問2）：製品別のセグメント損益の予測を計算する問題です。製品の販売中止による "個別固定費が一部回避可能である" という新たな制約条件が追加されていますが，限界利益・貢献利益・営業利益のそれぞれの定義と計算方法を理解していれば難なく解答できる問題です。落ち着いて題意を正確に読み取り，しっかりと得点したい問題です。

・第2問（設問3）：共通費の配賦基準の妥当性について問われました。一見，会計処理に関する知識量を問われているように捉えがちですが，"適切な会計処理を答えよ" とは問われていません。したがって，知識のインプットが十分でなかったからといって諦めず，D社の事業構造や与件文の情報，設問構成から類推して解答を組み立てます。（設問2）で計算したように，現在のD社のサプリメント製品系列では，製品ごとの費用構造が異なります。また今後，男性向けアンチエイジング製品を新製品として（OME 生産ではなく）自社生産で事業展開しようとしており，従来の製品群とは事業構造も投下資本規模も大きく異なる製品が混在することになります。そのような中で，単に「売上高」

という基準だけで共通費を配賦することが，収益性評価の方法として妥当かどうかを論述できたかどうかが勝負の分かれ目でした。

・第３問（設問１）：NPV による投資意思決定問題です。R３年度や R４年度の NPV 問題よりは比較的解きやすい問題です。とはいえ，運転資本の増減とその発生時期の考慮や年間販売量の場合分けなど，処理すべき情報量が非常に多く，時間の限られた試験本番で漏れ・ミスなく完答できた受験生はそう多くないでしょう。事例Ⅳを得点源科目にしたいと考えるなら何とか得点したい設問ですが，そうでない場合は，各年度の CF 算出に必要な数字の算出と全体の計算の見通しのみを記述して部分点確保を狙い，他の得点できる問題へとタイムマネジメントすることも重要です。

・第３問（設問２-(1)）：（設問１）の条件に加え，投資実行時期を遅らせた場合に変化する運転資本増減の発生時期と固定費・減価償却費を漏れなく整理して毎年の CF を正確に算出する必要があり，さらに２年度目以降の販売量が明らかになる条件でのデシジョンツリーを描いて NPV の期待値を求める問題でした。（設問１）と同等以上の情報処理量であり，こちらも時間の限られた試験本番で漏れ・ミスなく完答することは極めて難しいです。

・第３問（設問２-(2)）：（設問２-(1)）の計算結果を受けての意思決定を記述する問題ですが，上記のとおり時間内に正確に計算を終えることは至難の業でした。ですが，白紙にはせずに NPV による投資意思決定に関する何らかの記述は試みて，１点でも多く部分点を掴み取るという姿勢が必要でした。

・第４問（設問１）：OEM 生産の財務的利点を問われました。事例Ⅱや Ⅲで学習した OEM 生産方式のメリットとデメリットを素早く整理し，D 社の財務状況を加味したうえで利点となっている内容を端的に編集する必要がありました。

・第４問（設問２）：新製品を開発して販売に打って出ることの財務的利点が問われました。こちらの設問も，他事例の基礎知識であるアンゾフの成長ベクトル（新製品開発戦略）に関する内容を素早く整理し，D 社の財務状況を加味したうえで利点となっている内容を端的に編集する必要がありました。

〈合否を分けるポイント〉

　出題スタイルの特徴を考慮すると，合否を分けるポイントは次のとおりと考えられます。

・取るべき設問に対して，慎重に解き，確実に得点すること。（第１問，第２問）
・初見の切り口に対し，冷静に思考を進め，正答に近い解答を記述すること。（第２問：設問２，設問３）
・計算方法だけではなく，背景にある原理も理解していること。（第２問，第３問）
・問われていることを正確に解釈し，確実に正解値を導き得点すること。（第２問，第３問）
・与件文から D 社の課題と方策を抜き出し，得点を積み上げること。（第４問）

2. 実際の与件文チェック

D 社は，資本金 1 億円，総資産約30億円，売上高約45億円，従業員31名の，化粧品を製造する創業20年の企業である。D 社は独自開発の原料を配合した基礎化粧品，サプリメントなどの企画・開発・販売を行っており，製品の生産は OEM 生産によっている。

同社は大都市圏の顧客をメインとしており，基本的に，卸売会社を通さずに，百貨店やドラッグストアなどの取り扱い店に直接製品を卸している。また，自社 EC サイトを通じて美容液の定期購買サービスも開始している。

直近では，実店舗やネット上での同業他社との競争激化により販売が低迷してきており，このままでは売上高がさらに減少する可能性が高いと予想される。また，今後は，輸送コストが高騰し，原材料等の仕入原価が上昇すると予想される。しかし，D 社では，将来の成長を見込んで，当面は人件費等の削減は行わない方針である。

D 社の主力製品である基礎化粧品は，従来，製品のライフサイクルが長く，新製品開発の必要性もそれほど高くなかった。しかし，高齢化社会の到来とともに，近年では，顧客の健康志向，アンチエイジング志向が強まったため，他のメーカーが次々に新製品を市場に投入してきており，競争が激化している。

こうした状況に対応するため，D 社では男性向けアンチエイジング製品を新たな挑戦として開発し販売することを検討している。男性向けアンチエイジング製品は，これまで D 社では扱ってこなかった製品分野であるが，バイオテクノロジーを用いて，同製品の基礎研究を進めてきた。

化粧品業界を取り巻く環境は，新型コロナウイルスの感染拡大などにより厳しい状況にあったが，中長期的には市場の拡大が見込まれている。しかし，当該男性向けアンチエイジング製品は，今までにない画期的な製品であり，市場の状況が見通せない状況であるため，慎重な検討を要すると考えている。

D 社では，この新製品については，技術上の問題から

与件文チェック

→業種：基礎化粧品，サプリメントの企画・開発・販売業

→自社：既存事業の生産体制

→自社：販売チャネルの確認

→競合：実店舗・ネットともに多数
脅威：競争激化による売上低迷

→今後予想される脅威：製造原価高騰

→D 社の当面の方針

→弱み：新製品開発経験が少ない

→機会：基礎化粧品需要の高まり

→新製品開発戦略

→機会：化粧品市場全体は堅調

→新製品市場の先行きは不透明

OEM生産ではなく自社生産を行う予定であり，現在，　　　→事業構造の大幅な変更
そのための資金の確保を進めている。D社社長は，同業
他社との競争が激化していることもあり，早急にこの設
備投資に関する意思決定を行うことが求められている。

　D社の直近2期分の財務諸表は以下のとおりである　　　→自社：2期間比較
（令和3年度，令和4年度財務諸表）。D社社長は，自社が
直面しているさまざまな経営課題について，特に財務的
な観点から中小企業診断士に診断・助言を依頼してきた。

貸借対照表　　　　　　　　　　　　　　　　　　　→年度確認
（単位：千円）　　　　　　　　　　→単位確認

	令和3年度	令和4年度		令和3年度	令和4年度	
〈資産の部〉			〈負債の部〉			
流動資産	2,676,193	2,777,545	流動負債	851,394	640,513	→流動負債が減少
現金等	593,256	1,133,270	買掛金	191,034	197,162	
売掛金・受取手形	1,085,840	864,915	短期借入金	120,000	70,000	→現金が急増
製品・原材料等	948,537	740,810	未払金	197,262	104,341	
その他の流動資産	48,560	38,550	未払法人税等	250,114	184,887	→債権・棚卸資産が減少
固定資産	186,973	197,354	その他の流動負債	92,984	84,123	
建物・工具等	64,524	63,256	固定負債	22,500	27,153	
無形固定資産	37,492	34,683	長期借入金	22,500	24,360	
投資その他の資産	84,957	99,415	リース債務	—	2,793	
			負債合計	873,894	667,666	→負債総額が減少
			〈純資産の部〉			
			資本金	100,000	100,000	
			資本剰余金	—	—	
			利益剰余金	1,889,272	2,207,233	
			純資産合計	1,989,272	2,307,233	
資産合計	2,863,166	2,974,899	負債・純資産合計	2,863,166	2,974,899	

損益計算書　　　　　　　　　　　→単位確認
（単位：千円）

	令和3年度	令和4年度	
			→年度確認
売上高	5,796,105	4,547,908	→売上が大きく減少
売上原価	2,185,856	1,743,821	
売上総利益	3,610,249	2,804,087	
販売費及び一般管理費	2,625,222	2,277,050	→販管費は横ばい
営業利益	985,027	527,037	→営業利益が大きく減少
営業外収益	368	11,608	
営業外費用	2,676	1,613	
経常利益	982,719	537,032	
特別利益	—	—	
特別損失	—	—	
税引前当期純利益	982,719	537,032	
法人税等	331,059	169,072	
当期純利益	651,660	367,960	

第1問 （配点20点）

（設問1）

　D社の2期間の財務諸表を用いて経営分析を行い，令　　→自社：2期間比較
和3年度と比較して悪化したと考えられる財務指標を2　　→悪化した財務指標を2つ，改善した
つ（①②），改善したと考えられる財務指標を1つ（③）　　　財務指標を1つあげる問題
取り上げ，それぞれについて，名称を(a)欄に，令和4年
度の財務指標の値を(b)欄に記入せよ。解答に当たって　　→年度に注意

153

は，(b)欄の値は小数点第3位を四捨五入して，小数点第2位まで表示すること。また，(b)欄のカッコ内に単位を明記すること。

→解答時に，単位と四捨五入の位置を確認

（設問2）

　設問1で解答した悪化したと考えられる2つの財務指標のうちの1つを取り上げ，悪化した原因を80字以内で述べよ。

→（設問1）であげた悪化した財務指標について，与件文と他の財務指標を根拠に80字以内で述べる。

第2問 （配点30点）

（設問1）

　D社の2期間の財務データからCVP分析を行い，D社の収益性の分析を行う。原価予測は営業利益の段階まで行い，2期間で変動費率は一定と仮定する。

→営業利益段階までの収益性分析の問題

→仮定条件の確認

　以上の仮定に基づいてD社の2期間の財務データを用いて，(1)変動費率および(2)固定費を求め，(3)令和4年度の損益分岐点売上高を計算せよ。また，(4)求めた損益分岐点売上高を前提に，令和3年度と令和4年度で損益分岐点比率がどれだけ変動したかを計算せよ。損益分岐点比率が低下した場合は，△を数値の前に付けること。

→年度に注意

→(3)の計算結果を使用する。

→符号に注意

　解答に当たっては，変動費率は小数点第3位を四捨五入して，小数点第2位まで表示すること。また，固定費および損益分岐点売上高は，小数点第2位まで表示した変動費率で計算し，千円未満を四捨五入して表示すること。

→解答時に，単位と四捨五入の位置を確認

→計算方法の指示に注意。解答時に，単位と四捨五入の位置を確認

（設問2）

　D社のサプリメントの製品系列では，W製品，X製品，Y製品の3種類の製品を扱っている。各製品別の損益状況を損益計算書の形式で示すと，次のとおりである。ここで，この3製品のうち，X製品は営業利益が赤字に陥っているので，その販売を中止すべきかどうか検討している。

→製品別セグメント損益予測の問題

製品別損益計算書

（単位：万円）

	W製品	X製品	Y製品	合計
売上高	80,000	100,000	10,000	190,000
変動費	56,000	80,000	6,000	142,000
限界利益	24,000	20,000	4,000	48,000
固定費				
個別固定費	10,000	15,000	1,500	26,500
共通費	8,000	10,000	1,000	19,000
計	18,000	25,000	2,500	45,500
営業利益	6,000	△5,000	1,500	2,500

➤X製品は営業利益は赤字だが，貢献利益はどうか検討

　X製品の販売を中止してもX製品に代わる有利な取り扱い製品はないが，その場合にはX製品の販売によるX製品の個別固定費の80％が回避可能であるとともに，X製品と部分的に重複した効能を有するY製品に一部の需要が移動すると予想される。

➤初見の切り口：X製品の販売を中止しても，個別固定費の20％（＝3,000万円）は発生するということ。

　(1)需要の移動がないとき，X製品の販売を中止すべきか否かについて，カッコ内の「ある」か「ない」に○を付して答えるとともに，20字以内で理由を説明せよ。さらに，(2)X製品の販売を中止した場合に，現状の営業利益合計2,500万円を下回らないためには，需要の移動によるY製品の売上高の増加額は最低いくら必要か。計算過程を示して答えよ。なお，割り切れない場合には，万円未満を四捨五入すること。

➤制約条件：X製品単独での収益性を分析する。

➤(2)では，需要の移動が"ある"場合が前提条件で，X製品の販売中止により失われる利益を，Y製品の利益で賄うために必要な売上高を考える。

➤採点者に解答プロセスが伝わるように，段階的に書く。

➤解答時に，単位と四捨五入の位置を確認

（設問3）

　D社では，売上高を基準に共通費を製品別に配賦している。この会計処理の妥当性について，あなたの考えを80字以内で述べよ。

➤妥当か否か，立場を明確にしたうえで，その理由をD社の現在の収益状況等に則して，簡潔に述べる。

第3問（配点30点）

　D社は，研究開発を行ってきた男性向けアンチエイジング製品の生産に関わる設備投資を行うか否かについて検討している。

➤投資の意思決定問題

　以下の資料に基づいて各設問に答えよ。解答に当たっては，計算途中では端数処理は行わず，解答の最終段階で万円未満を四捨五入すること。また，計算結果がマイナスの場合は，△を数値の前に付けること。

➤計算過程の指示に注意。解答時に，単位と四捨五入の位置を確認

➤符号に注意

【事例Ⅳ】

〔資料〕

1．新製品の製造・販売に関するデータ

　現在の男性向けアンチエイジング市場の状況から，新製品の販売価格は１万円であり，初年度年間販売量は，0.7の確率で10,000個，0.3の確率で5,000個の販売が予想される。また，同製品に対する需要は５年間を見込み，２年度から５年度の年間販売量は，初年度の実績販売量と同数とする。

　単位当たり変動費は0.4万円であり，毎年度の現金支出を伴う年間固定費は2,200万円と予想される。減価償却費については，次の「２．設備投資に関するデータ」に基づいて計算する。

　初年度年間販売量ごとの正味運転資本の残高は，次のように推移すると予測している。運転資本は，５年度末に全額回収するため，５年度末の残高は「なし」となっている。なお，初年度期首における正味運転資本はない。

初年度販売量	初年度から４年度の各年度末残高	５年度末残高
10,000個	800万円	なし
5,000個	400万円	なし

2．設備投資に関するデータ

　設備投資額は11,000万円であり，初年度期首に支出される。減価償却は，耐用年数５年で，残存価額をゼロとする定額法による。また，５年度末の処分価額は取得原価の10％である。

3．法人税等，キャッシュフロー，割引率に関するデータ

　法人税等の税率は30％であり，Ｄ社は将来にわたって黒字を確保することが見込まれている。なお，初期投資以外のキャッシュフローは年度末に生じるものとする。

　本プロジェクトでは，最低要求収益率は８％と想定し，これを割引率とする。利子率８％の複利現価係数と年金現価係数は次のとおりであり，割引計算にはこの係数を適用する。

→期待値計算の問題

→５年間の販売数量＝売上高は変わらない

→変動費率は0.4，限界利益率は0.6

→営業CF計算に必要

→５年度末にCIFが発生

→初年度末の正味運転資本残高が，初年度の正味運転資本増減額と等しい。

→設備投資の額と実行時期を確認

→減価償却費の計算

→耐用年数後，残存価額０に対して処分価額ありということは，５年度末にCIFが発生。税効果発生時期に関する記載がないため，売却益に係る税効果は処分と同時期に生じるものと考える。

→税率確認

→本投資案で単年で赤字が生じても，税効果は発生する。

→割引率８％

	1年	2年	3年	4年	5年
複利現価係数	0.926	0.857	0.794	0.735	0.681
年金現価係数	0.926	1.783	2.577	3.312	3.993

（設問1）

　年間販売量が(1)10,000個の場合と，(2)5,000個の場合の正味現在価値を求めよ。(1)については，計算過程も示すこと。そのうえで，(3)当該設備投資の正味現在価値の期待値を計算し，投資の可否について，カッコ内の「ある」か「ない」に○を付して答えよ。

→年間販売量ごとにそれぞれNPVを計算

→採点者に解答プロセスが伝わるように，段階的に書く。

→〔資料1.〕に記載の確率を用いて期待値を計算

→NPVの期待値が正なら「ある」，負なら「ない」

（設問2）

(1)　初年度末に2年度以降の販売量が10,000個になるか5,000個になるかが明らかになると予想される。このとき，設備投資の実行タイミングを1年遅らせる場合の当該設備投資の正味現在価値はいくらか。計算過程を示して答えよ。1年遅らせる場合，初年度の固定費は回避可能である。また，2年度期首の正味運転資本の残高はゼロであり，その後は資料における残高と同様である。なお，1年遅らせる場合，設備の耐用年数は4年になるが，その残存価額および処分価額は変化しないものとする。

→デシジョンツリーによる意思決定

→需要が明らかになる場合のNPVの期待値計算

→採点者に解答プロセスが伝わるように，段階的に書く。

→初年度の固定費と正味運転資本増減額は0

→5年度末のCIF発生に注意

→減価償却費の年額が（設問1）の条件とは異なる。

→（設問1）と同様に，5年度末に売却益とその税効果が発生

(2)　上記(1)の計算結果により，当該設備投資を初年度期首に実行すべきか，2年度期首に実行すべきかについて，根拠となる数値を示しながら50字以内で説明せよ。

→NPVの期待値がより大きくなる時期に投資案を実行する。

→（設問1）及び（設問2）の(1)の計算結果を用いて記述

第4問（配点20点）

（設問1）

　D社は，基礎化粧品などの企画・開発・販売に特化しており，OEM生産によって委託先に製品の生産を委託している。OEM生産の財務的利点について50字以内で述べよ。

→D社の現在の事業構造や財務状況を加味して，OEM生産方式の財務的な利点を述べる。

（設問2）

　D社が新たな製品分野として男性向けアンチエイジング製品を開発し販売することは，財務的にどのような利点があるかについて50字以内で述べよ。

→D社の今後の事業構造や財務状況の変化予測を加味し，新製品開発の成長戦略を採る財務的な利点を述べる。

【事例Ⅳ】

3. 各問題の分析と活用できるノウハウ

第1問（配点20点）

（設問1）

　D社の2期間の財務諸表を用いて経営分析を行い，令和3年度と比較して悪化したと考えられる財務指標を2つ（①②），改善したと考えられる財務指標を1つ（③）取り上げ，それぞれについて，名称を(a)欄に，令和4年度の財務指標の値を(b)欄に記入せよ。解答に当たっては，(b)欄の値は小数点第3位を四捨五入して，小数点第2位まで表示すること。また，(b)欄のカッコ内に単位を明記すること。

（設問2）

　設問1で解答した悪化したと考えられる2つの財務指標のうちの1つを取り上げ，悪化した原因を80字以内で述べよ。

●設問の類型

経営分析問題

●設問への対応

まず，問われていることを把握します。

・自社令和3年度（前年度）と比較して，悪化した財務指標を2つ，改善した財務指標を1つ選び，令和4年度（今年度）の値を解答する（設問1）。

・悪化した財務指標のうち1つについて，その原因についてコメントする（80字以内）（設問2）。

●解答の構築

次の手順で進めます。

（1）　設問文および与件文の情報の整理

（2）　財務指標を計算して選ぶ

（3）　選んだ指標へのコメント

（1）設問文および与件文の情報の整理

①　悪化した指標

　与件文より，D社は実店舗やネット上での同業他社との競争激化により販売が低迷している状況でありながら，将来の成長を見込んで当面は人件費等の削減は行わない方針を打ち立てています。また，新製品分野進出のために基礎研究を進めているため，相対的に販管費が利益を圧迫し，収益性が低下していることが予想されます。

　財務諸表を確認してみると，売上減少に伴って売上原価は大きく削減されていますが，販管費はそれほど減少していません。売上高総利益率も若干悪化してはいますが，収益性

低下の原因は販管費が減少していないことであることをより的確に表すために，売上高営業利益率の悪化を指摘します。

悪化した財務指標は2つ挙げなければいけませんが，与件文の情報からは効率性と安全性が悪化している情報は読み取れないのでいったん保留し，改善した指標に選択しなかったほうを採用することとします。

② 改善した指標

与件文に，「設備投資のために資金の確保を進めている」旨の記載があることから，資本構造（安全性）に何らかの変化が起こっていることが示唆されます。その調達方法は与件文では示されていないので，財務諸表を確認します。負債総額や売掛金・受取手形，製品・原材料等がともに減少していることから，資金の調達は借入ではなく，内部留保や債権・棚卸資産の現金化によるものだと判断できます。したがって，改善した指標は安全性の指標を選択することとします。

消去法的に，悪化した指標のもう1つは，効率性指標を選択します。

（2）財務諸表を計算して選ぶ

主要な財務指標を計算します。（以下の表を計算すべき指標の参考にしてください。）

それぞれの計算結果は下記のとおりです。

【D社の前期／当期の財務指標比較】

財務指標		令和3年度	令和4年度	比較
収益性	売上高総利益率	62.29%	61.66%	×
	売上高営業利益率	16.99%	11.59%	×
	売上高経常利益率	16.95%	11.81%	×
効率性	棚卸資産回転率	6.11回	6.14回	○
	有形固定資産回転率	89.83回	71.90回	×
	売上債権回転率	5.34回	5.26回	×
	総資本回転率	2.02回	1.53回	×
安全性	短期　当座比率	197.22%	311.97%	○
	短期　流動比率	314.33%	433.64%	○
	長期　固定長期適合率	9.29%	8.45%	×
	長期　固定比率	9.40%	8.55%	×
	資産構成　負債比率	43.93%	28.94%	○
	資産構成　自己資本比率	69.48%	77.56%	○

【補足：改善した安全性指標の選択について】

上記のとおり，安全性指標は，短期安全性・資本安全性ともに総じて改善しているうえに高い水準を保っているので，いずれも解答要素になり得ると考えられますが，現金の増加と負債総額，売掛金・受取手形，製品・原材料等の減少を最も総合的に表現できる当座

比率を採用するのが妥当であると判断します。解答優先度は，短期安全性＞資本安全性。

　なお，長期安全性についてはやや悪化していますが，本事例は短期的な投資意思決定が出題意図だと解釈できますので，悪化指標としても解答優先度は低いものと考えられます。

（3）選んだ指標へのコメント

【記述（80字）】

　今回は，（設問1）で解答した悪化したと考えられる2つの財務指標のうちの1つを取り上げ，その原因を説明する記述となっています。D社は現在，OEM生産体制をとっているため，効率性の課題が経営全体に及ぼす影響は軽微だと考えられますので，より喫緊の課題である収益性の指標である売上高営業利益率を取り上げます。

　前述の"①悪化した指標"の項でも述べたように，与件文に「同業他社との競争激化により販売が低迷」（第3段落），「将来の成長を見込んで，当面は人件費等の削減は行わない」（第3段落），「同製品の基礎研究を進めてきた」（第5段落）の記載があることと，売上高総利益率がほぼ横ばいである（原価率が変動していない）ことにより，売上低下に伴い固定販管費の割合が大きくなり利益を圧迫していることが読み取れます。また，ここでいう人件費は，（労務費ではなく）研究開発人員の給与を指していると推察できます。ゆえに，今後の新製品開発に向けて"戦略的に"行った結果である，ことを解答に盛り込みます。

　なお，与件文にある「輸送コストが高騰し，原材料等の仕入原価が上昇」（第3段落）については，今後の予想であり時系列が異なること，実際に原価率はさほど変わっていないことから，解答要素に盛り込むのは誤りであると考えます。

　取り上げた指標を冒頭で明示し，端的な表現で編集します。

【模範解答】

（設問1）

	(a)	(b)
①	売上高営業利益率	11.59（％）
②	有形固定資産回転率	71.90（回）
③	当座比率	311.97（％）

（設問2）

売	上	高	営	業	利	益	率	が	悪	化	し	た	原	因	は	，	①	同	業
他	社	と	の	競	争	激	化	に	よ	り	売	上	が	低	迷	し	た	②	中
長	期	的	な	市	場	成	長	を	見	込	み	，	新	製	品	開	発	力	を
維	持	す	る	た	め	人	件	費	等	の	削	減	を	行	わ	な	か	っ	た。

●活用できるノウハウ

『全知識』事例Ⅳ　1．B/S，P/L分析

　令和5年度の経営分析の問題は，近年続いていた変化球（令和4年度の生産性指標を含める，令和3年度の4指標での解答）ではなく，従来どおりのオーソドックスな出題形式でした。落ち着いて「収益性」「効率性」「安全性」の観点で解答すればよいでしょう。その分，多くの受験生が高い正答率で解答できたものと推測できるので，確実に得点しておく必要があったといえます。

　また，今後経営分析・財務分析の学習を進めるにあたり，出題可能性が高い14の経営指標についてまとめましたので，参考にしてください。

【重要な14の経営指標】

経営指標			与件文のキーワード
収益性	売上高総利益率		製造原価，高付加価値，ブランド力，販売単価
	売上高営業利益率		販売管理費，広告費，人件費，家賃
	売上高経常利益率		支払利息，営業外収益，借入金，銀行の貸し渋り
効率性	売上債権回転率		売掛金，債権管理，決済条件，販売先
	棚卸資産回転率		在庫，仕掛品，在庫管理，不良品，歩留まり低下
	有形固定資産回転率		設備投資，建物，工場，土地
	総資産回転率		上記のすべて（指摘が曖昧になるのでなるべく避ける）
安全性	短期	流動比率	棚卸資産，在庫，仕掛品
		当座比率	現金，売掛金，短期借入金
	長期	固定長期適合率	固定資産，長期借入金，自己資本，短期借入金
		固定比率	固定資産，設備投資，有形固定資産，自己資本
	資金調達	負債比率	借入金，設備投資，累積赤字，自己資本，内部留保
		自己資本比率	
生産性	労働生産性		従業員数，売上高，各種利益，有形固定資産

【事例Ⅳ】

第2問（配点30点）

（設問1）

　D社の2期間の財務データからCVP分析を行い，D社の収益性の分析を行う。原価予測は営業利益の段階まで行い，2期間で変動費率は一定と仮定する。

　以上の仮定に基づいてD社の2期間の財務データを用いて，(1)変動費率および(2)固定費を求め，(3)令和4年度の損益分岐点売上高を計算せよ。また，(4)求めた損益分岐点売上高を前提に，令和3年度と令和4年度で損益分岐点比率がどれだけ変動したかを計算せよ。損益分岐点比率が低下した場合は，△を数値の前に付けること。

　解答に当たっては，変動費率は小数点第3位を四捨五入して，小数点第2位まで表示すること。また，固定費および損益分岐点売上高は，小数点第2位まで表示した変動費率で計算し，千円未満を四捨五入して表示すること。

●**設問の類型**

　CVP分析による収益性分析

●**設問への対応**

　財務諸表のデータにもとづいて，2期間の変動費率を一定とした場合の損益分岐点の計算を行います。計算プロセスが細かく指定されているので，設問指示どおり正確に計算します。

●**解答の構築**

　CVP分析による収益性分析を行いますが，与えられた財務諸表の情報では，費用の固変分解ができません。

　変動費率は一定と仮定する条件ですので，変動費率を α，固定費をFCと置いて，

　　売上高 － 変動費 － 固定費 ＝ 営業利益

の関係式を，令和3年度と令和4年度でそれぞれ立式して，連立方程式を解きます。

　R3)　5,796,105千円 － 5,796,105千円 × α － FC ＝ 985,027千円
　R4)　4,547,908千円 － 4,547,908千円 × α － FC ＝ 527,037千円
　上記連立方程式を解くと，α ＝ 0.633078… ＝ <u>63.31％</u>　　…(1)
　注：解答指示にしたがって，正確に四捨五入します。

　　α ＝ 0.6331をR4式（※）に代入して，FC ＝ <u>1,141,590千円</u>　　…(2)

　損益分岐点売上高（BEP）＝ 固定費 ÷（1 － 変動費率）

162

の公式に(1)(2)で求めた値を代入して，

　BEP = 1,141,590千円 ÷（ 1 － 0.6331）＝ 3,111,447.26… ＝ 3,111,447千円　　…(3)

　損益分岐点比率＝（損益分岐点売上高 ÷ 売上高）× 100

の公式に(3)で求めた値を代入して，

　R3)　（3,111,447千円 ÷ 5,796,105千円）× 100 ＝ 53.68168… ＝ 53.68％
　R4)　（3,111,447千円 ÷ 4,547,908千円）× 100 ＝ 68.41490… ＝ 68.41％
　68.41％ － 53.68％ ＝ 14.73％　　…(4)

（※）本来ならばここで，R3式にも代入して検算をすべきですが，変動費率を四捨五入で
　　丸めているため，同じ値になりません（1,141,564千円となる）。設問文中(3)で令和 4
　　年度の損益分岐点売上高を問われていることから，R4式に代入して求めた値のほう
　　が解答優先度は高いと判断しました。

【模範解答】

(1)	63.31％
(2)	1,141,590千円
(3)	3,111,447千円
(4)	14.73％

【事例Ⅳ】

●活用できるノウハウ ――――――――――――――――――――――――
　『全知識』事例Ⅳ　4．損益分岐点分析（セールスミックス）

（設問2）

　D社のサプリメントの製品系列では，W製品，X製品，Y製品の3種類の製品を扱っている。各製品別の損益状況を損益計算書の形式で示すと，次のとおりである。ここで，この3製品のうち，X製品は営業利益が赤字に陥っているので，その販売を中止すべきかどうか検討している。

製品別損益計算書

（単位：万円）

	W製品	X製品	Y製品	合計
売上高	80,000	100,000	10,000	190,000
変動費	56,000	80,000	6,000	142,000
限界利益	24,000	20,000	4,000	48,000
固定費				
個別固定費	10,000	15,000	1,500	26,500
共通費	8,000	10,000	1,000	19,000
計	18,000	25,000	2,500	45,500
営業利益	6,000	△5,000	1,500	2,500

　X製品の販売を中止してもX製品に代わる有利な取り扱い製品はないが，その場合にはX製品の販売によるX製品の個別固定費の80%が回避可能であるとともに，X製品と部分的に重複した効能を有するY製品に一部の需要が移動すると予想される。

　(1)需要の移動がないとき，X製品の販売を中止すべきか否かについて，カッコ内の「ある」か「ない」に○を付して答えるとともに，20字以内で理由を説明せよ。さらに，(2)X製品の販売を中止した場合に，現状の営業利益合計2,500万円を下回らないためには，需要の移動によるY製品の売上高の増加額は最低いくら必要か。計算過程を示して答えよ。なお，割り切れない場合には，万円未満を四捨五入すること。

●設問の類型

　製品別セグメント損益予測

●設問への対応

　X製品の貢献利益を算出して，各条件での損益予測を行います。

●解答の構築

　セグメントの継続・撤退の判断は，営業利益の正負ではなく，貢献利益の正負で判断します。この論点は過去（平成28年度第3問，平成26年度第3問など）にも何度か出題されていますが，今回は個別固定費の一部を回避できるという新たな条件が加わっています。ですが，貢献利益で判断すべきことには変わりませんので，与えられた製品別損益計算書のデータをもとに落ち着いて計算します。

(1)

限界利益 − 個別固定費 ＝ 貢献利益　より，

現在のＸ製品の貢献利益は

20,000万円 − 15,000万円 ＝ 5,000万円（＞ 0）

したがって，Ｘ製品は固定費の回収に寄与していることから，販売を中止すべきではありません。

(2)

次に，需要の移動により現状の営業利益を維持するためのＹ製品の売上高を考えます。

Ｘ製品の販売を中止することにより，貢献利益5,000万円が失われ，回避できない個別固定費3,000万円（＝15,000万円×20%）が残ることになります。ゆえに，営業利益が8,000万円減少することになります。（これは，失われる限界利益20,000万円と回避できる個別固定費の12,000万円（＝15,000万円×80%）を差し引きしても求められます。）

この，失われる営業利益8,000万円を，Ｙ製品の限界利益で回収するために必要な売上高はいくらかを計算します。

なお，営業利益の減少を限界利益で回収する計算を行うのは，固定費は売上の変動に追従しない費用なので，限界利益の増分がそのまま営業利益の増分となるからです。

【模範解答】

(1)

製品の販売を中止すべきで（　ある　・　ない　）。

| Ｘ | 製 | 品 | の | 貢 | 献 | 利 | 益 | が | 5 | ,0 | 00 | 万 | 円 | の | 黒 | 字 | だ | か | ら。|

(2)

20,000万円

Ｘ製品の販売中止により，貢献利益5,000万円と回避できない個別固定費3,000万円の
合わせて8,000万円の営業利益が失われることになる。
これを，Ｙ製品の限界利益で回収すると考える。
Ｙ製品の限界利益率は0.4（4,000万円÷10,000万円）より，求める売上高をＳと置くと
Ｓ×0.4＝8,000万円　Ｓ＝20,000万円

●活用できるノウハウ ────────────

『全知識』事例Ⅳ　４．損益分岐点分析（セールスミックス）

（設問3）

　D社では，売上高を基準に共通費を製品別に配賦している。この会計処理の妥当性について，あなたの考えを80字以内で述べよ。

●設問の類型

　共通固定費の配布基準の妥当性について論述する，新出論点

●設問への対応

　一見，会計処理に関する知識量を問われているように捉えがちですが，"適切な会計処理を答えよ"とは問われていません。したがって，知識のインプットが十分でなかったからといって諦めず，D社の事業構造や与件文の情報，設問構成から類推して解答を組み立てます。

●解答の構築

　（設問2）で計算したように，現在のD社のサプリメントの製品系列では，製品ごとの費用構造が異なります。また今後，男性向けアンチエイジング製品を新製品として（OME生産ではなく）自社生産で事業展開しようとしており，従来の製品群とは事業構造も投下資本規模も大きく異なる製品が混在することになります。そのような中で，単に「売上高」という基準だけで共通費を配賦することが，収益性評価の方法として妥当かどうかを端的に編集して論述します。

【模範解答】

処	理	の	妥	当	性	は	低	い	と	考	え	る	。	理	由	は	，	各	製
品	の	異	な	る	費	用	構	造	や	投	下	資	本	規	模	が	考	慮	さ
れ	て	い	な	い	た	め	，	製	品	の	収	益	状	況	の	実	態	に	即
し	た	基	準	で	収	益	性	を	評	価	で	き	な	い	た	め	で	あ	る	。

第3問（配点30点）

　D社は，研究開発を行ってきた男性向けアンチエイジング製品の生産に関わる設備投資を行うか否かについて検討している。

　以下の資料に基づいて各設問に答えよ。解答に当たっては，計算途中では端数処理は行わず，解答の最終段階で万円未満を四捨五入すること。また，計算結果がマイナスの場合は，△を数値の前に付けること。

〔資料〕

1．新製品の製造・販売に関するデータ

　現在の男性向けアンチエイジング市場の状況から，新製品の販売価格は1万円であり，初年度年間販売量は，0.7の確率で10,000個，0.3の確率で5,000個の販売が予想される。また，同製品に対する需要は5年間を見込み，2年度から5年度の年間販売量は，初年度の実績販売量と同数とする。

　単位当たり変動費は0.4万円であり，毎年度の現金支出を伴う年間固定費は2,200万円と予想される。減価償却費については，次の「2．設備投資に関するデータ」に基づいて計算する。

　初年度年間販売量ごとの正味運転資本の残高は，次のように推移すると予測している。運転資本は，5年度末に全額回収するため，5年度末の残高は「なし」となっている。なお，初年度期首における正味運転資本はない。

初年度販売量	初年度から4年度の各年度末残高	5年度末残高
10,000個	800万円	なし
5,000個	400万円	なし

2．設備投資に関するデータ

　設備投資額は11,000万円であり，初年度期首に支出される。減価償却は，耐用年数5年で，残存価額をゼロとする定額法による。また，5年度末の処分価額は取得原価の10％である。

3．法人税等，キャッシュフロー，割引率に関するデータ

　法人税等の税率は30％であり，D社は将来にわたって黒字を確保することが見込まれている。なお，初期投資以外のキャッシュフローは年度末に生じるものとする。

　本プロジェクトでは，最低要求収益率は8％と想定し，これを割引率とする。利子率8％の複利現価係数と年金現価係数は次のとおりであり，割引計算にはこの係数を適用する。

	1年	2年	3年	4年	5年
複利現価係数	0.926	0.857	0.794	0.735	0.681
年金現価係数	0.926	1.783	2.577	3.312	3.993

（設問１）

　年間販売量が(1)10,000個の場合と，(2)5,000個の場合の正味現在価値を求めよ。(1)については，計算過程も示すこと。そのうえで，(3)当該設備投資の正味現在価値の期待値を計算し，投資の可否について，カッコ内の「ある」か「ない」に○を付して答えよ。

●**設問の類型**

設備投資による年間キャッシュフロー（CF）と正味現在価値法での投資評価

●**設問への対応**

以下のステップで解答を作成します。

① 「売上高－変動費－現金支出固定費－減価償却費」より，税引前営業利益を計算する。

② 「税引前営業利益×（１－税率）＋減価償却費」より，税引後営業 CF を計算する。

③ 正味運転資本の増減の発生時期を整理し，毎年の CF に加減する。

④ 耐用年数後の設備売却益と税効果を CF に加算する。

⑤ 各年の CF に複利現価係数を乗じて合計し，投資額を引き NPV を求める。

⑥ 上記を(1)販売量10,000個の場合と(2)販売量5,000個の場合でそれぞれ求める。

⑦ ⑥の結果に〔資料〕で与えられた確率を乗じて期待値を算出する。

⑧ NPV の期待値が「正」なら，投資を実行する。

●**解答の構築**

上記のステップどおり，順番に計算を進めます。

(1) 年間販売量が10,000個の場合

　減価償却費11,000万円÷５年＝2,200万円，現金支出年間固定費2,200万円，限界利益率0.6より，

　営業利益は，0.6万円×10,000個－2,200万円－2,200万円＝1,600万円

　税引後営業 CF は，1,600万円×（１－0.3)＋2,200万円＝3,320万円

　投資 CF は，

　設備投資額△11,000万円，運転資本初年度末△800万円，

　５年度末設備処分価額1,100万円×（１－0.3)＝770万円，運転資本回収額800万円より，

　　NPV＝△11,000万円＋3,320万円×3.993＋△800万円×0.926

　　　　　＋（770万円＋800万円)×0.681＝2,585.13…　　→　　2,585万円

(2) 年間販売量が5,000個の場合

　減価償却費11,000万円÷５年＝2,200万円，現金支出年間固定費2,200万円，限界利益率0.6より，

　営業利益は，0.6万円×5,000個－2,200万円－2,200万円＝△1,400万円

　税引後営業 CF は，△1,400万円×（１－0.3)＋2,200万円＝1,220万円

　投資 CF は，

設備投資額△11,000万円，運転資本初年度末△400万円，

5年度末設備処分価額1,100万円×（1－0.3）＝770万円，運転資本回収額400万円より，

$$NPV ＝ △11,000万円 ＋ 1,220万円 × 3.993 ＋ △400万円 × 0.926$$

$$＋（770万円 ＋ 400万円）× 0.681 ＝ △5,702.17⋯ \quad → \quad \underline{△5,702万円}$$

(3) NPVの期待値計算

$$2,585万円 × 0.7 ＋ △5,702万円 × 0.3 ＝ 98.9 \quad → \quad \underline{99万円}$$

全体像を図示すると以下のとおりです。

(1) 年間販売量が10,000個の場合

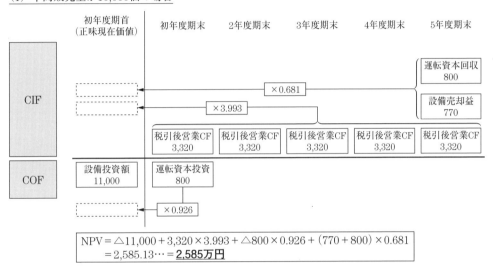

(2) 年間販売量が5,000個の場合

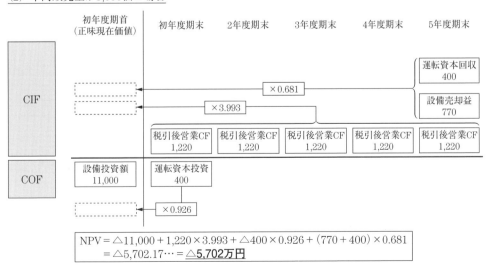

【模範解答】

(1)

2,585万円

減価償却費11,000万円÷5年＝2,200万円，現金支出年間固定費2,200万円，限界利益率0.6より，
営業利益は，0.6万円×10,000個－2,200万円－2,200万円＝1,600万円
税引後営業CFは，1,600万円×（1－0.3）＋2,200万円＝3,320万円
投資CFは，
 設備投資額△11,000万円，運転資本初年度末△800万円，
 5年度末設備処分価額1,100万円×（1－0.3）＝770万円，運転資本回収額800万円より，
  NPV＝△11,000万円＋3,320万円×3.993＋△800万円×0.926
    ＋（770万円＋800万円）×0.681＝2,585.13… → <u>2,585万円</u>

(2)

△5,702万円

(3)

99万円
投資は行うべきで（ （ある） ・ ない ）。

（設問２）

⑴　初年度末に２年度以降の販売量が10,000個になるか5,000個になるかが明らかになると予想される。このとき，設備投資の実行タイミングを１年遅らせる場合の当該設備投資の正味現在価値はいくらか。計算過程を示して答えよ。１年遅らせる場合，初年度の固定費は回避可能である。また，２年度期首の正味運転資本の残高はゼロであり，その後は資料における残高と同様である。なお，１年遅らせる場合，設備の耐用年数は４年になるが，その残存価額および処分価額は変化しないものとする。

⑵　上記⑴の計算結果により，当該設備投資を初年度期首に実行すべきか，２年度期首に実行すべきかについて，根拠となる数値を示しながら50字以内で説明せよ。

●設問の類型

　設備投資による年間キャッシュフロー（CF）と正味現在価値法での投資評価

　需要が明らかになる場合のデシジョンツリーを用いた NPV 期待値の計算

●設問への対応

　基本的には，（設問１）と同様のステップで解答を作成します。条件が変更となる下記に留意して計算を進めます。

　・設備投資の時期が初年度末となる（現在価値への割引が必要）

　・初年度の固定費と正味運転資本増減はゼロ

　・耐用年数が４年になるため，減価償却費の年額が変わる

●解答の構築

⑴

ⅰ）販売数量が10,000個の場合の正味現在価値

　減価償却費11,000万円÷４年＝2,750万円，現金支出年間固定費2,200万円，限界利益率0.6より，

　営業利益は，0.6万円×10,000個－2,750万円－2,200万円＝1,050万円

　税引後営業 CF は，1,050万円×（１－0.3）＋2,750万円＝3,485万円

　投資 CF は，

　初年度末設備投資額△11,000万円，運転資本２年度末△800万円，

　５年度末設備処分価額1,100万円×（１－0.3）＝770万円，運転資本回収額800万円より，

　　NPV＝△11,000万円×0.926＋3,485万円×（3.993－0.926）＋△800万円×0.857
　　　　　＋（770万円＋800万円）×0.681
　　　＝886.065万円（＞０となるので投資する）

【事例Ⅳ】

ⅱ）販売数量が5,000個の場合の正味現在価値

　減価償却費11,000万円÷4年＝2,750万円，現金支出年間固定費2,200万円，限界利益率0.6より，

　営業利益は，0.6万円×5,000個－2,750万円－2,200万円＝△1,950万円

　税引後営業CFは，△1,950万円×（1－0.3）＋2,750万円＝1,385万円

　投資CFは，

　初年度末設備投資額△11,000万円，運転資本2年度末△400万円，

　5年度末設備処分価額1,100万円×（1－0.3）＝770万円，運転資本回収額400万円より，

　　NPV＝△11,000万円×0.926＋1,385万円×（3.993－0.926）＋△400万円×0.857

　　　　　＋（770万円＋400万円）×0.681

　　　　＝△5,484.235万円（＜0となるので投資しない）

　したがって，本投資案の正味現在価値の期待値は，

　886.065万円×0.7＋0×0.3＝620.2455万円　　→　　620万円

　全体像を図示すると以下のとおりです。

（ⅰ）年間販売量が10,000個の場合

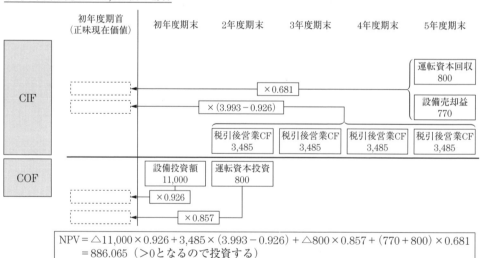

（ⅱ）年間販売量が5,000個の場合

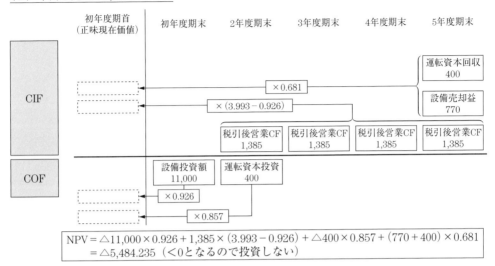

$$NPV = \triangle 11,000 \times 0.926 + 1,385 \times (3.993 - 0.926) + \triangle 400 \times 0.857 + (770 + 400) \times 0.681$$
$$= \triangle 5,484.235 \text{（＜0となるので投資しない）}$$

（2）

　　ここまでの計算結果より，設備投資の時期によるNPVの期待値は，それぞれ

　　・初年度期首の場合　99万円

　　・2年度期首の場合　620万円

となり，2年度期首に投資したほうが有利であることがわかりました。この計算結果を根拠として，投資時期の判断について端的に論述します。

【模範解答】

（1）

> 620万円

> ⅰ）販売数量が10,000個の場合の正味現在価値
> 　　$NPV = \triangle 11,000$万円$\times 0.926 + 3,485$万円$\times (3.993 - 0.926) + \triangle 800$万円$\times 0.857$
> 　　　　$+ (770$万円$+ 800$万円$) \times 0.681$
> 　　　　$= 886.065$万円（＞0となるので投資する）
> ⅱ）販売数量が5,000個の場合の正味現在価値
> 　　$NPV = \triangle 11,000$万円$\times 0.926 + 1,385$万円$\times (3.993 - 0.926) + \triangle 400$万円$\times 0.857$
> 　　　　$+ (770$万円$+ 400$万円$) \times 0.681$
> 　　　　$= \triangle 5,484.235$万円（＜0となるので投資しない）
> 　したがって，本投資案の正味現在価値の期待値は，
> 　　886.065万円$\times 0.7 + 0 \times 0.3 = 620.2455$万円　→　620万円

【事例Ⅳ】

(2)

2	年	度	期	首	に	実	行	す	る	。	理	由	は	，	2	年	度	期	首
に	投	資	を	実	行	し	た	ほ	う	が	正	味	現	在	価	値	が	5	21
万	円	増	加	す	る	か	ら	。											

●活用できるノウハウ ─────────────────────────────────

　　『全知識』事例Ⅳ　　3．投資（プロジェクト）の評価とリスクの計算

───

第4問（配点20点）

（設問1）

　D社は，基礎化粧品などの企画・開発・販売に特化しており，OEM生産によって委託先に製品の生産を委託している。OEM生産の財務的利点について50字以内で述べよ。

●**設問の類型**

　OEM生産方式による財務的利点の説明

●**設問への対応**

　事例ⅡやⅢで学習したOEM生産方式のメリットとデメリットを素早く整理し，D社の財務状況を加味したうえで利点となっている内容を端的に編集します。

●**解答の構築**

　『全知識』事例Ⅱの項目別パッケージ「10．Place ② OEM」，同じく事例Ⅲの項目別パッケージ「24．OEM，PB」に記載のOEM基礎知識を軸に，第1問で指摘した収益性や効率性と関連させて端的に記述します。特に，前年比で若干悪化したとはいえ，有形固定資産回転率が非常に高い水準にあるのはOEM戦略を採っている結果だと考えられますので，解答要素として盛り込みます。

【模範解答】

①	設	備	に	関	わ	る	固	定	費	を	変	動	費	化	す	る	こ	と	で
収	益	性	が	安	定	，	②	無	駄	な	設	備	投	資	を	回	避	で	き
る	た	め	効	率	性	が	向	上	。										

（設問2）

　D社が新たな製品分野として男性向けアンチエイジング製品を開発し販売することは，財務的にどのような利点があるかについて50字以内で述べよ。

●**設問の類型**

　新製品分野へ進出することによる財務的利点の説明

●**設問への対応**

　アンゾフの成長ベクトル（新製品開発戦略）を軸に，収益源の拡大とポートフォリオ形成について素早く内容を整理し，D社の財務状況を加味したうえで利点となっている内容を端的に編集します。

【事例Ⅳ】

●解答の構築

　D社は現在，既存事業が同業他社との競争激化により収益性が低下傾向であるなか，今後は輸送コストの高騰や仕入原価の上昇までもが予測されています。このように，価格競争に陥りつつある既存事業への依存度を低下させるために新製品開発戦略を採っているという内容を解答要素に盛り込みます。

　また，経営リスク分散の観点では，無関連多角化が最も効果が大きいと考えられます。しかし，本事例ではできるだけ短期間に成功する確率を高める必要があるため，既存設備や人員，販売ノウハウなどの多重利用が期待できる化粧品市場（既存市場）での新製品開発を選択したと考えられます。

　さらに，その新製品は「今までにない画期的な製品」（第6段落）であることから，模倣困難性が高く，同業他社との差別化が図れるため，増大しつつあるコストを価格転嫁することで収益の確保に寄与できることも期待できます。

　字数が50字とかなり限られているので，各要素を端的に記述します。

【模範解答】

①	拡	販	に	よ	る	収	益	リ	ス	ク	分	散	②	設	備	人	員	等	の
既	存	資	源	の	有	効	活	用	③	画	期	的	な	高	付	加	価	値	製
品	の	販	売	で	収	益	性	向	上	。									

●活用できるノウハウ

　『全知識』事例Ⅳ　特に掲載なし

執筆：吉田和弘（令和5年度本試験合格）

第 2 章

令和4年度
2次筆記試験考察

令和4年度の本章では，解法の基本として一般的にも定着しつつある「設問分析→与件文チェック」という順序を重視し，各執筆者の実際の解答作成プロセスに沿って，以下の構成でまとめてあります。

1．設問分析

2．与件分析＋SWOT 分析

3．各問題の分析と活用できるノウハウ

（※事例Ⅳのみ構成が異なります）

▶▶▶ **ノウハウ活用例―事例 I**

 令和4年度　第2次試験問題

1. 中小企業の診断及び助言に関する実務の事例 I
9：40〜11：00

＊試験開始前に，次の事項を必ずご確認ください。
　携帯電話やスマートフォン，ウエアラブル端末などの通信機器・電子機器は，机上に置くことも，身に着ける（ポケット等に入れる）ことも，使用することもできません。このことが試験時間中に守られていない場合は，不正行為として対処します。試験開始前に必ず電源を切った上でバッグなどにしまってください。
　スマートウオッチやワイヤレスイヤホンなどの取り扱いも同様です。

注 意 事 項
1. 開始の合図があるまで，問題用紙・解答用紙に手を触れてはいけません。
2. 開始の合図があったら，最初に，解答用紙を開いて受験番号を間違いのないように必ず記入してください。
　　受験番号の最初の3桁の数字（220）は，あらかじめ記入してあるので，4桁目から記入すること。
3. 解答は，黒の鉛筆またはシャープペンシルで，問題ごとに指定された解答欄にはっきりと記入してください。
4. 解答用紙には，受験番号以外の氏名や符号などを記入したり，所定の解答欄以外に記入をしてはいけません。
5. 解答用紙は，必ず提出してください。持ち帰ることはできません。
6. 試験開始後30分間および試験終了前5分間は退室できません。（下記参照）
7. 試験終了の合図と同時に必ず筆記用具を置いてください。試験終了後に記入や修正をしてはいけません。記入や修正をした場合は，不正行為として対処します。
　　解答用紙は広げたまま，受験番号を記入した面を上にして机上に置いてください。
8. 解答用紙の回収が終わり監督員の指示があるまで席を立たないでください。
9. 試験時間中に体調不良などのやむを得ない事情で席を離れる場合には，監督員に申し出てその指示に従ってください。
10. その他，受験に当たっての注意事項は，受験票裏面などを参照してください。

＜途中退室者の方へ＞
　試験開始30分後から終了5分前までの間に退室する場合は，解答用紙と受験票を監督員席まで持参して，解答用紙を提出してから退室してください。問題用紙も，表紙の下部に受験番号を記入した上であわせて提出してください。
　問題用紙は，当該科目の試験終了後に該当する受験番号の席に置いておきますので，必要な方は当該科目の試験終了後20分以内に取りに来てください。それ以降は回収します。回収後はお渡しできません。なお，問題用紙の紛失については責を負いませんのでご承知おきください。

（途中退室する場合は，下の欄に受験番号を必ず記入してください。）

受験番号：

Ⓐ

　A社は，サツマイモ，レタス，トマト，苺，トウモロコシなどを栽培・販売する農業法人（株式会社）である。資本金は1,000万円（現経営者とその弟が折半出資），従業員数は40名（パート従業員10名を含む）である。A社の所在地は，水稲農家や転作農家が多い地域である。

　A社は，戦前より代々，家族経営で水稲農家を営んできた。69歳になる現経営者は，幼い頃から農作業に触れてきた体験を通じて農業の面白さを自覚し，父親からは農業のイロハを叩き込まれた。当初，現経営者は水稲農業を引き継いだが，普通の農家と違うことがしたいと決心し，先代経営者から資金面のサポートを受け，1970年代初頭に施設園芸用ハウスを建設して苺の栽培と販売を始める。同社の苺は，糖度が高いことに加え，大粒で形状や色合いが良く人気を博した。県外からの需要に対応するため，1970年代後半にはハウス1棟，1980年代初頭にはハウス2棟を増設した。その頃から贈答用果物として地元の百貨店を中心に販売され始めた。1980年代後半にかけて，順調に売上高を拡大することができた。

　他方，バブル経済崩壊後，贈答用の高級苺の売上高は陰りを見せ始める。現経営者は，次の一手として1990年代後半に作り方にこだわった野菜の栽培を始めた。当時限られた人員であったが，現経営者を含め農業経験が豊富な従業員が互いにうまく連携し，サツマイモを皮切りに，レタス，トマト，トウモロコシなど栽培する品種を徐々に広げていった。この頃から業務量の増加に伴い，パート従業員を雇用するようになった。

　A社は，バブル経済崩壊後の収益の減少を乗り越え，順調に事業を展開していたが，1990年代後半以降，価格競争の影響を受けるようになった。その頃，首都圏の大手流通業に勤めていた現経営者の弟が入社した。現経営者が生産を担い，弟は常務取締役として販売やその他の経営管理を担い，二人三脚で経営を行うようになる。現経営者と常務は，新しい収益の柱を模索する。そこで，打ち出したのが，「人にやさしく，環境にやさしい農業」というコンセプトであった。常務は，販売先の開拓に苦労したが，有機野菜の販売業者を見つけることができた。A社は，この販売業者のアドバイスを受けながら，最終消費者が求める野菜作りを行い，2000年代前半に有機JASとJGAP（農業生産工程管理）の認証を受けた。

　また，A社では，地元の菓子メーカーと連携し，同社の栽培するサツマイモを使った洋菓子を共同開発した。もともと，A社のサツマイモは，上品な甘さとホクホクとした食感があり人気商品であった。地元菓子メーカーと開発した洋菓子は，販売開始早々，地元の百貨店から贈答用としての引き合いが入る人気商品となった。この洋菓子は，地域の新たな特産品としての認知度を高めた。

　他方，業容の拡大に伴い，経営が複雑化してきた。現経営者は職人気質で，仕事は見て盗めというタイプであった。また，A社ではパート従業員だけではなく，家族や親族以外の正社員採用も行い従業員数も増加していた。しかし，従業員間で明確な役割分担がなされていなかった。そこに，需給調整の問題も生じてきた。作物は天候の影響を受ける。ま

た収穫時期の違いなどによる季節的な繁閑がある。そのため，Ａ社では，繁忙期は従業員総出でも人手が足りず，パート従業員をスポットで雇用して対応する一方，閑散期は逆に人手が余るような状況であった。それに加え，主要な取引先からは，安定した品質と出荷が求められていた。

さらに，従業員の定着が悪く，新規就農者を確保することが難しかった。農業の仕事は，なかなか定時出社・定時退社で完結できる仕事ではない。台風などの際には，休日であっても突発的な対応が求められる。また，新参者が地域の農業関係者の中に溶け込み関係をつくることも難しかった。Ａ社では，農業経験者だけではなく，農業未経験者にも中途採用の門戸を開いていたが，帰属意識の高い従業員を確保することが難しかった。県の農業大学校の卒業生など新卒採用も始めたが，長く働き続けてくれる人材の確保は容易ではなかった。

2000年代半ばには，有機野菜の販売業者が廃業することになり，Ａ社はその事業を土地や施設，既存顧客を含めて譲渡されることになった。Ａ社は，そのタイミングで株式会社化（法人化）をした。Ａ社は，有機野菜の販売業者から事業を引き継いだ際，運よく大手中食業者と直接取引する機会を得た。この取引は，Ａ社に安定的な収益をもたらすことになった。大手中食業者からの要求水準は厳しかったものの，Ａ社は同社との取引を通じて対応能力を蓄積することができた。大手中食業者からの信頼も増し，売上高の依存割合が年々増加していった。このコロナ禍にあっても，大手中食業者以外の販売先の売上高は減少したが，デリバリー需要を背景に同社からの売上高は堅調であった。他方，ここ数年，Ａ社では，大手中食業者への対応に忙殺されるあまり，新たな品種の生産が思うようにできていない状況であった。

ここ数年，Ａ社では，直営店や食品加工の分野に展開を行っている。これらの業務は，常務が中心となって5名の生産に従事する若手従業員と5名のパート従業員が兼任の形で従事している。Ａ社は，2010年代半ばに自社工場を設置するとともに，地元の農協と契約し倉庫を借りることになった。自社工場では，外部取引先からパン生地を調達し，自社栽培の新鮮で旬の野菜（トマトやレタスなど）やフルーツを使ったサンドイッチや総菜商品などを製造し，既存の大手中食業者を含めた複数の業者に卸している。作り手や栽培方法が見える化された商品は，食の安全志向の高まりもあり人気を博している。

現在，直営店は，昨年入社した常務の娘（Ａ社後継者）が担当している。後継者は，大学卒業後，一貫して飲食サービス業で店舗マネジメントや商品開発の業務に従事してきた。農業については門外漢であったものの，現経営者や常務からの説得もあり，40歳の時に入社した。直営店では，サンドイッチや総菜商品，地元菓子メーカーと共同開発した洋菓子に加え，後継者が若手従業員からの提案を上手に取り入れ，搾りたてのトマトジュース，苺ジャムなどの商品を開発し，販売にこぎ着けている。現在，直営店はＡ社敷地の一部に設置されている。大きな駐車場を併設しており，地元の顧客に加え，噂を聞きつけて買い付けにくる都市部の顧客も取り込んでいる。また最近，若手従業員の提案で，オープンカ

フェ形式による飲食サービス（直営店に併設）を提供するようになった。消費者との接点ができることで，少しずつではあるがA社は自社商品に関する消費者の声を取得できるようになった。この分野は，着実に売上高を伸ばしてきたが，一方で，人手不足が顕著になってきており，生産を兼務する従業員だけでは対応できなくなりつつあった。A社は，今後も地域に根ざした農業を基盤に据えつつ，新たな分野に挑戦したいと考えている。

コロナ禍をなんとか乗り切ったA社であるが，これまで経営の中枢を担ってきた現経営者と常務ともに60歳代後半を迎え，本格的に後継者への世代交代を検討し始める時期に差し掛かっている。現経営者は，今後のA社の事業展開について中小企業診断士に助言を求めた。

第1問（配点20点）

A社が株式会社化（法人化）する以前において，同社の強みと弱みを100字以内で分析せよ。

第2問（配点20点）

A社が新規就農者を獲得し定着させるために必要な施策について，中小企業診断士として100字以内で助言せよ。

第3問（配点20点）

A社は大手中食業者とどのような取引関係を築いていくべきか，中小企業診断士として100字以内で助言せよ。

第4問（配点40点）

A社の今後の戦略展開にあたって，以下の設問に答えよ。

（設問1）

A社は今後の事業展開にあたり，どのような組織構造を構築すべきか，中小企業診断士として50字以内で助言せよ。

（設問2）

現経営者は，今後5年程度の期間で，後継者を中心とした組織体制にすることを検討している。その際，どのように権限委譲や人員配置を行っていくべきか，中小企業診断士として100字以内で助言せよ。

1. 設問分析

（1）認識

　事例Ⅰは「組織・人事」に関する事例です。一言でいえば，「やる気と能力のある人間が，円滑な流れの中で，正しい方向へ，持続的に，業務を行えているか？」を聞いているのです。事例企業は，このすべてはまず満たされておらず，大抵はどこかに問題が潜んでいるはずです。その問題こそが，出題者が最も意図している出題テーマといえます。そのメインの問題を捉えながら設問にあたると，比較的一貫した解答が作りやすくなります。

　上記に加えて，「組織体制も人事制度も経営戦略に従う」という考え方に従い，組織体制と人事制度を構築するために必要な経営戦略を明確にすることが求められます。そのため，設問の前半で，経営戦略に関する問題が出題される傾向にあります。

　→参照：『全知識』事例Ⅰ　「Ⅲ-1．事例Ⅰの基本的な考え方」「Ⅲ-2．大枠戦略検討」

（2）各設問の分析

　与件文を読む前に，設問文から以下の点を読み解き，設問文が要求している事項を解釈しました。

第1問（配点20点）
　A社が株式会社化（法人化）する以前において，同社の強みと弱みを100字以内で分析せよ。

・強みと弱みの内部分析を問われているので，与件文を読むときに，強みと弱みを意識します。

・「A社が株式会社化（法人化）する以前」との条件があるので，強みと弱みの時制に注意して解答する必要があります。

・本設問の解答に直接は関与しないかもしれませんが，「株式会社化（法人化）」するメリット・デメリットについて想起します。また，A社の強みと弱みが，A社が「株式会社化（法人化）」した理由の背景になる可能性も考えます。

・解答文字数が100字なので，少なくとも，強みから2つ，弱みから2つの解答要素を与件文から見つけることを意識します。

第2問（配点20点）
　A社が新規就農者を獲得し定着させるために必要な施策について，中小企業診断士として100字以内で助言せよ。

・「新規就農者」への対応となるため，人的資源管理である，採用・配置・育成・評価・報酬の観点で施策を考えることを意識します。

・「獲得」と「定着」の両面が問われているため，「獲得」では採用，「定着」では配置・育

成・評価・報酬により，従業員のモチベーション向上につながる施策，またはモチベーションを低下させている要因を削除する施策であることを意識します。

・対象は「新規就農者」であるため，既存の従業員への施策は含めないことを意識します。

・助言問題ですので，与件文の内容をヒントにしながらも，1次試験の知識と類推から解答を組み立てることを意識します。

・農業という特殊な業態であるため，獲得には農業経験者・未経験者・新卒・高齢者など多面的な採用方法があると想定します。

・解答文字数が100字のため，「獲得」のための施策で約50字，「定着」のための施策で約50字と，必ず両面で解答することを意識します。

第3問（配点20点）
　A社は大手中食業者とどのような取引関係を築いていくべきか，中小企業診断士として100字以内で助言せよ。

・「どのような取引関係を築いていくべきか」と問われているため，関係性強化，外部との連携，共同開発，シナジー効果，依存，取引中止という言葉を想起します。

・設問では今後の関係性について問われていますが，まずは与件文から，現状の取引関係がどのようになっているのかを把握する必要があります。

・今後の取引関係は，A社の今後の経営方針と合致する必要があるため，A社の経営方針を与件文から探ることを意識します。

・「大手（中食業者）」とあるため，取引相手先としての交渉力の強さや，売上依存度の高さが，A社の経営に悪い影響が出ていないかを確認します。

・「中食業者」という業態から，A社の生産した農業製品の販売先であることがわかります。

・農業という業態から，A社の1年を通じての生産量の変動が，中食業者への売上に影響しているかを確認します。

・助言問題ですので，与件文の内容をヒントにしながらも，知識と類推から解答を組み立てることを意識します。

・解答文字数が100字ですが，多面的な解答を意識して，2～3の文章で解答要素を組み立てることを意識します。

第4問（配点40点）
　A社の今後の戦略展開にあたって，以下の設問に答えよ。
（設問1）
　A社は今後の事業展開にあたり，どのような組織構造を構築すべきか，中小企業診断士として50字以内で助言せよ。

・リード文に「今後の戦略展開」とあるため，A社の今後の経営戦略を明確にし，その経

183

営戦略に沿った解答をする必要があります。

・「事業展開」とあるため，既存の事業だけではなく，新しい事業への進出などが与件文にあると考えます。

・「組織構造」とあるため，機能別組織，事業部制組織，マトリックス組織，プロジェクトチームなどを想起し，それぞれの組織のメリット・デメリットも同時に想起します。

・組織構造への問題であるため，①専門化の原則，②権限・責任一致の原則，③統制範囲の原則，④命令一元化の原則，の4つの原則を想起し，これら原則が適用できる組織構造を目指すことを意識します。

・組織構造から，権限委譲，部署，階層，ネットワーク，コミュニケーションという多面的な視点で考えることを意識します。

・「組織は戦略に従う」ということから，今後の経営戦略に適した組織構造を構築することを意識します。

・解答文字数が50字と短いため，組織構造について簡潔にまとめる必要があると考えます。

（設問2）

　現経営者は，今後5年程度の期間で，後継者を中心とした組織体制にすることを検討している。その際，どのように権限委譲や人員配置を行っていくべきか，中小企業診断士として100字以内で助言せよ。

・本問のリード文に，「A社の今後の戦略展開にあたって」とあるので，後継者を中心とした組織体制が，今後の戦略に合致する必要があると考えます。そのためにも，今後の戦略を与件文から探し出す必要があります。

・設問の冒頭に「現経営者は」とあるので，権限委譲や人員配置の主語は現経営者であることを意識します。後継者が今後どうするかではなく，現経営者から後継者への事業承継をどのように行うべきかを考えます。

・「今後5年程度の期間」とあるため，すぐの対応ではなく，時間をかけて徐々に事業承継を行うことが考えられます。

・「権限委譲」「人員配置」と，事業承継のための施策の解答が限定されているため，設問文に沿って，権限委譲の方法，人員配置の方法について，素直に解答することが求められていると意識します。

・事業承継から，社内の従業員からの理解，段階的な権限委譲，経営者としての育成，円滑な技術・経営方法の伝承，後継者へのバックアップ体制の構築などを想起します。

・解答文字数が100字のため，権限委譲の方法で50字，人員配置の方法で50字を目安とし，必ず2つの点を解答に含めるようにします。

ここまでの分析から，「A社に関してわかること」と「与件文から読み取るべき情報」をまとめると次のとおりです（各カッコ内の数字は設問の番号を示す）。

〈A社に関してわかること〉

・A社は株式会社化（法人化）を行った。（第1問）
・A社は農業を営んでおり，新規就農者を獲得し定着させることが課題となっている。（第2問）
・A社と大手中食業者との間には取引関係がある。（第3問）
・A社の現状の組織構造は，A社の今後の事業展開に最適ではなく，新たな構造構築が必要。（第4問：設問1）
・現経営者は今後5年程度の期間で，後継者にA社を引き継ぐ予定であり，後継者を中心とした組織体制にすべきと考えている。そのためには，権限委譲と適切な人員配置を行うことが重要である。（第4問：設問2）

〈与件文から読み取るべき情報〉

(1) A社の株式会社化のタイミングと，株式会社化する前の強みと弱みの記述（第1問に関連）
(2) A社の現状の人的資源管理の方法および課題が生じている要因。特に，採用面での課題や従業員の離職につながる不満やモチベーションを低下させている要因に関する記述（第2問に関連）
(3) A社と大手中食業者の現状の関係性に関する記述や，A社の今後の方針や社長の思いに関する記述（第3問に関連）
(4) 現状のA社の組織構造についての記述。A社の今後の事業展開や社長の思いに関する記述（第4問：設問1に関連）
(5) A社の現状の経営体制についての記述。現経営者と後継者の関係についてと，後継者の強みや特徴に関する記述。後継者と周りの従業員との関係性や後継者を育成できる場についての記述。A社の今後の方針についての記述（第4問：設問2に関連）

（3）与件文の情報と設問の対応づけ

　ここまでで整理した「与件文から読み取るべき情報」をもとに，与件文を一読しました。その結果として，読み取るべき情報と，与件文中の該当箇所の対応は次のとおりとなりました。

項番	与件文から読み取るべき情報	該当箇所
(1)	A社の株式会社化のタイミングと，株式会社化する前の強みと弱みの記述（第1問に関連）	第8段落に「A社はそのタイミングで株式会社化（法人化）した」と記述されているので，それより時系列的に前の情報に限定する。第2段落から第5段落までにA社の強みに関する記述があり，第6段落と第7段落に，A社の弱みに関する記述がある。
(2)	A社の現状の人的資源管理の方法および課題が生じている要因。特に，採用面での課題や従業員の離職につながる不満やモチベーションを低下させている要因に関する記述（第2問に関連）	第6段落に，現経営者の従業員教育への考え，農業という業態ならではの繁閑による人手不足や人員余剰の発生についての記述がある。また，第7段落には従業員の定着率の悪さ，新参者が農業関係者との関係性を構築する難しさ，新卒・中途採用は行っているが，新規就農者の確保が難しいことが記述されている。
(3)	A社と大手中食業者の現状の関係性に関する記述や，A社の今後の方針や社長の思いに関する記述（第3問に関連）	第8段落に大手中食業者との取引開始についての記述があり，安定的な収益につながり，年々依存度が増加していることが記述されている。一方，同じ段落に大手中食業者への対応に忙殺され，新たな品種の生産ができていないとも記述されており，この課題は解決すべきと考える。また，第10段落の最後には，A社の今後の方針として，新たな分野への挑戦意欲が記述されている。

(4)	現状のA社の組織構造についての記述。A社の今後の事業展開や社長の思いに関する記述（第4問：設問1に関連）	与件文にはA社の現状の組織構造が具体的に記述されていないが，第6段落には，従業員間で明確な役割分担がなされていないこと，第9段落には直営店や食品加工の分野の業務に従業員が兼務で従事していること，第10段落では，これらの分野の売上が増加しており，兼務する従業員だけでは対応できず人手不足が生じていると記述されている。また，第10段落にA社は今後新たな分野への挑戦を考えていると，A社の今後の事業展開についての記述がある。
(5)	A社の現状の経営体制についての記述。現経営者と後継者の関係についてと，後継者の強みや特徴に関する記述。後継者と周りの従業員との関係性や後継者を育成できる場についての記述。A社の今後の方針についての記述（第4問：設問2に関連）	第2段落と第3段落に，現経営者の幼い頃から培った農業経験の豊富さが記述されている。第4段落には，現経営者の弟である常務が販売やその他の経営管理を担い，現経営者と二人三脚で経営を行ってきたとの記述がある。第10段落には，後継者は常務の娘であり，40歳の時に中途入社し，それまで従事してきた飲食サービス業での店舗マネジメントや商品開発業務において強みを持つが，農業には門外漢であるとの記述がある。また，同じ段落には，A社の今後の方針として，後継者が担当している新しい分野に挑戦したい旨が記述されている。

（4）全体を通して

【配点と解答戦略】

各設問の配点・解答文字数は以下のとおりです。

設問番号	主題	配点	解答文字数	10文字当たり配点
第1問	株式会社化前の強みと弱みについて	20点	100字	2.0点
第2問	新規就農者の獲得・定着の施策について	20点	100字	2.0点
第3問	大手中食業者との取引関係について	20点	100字	2.0点
第4問設問1	事業展開に最適な組織構造について	40点	50字	2.7点
第4問設問2	後継者への事業承継について		100字	
全体		100点	450字	2.2点

5問構成であるのは例年と同じですが，総解答文字数が450字と比較的少なかったです。

【解答自信度】

70%

事例Ⅰは，1次試験の知識をもとに類推する必要があるため，令和4年度では人的資源管理，外部企業連携，関連多角化，事業承継，組織構造，両利きの経営などの知識が不足していると解答が難しかったものと思われます。各設問と関連している言葉が与件文のどの段落と紐づいているかの判断は比較的しやすいですが，解答要素の選択肢が複数あり，その中でどれを選択するかの判断は難しく，難易度としてはやや難しめといえます。

　また，事例Ⅰには珍しく助言問題が5問中4問もあるため，2次試験対策を行っていた人ほど，想定外の設問構成に動揺し，タイムマネジメントがうまくいかなかった人がいたかもしれません。想定外の問題は出題されるものと事前に意識しておき，想定外を楽しむくらいの気持ちで臨むことが大切です。

　複数の解答要素が与件文から見つかった場合は，事例Ⅰの「組織・人事」という点に立ち返り，組織・人事に関連する解答要素を優先して，解答に盛り込むことが重要です。第1問でも，A社の強みとして，商品開発面や有機JAS/JGAP（農業生産工程管理）の認証についての記述もあることから，事例Ⅱや事例Ⅲのほうに偏った解答をしてしまった人もいるかと思います。あくまで事例Ⅰであることを念頭に置き，解答要素の優先度を決めることが重要だったと思います。

　令和4年度の問題では，第10段落の最後に，「両利きの経営」という既存の分野の深掘りと同時に，新しい分野の探索がA社の考えである，と記述されています。また，後継者への事業承継に関する設問もあり，企業をいかに存続させていくかという，長期的な視点での解答も求められています。両利きの経営などは，知識がないとこれに沿った解答は難しいため，その点で得点に差がついた可能性もあると思います。

【使える解法テクニック（『全知識』事例Ⅰ）】
■テクニック1
　設問を読んでみて，問われている内容がまったく理解できない場合でも，必ず組織・人事に関する解答を書く
■テクニック2
　基本的に「組織体制も人事制度も経営戦略に従う」を常に意識する
■テクニック7
　ある外部環境が中小企業に与える影響を問われている場合には，機会にもなるし，脅威にもなり得るといった書き方をするとよい。1つの事象を両面から見ることができるかがポイント
■テクニック8
　人事制度は，能力が高く，やる気の高い人が生まれるように構築することを意識する
■テクニック12
　組織・人事は2次試験の中で最初の事例であり，自分だけでなく他の受験生もほぼ間違いなく緊張している。他の受験生も思うような解答が書けなかったり，解答そのものが浮かばなかったりして焦っている可能性が高い。だから，必要以上に高得点を狙うことを意識せず，0点の解答がないように少しずつ着実に点を取ることを意識する
■テクニック13
　想定できる形式的な変化（与件文字数，解答文字数）などについてはあらかじめシミュレーションをしておく。想定しきれない「難しすぎる設問」にはあらかじめ対応方法を決

めておき，落ち着いて対応する
■テクニック14
　事業が複数あり，組織形態がわかりづらい場合は組織図を描いて整理する

【知っておきたい考え方のトレンド（『全知識』事例Ⅰ）】
■トレンド4
　社員のモチベーションを考えることは優先順位が高い
■トレンド12
　雇用のミスマッチを減少させるために，インターンシップ制度や紹介予定派遣を活用することは有効
■トレンド15
　経営者が高齢化している場合，次世代の幹部候補の育成や，事業承継の検討が有効
■トレンド17
　既存事業の深掘りと並行して新しい事業の探索を進める両利きの経営は，企業の存続につながり有効

2.　与件分析と SWOT 分析

（1）実際の与件文チェック

　A社は，サツマイモ，レタス，トマト，苺（いちご），トウモロコシなどを栽培・販売する農業法人（株式会社）である。資本金は1,000万円（現経営者とその弟が折半出資），従業員数は40名（パート従業員10名を含む）である。A社の所在地は，水稲農家や転作農家が多い地域である。

　A社は，戦前より代々，家族経営で水稲農家を営んできた。69歳になる現経営者は，幼い頃から農作業に触れてきた体験を通じて農業の面白さを自覚し，父親からは農業のイロハを叩き込まれた。当初，現経営者は水稲農業を引き継いだが，普通の農家と違うことがしたいと決心し，先代経営者から資金面のサポートを受け，1970年代初頭に施設園芸用ハウスを建設して苺の栽培と販売を始める。同社の苺は，糖度が高いことに加え，大粒で形状や色合いが良く人気を博した。県外からの需要に対応するため，1970年代後半にはハウス１棟，1980年代初頭にはハウス２棟を増設した。その頃から贈答用果物として地元の百貨店を中心に販売され始めた。1980年代後半にかけて，順調に売上高を拡大することができた。

　他方，バブル経済崩壊後，贈答用の高級苺の売上高は陰りを見せ始める。現経営者は，次の一手として1990年代後半に作り方にこだわった野菜の栽培を始めた。当時限られた人員であったが，現経営者を含め農業経験が豊富な従業員が互いにうまく連携し，サツマイモを皮切りに，レタス，トマト，トウモロコシなど栽培する品種を徐々に広げていった。この頃から業務量の増加に伴い，パート従業員を雇用するようになった。

　A社は，バブル経済崩壊後の収益の減少を乗り越え，順調に事業を展開していたが，1990年代後半以降，価格競争の影響を受けるようになった。その頃，首都圏の大手流通業に勤めていた現経営者の弟が入社した。現経営者が生産を担い，弟は常務取締役として販売やその他の経営管理を担い，二人三脚で経営を行うようになる。現経営者と常務は，新しい収益の柱を模索する。そこで，

【事例Ⅰ】

与件文チェック

第４問（設問２）
資本金が折半出資されており，後継者へ事業承継する際に，これら株式をどのように承継するかも重要となる。

第４問（設問２）
家族経営であるメリットとして事業承継はしやすいが，デメリットとして親族以外の従業員からの不満も想定する。

第３問
農作業の実体験を通じて面白さが伝われば，新規就農者の獲得にもつながる可能性がある。

第１問
強み：県外からの需要もあり，A社の強みとなっている。

第１問
強み：高付加価値の野菜で，A社の強みとなっている。

第１問
強み：農業経験の豊富な従業員は，経営資源として強みになる。

第４問（設問２）
生産は現経営者，販売やその他の経営管理は常務と，役割分担を明確にしている。後継者には，二人の培った知見・経験も承継する必要がある。

189

打ち出したのが，「人にやさしく，環境にやさしい農業」というコンセプトであった。常務は，販売先の開拓に苦労したが，有機野菜の販売業者を見つけることができた。A社は，この販売業者のアドバイスを受けながら，最終消費者が求める野菜作りを行い，2000年代前半に有機JASとJGAP（農業生産工程管理）の認証を受けた。

また，A社では，地元の菓子メーカーと連携し，同社の栽培するサツマイモを使った洋菓子を共同開発した。もともと，A社のサツマイモは，上品な甘さとホクホクとした食感があり人気商品であった。地元菓子メーカーと開発した洋菓子は，販売開始早々，地元の百貨店から贈答用としての引き合いが入る人気商品となった。この洋菓子は，地域の新たな特産品としての認知度を高めた。

他方，業容の拡大に伴い，経営が複雑化してきた。現経営者は職人気質で，仕事は見て盗めというタイプであった。また，A社ではパート従業員だけではなく，家族や親族以外の正社員採用も行い従業員数も増加していた。しかし，従業員間で明確な役割分担がなされていなかった。そこに，需給調整の問題も生じてきた。作物は天候の影響を受ける。また収穫時期の違いなどによる季節的な繁閑がある。そのため，A社では，繁忙期は従業員総出でも人手が足りず，パート従業員をスポットで雇用して対応する一方，閑散期は逆に人手が余るような状況であった。それに加え，主要な取引先からは，安定した品質と出荷が求められていた。

さらに，従業員の定着が悪く，新規就農者を確保することが難しかった。農業の仕事は，なかなか定時出社・定時退社で完結できる仕事ではない。台風などの際には，休日であっても突発的な対応が求められる。また，新参者が地域の農業関係者の中に溶け込み関係をつくることも難しかった。A社では，農業経験者だけではなく，農業未経験者にも中途採用の門戸を開いていたが，帰属意識の高い従業員を確保することが難しかった。県の農業大学校の卒業生など新卒採用も始めたが，長く働き続けてくれる人材の確保は容易ではなかった。

2000年代半ばには，有機野菜の販売業者が廃業するこ

> 第2問

「　」で囲まれた表現であり，留意する。人や環境にやさしいという言葉は，SDGsの重要性が高まるなか，新規就農者の獲得にも優位に働くと考える。

> 第1問

強み：これら認証を受けたことは顧客からの信頼度が上がり，強みとなる。

> 第1問

強み：外部連携による共同開発できる体制は，強みとなる。

> 第1問

強み：人気商品になり知名度が上がれば，社名の認知度も合わせて上がり，他の製品の売上向上にも貢献するため，強みとなる。

> 第1問

弱み：育成体制の不備によりモチベーションの低下や人材が育たない恐れがある。業務のマニュアル化も進んでいないようなので，従業員による品質の差も生じている可能性がある。

> 第1問，第4問（設問1）

弱み：役割分担が不明確であれば，業務効率も上がらず弱みとなる。

> 第1問

弱み：農業ならではの季節的な繁閑に対応するためにパート従業員を活用しているが，時期によって人手不足や人員余剰が発生している。

> 第2問

新規就農者の獲得・定着の難しさが記されている。農業ならではの不規則な就業時間，また新規就農者が農業関係者の中での関係性構築が難しいことも離職の理由と考えられ，それらへの対応が解答要素になると考えられる。

> 第2問

中途採用および新卒採用は行っているが，そこまで長続きせず離職しており，就業後のミスマッチが生じていると考えられる。

とになり，A社はその事業を土地や施設，既存顧客を含めて譲渡されることになった。A社は，そのタイミングで株式会社化（法人化）をした。A社は，有機野菜の販売業者から事業を引き継いだ際，運よく大手中食業者と直接取引する機会を得た。この取引は，A社に安定的な収益をもたらすことになった。大手中食業者からの要求水準は厳しかったものの，A社は同社との取引を通じて対応能力を蓄積することができた。大手中食業者からの信頼も増し，売上高の依存割合が年々増加していった。このコロナ禍にあっても，大手中食業者以外の販売先の売上高は減少したが，デリバリー需要を背景に同社からの売上高は堅調であった。他方，ここ数年，A社では，大手中食業者への対応に忙殺されるあまり，新たな品種の生産が思うようにできていない状況であった。

　ここ数年，A社では，直営店や食品加工の分野に展開を行っている。これらの業務は，常務が中心となって5名の生産に従事する若手従業員と5名のパート従業員が兼任の形で従事している。A社は，2010年代半ばに自社工場を設置するとともに，地元の農協と契約し倉庫を借りることになった。自社工場では，外部取引先からパン生地を調達し，自社栽培の新鮮で旬の野菜（トマトやレタスなど）やフルーツを使ったサンドイッチや総菜商品などを製造し，既存の大手中食業者を含めた複数の業者に卸している。作り手や栽培方法が見える化された商品は，食の安全志向の高まりもあり人気を博している。

　現在，直営店は，昨年入社した常務の娘（A社後継者）が担当している。後継者は，大学卒業後，一貫して飲食サービス業で店舗マネジメントや商品開発の業務に従事してきた。農業については門外漢であったものの，現経営者や常務からの説得もあり，40歳の時に入社した。直営店では，サンドイッチや総菜商品，地元菓子メーカーと共同開発した洋菓子に加え，後継者が若手従業員からの提案を上手に取り入れ，搾りたてのトマトジュース，苺ジャムなどの商品を開発し，販売にこぎ着けている。現在，直営店はA社敷地の一部に設置されている。大きな駐車場を併設しており，地元の顧客に加え，噂を聞き

第1問
時系列的に，これより前のA社の強み・弱みを抽出する必要がある。

第3問
大手中食業者からの売上は拡大しており，デリバリー需要を獲得するためにも，継続して関係性を維持・強化すべきである。一方，売上の依存度が高まり，大手中食業者との取引中止による経営リスクも高まっており，他取引先の開拓も必要となる。また，新しい分野に挑戦するためにも，新たな製品開発と生産は必要だが，大手中食業者への対応で忙殺されており，対応が必要である。

第4問（設問1）
新たな分野への展開を行っているが，いずれも兼務での遂行となっている。既存の分野との兼務だと，既存の顧客対応など，目の前の業務が優先されがちになり，新しい分野への対応が疎かになる傾向がある。

機会：食の安全志向の高まりは，有機JASやJGAPを保有するA社にとっては，良い機会となる。また，農業法人が営む直営店は，作り手や栽培方法の見える化にも有効であり，今後力を注ぐべき分野と考えられる。

第4問（設問2）
後継者が常務（弟）の娘という親族に引き継がれるため，従業員からの不満には留意が必要。

第4問（設問2）
後継者の前職での経験が，直営店の運営や新商品開発に活用でき，新しい分野への進出に後継者の強みが活用できる。

第4問（設問2）
農業について門外漢の人が後継者となることについて，A社内で農業に従事していた従業員にとっては不満の対象となる可能性がある。時間をかけての説明と，徐々に権限委譲し，周囲からの納得を得ることが重要である。

第4問（設問2）
後継者は若手従業員の意見を積極的に取り入れており，後継者と若手従業員との間では良い関係性が築けていると推測できる。

191

つけて買い付けにくる都市部の顧客も取り込んでいる。また最近，若手従業員の提案で，オープンカフェ形式による飲食サービス（直営店に併設）を提供するようになった。消費者との接点ができることで，少しずつではあるがA社は自社商品に関する消費者の声を取得できるようになった。この分野は，着実に売上高を伸ばしてきたが，一方で，人手不足が顕著になってきており，生産を兼務する従業員だけでは対応できなくなりつつあった。A社は，今後も地域に根ざした農業を基盤に据えつつ，新たな分野に挑戦したいと考えている。

コロナ禍をなんとか乗り切ったA社であるが，これまで経営の中枢を担ってきた現経営者と常務ともに60歳代後半を迎え，本格的に後継者への世代交代を検討し始める時期に差し掛かっている。現経営者は，今後のA社の事業展開について中小企業診断士に助言を求めた。

> 第4問（設問2）
> 同上。

> 第4問（設問1）
> 兼務だけでは人手不足になっており，新しい分野への対応ができなくなってきている。

> 第2問，第3問，第4問
> A社の今後の方針であり，これに沿った解答を作成することが重要である。「地域に根ざした農業を基盤に据えつつ」＝既存の事業の深掘りであり，「新たな分野に挑戦」＝新事業への探索という，両利きの経営を示唆していると考えられる。

> 第4問（設問2）
> 後継者への世代交代も，A社にとっての大きな課題である。

第1問（配点20点）

A社が株式会社化（法人化）する以前において，同社の強みと弱みを100字以内で分析せよ。

第2問（配点20点）

A社が新規就農者を獲得し定着させるために必要な施策について，中小企業診断士として100字以内で助言せよ。

第3問（配点20点）

A社は大手中食業者とどのような取引関係を築いていくべきか，中小企業診断士として100字以内で助言せよ。

第4問（配点40点）

A社の今後の戦略展開にあたって，以下の設問に答えよ。

（設問1）

A社は今後の事業展開にあたり，どのような組織構造を構築すべきか，中小企業診断士として50字以内で助言せよ。

（設問 2）

　現経営者は，今後 5 年程度の期間で，後継者を中心とした組織体制にすることを検討している。その際，どのように権限委譲や人員配置を行っていくべきか，中小企業診断士として100字以内で助言せよ。

【事例Ⅰ】

（2）SWOT 分析

　事例企業をよく理解するためには，与件文を読む際に，事例企業の SWOT 分析を行いながら読むことが有効です。

　具体的な方法は，マーカーを使って，与件文に記載されている企業内部面から強み（S）と弱み（W），外部環境面から機会（O）と脅威（T）をマーキングします（必要に応じて，SWOT に分けて余白欄にマトリクスを描くこともあります）。一般に，強みを機会に注ぐ方向性を企業の進むべき経営戦略の方向性と考え，弱みを克服できるか，脅威を避けることができるか，を考えながら最終的な企業ビジョンを導きます。

　また，本事例は，設問の要求事項にもあるように，株式会社化（法人化）するタイミングに注意しながら分析を行います。

　本事例の SWOT 分析は以下のとおりです。なお，強み（S）と弱み（W）は，設問要求から，株式会社化の前に限定して記載しています。

【A 社の SWOT 分析】

S（強み）	W（弱み）
・糖度が高く，大粒で形状や色合いが良く人気を博している苺 ・作り方にこだわった野菜 ・現経営者を含め農業経験が豊富な従業員 ・有機 JAS と JGAP の認証の保有 ・共同開発を行える企業間の連携体制 ・地元菓子メーカーと共同開発した認知度の高い特産品の洋菓子	・従業員間の役割分担が不明確な組織構造 ・従業員の育成制度の不備 ・新規就農者が獲得できておらず，また従業員の定着率が悪いこと ・季節的な繁閑が生じており，人手不足や人手余剰が生じていること ・経営者の高齢化の中，後継者が育っていないこと
O（機会）	T（脅威）
・デリバリー需要の増加 ・食の安全志向の高まりによる，作り手や栽培方法が見える化された商品の人気の向上	・台風などによる農業の収穫減少や，急な人員の必要性の発生

（3）課題・問題の抽出分析

「やる気と能力のある人間が」	→ **問題あり。** 新規就農者の獲得・定着ができていない。帰属意識の高い従業員も確保できておらず，定着率が低い状態である。また，現経営者は，仕事は見て盗めというタイプであり，教育体制が整っていない。
「円滑な流れの中で」	→ **問題あり。** 従業員間での明確な役割分担がなされていない組織構造である。季節的な繁閑にはパート従業員を活用しているが，人手不足や人手余剰が発生している状態である。
「正しい方向へ」	→ **一部問題あり。** 大手中食業者への売上依存度が高まり，新しい品種の生産などができていない状況である。後継者を直営店の担当にし，若手従業員や消費者の声を聞きながら，新たな商品，施策を実行している状況であるが，既存分野との兼務での従事のため人手が足りず，対応ができなくなりはじめた状況である。
「持続的に」	→ **課題あり。** 現経営者と常務の高年齢化に伴い，後継者への世代交代が課題。1次試験の知識である，後継者の育成，段階的な権限委譲，後継者のバックアップ体制の構築が必要な状況である。また，既存事業である農業の深掘りとともに，直営店や飲食サービス業などの新しい分野への探索を同時に進める，「両利きの経営」を進めることが必要な状況である。

3. 各問題の分析と活用できるノウハウ

第1問（配点20点）

　A社が株式会社化（法人化）する以前において，同社の強みと弱みを100字以内で分析せよ。

●**問題の類型**

　100％与件抜出し型

●**解答の自信度**

　80%　→与件文に強みと弱みが複数記述されているため，株式会社化のタイミングさえ間違えなければ難易度としては高くないと思われますが，解答要素が多くあるため取捨選択が必要になります。留意点は，①字数制限を考慮し複数の強みと弱みを入れ込む，②取捨選択の際には組織・人事に関連するものを優先的に選ぶ，です。

●**与件文のチェックと解答の構築**

① **与件文のチェック**

　与件文から，A社が株式会社化する前の強みと弱みに関係する記述を確認します。まずは，強みについて確認します。

✓　第2段落：「同社の苺は，糖度が高いことに加え，大粒で形状や色合いが良く人気を博した」

✓　第2段落：「1980年代後半にかけて，順調に売上高を拡大することができた」

⇒1970年代から1980年代にかけて，贈答用の高級苺は人気があり，売上拡大にもつながったため，A社が栽培・販売した苺は，A社の製品として当時の強みと考えられます。

✓　第3段落：「1990年代後半に作り方にこだわった野菜の栽培を始めた。当時限られた人員であったが，現経営者を含め農業経験が豊富な従業員が互いにうまく連携し」

⇒作り方にこだわった野菜は，高付加価値を生み，また現経営者を含めた農業経験が豊富な従業員というのは，経営資源としてA社の強みとなります。

✓　第4段落：「2000年代前半に有機JASとJGAP（農業生産工程管理）の認証を受けた」

⇒認証を受けることにより，顧客からの信頼度も向上するため，A社の強みとなります。

✓　第5段落：「地元の菓子メーカーと連携し，同社の栽培するサツマイモを使った洋菓子を共同開発した」

✓　第5段落：「地元菓子メーカーと開発した洋菓子は，販売開始早々，地元の百貨店から贈答用としての引き合いが入る人気商品となった。この洋菓子は，地域の新たな特産品としての認知度を高めた」

⇒地元企業と連携して共同開発を行える関係性や体制を保有していることは，経営資源が限られている中小企業にとっては強みになります。

　　続いて，弱みについて確認します。

✓　第6段落：「現経営者は職人気質で，仕事は見て盗めというタイプであった」

⇒与件文からも，従業員に対して，マニュアルや育成制度などもないように推測され，A社の人的資源管理能力として弱みとなります。

✓　第6段落：「従業員間で明確な役割分担がなされていなかった」

⇒明確な役割分担がない組織では，業務効率も低下し，A社の弱みとなります。

✓　第7段落：「従業員の定着が悪く，新規就農者を確保することが難しかった」

✓　第7段落：「農業経験者だけではなく，農業未経験者にも中途採用の門戸を開いていたが，帰属意識の高い従業員を確保することが難しかった。県の農業大学校の卒業生など新卒採用も始めたが，長く働き続けてくれる人材の確保は容易ではなかった」

⇒採用活動を行っているが，新規就農者の獲得・定着できないことは，今後持続的にA社の経営を維持していく点で大きな問題になるため，A社の弱みとなります。

✓　第8段落：「2000年代半ばには，有機野菜の販売業者が廃業することになり，A社はその事業を土地や施設，既存顧客を含めて譲渡されることになった。A社は，そのタイミングで株式会社化（法人化）をした」

⇒A社の株式会社化のタイミングが明記されているため，本問の解答要素は，時系列的に

これより前から抜き出すことがわかります。

② 解答の構築

・「強みと弱み」を問われているため，「強みは～，弱みは～，」とで始め，わかりやすい解答の作成を心がけます。

・強みと弱みは，基本は与件文から抜き出すため，与件文で使われている単語はなるべく変更せず，そのまま用いることを意識します。

・解答要素が複数あるため，強みと弱みをそれぞれ最低2つずつ入れ込み，文字数が100字以内になるように構築します。

・強みについては，与件文から抜き出せる解答要素が多いため，組織・人事に関連する事項を優先し，A社保有の商品自体や商品開発力（事例Ⅱでよく使われる強み），品質関連の認証（事例Ⅲでよく使われる強み）は優先度を下げました。

【模範解答】

強	み	は	①	現	経	営	者	を	含	め	た	農	業	経	験	が	豊	富	な
従	業	員	②	共	同	開	発	を	行	え	る	企	業	間	連	携	体	制	，
で	あ	る	。	弱	み	は	①	従	業	員	間	の	役	割	分	担	が	不	明
確	な	組	織	構	造	②	従	業	員	の	育	成	制	度	が	な	く	，	従
業	員	の	獲	得	・	定	着	が	で	き	て	い	な	い	事	，	で	あ	る。

●活用できるノウハウ ─────────────

『全知識』事例Ⅰ　2．大枠戦略検討

4．組織形態（組織デザイン）

9．能力開発

15．採用・退職

19．アウトソーシング

第2問（配点20点）
　A社が新規就農者を獲得し定着させるために必要な施策について，中小企業診断士として100字以内で助言せよ。

●問題の類型

　25％与件抜出し型＋25％与件類推型＋50％知識解答型

●解答の自信度

　75% →与件文に本問の根拠となる課題が記載されている箇所が明確であるため，解答構築の難易度自体は低いと考えられますが，必要な施策については1次試験の知識を用いながら類推する必要があります。

●与件文のチェックと解答の構築

① 　与件文のチェック

　まずは，新規就農者の獲得・定着についての，現状についての記載を探します。

✓ 　第7段落：「従業員の定着が悪く，新規就農者を確保することが難しかった」

✓ 　第7段落：「農業経験者だけではなく，農業未経験者にも中途採用の門戸を開いていたが，帰属意識の高い従業員を確保することが難しかった」

✓ 　第7段落：「県の農業大学校の卒業生など新卒採用も始めたが，長く働き続けてくれる人材の確保は容易ではなかった」

⇒従業員の定着率が悪いため，農業未経験者の中途採用や農業大学校の卒業生の新卒採用などを行っているが，①帰属意識が高い従業員の採用ができていない，また②採用後も長く働き続ける人材の確保が容易でない，つまり採用し就業後の離職が起きている，と考えられます。

　そこで，採用活動を通じて採用自体はできているが，①帰属意識が高い従業員の採用ができていない，②採用し就業後の離職が起きている，という2つの問題点が生じている要因を与件文から探し，それらへの対応策を考えます。

✓ 　第6段落：「現経営者は職人気質で，仕事は見て盗めというタイプであった」

⇒育成制度の不備は，新規就農者にとってモチベーション低下の要因となり，離職につながると考えられます。

✓ 　第7段落：「農業の仕事は，なかなか定時出社・定時退社で完結できる仕事ではない。台風などの際には，休日であっても突発的な対応が求められる」

⇒ワークライフバランスが重要視される昨今では，上記のような働き方は，離職を考える要因になると考えられます。

✓ 　第7段落：「新参者が地域の農業関係者の中に溶け込み関係をつくることも難しかった」

⇒新規就農者が，地域の農業関係者と関係性を構築できないと，疎外感を感じ，モチベー

ション低下から，離職の要因になると考えられます。

また，帰属意識の高い従業員の採用という点で活用できる，A社の特徴を探します。

✓　第4段落：「そこで，打ち出したのが，『人にやさしく，環境にやさしい農業』という
　　　コンセプトであった」

⇒昨今のSDGsへの意識の高まりにより，人や環境にやさしいというコンセプトは，その
　企業で働く従業員のモチベーション向上につながると考えられ，このコンセプトを前面
　に押し出し，採用活動を進めることは，有効に働くと考えられます。

②　解答の構築

・「中小企業診断士としての助言」を求められているため，中小企業診断士が持っている
　知識により与件文の記述を補っての解答が求められています。

・設問文では，「獲得し定着させる」と記載されており，「獲得し」＝どのように採用し，
　「定着させる」＝採用後の離職を防ぐ，という両面から考えます。また，採用する際に
　は，帰属意識の高い従業員を採用することが必要であると考えます。

・与件文からは，離職の要因は抜き出すことができましたが，帰属意識の高い従業員の採
　用ができていない要因は見つけられませんでした。よって，1次試験の知識で補い解答
　を構築することが求められます。

・獲得（＝採用）については，帰属意識の高い従業員を獲得するための施策として，イン
　ターンシップ制度が考えられます。特に農業という特殊な業種については，事前に実務
　を体験することは，採用後のミスマッチを減らし，採用する側・採用される側の両者に
　とって良い結果をもたらすと考えられます。「人にやさしく，環境にやさしい農業」と
　いうコンセプトを前面に押し出し採用活動を進めるという施策も候補に挙がりますが，
　解答文字数の制限より，優先度を下げました。

・定着（＝離職防止）については，与件文に記載されている離職の要因への対応策で解答
　を構築しました。ⅰ）育成制度の不備に対しては，人材育成制度の構築，ⅱ）地域の農
　業関係者との関係性構築の難しさについては，交流機会を提供するという，問題点の裏
　返しの対応策に決めました。ワークライフバランスについては，農業という業態である
　ため，その点を解決するのは非常に難しく，解答文字数の制限からも優先度を下げまし
　た。

198

【模範解答】

①	イ	ン	タ	ー	ン	シ	ッ	プ	制	度	を	導	入	し	，	農	業	経	験
の	有	無	を	問	わ	ず	就	業	体	験	す	る	機	会	を	提	供	す	る。
②	未	経	験	者	で	も	成	長	で	き	る	人	材	育	成	体	系	を	構
築	す	る	。	③	社	内	の	人	材	や	地	域	の	農	業	関	係	者	と
関	係	性	構	築	に	つ	な	が	る	交	流	機	会	を	提	供	す	る	。

【事例Ⅰ】

●**活用できるノウハウ** ───────────────

　『全知識』事例Ⅰ　　8．モチベーションアップ

　　　　　　　　　　9．能力開発

　　　　　　　　　　15．採用・退職

> **第3問**（配点20点）
>
> A社は大手中食業者とどのような取引関係を築いていくべきか，中小企業診断士として100字以内で助言せよ。

●**問題の類型**

50％与件類推型＋50％知識解答型

●**解答の自信度**

[70%] →与件文に大手中食業者との関係性に関する記述が明確にされているため，解答構築の難易度自体は低いと考えられますが，「どのような取引関係を築いていくべきか」という今後の展望を考慮した解答が求められており，全体の難易度としては中程度だと考えます。

●**与件文のチェックと解答の構築**

① **与件文のチェック**

まずは与件文から，大手中食業者との現状の取引関係に関する記述を確認します。

✓ 第8段落：「A社は，有機野菜の販売業者から事業を引き継いだ際，運よく大手中食業者と直接取引する機会を得た。この取引は，A社に安定的な収益をもたらすことになった。大手中食業者からの要求水準は厳しかったものの，A社は同社との取引を通じて対応能力を蓄積することができた」

⇒大手中食業者との取引は，A社に安定的な収益をもたらし，また，A社自体の対応能力を蓄積できたという強みの構築にもつながり，大手中食業者との取引がA社にとって有益であることがわかります。

✓ 第8段落：「大手中食業者からの信頼も増し，売上高の依存割合が年々増加していった。このコロナ禍にあっても，大手中食業者以外の販売先の売上高は減少したが，デリバリー需要を背景に同社からの売上高は堅調であった」

⇒売上高の依存割合が増し，経営リスクの高まりも示唆されていますが，コロナ禍におけるデリバリー需要の増加もあり，今後も大手中食業者との取引は継続すべきと考えます。

✓ 第8段落：「他方，ここ数年，A社では，大手中食業者への対応に忙殺されるあまり，新たな品種の生産が思うようにできていない状況であった」

⇒「他方，」という言葉の後には，解答要素となる文面が続くことが多く，注目すべきです。ここでは，大手中食業者への依存度の高まりが，新たな品種の生産にも影響しており，負の面，つまり解決すべき課題が記載されています。

設問文は「どのような取引関係を築いていくべきか」と，今後の関係性について問われています。大手中食業者との取引関係は，A社の今後の経営方針や社長の想いに合致すべきであり，A社の今後の経営方針や社長の想いについても与件文を確認します。

✓　第10段落：「A社は，今後も地域に根ざした農業を基盤に据えつつ，新たな分野に挑戦
　　したいと考えている」

⇒A社の今後の経営方針としては，農業という既存の分野を基盤に据えつつ，新たな分野
　に挑戦したい旨が記載されており，「既存事業の深掘り」と「新規事業の探索」を並行
　して進める，両利きの経営を進めていく，と考えられます。大手中食業者との取引関係
　も，この経営方針に沿ったかたちで構築していくべきと考えます。

② 　解答の構築

・「中小企業診断士としての助言」を求められているため，中小企業診断士が持っている
　知識により与件文の記述を補っての解答が求められています。

・A社の今後の経営方針に沿った取引関係を構築すべきと考え，既存分野の深掘りとして，
　大手中食業者との取引関係の強化，また，新しい分野への探索として，新しい品種の生
　産と取引先の拡大により経営リスクの分散，という両面で解答します。

【模範解答】

厳	し	い	要	求	水	準	へ	の	対	応	の	継	続	や	食	品	の	共	同
開	発	な	ど	に	よ	り	大	手	中	食	業	者	と	の	関	係	性	を	強
化	し	売	上	を	安	定	さ	せ	る	。	他	方	，	新	品	種	を	生	産
し	て	他	取	引	先	と	の	売	上	拡	大	や	新	規	開	拓	に	よ	っ
て	，	大	手	中	食	業	者	へ	の	売	上	依	存	度	を	下	げ	る	。

●活用できるノウハウ

　『全知識』事例Ⅰ　　２．大枠戦略検討

　　　　　　　　　　　23．両利きの経営

> **第 4 問**（配点40点）
>
> 　A社の今後の戦略展開にあたって，以下の設問に答えよ。
>
> （設問 1 ）
>
> 　A社は今後の事業展開にあたり，どのような組織構造を構築すべきか，中小企業診断士として50字以内で助言せよ。

●**問題の類型**

　50％与件類推型＋50％知識解答型

●**解答の自信度**

　[65%]　→与件文に根拠となる記述が直接的に書かれているわけではなく，与件文から類推する必要があり，難易度は高いと思われます。このような設問では，できるだけ与件文に沿い，与件文をヒントにして解答を作成することが加点される可能性を高める方法であると考えられます。50字という限られた字数であるため，問われていることに，いかに真っ直ぐに解答しているかという点も，得点に影響すると考えます。

●**与件文のチェックと解答の構築**

① 　**与件文のチェック**

　まずは，A社の現状の組織構造についての記述を確認しますが，機能別組織など，どのような組織形態を構築しているかの記述は見つかりません。したがって，どのような組織なのかが推測できる文章を探します。

✓　第 6 段落：「A社ではパート従業員だけではなく，家族や親族以外の正社員採用も行い従業員数も増加していた。しかし，従業員間で明確な役割分担がなされていなかった」

⇒従業員間での明確な役割分担がない組織構造であることがわかり，A社の課題として解決すべきと考えられます。

✓　第 9 段落：「ここ数年，A社では，直営店や食品加工の分野に展開を行っている。これらの業務は，常務が中心となって 5 名の生産に従事する若手従業員と 5 名のパート従業員が兼任の形で従事している」

✓　第10段落：「この分野は，着実に売上高を伸ばしてきたが，一方で，人手不足が顕著になってきており，生産を兼務する従業員だけでは対応できなくなりつつあった」

⇒新たな分野への展開を行っているが，従業員が兼任で従事していることがわかります。また，売上拡大に伴い，人手不足が生じ，兼務する従業員だけでは対応できなくなっていることがわかります。

　また，A社の今後の経営方針や社長の想いについても与件文を確認します。

✓　第10段落：「A社は，今後も地域に根ざした農業を基盤に据えつつ，新たな分野に挑戦

したいと考えている」

⇒A社の今後の経営方針としては，新たな分野に挑戦したいと考えていますが，兼務のま
　までは人手不足により，挑戦が困難であることがわかります。

②　解答の構築

・「中小企業診断士としての助言」を求められているため，中小企業診断士が持っている
　知識により与件文の記述を補っての解答が求められています。

・「どのような組織構造を構築すべきか」と問われているため，具体的な組織構造を明記
　する必要があると考えます。

・両利きの経営についての知識より，既存の分野と新しい分野に対して，それぞれ独立し
　た経営資源を割り振ることが必要だと考え，兼任ではなく，新しい分野に専任を配置す
　る組織構造を構築すべきと考えます。

・役割分担の明確化という課題を解決するためにも，機能別組織を提案することを考えま
　す。既存の分野と新しい分野に経営資源を割り振るという点で，事業部制組織も考えら
　れますが，従業員数が40名と少ない点を踏まえて，機能別組織を提案しています。

・解答文字数が50字と少ないため，上記の解答要素を簡潔にまとめて書くことを意識しま
　す。

【模範解答】

機	能	別	組	織	構	造	を	構	築	し	，	従	業	員	間	・	組	織	間
の	兼	任	を	止	め	役	割	分	担	を	明	確	に	し	，	新	た	な	分
野	に	人	材	を	投	入	す	る	。										

●活用できるノウハウ

『全知識』事例Ⅰ　　4．組織形態（組織デザイン）

　　　　　　　　　23．両利きの経営

> （設問2）
>
> 　現経営者は，今後5年程度の期間で，後継者を中心とした組織体制にすることを検討している。その際，どのように権限委譲や人員配置を行っていくべきか，中小企業診断士として100字以内で助言せよ。

●問題の類型

　25%与件抜出し型＋50%与件類推型＋25%知識解答型

●解答の自信度

　70% →設問文の中で，「どのように権限委譲や人員配置」と解答の方向性がすでに限定されているため，比較的難易度は低いと考えます。与件文に寄り添いながら，事業承継に関する1次試験の知識を活用して解答を構築する必要があります。

●与件文のチェックと解答の構築

① 与件文のチェック

　まずは，現在の経営体制について与件文から探す必要があります。

✓　第1段落：「資本金は1,000万円（現経営者とその弟が折半出資）」

✓　第4段落：「現経営者が生産を担い，弟は常務取締役として販売やその他の経営管理を担い，二人三脚で経営を行うようになる」

⇒現在は，現経営者とその弟（常務）が資本金を折半しており，経営自体も役割分担を明確にしながら，2人で行っています。いわゆる家族経営であることがわかります。

✓　第2段落：「69歳になる現経営者は，幼い頃から農作業に触れてきた体験を通じて農業の面白さを自覚し，父親からは農業のイロハを叩き込まれた」

✓　第4段落：「その頃，首都圏の大手流通業に勤めていた現経営者の弟が入社した」

✓　第9段落：「ここ数年，A社では，直営店や食品加工の分野に展開を行っている。これらの業務は，常務が中心となって5名の生産に従事する若手従業員と5名のパート従業員が兼任の形で従事している」

⇒現経営者は幼い頃から農作業を体験し，農業に関する知見を有しており，一方，弟の常務は，新しい分野である直営店や食品加工を担当しながら，経営管理も行っていることがわかります。

　上記，現在の経営体制を踏まえて，事業承継するための課題について与件文から探します。

✓　第10段落：「現在，直営店は，昨年入社した常務の娘（A社後継者）が担当している」

✓　第10段落：「農業については門外漢であったものの，現経営者や常務からの説得もあり，40歳の時に入社した」

⇒後継者は，常務の娘であり，親族から次期経営者が選ばれることがわかります。また，

後継者が農業については門外漢であり，中途入社であるため，後継者選定に対する他従業員への説明や，納得してもらうことが，事業承継後の円滑な経営を行うために重要になると考えます。

また，後継者の強みや特徴を与件文から探します。

✓ 第10段落：「後継者は，大学卒業後，一貫して飲食サービス業で店舗マネジメントや商品開発の業務に従事してきた」

✓ 第10段落：「後継者が若手従業員からの提案を上手に取り入れ」

✓ 第10段落：「また最近，若手従業員の提案で」

⇒後継者は，前職の経験から飲食サービス業や商品開発など新しい分野への強みを持っています。また，若手従業員の意見を積極的に取り入れるなど，新しい分野に従事する若手従業員との関係性は良好だと考えられます。一方，経営者としての経験や，農業従事者や古くからいる従業員との関係性に関する記載は見つかりません。昨年入社ということも踏まえ，経営者としての経験もなく，農業従事者や古くからいる従業員との良好な関係性も未だ築けていないと考えられます。

A社の今後の方針としては，以下が見つかります。

✓ 第10段落：「A社は，今後も地域に根ざした農業を基盤に据えつつ，新たな分野に挑戦したいと考えている。」

⇒後継者が強みを持つ，新しい分野だけではなく，既存の分野である農業を基盤に据えつつ，新たな分野への挑戦という，両利きの経営を目指していると考えられます。そのため，農業に門外漢な後継者に事業を承継した後も，既存の分野である農業の維持・強化は必要であると考えます。

②　解答の構築

・「中小企業診断士としての助言」を求められているため，中小企業診断士が持っている知識により与件文の記述を補っての解答が求められています。

・設問文の主語が，「現経営者は」とあるので，現経営者がどのように権限委譲や人員配置を行うかという点に解答が限定されると考えます。つまり，「後継者が，〜を配置する」など，後継者自身がどのような人員配置をするかという視点での解答は候補から外れると考えます。

・「今後5年程度の期間で」とあるので，後継者の経営者としての育成期間，農業に関する知見を承継する時間はあると考えられます。

・「どのように権限委譲や人員配置を行っていくべきか」と問われているため。権限委譲と人員配置という両面で解答を作成することを考えます。

・権限委譲としては，農業に門外漢のままでは，農業従事者や古くからいる従業員の反発も生じると考えられます。また，前述のように既存の分野である農業の維持・強化が必

要のなか，トップが農業の知見がないままだと，衰退してしまうと考えられます。したがって，現経営者が保有する農作物の生産の知見を引き継ぎ，時間をかけて徐々に権限を委譲することが重要だと考えます。

・人員配置としては，経営者としての育成を踏まえて，現在，後継者の父親である常務の現在のポジションを後継者に任せ，常務はサポート役にまわり，販売・経営管理についての知見を承継することが重要だと考えます。

・解答文字数が100字のため，できるだけ2つ以上の解答要素を書くことを意識します。

【模範解答】

後	継	者	を	直	営	店	や	食	品	加	工	の	部	門	の	責	任	者	に
任	命	し	，	常	務	の	サ	ポ	ー	ト	の	も	と	部	門	経	営	に	携
わ	ら	せ	育	成	す	る	。	ま	た	，	現	経	営	者	の	農	作	物	の
生	産	，	常	務	の	販	売	・	経	営	管	理	の	知	見	を	後	継	者
に	引	き	継	ぎ	な	が	ら	，	徐	々	に	権	限	委	譲	す	る	。	

●活用できるノウハウ

『全知識』事例 I　1．事例 I の基本的な考え方
　　　　　　　　 2．大枠戦略検討
　　　　　　　　 6．組織風土・組織文化
　　　　　　　　 7．組織のライフサイクル
　　　　　　　 16．同族会社，非同族会社
　　　　　　　 17．事業承継
　　　　　　　 23．両利きの経営

執筆：高橋賢二（令和4年度本試験合格）

令和4年度　第2次試験問題

2. 中小企業の診断及び助言に関する実務の事例 II
11：40～13：00

＊試験開始前に，次の事項を必ずご確認ください。

　携帯電話やスマートフォン，ウエアラブル端末などの通信機器・電子機器は，机上に置くことも，身に着ける（ポケット等に入れる）ことも，使用することもできません。このことが試験時間中に守られていない場合は，不正行為として対処します。試験開始前に必ず電源を切った上でバッグなどにしまってください。

　スマートウオッチやワイヤレスイヤホンなどの取り扱いも同様です。

注 意 事 項

1. 開始の合図があるまで，問題用紙・解答用紙に手を触れてはいけません。
2. 開始の合図があったら，最初に，解答用紙を開いて受験番号を間違いのないように必ず記入してください。
　　受験番号の最初の3桁の数字（220）は，あらかじめ記入してあるので，4桁目から記入すること。
3. 解答は，黒の鉛筆またはシャープペンシルで，問題ごとに指定された解答欄にはっきりと記入してください。
4. 解答用紙には，受験番号以外の氏名や符号などを記入したり，所定の解答欄以外に記入をしてはいけません。
5. 解答用紙は，必ず提出してください。持ち帰ることはできません。
6. 試験開始後30分間および試験終了前5分間は退室できません。（下記参照）
7. 試験終了の合図と同時に必ず筆記用具を置いてください。試験終了後に記入や修正をしてはいけません。記入や修正をした場合は，不正行為として対処します。
　　解答用紙は広げたまま，受験番号を記入した面を上にして机上に置いてください。
8. 解答用紙の回収が終わり監督員の指示があるまで席を立たないでください。
9. 試験時間中に体調不良などのやむを得ない事情で席を離れる場合には，監督員に申し出てその指示に従ってください。
10. その他，受験に当たっての注意事項は，受験票裏面などを参照してください。

＜途中退室者の方へ＞

　試験開始30分後から終了5分前までの間に退室する場合は，解答用紙と受験票を監督員席まで持参して，解答用紙を提出してから退室してください。問題用紙も，表紙の下部に受験番号を記入した上であわせて提出してください。

　問題用紙は，当該科目の試験終了後に該当する受験番号の席に置いておきますので，必要な方は当該科目の試験終了後20分以内に取りに来てください。それ以降は回収します。回収後はお渡しできません。なお，問題用紙の紛失については責を負いませんのでご承知おきください。

（途中退室する場合は，下の欄に受験番号を必ず記入してください。）

受験番号：

B社は資本金3,000万円，従業者数は45名（うちパート従業員21名）で，食肉と食肉加工品の製造・販売を行う事業者である。現在の事業所は本社，工場，直営小売店1店舗である。2021年度の販売額は約9億円で，取扱商品は牛肉・豚肉・鶏肉・食肉加工品である。

　B社はX県の大都市近郊に立地する。高速道路のインターチェンジからも近く，車の利便性は良いエリアだ。B社の周辺には，大規模な田畑を所有する古くからの住民もいるが，工業団地があるため，現役世代が家族で居住する集合住宅も多い。

　1955年，B社はこの地で牛肉，豚肉，鶏肉，肉の端材を使った揚げたてコロッケなどの総菜を販売する食肉小売店を開業した。当時の食肉消費拡大の波に乗って順調に売り上げを伸ばしたB社は，1960年代に入ると，食肉小売事業に加え，地域の百貨店や近隣のスーパーなどの大型小売業へ食肉を納入する事業を手がけるようになった。

　百貨店やスーパーを取引先としてきたこともあって，B社の商品はクオリティの高さに定評がある。仕入れ元からのB社に対する信頼も厚く，良い食肉を仕入れられる体制が整っている。B社は，百貨店向けには贈答用を含めた最高級品質の食肉や食肉加工品の販売を行い，直営の食肉小売店では対面接客による買物客のニーズに合わせた販売を行い，スーパー向けには食卓で日常使いしやすいカット肉やスライス肉などの販売を行っており，さまざまな食肉の消費機会に対応できる事業者である。

　大型小売業の成長とともにB社も成長していたが，1980年代後半以降，スーパーは大手食肉卸売業者と取引を行うようになったため，B社からスーパーへの納入量は徐々に減少していった。現在，B社の周囲5km圏内には広大な駐車場を構える全国チェーンのスーパーが3店舗あり，食肉も取り扱っているが，いずれもB社との取引関係はない。

　こうした経営環境の変化を前に，B社社長は，直営の食肉小売店での販売と百貨店やスーパーを主要取引先とする商売を続けていくことに危機を感じた。そこで1990年代に入ってすぐ，次に挙げる3点で事業内容の見直しを行った。

　第1に，新たな取引先の開拓である。従来の百貨店やスーパーとの取引に加え，県内や隣接県のホテル・旅館，飲食店などに活路を見出した。B社のあるX県は，都市部と自然豊かな場所がともに存在し，高速道路で行き来できる。また，野菜・果物・畜産などの農業，漁業，機械や食品などの工業，大型ショッピングセンターなどの商業，観光サービス業がバランスよく発展している。山の幸，海の幸の特産品にも恵まれ，大規模な集客施設もあれば，四季それぞれに見どころのある観光エリアもあり，新たな取引先探しには事欠かなかった。

　第2に，自社工場を新設し，食肉加工品製造も行えるようにした。高い技術力を有する職人をB社に招き入れ，良質でおいしい食肉加工品を製造できる体制を整えた。これによって，B社は最高級のハムやソーセージ，ローストビーフなどの食肉加工品を自社ブランドで開発できるようになった。単品販売もできるうえ，詰め合わせれば贈答品にもなり，これら食肉加工品は直営小売店や高速道路の土産物店，道の駅などで販売している。また，取引先のニーズに応じて，相手先ブランドでの食肉加工品製造を請け負うことも可能にな

った。

　これと関連して第3に，取引先へのコンサルテーションも手がけるようになった。自社工場設立以前，B社は食肉販売を主な事業としていたため，取り扱う商品は標準的なカットやスライスを施した食肉であり，高度な加工を必要としなかった。しかし，ホテル・旅館や飲食店との取引の場合，販売先の調理の都合に合わせた形状のカットや，指定された個数でのパッキング，途中工程までの調理済み商品が求められるなど，顧客ニーズにきめ細かく合わせることが必要となってきた。B社は自社工場という加工の場をもつことによって，個々の顧客の要望に応じた納品が可能になった。最近では，飲食店に対してメニュー提案を行ったり，その半加工を請け負ったりすることも増えている。

　事業見直しを進めた現在，B社取引先の多くは1990年代以降に開拓した事業者となった。2019年度時点でのB社の売上構成比は，卸売事業が9割，直営小売事業が1割である。折からのインバウンド需要の拡大を受け，ホテル・旅館との取引は絶好調であった。加えて2020年夏には東京オリンピック・パラリンピックを控え，B社はさらなる飛躍を期待し，冷凍在庫も積み増していた。

　ところが，国内での新型コロナウイルス感染症の発生を受け，ホテル・旅館や飲食店などを主要取引先とするB社の経営は大打撃を受けた。B社の2020年度の売り上げは，2019年度のおよそ半分となった。2021年度の売り上げも2020年度から多少回復がみられる程度だ。東京オリンピック・パラリンピックのために積み増した冷凍在庫をさばくため，B社は大手ネットショッピングモールに出店し，焼肉用やステーキ用として冷凍肉の販売も試してみた。しかし，コロナ禍で同じことを考えた食肉販売業者は多く，B社紹介ページはネット上で埋もれ，消費者の目にはほとんど留まらないようだった。B社にとってせめてもの救いは，直営の食肉小売店であった。コロナ禍の巣ごもり需要拡大の影響で，開業以来，とくに何の手も打って来なかった食肉小売店での販売だけが急上昇した。料理の楽しさに目覚めた客や，作りたての揚げ物を買い求める客が，食肉専門店の魅力に気づいて足を運ぶようになった結果だった。

　B社社長はこの2年以上，コロナ禍で長期にわたって取引が激減しているホテル・旅館や，続々と閉店する飲食店を目の当たりにしてきた。もちろんB社の販売先の多くはまだ残っているが，コロナ収束後，これらの事業者がすぐにコロナ前の水準で取引してくれるようになるとはとても思えずにいる。

　B社社長は高齢のため，同社専務を務める息子がまもなく事業を承継する予定だ。アフターコロナと事業承継を見据え，B社社長は自社事業の再構築を行うべく，中小企業診断士に相談した。B社はこのところ卸売事業を主軸としてきた。しかし，中小企業診断士との対話を重ねていくうち，B社社長は自社の売り上げが他社の動向に左右されていることに気づき，今後はB社自身が最終消費者と直接結びつく事業領域を強化すべきであると納得するに至った。B社社長は，自社の強みを生かした新たな事業展開ができるよう，中小企業診断士にさらなる助言を求めた。

第1問（配点30点）

　B社の現状について，3C（Customer：顧客，Competitor：競合，Company：自社）分析の観点から150字以内で述べよ。

第2問（配点20点）

　B社は，X県から「地元事業者と協業し，第一次産業を再活性化させ，県の社会経済活動の促進に力を貸してほしい」という依頼を受け，B社の製造加工技術力を生かして新たな商品開発を行うことにした。商品コンセプトと販路を明確にして，100字以内で助言せよ。

第3問（配点20点）

　アフターコロナを見据えて，B社は直営の食肉小売店の販売力強化を図りたいと考えている。どのような施策をとればよいか，顧客ターゲットと品揃えの観点から100字以内で助言せよ。

第4問（配点30点）

　B社社長は，新規事業として，最終消費者へのオンライン販売チャネル開拓に乗り出すつもりである。ただし，コロナ禍で試した大手ネットショッピングモールでの自社単独の食肉販売がうまくいかなかった経験から，オンライン販売事業者との協業によって行うことを考えている。

　中小企業診断士に相談したところ，B社社長は日本政策金融公庫『消費者動向調査』（令和4年1月）を示された。これによると，家庭での食に関する家事で最も簡便化したい工程は「献立の考案」（29.4％），「調理」（19.8％），「後片付け」（18.2％），「食材の購入」（10.7％），「容器等のごみの処分」（8.5％），「盛り付け・配膳」（3.3％），「特にない」（10.3％）とのことであった。

　B社はどのようなオンライン販売事業者と協業すべきか，また，この際，協業が長期的に成功するためにB社はどのような提案を行うべきか，150字以内で助言せよ。

1.　設問分析

（1）認識

　事例Ⅱは「マーケティング」に関する事例です。Ｂ社の収益拡大や地域の活性化を目的として，新規顧客獲得や顧客関係強化，客単価向上等の施策が求められます。設問の流れとしては，第１問でSWOT分析や３Ｃ分析を行って現状・課題を整理し，企業の進むべき方向を確認した後に，第２問以降で具体的な施策を提案する流れが一般的です。

　筆者は，事例Ⅱの施策の提案（助言問題）の解答作成では，「誰に・何を・どのように・効果」のフレームワークで記述することに決めており，そのための要素を与件文中から，いかに拾うかが大事と考えていました。

　与件文中には，複数のターゲット情報と多数の経営資源が記載されていることが多いことから，解答作成にあたっては，これらをいかに「誰に・何を・どのように・効果」に当てはめ，適切に組み合わせるかが鍵になると考えていました。

　SWOT分析の結果や制約条件等に留意しつつ，特定のターゲット顧客に対して，強み・機会を活用して，客単価向上や客数増加に資する施策を採る，という方向性を意識していました。

　→参照：『全知識』事例Ⅱ　「Ⅳ　使える解法テクニック」

（2）各設問の分析

　設問文から以下の点を読み取りました。

第１問（配点30点）

　Ｂ社の現状について，３Ｃ（Customer：顧客，Competitor：競合，Company：自社）分析の観点から150字以内で述べよ。

【設問からわかること】

　Ｂ社の現状を聞いている。

【設問要求】

　３Ｃ（Customer：顧客，Competitor：競合，Company：自社）の観点からＢ社の現状を分析することを問われています。

【制約条件】

・「現状」（現在）という時制がありますので，過去の出来事や状況ではなく現在であることに注意します。

・「顧客，競合，自社」の３つの観点で現状を述べる必要があることに注意します。

【与件文から確認すべきこと】

　現在のＢ社の，顧客，競合，自社（強み・弱み）の状況

　第2問以降の答案作成の根拠となるパートです。第2問以降との整合性や制約条件に留意しつつ，該当箇所を与件文から抽出します。与件文に解答要素が多く，特に自社の強みがかなり多いことから，精緻に解答しようとすると編集に時間がかかる問題であると判断しました。字数制限は150字と多めですが，顧客，競合，自社の3つの観点から現状を記述すると，字数の余裕はそれほどないと思われます。また，配点が30点と高いので確実に6〜7割を確保したいところです。時間をかけずに，要素を列挙する方法で乗り切る必要がありそうです。

第2問（配点20点）

　B社は，X県から「地元事業者と協業し，第一次産業を再活性化させ，県の社会経済活動の促進に力を貸してほしい」という依頼を受け，B社の製造加工技術力を生かして新たな商品開発を行うことにした。商品コンセプトと販路を明確にして，100字以内で助言せよ。

【設問からわかること】

・X県の意向…地元事業者と協業し，第一次産業を再活性化させ，県の社会経済活動の促進に力を貸してほしい。

・B社社長の意向…B社の製造加工技術力を生かして，X県の意向に沿った新商品を開発したい。

【設問要求】

　自社の強みを生かして地域課題の解決を図るための商品戦略と流通戦略について問われています。

【制約条件】

・「地元事業者と協業し」とありますので，地元事業者と協業した施策を検討します。

・「第一次産業を再活性化させ」とありますので，第一次産業を活性化する施策を検討します。

・「県の社会経済活動の促進」とありますので，県の社会経済活動を促進させる施策を検討します。

・「B社の製造加工技術力を生かして新たな商品開発を行うことにした」とありますので，何かを加工した，新たな商品開発を行う施策を検討します。

・「商品コンセプトと販路を明確にして」とありますので，商品コンセプト，販路を明記する必要があります。

【与件文から確認すべきこと】

・協業できる地元（X県内）事業者

・活用できる一次産品

【解答の方向性】

・「助言せよ」とあるため，社長相手にわかりやすく説明することを意識し，「誰に・何を・どのように・効果」のフレームワークをベースに解答を構成するとよいと考えました。

・多数ある制約条件に留意しつつ，第1問で解答した（自社の）強みを活かすことで社長の意向を実現する，といった方向で解答するとよいと考えます。

・また，第4問でオンライン販売の方策を聞かれているので，第2問ではオンライン販売以外の方策を考えたほうが出題者の意図に近くなるのでは，と考えました。

第3問（配点20点）

　アフターコロナを見据えて，B社は直営の食肉小売店の販売力強化を図りたいと考えている。どのような施策をとればよいか，顧客ターゲットと品揃えの観点から100字以内で助言せよ。

【設問からわかること】

　B社は，アフターコロナを見据えて，直営食肉小売店の販売力強化を志向している。

【設問要求】

　アフターコロナを見据えて，B社の直営食肉小売店の販売力強化を図るための施策について問われています。

【制約条件】

・「直営の食肉小売店の販売力強化を図るための施策」とありますので，販売力強化を図るため，つまり収益の増加のための施策を助言する必要があります。

・「顧客ターゲットと品揃えの観点」とありますので，直営の食肉小売店の収益を増加させるために必要な，「客単価の向上」または「客数の増加」が可能となる品揃え（商品）は何か，その品揃え（商品）を購入してもらえる顧客ターゲットは誰か，について述べるよう留意します。

【与件文から確認すべきこと】

・ターゲットとなりそうな顧客層

・品揃えのヒントとなる顧客のニーズ

【解答の方向性】

・「助言せよ」とあるため，「誰に・何を・どのように・効果」のフレームワークをベースに解答を構成するとよいと考えました。

・販売力の強化，つまり，収益の増加を図るためには，「客単価の向上」と「客数の増加」の両面から検討したほうがよいと考えました。

・また，第4問でオンライン販売の方策を聞かれているので，第3問においてもオンライン販売以外の方策を考えたほうが出題者の意図に近くなるのでは，と考えました。

【設問からわかること】

・B社は，新規事業として，最終消費者へのオンライン販売チャネル開拓を志向している。

・新規事業は，自社単独ではなく，オンライン販売事業者との協業によって行うことを志向している。

・日本政策金融公庫『消費者動向調査』の結果を踏まえて，協業するオンライン販売事業者を選ぶ。

・協業が長期的に成功するために，必要な提案が何かを聞いている。

【設問要求】

「B社はどのようなオンライン販売事業者と協業すべきか」，また，「この際，協業が長期的に成功するためにB社はどのような提案を行うべきか」について，助言を求めています。

【制約条件】

・「どのようなオンライン販売事業者と協業すべきか」とありますので，オンライン販売事業者の中でも，どのような事業者であるのか具体的に提案する必要があります。

・「協業が長期的に成功するために」とありますので，協業が長期的に成功するため，つまり，継続していくことができる提案について述べるよう留意します。

【与件文から確認すべきこと】

・コロナ禍で試した大手ネットショッピングモールでの自社単独の食肉販売がうまくいかなかった経験に関する記述

・顧客のニーズ

【解答の方向性】

「助言せよ」とあるため，前述のとおり社長相手にわかりやすく説明することを意識し，「誰に・何を・どのように・効果」のフレームワークをベースに解答を構成するとよいと考えました。

214

　ここまでの分析から，「与件文から確認すべきこと」は次のとおりです。

〈与件文から確認すべきこと〉
(1)　現在のB社の，顧客，競合，自社（強み・弱み）の状況（第1問）
(2)　協業できる地元（X県内）事業者（第2問）
(3)　活用できる一次産品（第2問）
(4)　ターゲットとなりそうな顧客層（第3問）
(5)　顧客の特性・ニーズ（第2，3，4問）

（3）与件の情報と設問の対応づけ

　与件文から探したい情報と，与件文中の該当箇所の対応は次のとおりです。

項番	与件文から探したい情報	該当箇所
(1)	＜顧客＞ ＜競合＞ ＜自社＞ 　①Strength：強み 　②Weakness：弱み	第2，4，8，9段落 第5，11段落 ①第2，4，8，9段落 ②第8，9，10，13段落
(2)	協業できる地元（X県内）事業者	第4，5，7，8，9，10段落
(3)	活用できる一次産品	第7段落
(4)	ターゲットとなりそうな顧客層	第2，11段落
(5)	顧客の特性・ニーズ	第2，4，9，10段落

（4）全体を通して

【配点と解答戦略】

　各設問の配点・解答文字数は以下のとおりです。

設問番号	主題	配点	解答文字数	10文字当たり配点
第1問	B社の現状に関する3C分析	30点	150字	2.0点
第2問	自社の強みを活かして地域課題の解決を図るための商品戦略および流通戦略についての提言	20点	100字	2.0点
第3問	自社の成長事業を強化するためのターゲティング戦略についての提言	20点	100字	2.0点
第4問	新市場への参入にあたって必要となる取引関係の構築，商品戦略，協業先ととるべきコミュニケーション戦略の提言	30点	150字	2.0点
全体		100点	500字	2.0点

　今回は，前年度同様の4問構成となりました。設問構成は，第1問で3C分析を行い，それ以降の設問で具体的な施策を助言する，というオーソドックスなものです。

　第1問の3C分析で，B社内外の経営環境の分析を求められました。第2問は「自社の強みを活かした地域課題解決」，第3問「自社の成長事業の強化」，第4問は「新規市場へ

215

の参入」に関する設問であることを鑑みると，第1問で解答した経営環境の分析結果を，第2問以降の設問の解答に活用することを意識する必要がありそうです。

　総解答文字数は，前年度の420字よりも増加し500字でした。一方で，与件文の長さは前年度の3,045字から大きく減少し2,630字でした。与件文が短くなった一方で，総解答文字数が増加したため，例年以上に解答に時間を要したかもしれません。そのため，解答の優先順位付けやタイムマネジメント等の解答戦略が重要であったと考えます。特に第1問は30点と配点が高く，与件抜出し型ですので，3C（Customer：顧客，Competitor：競合，Company：自社）を与件文から読み取り，確実に解答したいところです。

　筆者の場合，配点が低い第2問や第3問には極力時間をかけず，配点が高く，与件抜出し型の第1問，長い設問文に解答要素が埋め込まれており，アイデア要素の強い第4問を確実に得点するよう対応しました。第1問は解答要素が与件文に多く盛り込まれており，丁寧に編集しようとすると時間がかかるので，こだわりすぎず，時間を掛けすぎないよう注意してまとめました。第1問→第4問→第2問→第3問の順に解答することで，配点の高い問題を確実に取り，大きな失点を防ぐよう工夫しました。

【解答自信度】

65%

　新型コロナウイルス感染症流行の影響が反映された事例は，令和3年度に続き2回目となります。食肉と食肉加工品の製造・販売というわかりやすい設定で，また，流通政策も小売店や道の駅等でのリアル販売に加え，コロナ禍では身近なオンライン販売であり，事例企業の事業イメージが掴みやすかったと思います。一方で，第1問に関しては，平成30年度以来となる3C分析であり，顧客，競合，自社の観点から記述し，また，自社では強み，弱みを盛り込むと，150字の制限字数は決して多くはなく，解答要素の取捨選択が必要になると考えられます。

　解答文字数の増加のほか，設問文が非常に長い問題（第4問）が出題されたことなど，例年よりもやや難しかったと考えます。

【使える解法テクニック（『全知識』事例Ⅱ）】
■テクニック1
　事例のほとんどは課題設定型なので，強みと機会を特に注視する
■テクニック2
　まず与件文から解答に盛り込めそうな経営資源をすべてチェック（ピックアップ）しておく
■テクニック5
　具体的施策が思いつかなかったら，自分を本当のその経営者に当てはめて想像して書け

■テクニック7

　最終問題は，経営者の想いや地域のニーズを満たす解答を求められることが多いので，設問文に明記されなくても意識すること

　逆に，経営者が「今は想定していないこと」は絶対に提案しない！（たとえば，追加コストは考えていない，設備交換は考えていない，価格上昇は考えていない，など）

■テクニック8

　与件文に書いてあることをそのまま丁寧に抜き出す問題が多い。複雑に考えるな！　ただの国語。かなり当たり前な解答もOK（たとえば，「売上向上」といった当たり前の期待効果であっても忘れずに解答に書くこと）

■テクニック9

　業態別戦略

①小売業：分野特化「この分野だけはどこにも負けない」

■テクニック11

　与件文は「オウム返し」！　書いてある言葉をそのまま活かす。その際に「出題者が解答してほしいキーワード」であることを意識することで「＋αの得点」を狙う。

　特に，図や注釈等の資料は，「解答作成の制約条件」と捉え，必ず活かす！

■テクニック12

　詰め込み

　きれいな解答を書く必要はない。キーワードと見極めたものは，制限字数内に優先順位順に詰め込むことで，少しでも得点を稼ぐ。ただし，因果関係はおろそかにしないこと

■テクニック14

　顧客のニーズや経営者の想いには必ず応える

■テクニック15

　施策の助言を問われたら，「誰に・何を・どのように・効果」のフレームワークを活用する

【知っておきたい考え方のトレンド（『全知識』事例Ⅱ）】

■トレンド1

　とにかく顧客との接点を増やし，関係を深めることが大切

■トレンド2

　固定客（リピーター客）化し，さらに口コミを誘発して新規顧客を獲得する

■トレンド3

　値下げは言語道断，多少高価でも高付加価値目的で買ってもらう

■トレンド5

　顧客の価値観を最も大切に考えろ！　年齢や性別は古い，生活スタイルが重要

■トレンド6

　SNSやブログはかなり有効，「双方向コミュニケーション」実現ならさらに効果大

■トレンド7

　競争が激しく，粗利も低いスーパーやコンビニ，チェーン店などの大手業者とは今後離れていくべき

■トレンド9

　大学，NPO，異業種，地域（公共団体，経営者団体），ボランティア団体との連携は非常に有効で相乗効果が高いと考える　　→　　自社だけで独自でやるのは，時間がかかる，コストがかかる，あるいはリスクが高くなり，あまり望ましくない

■トレンド14

　販売は，提案型で

2. 与件分析と SWOT 分析

（1）実際の与件文チェック

B 社は資本金3,000万円，従業者数は45名（うちパート従業員21名）で，食肉と食肉加工品の製造・販売を行う事業者である。現在の事業所は本社，工場，直営小売店１店舗である。2021年度の販売額は約９億円で，取扱商品は牛肉・豚肉・鶏肉・食肉加工品である。

B 社は X 県の大都市近郊に立地する。高速道路のインターチェンジからも近く，車の利便性は良いエリアだ。B 社の周辺には，大規模な田畑を所有する古くからの住民もいるが，工業団地があるため，<u>現役世代が家族で居住する集合住宅も多い</u>。

1955年，<u>B 社はこの地で牛肉，豚肉，鶏肉，肉の端材を使った揚げたてコロッケなどの総菜を販売する食肉小売店を開業した</u>。当時の食肉消費拡大の波に乗って順調に売り上げを伸ばした B 社は，1960年代に入ると，食肉小売事業に加え，<u>地域の百貨店や近隣のスーパーなどの大型小売業へ食肉を納入する事業</u>を手がけるようになった。

百貨店やスーパーを取引先としてきたこともあって，<u>B 社の商品はクオリティの高さに定評がある。仕入れ元からの B 社に対する信頼も厚く，良い食肉を仕入れられる体制が整っている</u>。B 社は，<u>百貨店向けには贈答用を含めた最高級品質の食肉や食肉加工品の販売を行い，直営の食肉小売店では対面接客による</u>買物客<u>のニーズに合わせた販売を行い，スーパー向けには食卓で日常使いしやすいカット肉やスライス肉などの販売を行っており，さまざまな食肉の消費機会に対応できる事業者である</u>。

<u>大型小売業の成長とともに B 社も成長していたが，1980年代後半以降，スーパーは大手食肉卸売業者と取引を行うようになったため，B 社からスーパーへの納入量は徐々に減少していった</u>。現在，<u>B 社の周囲５km 圏内には広大な駐車場を構える全国チェーンのスーパーが３店舗あり，食肉も取り扱っているが，いずれも B 社との取引関係はない</u>。

与件文チェック

→機会：現役世代が家族で居住する集合住宅の存在

→（一般消費者向け）直営小売店。第１問の「Customer（顧客）」で使えるか。

→顧客：大型小売業（地域の百貨店，近隣のスーパー）

→強み：高クオリティに定評のある商品

→強み：仕入れ元からの厚い信頼

第１問
３Ｃ分析「Customer（顧客）」に使えるか。

→顧客（「買物客」…３Ｃ分析「顧客」に使えるか。）

第１問
３Ｃ分析「Customer（顧客）」に使えるか。

→強み：さまざまな食肉の消費機会に対応可

第１問
３Ｃ分析「Competitor（競合）」に使えるか。

→脅威：スーパーへの納入量が徐々に減少

【事例Ⅱ】

こうした経営環境の変化を前に，B社社長は，直営の食肉小売店での販売と百貨店やスーパーを主要取引先とする商売を続けていくことに危機を感じた。そこで1990年代に入ってすぐ，次に挙げる３点で事業内容の見直しを行った。

第１に，新たな取引先の開拓である。従来の百貨店やスーパーとの取引に加え，県内や隣接県のホテル・旅館，飲食店などに活路を見出した。B社のあるＸ県は，都市部と自然豊かな場所がともに存在し，高速道路で行き来できる。また，野菜・果物・畜産などの農業，漁業，機械や食品などの工業，大型ショッピングセンターなどの商業，観光サービス業がバランスよく発展している。山の幸，海の幸の特産品にも恵まれ，大規模な集客施設もあれば，四季それぞれに見どころのある観光エリアもあり，新たな取引先探しには事欠かなかった。

第２に，自社工場を新設し，食肉加工品製造も行えるようにした。高い技術力を有する職人をB社に招き入れ，良質でおいしい食肉加工品を製造できる体制を整えた。これによって，B社は最高級のハムやソーセージ，ローストビーフなどの食肉加工品を自社ブランドで開発できるようになった。単品販売もできるうえ，詰め合わせれば贈答品にもなり，これら食肉加工品は直営小売店や高速道路の土産物店，道の駅などで販売している。また，取引先のニーズに応じて，相手先ブランドでの食肉加工品製造を請け負うことも可能になった。

これと関連して第３に，取引先へのコンサルテーションも手がけるようになった。自社工場設立以前，B社は食肉販売を主な事業としていたため，取り扱う商品は標準的なカットやスライスを施した食肉であり，高度な加工を必要としなかった。しかし，ホテル・旅館や飲食店との取引の場合，販売先の調理の都合に合わせた形状のカットや，指定された個数でのパッキング，途中工程までの調理済み商品が求められるなど，顧客ニーズにきめ細かく合わせることが必要となってきた。B社は自社工場という加工の場をもつことによって，個々の顧客の要望に応じた納品が可能になった。最近では，飲食店に対

本文	欄外注
直営の食肉小売店での販売と百貨店やスーパーを主要取引先とする商売	（第１問）３Ｃ分析「Customer（顧客）」に使えるか。
新たな取引先の開拓	（第１問）３Ｃ分析「Customer（顧客）」に使えるか。
Ｘ県は，都市部と自然豊かな場所がともに存在	機会：都市部と自然豊かな場所が存在するＸ県
高速道路で行き来できる	機会：高速道路で行き来できるＸ県
農業，漁業，工業，商業，観光サービス業がバランスよく発展	機会：農業，漁業，工業，商業，観光サービス業がバランスよく発展
新たな取引先探しには事欠かなかった	機会：新たな取引先探しに事欠かない環境
自社工場を新設し，食肉加工品製造も行える	強み：食肉加工品が製造できる自社工場の新設
良質でおいしい食肉加工品を製造できる体制	強み：高い技術力を有する職人の招へい
自社ブランドで開発できる	強み：自社ブランドの開発（最高級の食肉加工品）
取引先へのコンサルテーション	強み：取引先へのコンサルテーション
個々の顧客の要望に応じた納品が可能	強み：個客の要望に応じた納品

220

してメニュー提案を行ったり，その半加工を請け負った
りすることも増えている。

　事業見直しを進めた現在，Ｂ社取引先の多くは1990年
代以降に開拓した事業者となった。2019年度時点でのＢ
社の売上構成比は，卸売事業が９割，直営小売事業が１
割である。折からのインバウンド需要の拡大を受け，ホ
テル・旅館との取引は絶好調であった。加えて2020年夏
には東京オリンピック・パラリンピックを控え，Ｂ社は
さらなる飛躍を期待し，冷凍在庫も積み増していた。

　ところが，国内での新型コロナウイルス感染症の発生
を受け，ホテル・旅館や飲食店などを主要取引先とする
Ｂ社の経営は大打撃を受けた。Ｂ社の2020年度の売り上
げは，2019年度のおよそ半分となった。2021年度の売り
上げも2020年度から多少回復がみられる程度だ。東京オ
リンピック・パラリンピックのために積み増した冷凍在
庫をさばくため，Ｂ社は大手ネットショッピングモール
に出店し，焼肉用やステーキ用として冷凍肉の販売も試
してみた。しかし，コロナ禍で同じことを考えた食肉販
売業者は多く，Ｂ社紹介ページはネット上で埋もれ，消
費者の目にはほとんど留まらないようだった。Ｂ社にと
ってせめてもの救いは，直営の食肉小売店であった。コ
ロナ禍の巣ごもり需要拡大の影響で，開業以来，とくに
何の手も打って来なかった食肉小売店での販売だけが急
上昇した。料理の楽しさに目覚めた客や，作りたての揚
げ物を買い求める客が，食肉専門店の魅力に気づいて足
を運ぶようになった結果だった。

　Ｂ社社長はこの２年以上，コロナ禍で長期にわたって
取引が激減しているホテル・旅館や，続々と閉店する飲
食店を目の当たりにしてきた。もちろんＢ社の販売先の
多くはまだ残っているが，コロナ収束後，これらの事業
者がすぐにコロナ前の水準で取引してくれるようになる
とはとても思えずにいる。

　Ｂ社社長は高齢のため，同社専務を務める息子がまも
なく事業を承継する予定だ。アフターコロナと事業承継
を見据え，Ｂ社社長は自社事業の再構築を行うべく，中
小企業診断士に相談した。Ｂ社はこのところ卸売事業を

→ **強み**：飲食店へのメニュー提案，半加工

【事例Ⅱ】

→ **機会**：取引が絶好調なホテル・旅館の存在（2019年度時点）

→ **脅威**：新型コロナウイルス感染症の発生

第１問
３Ｃ分析「Competitor（競合）」に使えるか

→ **脅威**：ネットショッピングモールに多くの同業者が出店

→ **弱み**：ネット上でＢ社の存在が埋没

→ **機会**：巣ごもり需要の拡大

→ **機会**：直営の食肉小売店に足を運ぶ顧客の存在

主軸としてきた。しかし，中小企業診断士との対話を重ねていくうち，B社社長は自社の売り上げが他社の動向に左右されていることに気づき，今後はB社自身が最終消費者と直接結びつく事業領域を強化すべきであると納得するに至った。B社社長は，自社の強みを生かした新たな事業展開ができるよう，中小企業診断士にさらなる助言を求めた。

→弱み：他社の動向に左右される売上
（卸売事業）

第1問（配点30点）

　B社の現状について，3C（Customer：顧客，Competitor：競合，Company：自社）分析の観点から150字以内で述べよ。

第2問（配点20点）

　B社は，X県から「地元事業者と協業し，第一次産業を再活性化させ，県の社会経済活動の促進に力を貸してほしい」という依頼を受け，B社の製造加工技術力を生かして新たな商品開発を行うことにした。商品コンセプトと販路を明確にして，100字以内で助言せよ。

第3問（配点20点）

　アフターコロナを見据えて，B社は直営の食肉小売店の販売力強化を図りたいと考えている。どのような施策をとればよいか，顧客ターゲットと品揃えの観点から100字以内で助言せよ。

第4問（配点30点）

　B社社長は，新規事業として，最終消費者へのオンライン販売チャネル開拓に乗り出すつもりである。ただし，コロナ禍で試した大手ネットショッピングモールでの自社単独の食肉販売がうまくいかなかった経験から，オンライン販売事業者との協業によって行うことを考えている。

　中小企業診断士に相談したところ，B社社長は日本政策金融公庫『消費者動向調査』（令和4年1月）を示された。これによると，家庭での食に関する家事で最も簡

便化したい工程は「献立の考案」(29.4％)，「調理」(19.8％)，「後片付け」(18.2％)，「食材の購入」(10.7％)，「容器等のごみの処分」(8.5％)，「盛り付け・配膳」(3.3％)，「特にない」(10.3％) とのことであった。

　B社はどのようなオンライン販売事業者と協業すべきか，また，この際，協業が長期的に成功するためにB社はどのような提案を行うべきか，150字以内で助言せよ。

【事例Ⅱ】

（2）SWOT分析

事例企業をよく理解するためには，与件文を読む際に，事例企業のSWOT分析を行いながら読むことが有効です。

具体的には，与件文を読みながら，内部環境の強み（S）と弱み（W），外部環境の機会（O）と脅威（T）をマーキングしていきます（必要に応じて，SWOTに分けて余白欄にマトリクスを描くこともあります）。

一般に，強みを機会に注ぐ方向を企業の進むべき経営戦略の方向性と捉え，弱みと脅威を克服できるかを考えながら最終的な企業ビジョンを導きます。

【B社のSWOT分析】

S（強み）	W（弱み）
・クオリティの高さに定評がある商品 ・食肉の仕入れ元からの信頼が厚く，良い食肉を仕入れられる体制を整備 ・さまざまな食肉の消費機会に対応が可能 ・自社工場を新設し，自社で食肉加工品を製造 ・高い技術力を有する職人を招き入れ，良質でおいしい食肉加工品を製造できる体制を整備 ・最高級のハムやソーセージ，ローストビーフなどの食肉加工品を自社ブランドで開発 ・取引先へのコンサルテーションにも着手 ・自社工場をもつことで個々の顧客の要望に応じた納品が可能	・大手ネットショッピングモールのB社紹介ページはネット上で埋もれ，消費者の目にはほとんど留まらない ・自社の売り上げが他社の動向に左右されている

O（機会）	T（脅威）
・B社が立地するX県は，都市部と自然豊かな場所がともに存在し，高速道路で行き来可能 ・X県は，野菜・果物・畜産などの農業，漁業，機械や食品などの工業，大型ショッピングセンターなどの商業，観光サービス業がバランスよく発展 ・X県は，山の幸，海の幸の特産品にも恵まれ，大規模な集客施設や，四季それぞれに見どころのある観光エリアがあり，新たな取引先探しに事欠かない ・（コロナ前）インバウンド需要の拡大を受け，ホテル・旅館との取引が絶好調 ・コロナ禍の巣ごもり需要拡大の影響で，料理の楽しさに目覚めた客や，作りたての揚げ物を買い求める客が，食肉専門店の魅力に気づいて足を運ぶようになり，直営の食肉小売店での販売が急上昇	・1980年代後半以降，スーパーは大手食肉卸売業者と取引を行うようになり，B社からスーパーへの納入量が徐々に減少 ・国内での新型コロナウイルス感染症の発生を受け，ホテル・旅館や飲食店などを主要取引先とするB社の経営に大打撃

3.　各問題の分析と活用できるノウハウ

第 1 問（配点30点）

　B 社の現状について，3 C（Customer：顧客，Competitor：競合，Company：自社）分析の観点から150字以内で述べよ。

●問題の類型

90％与件抜出し型＋10％与件類推型

●解答の自信度

　70%　→与件抜出しで対応できる問題である一方，与件文に解答要素が多く，特に自社の強みがかなり多いことから，精緻に解答しようとすると編集に時間がかかる問題であると判断しました。本問の配点が低ければ，解答を後回しにするのも一考でしたが，30点と高い配点です。時間切れで不十分な解答となり大きく失点することを避けるため，最初に本問に着手し，時間をかけずに，要素を列挙する方法で 6 割を確実に得点することにしました。

　3 C 分析ということで，最初に，顧客，競合，自社を概ね 3 分の 1 ずつ書くイメージを持ちました。筆者は，3 C 分析が出題された場合，「自社は，強みと弱みの 2 つの観点から解答する」ことをあらかじめ決めていたことから，3 分の 1 よりも若干長く書くことにし，文字数は，顧客 3 割，競合 3 割，自社 4 割としました。与件文に多数散りばめられている，顧客，競合，自社のうち，重要度が高いものを効率的に選択できた気がします。

●与件文のチェックと解答の構築

　与件文を読みながら，自社の SWOT となりそうな記述を広く拾い出しました。次いで，顧客，競合の要素にチェックをつけ，解答要素を拾いました。編集に時間をかけず，それを列挙する形で150字以内にまとめました。

① 　Customer：顧客

第 3 段落：「B 社はこの地で牛肉，豚肉，鶏肉，肉の端材を使った揚げたてコロッケなどの総菜を販売する食肉小売店を開業」

第 3 段落：「地域の百貨店や近隣のスーパーなどの大型小売業へ食肉を納入」

第 4 段落：「百貨店向けには贈答用を含めた最高級品質の食肉や食肉加工品の販売を行い」

第 4 段落：「直営の食肉小売店では対面接客による買物客のニーズに合わせた販売を行い」

第 4 段落：「スーパー向けには食卓で日常使いしやすいカット肉やスライス肉などの販

売を行っており」

第6段落：「B社社長は，直営の食肉小売店での販売と百貨店やスーパーを主要取引先と
　　　　　する商売」

第7段落：「新たな取引先の開拓である。従来の百貨店やスーパーとの取引に加え，県内
　　　　　や隣接県のホテル・旅館，飲食店などに活路を見出した」

　以上から，「顧客」は，要素を列挙する形で「直営小売店での買い物客の他，百貨店，
スーパー，県内・隣接県のホテル，旅館，飲食店である。」としました。

　②　Competitor：競合
第5段落：「現在，B社の周囲5km圏内には広大な駐車場を構える全国チェーンのスー
　　　　　パーが3店舗あり，食肉も取り扱っているが」

第5段落：「大型小売業の成長とともにB社も成長していたが，1980年代後半以降，スー
　　　　　パーは大手食肉卸売業者と取引を行うようになったため，B社からスーパー
　　　　　への納入量は徐々に減少していった」

第11段落：「東京オリンピック・パラリンピックのために積み増した冷凍在庫をさばくた
　　　　　め，B社は大手ネットショッピングモールに出店し，焼肉用やステーキ用と
　　　　　して冷凍肉の販売も試してみた。しかし，コロナ禍で同じことを考えた食肉
　　　　　販売業者は多く，B社紹介ページはネット上で埋もれ，消費者の目にはほと
　　　　　んど留まらないようだった」

　以上から，「競合」は，B社の競合となっている順に列挙し，「全国チェーンのスーパー，
大手食肉卸売業者，食肉販売業者である。」としました。

　③　Company：自社
[1．強み（S）について]
第4段落：「百貨店やスーパーを取引先としてきたこともあって，B社の商品はクオリテ
　　　　　ィの高さに定評がある。仕入れ元からのB社に対する信頼も厚く，良い食肉
　　　　　を仕入れられる体制が整っている」

第4段落：「さまざまな食肉の消費機会に対応できる事業者である」

第8段落：「自社工場を新設し，食肉加工品製造も行えるようにした。高い技術力を有す
　　　　　る職人をB社に招き入れ，良質でおいしい食肉加工品を製造できる体制を整
　　　　　えた。これによって，B社は最高級のハムやソーセージ，ローストビーフな
　　　　　どの食肉加工品を自社ブランドで開発できるようになった。単品販売もでき
　　　　　るうえ，詰め合わせれば贈答品にもなり，これら食肉加工品は直営小売店や
　　　　　高速道路の土産物店，道の駅などで販売している。また，取引先のニーズに
　　　　　応じて，相手先ブランドでの食肉加工品製造を請け負うことも可能になった」

第11段落：「B社にとってせめてもの救いは，直営の食肉小売店であった。コロナ禍の巣

　　ごもり需要拡大の影響で，開業以来，とくに何の手も打って来なかった食肉小売店での販売だけが急上昇した。料理の楽しさに目覚めた客や，作りたての揚げ物を買い求める客が，食肉専門店の魅力に気づいて足を運ぶようになった結果だった」

［2．弱み（W）について］

第11段落：「国内での新型コロナウイルス感染症の発生を受け，ホテル・旅館や飲食店などを主要取引先とする B 社の経営は大打撃を受けた。B 社の2020年度の売り上げは，2019年度のおよそ半分となった。2021年度の売り上げも2020年度から多少回復がみられる程度だ」

第11段落：「B 社は大手ネットショッピングモールに出店し，焼肉用やステーキ用として冷凍肉の販売も試してみた。しかし，コロナ禍で同じことを考えた食肉販売業者は多く，B 社紹介ページはネット上で埋もれ，消費者の目にはほとんど留まらないようだった」

　「自社」のうち，「強み」は，以上のように与件文に多数記述されています。具体的には，良質な食肉の仕入力，顧客ニーズに合わせた食肉の加工技術力，コンサルティング力，提案力，商品クオリティ，高い信頼，自社ブランド，OEM 力，食肉の専門店，百貨店との取引などが「強み」に当たると認識しました。これらをすべて解答することは文字数の制約からできないため，第 2 問から第 4 問の助言問題に使いそうな強みである「良質な食肉の仕入力」と「顧客ニーズに合わせた食肉の加工技術力」に絞って解答することにしました。

　一方，「弱み」の記述は少なく，「コロナ禍でホテル・旅館，飲食店が主要取引先であり経営が大打撃を受けたこと」「冷凍在庫を捌くためにネット販売を始めたが，B 社紹介ページはネット上で埋もれ，消費者の目にはほとんど留まらないようだった」が，「弱み」に当たると認識しました。どちらも販路に関する弱みであると捉え，より影響の大きい前者を記述することにしました。

　以上から，「自社」は，強みと弱みの両面から，「強みは良質な食肉の仕入力と顧客ニーズに合わせた加工技術力，弱みはホテル・旅館，飲食店が主要取引先であり経営が大打撃を受けたこと。」としました。

【模範解答】

顧	客	は	，	直	営	小	売	店	で	の	買	い	物	客	の	他	，	百	貨
店	，	ス	ー	パ	ー	，	県	内	・	隣	接	県	の	ホ	テ	ル	，	旅	館,
飲	食	店	で	あ	る	。	競	合	は	，	全	国	チ	ェ	ー	ン	の	ス	ー
パ	ー	，	大	手	食	肉	卸	売	業	者	，	食	肉	販	売	業	者	で	あ
る	。	自	社	は	，	強	み	は	良	質	な	食	肉	の	仕	入	力	と	顧
客	ニ	ー	ズ	に	合	わ	せ	た	加	工	技	術	力	，	弱	み	は	ホ	テ
ル	・	旅	館	，	飲	食	店	が	主	要	取	引	先	で	あ	り	経	営	が
大	打	撃	を	受	け	た	こ	と	。										

●活用できるノウハウ ─────────────────────

第2問（配点20点）

　B社は，X県から「地元事業者と協業し，第一次産業を再活性化させ，県の社会経済活動の促進に力を貸してほしい」という依頼を受け，B社の製造加工技術力を生かして新たな商品開発を行うことにした。商品コンセプトと販路を明確にして，100字以内で助言せよ。

●**問題の類型**

　40％与件抜出し型＋60％与件類推型

●**解答の自信度**

　|65%|　→助言系の問題であるため，「誰に・何を・どのように・効果」のフレームワークを活用しました。本問は，与件文に協業先や販路に関する記載が複数あり，取捨選択が必要なこと，与件文からの類推が必要なことから，やや難しい問題であったと考えます。筆者の場合，B社の強みを活かして，社長の意向を実現する，といった方向で解答に説得力を持たせるよう考えました。

●**与件文のチェックと解答の構築**

　「誰に・何を・どのように・効果」のフレームワークのうち，まず，求められている「効果」（多くの場合，社長の意向やB社の課題）を設定し，次に，それを実現するための「誰に・何を・どのように」を検討するとよいと考えました。

［1．効果］

・第13段落に「B社社長は自社の売り上げが他社の動向に左右されていることに気づき，今後はB社自身が最終消費者と直接結びつく事業領域を強化すべきであると納得するに至った」との記述があり，また，設問文にも「X県から『地元事業者と協業し，第一次産業を再活性化させ，県の社会経済活動の促進に力を貸してほしい』という依頼を受け」と記述されています。

・したがって，本問の助言は，X県の依頼を受けた社長の意向を実現する方向で考え，「効果」に対する解答は「畜産業の再活性化，X県の社会経済活動の促進に貢献する」としました。

［2．誰に・何を］

・第7段落に「B社のあるX県は，都市部と自然豊かな場所がともに存在し，高速道路で行き来できる。また，野菜・果物・畜産などの農業，漁業，機械や食品などの工業，大型ショッピングセンターなどの商業，観光サービス業がバランスよく発展している。山の幸，海の幸の特産品にも恵まれ，大規模な集客施設もあれば，四季それぞれに見どころのある観光エリアもあり，新たな取引先探しには事欠かなかった」との記述があります。

・また，第8段落に「自社工場を新設し，食肉加工品製造も行えるようにした。高い技術

力を有する職人をB社に招き入れ，良質でおいしい食肉加工品を製造できる体制を整えた。これによって，B社は最高級のハムやソーセージ，ローストビーフなどの食肉加工品を自社ブランドで開発できるようになった。単品販売もできるうえ，詰め合わせれば贈答品にもなり，これら食肉加工品は直営小売店や高速道路の土産物店，道の駅などで販売している。また，取引先のニーズに応じて，相手先ブランドでの食肉加工品製造を請け負うことも可能になった」との記述があります。

- これらの記述により，X県では，県内各地に観光地があり，高速道路の土産物店や道の駅等が点在していることがわかります。

- 「販路」の選定では，オンライン販売は第4問で聞かれているので，オンライン販売以外の販路のうち，その中で最も県の要望「地元事業者と協業し，第一次産業を再活性化させ，県の社会経済活動の促進に力を貸してほしい」に応えられる販路は何かと考えました。取引先である「百貨店」も重要な販路ですが，コロナ禍で疲弊した観光産業を活性化させ，県の社会経済活動の促進に貢献するという観点で「道の駅」を販路に選びました。「X県を訪れた観光客に」販売することで，コロナ禍で疲弊した観光産業を活性化し，社会経済活動の促進に貢献するというストーリーを考えました。

- また，B社では良質でおいしい食肉加工品を自社で製造できる体制があるため，その強みを活かし，「食肉加工品」を詰め合わせた贈答品（お土産品）を販売することを想起しました。

- したがって，「どの商品を」に対する解答は「県産の高級食肉加工品の詰め合わせセット」とし，「ターゲット」は「X県への観光客」としました。

［3．どのように］

- 第8段落に「自社工場を新設し，食肉加工品製造も行えるようにした。高い技術力を有する職人をB社に招き入れ，良質でおいしい食肉加工品を製造できる体制を整えた。これによって，B社は最高級のハムやソーセージ，ローストビーフなどの食肉加工品を自社ブランドで開発できるようになった。単品販売もできるうえ，詰め合わせれば贈答品にもなり，これら食肉加工品は直営小売店や高速道路の土産物店，道の駅などで販売している。また，取引先のニーズに応じて，相手先ブランドでの食肉加工品製造を請け負うことも可能になった」との記述があります。

- また，第7段落に「（X県では）野菜・果物・畜産などの農業（中略）がバランスよく発展している」との記述があり，設問文にも「地元事業者と協業し，第一次産業を再活性化させ」とあります。

- したがって，B社の強みである良質でおいしく，取引先のニーズに合った食肉の加工技術を活かして，県内の畜産業者（農業者）と協業して商品開発を行うことが有効と考えました。

【模範解答】

X	県	へ	の	観	光	客	を	対	象	に	,	B	社	の	食	肉	加	工	技
術	を	活	か	し	,	県	産	の	高	級	食	肉	加	工	品	の	詰	め	合
わ	せ	セ	ッ	ト	を	畜	産	業	者	と	共	同	開	発	し	,	県	内	の
道	の	駅	で	販	売	す	る	こ	と	を	助	言	。	畜	産	業	の	再	活
性	化	,	X	県	の	社	会	経	済	活	動	の	促	進	に	貢	献	す	る。

【事例Ⅱ】

●活用できるノウハウ

『全知識』事例Ⅱ　1．大枠戦略検討　（1）SWOT分析，（4）新製品開発戦略，
　　　　　　　　　　（5）新市場開拓戦略

　　　　　　　　　2．競争戦略

　　　　　　　　　12．Place④　企業間連携（事業連携）

　　　　　　　　　30．地域資源の活用

第3問（配点20点）

　アフターコロナを見据えて，B社は直営の食肉小売店の販売力強化を図りたいと考えている。どのような施策をとればよいか，顧客ターゲットと品揃えの観点から100字以内で助言せよ。

●**問題の類型**

　30％与件抜出し型＋40％与件類推型＋30％アイデア出す型

●**解答の自信度**

　50%　→助言系の問題であるため，例によって「誰に・何を・どのように・効果」のフレームワークを活用しました。本問は，与件文の情報からの類推が必要であり，施策のアイデアも必要なことから，今回の問題の中では最も解答しにくい問題であったと考えます。筆者の場合，解答要素がなかなか思いつきませんでした。何かヒントはないかと与件文や設問文を読み込んでいたら，第4問のやたら長い設問文を「第2の与件文」と捉えられるのではないかと考え，方向性を絞るために第3問でも活用することにしました。正直，他の問題の問題文の記述を使用するというのは，かなりリスクが高い対応だと思います。しかしながら，わからないからといって，空欄のままにしたのでは0点です。事例Ⅰから事例Ⅲのうち，1問でも空欄があると大きく合格から遠ざかってしまうと思っていました。そこで，与件文や設問文（他の設問も含みます）の情報をもとに解答を記述すれば，高得点は望めなくても，3割～5割程度は得点できるのでは？と考え，解答欄を埋めることを優先して対応しました。そうしたことから，「顧客ターゲット」は与件文中から，「品揃え」は次の第4問の設問文の『消費者動向調査』の結果を顧客のニーズ，施策のアイデアとして活用しながら，客単価と客数を向上させる方向性を考え，解答としてまとめました。

●**与件文のチェックと解答の構築**

　「誰に・何を・どのように・効果」のフレームワークのうち，まず，求められている「効果」（多くの場合，社長の意向やB社の課題）を設定し，次に，それを実現するための「誰に・何を・どのように」を検討するとよいと考えました。

［1．効果］

　設問文に，「直営の食肉小売店の販売力強化を図りたいと考えている」との記述があること，また，売上は客数と客単価の積で決まることから，「効果」は（客単価向上とリピート購入を増やして）「販売力強化を図る」としました。

　売上＝客数×客単価

　客数＝新規顧客数＋既存顧客数

　客単価＝売上点数×平均商品単価

［2．誰に・何を・どのように］

・第2段落に，「B社の周辺には，大規模な田畑を所有する古くからの住民もいるが，工業団地があるため，現役世代が家族で居住する集合住宅も多い」との記述があること，設問文に，「直営の食肉小売店の販売力強化を図りたいと考えている」「顧客ターゲットと品揃えの観点から助言せよ」という記述があること，また，売上は客数と客単価の積で決まることから，「客単価を伸ばすために，高単価な商品の販売を伸ばすこと」を考えました。

・B社直営の食肉小売店では，素材に近い牛肉・豚肉・鶏肉のほか，食肉加工品を取り扱っています。また，第4問の設問文に日本政策金融公庫『消費者動向調査』の結果が掲載されており，これによると，家庭での食に関する家事で最も簡便化したい工程は「献立の考案」(29.4%)，次に「調理」(19.8%)とのことです。つまり，県産肉を使った食肉加工品の品揃えを増やし，新たに肉の総菜などを品揃えすることで，消費者の家事の簡便化ニーズに応えつつ，客単価の向上が図れると考えました。

・また，上記『消費者動向調査』の結果において，家事で簡便化したい工程として「献立の考案」が第1位だったことから，筆者は，県産肉を使った料理レシピを配付することを想起しました。「今後はこのレシピの料理を作って食べてみたい」という気持ちになってもらい，リピート購入を促し，ひいては客数の増加につながると考えました。

・「顧客ターゲット」は，客単価を向上させるために販売したい総菜や食肉加工品を食肉専門店の店頭で購入する人は誰なのだろう，と考えました。顧客ターゲットになり得るのは，インバウンド客や観光客なども考えられますが，忙しく，家事の簡便化ニーズが強いと類推される，B社周辺の集合住宅に住む「現役世代」のほうが，よりターゲットとして適切と考えました。また，「現役世代」のうち，コロナ禍でB社の顧客として「家庭での料理の楽しさに目覚めた（第11段落）」人たちを顧客ターゲットとして想定し，「家庭での料理の楽しさに目覚めた現役世代」としました。

【模範解答】

家	庭	で	の	料	理	の	楽	し	さ	に	目	覚	め	た	現	役	世	代	を
タ	ー	ゲ	ッ	ト	と	し	，	①	X	県	産	肉	を	使	っ	た	総	菜	や
食	肉	加	工	品	の	品	揃	え	を	増	や	し	て	客	単	価	を	向	上
②	県	産	肉	を	使	っ	た	料	理	レ	シ	ピ	を	配	付	し	て	リ	ピ
ー	ト	購	入	を	促	す	。	以	上	で	販	売	力	強	化	を	図	る	。

●活用できるノウハウ ─────────────────────

第4問（配点30点）

　B社社長は，新規事業として，最終消費者へのオンライン販売チャネル開拓に乗り出すつもりである。ただし，コロナ禍で試した大手ネットショッピングモールでの自社単独の食肉販売がうまくいかなかった経験から，オンライン販売事業者との協業によって行うことを考えている。

　中小企業診断士に相談したところ，B社社長は日本政策金融公庫『消費者動向調査』（令和4年1月）を示された。これによると，家庭での食に関する家事で最も簡便化したい工程は「献立の考案」（29.4％），「調理」（19.8％），「後片付け」（18.2％），「食材の購入」（10.7％），「容器等のごみの処分」（8.5％），「盛り付け・配膳」（3.3％），「特にない」（10.3％）とのことであった。

　B社はどのようなオンライン販売事業者と協業すべきか，また，この際，協業が長期的に成功するためにB社はどのような提案を行うべきか，150字以内で助言せよ。

●**問題の類型**

　30％与件・設問抜出し型＋30％与件・設問類推型＋40％アイデア出す型

●**解答の自信度**

70% →助言系の問題であるため，「誰に・何を・どのように・効果」のフレームワークを活用しました。本問は，設問文が長いことが特徴です。解答要素は，長い設問文から抜き出すほか，ある程度の類推やアイデアが必要となることから，やや得点しにくい問題であったと考えます。一方，配点が30点と高いことから，本問でどれだけの点数を確保できたかが合否の分かれ目となったと考えられます。筆者の場合，設問文の『消費者動向調査』の結果をフル活用しながら，B社の強み・機会を活かして社長の意向を実現する，といった方向で解答に説得力を持たせるよう考えました。

●**解答の構築**

　「誰に・何を・どのように・効果」のフレームワークのうち，まず，求められている「効果」（多くの場合，社長の意向やB社の課題）を設定し，次に，それを実現するための「誰に・何を・どのように」を検討するとよいと判断しました。

［1．効果］

　設問文に，「協業が長期的に成功するためにB社はどのような提案を行うべきか，助言せよ」と記述されています。したがって，本問の助言は社長の意向を実現する方向で志向し，「効果」に関する解答は，設問文から「消費者の献立の考案や食材の購入，ごみの処分等の手間を省く」と，「協業を長期的に成功させる」としました。

［2．何を・どのように］

　提案内容と協業先に分けて検討しました。

＜提案内容＞

・設問文に，日本政策金融公庫『消費者動向調査』（令和4年1月）の結果が記述されています。それによれば，家庭での食に関する家事で最も簡便化したい工程は「献立の考案」（29.4%），「調理」（19.8%），「後片付け」（18.2%），「食材の購入」（10.7%），「容器等のごみの処分」（8.5%），「盛り付け・配膳」（3.3%），「特にない」（10.3%）とのことです。また，「協業が長期的に成功するためにB社はどのような提案を行うべきか」ともあります。

・筆者は，この多くの制約条件を満たす商品は何かと考えたところ，レシピが決まっていて，カット済みの食材がセットになっており，ごみの発生が少ない商品である「ミールキット」を想起しました。筆者宅では，毎週のように生協のミールキットを愛用し，筆者もよく調理していたので，容易に思いつきました。また，「協業が長期的に成功するために」とあることから，ミールキットの「定期宅配サービス」を想起しました。

・そこで，解答は，「良質なX県産の肉や野菜をセットにしたミールキットを共同開発し，定期宅配することを助言。消費者の献立の考案や食材の購入，ごみの処分等の手間を省くとともに，X県産の良質な食材で競合と差別化し，協業を長期的に成功させる。」としました。

＜協業先＞

・設問文に，「B社はどのようなオンライン販売事業者と協業すべきか，また，この際，協業が長期的に成功するためにB社はどのような提案を行うべきか」とあります。また，日本政策金融公庫『消費者動向調査』（令和4年1月）の結果から，家庭での食に関する家事で最も簡便化したい工程の第1位が「献立の考案」（29.4%）です。

・そこで，オンライン販売事業者のうち，長期的に関係を継続していくために，前述のミールキットを定期的に宅配すること，かつ，スマートフォン等で料理レシピの動画を見ながら，簡単に調理できるよう，料理レシピの動画配信を行っている事業者が良いと考えました。

・よって，解答は，「レシピ動画サイトを持ち，定期購入サービスを行うオンライン販売事業者と協業し」としました。

［3．誰に］

「誰に」は，設問文に「B社社長は，新規事業として，最終消費者へのオンライン販売チャネル開拓に乗り出すつもりである」と記述されているように，「最終消費者」としました。

【模範解答】

レ	シ	ピ	動	画	サ	イ	ト	を	持	ち	,	定	期	購	入	サ	ー	ビ	ス
を	行	う	オ	ン	ラ	イ	ン	販	売	事	業	者	と	協	業	し	,	良	質
な	X	県	産	の	肉	や	野	菜	を	セ	ッ	ト	に	し	た	ミ	ー	ル	キ
ッ	ト	を	共	同	開	発	し	,	最	終	消	費	者	に	定	期	宅	配	す
る	こ	と	を	助	言	。	消	費	者	の	献	立	の	考	案	や	食	材	の
購	入	,	ご	み	の	処	分	等	の	手	間	を	省	く	と	と	も	に	,
X	県	産	の	良	質	な	食	材	で	競	合	と	差	別	化	し	,	協	業
を	長	期	的	に	成	功	さ	せ	る	。									

【事例Ⅱ】

●活用できるノウハウ ─────────────────────

『全知識』事例Ⅱ　1．大枠戦略検討　（4）新製品開発戦略，（5）新市場開拓戦略

　　　　　　　　　2．競争戦略

　　　　　　　　　6．Product ②　共同開発

　　　　　　　　　12．Place ④　企業間連携（事業連携）

　　　　　　　　　30．地域資源の活用

執筆：戸松隆宏（令和4年度本試験合格）

令和4年度　第2次試験問題

3. 中小企業の診断及び助言に関する実務の事例Ⅲ
14：00〜15：20

＊試験開始前に，次の事項を必ずご確認ください。

　携帯電話やスマートフォン，ウエアラブル端末などの通信機器・電子機器は，机上に置くことも，身に着ける（ポケット等に入れる）ことも，使用することもできません。このことが試験時間中に守られていない場合は，不正行為として対処します。試験開始前に必ず電源を切った上でバッグなどにしまってください。

　スマートウオッチやワイヤレスイヤホンなどの取り扱いも同様です。

注意事項

1. 開始の合図があるまで，問題用紙・解答用紙に手を触れてはいけません。
2. 開始の合図があったら，最初に，解答用紙を開いて受験番号を間違いのないように必ず記入してください。
　　受験番号の最初の3桁の数字（220）は，あらかじめ記入してあるので，4桁目から記入すること。
3. 解答は，黒の鉛筆またはシャープペンシルで，問題ごとに指定された解答欄にはっきりと記入してください。
4. 解答用紙には，受験番号以外の氏名や符号などを記入したり，所定の解答欄以外に記入をしてはいけません。
5. 解答用紙は，必ず提出してください。持ち帰ることはできません。
6. 試験開始後30分間および試験終了前5分間は退室できません。（下記参照）
7. 試験終了の合図と同時に必ず筆記用具を置いてください。試験終了後に記入や修正をしてはいけません。記入や修正をした場合は，不正行為として対処します。
　　解答用紙は広げたまま，受験番号を記入した面を上にして机上に置いてください。
8. 解答用紙の回収が終わり監督員の指示があるまで席を立たないでください。
9. 試験時間中に体調不良などのやむを得ない事情で席を離れる場合には，監督員に申し出てその指示に従ってください。
10. その他，受験に当たっての注意事項は，受験票裏面などを参照してください。

＜途中退室者の方へ＞

　試験開始30分後から終了5分前までの間に退室する場合は，解答用紙と受験票を監督員席まで持参して，解答用紙を提出してから退室してください。問題用紙も，表紙の下部に受験番号を記入した上であわせて提出してください。

　問題用紙は，当該科目の試験終了後に該当する受験番号の席に置いておきますので，必要な方は当該科目の試験終了後20分以内に取りに来てください。それ以降は回収します。回収後はお渡しできません。なお，問題用紙の紛失については責を負いませんのでご承知おきください。

（途中退室する場合は，下の欄に受験番号を必ず記入してください。）

受験番号：

【企業概要】

　C社は1964年創業，資本金2,500万円，従業員60名の金属製品製造業である。製品は，売上の７割を占めるアルミニウムおよびステンレス製プレス加工製品（以下「プレス加工製品」という）と，残り３割のステンレス製板金加工製品（以下「板金加工製品」という）である。プレス加工製品は金型を使用して成形する鍋，トレー，ポットなどの繰返受注製品で，板金加工製品は鋼材を切断や曲げ，溶接加工して製作する調理台，収納ラック，ワゴンなどの個別受注製品である。どちらもホテル，旅館，外食産業などの調理場で使用される製品で，業務用食器・什器の卸売企業２社を販売先としている。

　C社は，卸売企業が企画する業務用什器の板金加工製品を受託生産する企業として創業した。その後金属プレスや金型製作設備を導入してプレス加工製品の生産を始めている。難易度の高い金型製作技術の向上に努めて，ノウハウを蓄積してきたため，コスト低減や生産性向上に結びつく提案などが可能である。

　近年は観光需要で受注量は毎年増加していたが，2020年からの新型コロナウイルス感染拡大による外国人の新規入国規制や，外食産業の営業自粛による影響を受けて減少している。

【事例Ⅲ】

【生産の現状】

　生産部門は，生産管理課，資材課，設計課，金型製作課，プレス加工課，製品仕上課，板金加工課，品質管理課で構成されている。

　プレス加工製品の生産プロセスには，金型を製作する金型製作工程と，その金型を利用して同じ製品の繰返受注生産を行う製品量産工程がある（次ページの図参照）。

　C社の金型製作工程は，発注元から提示される形状やサイズの概要を表したデザイン図を基に仕様を確認した後に「金型設計」を行い，金型を構成する部品を製作する「金型部品加工」，加工した部品を組み立てる「金型組立」，その後の調整や研磨などを行う「金型仕上」を経て，「試作確認」を行い，さらに試作品の品質を発注元との間で確認して完成する。設計開始から完成までの金型製作期間は，難易度によって異なるが，短いもので約２週間，長いもので約１か月を要する。

　「金型設計」は，設計課が２次元CADを活用し担当している。発注元との仕様確認が遅くなることや，発注元からの設計変更，仕様変更の要請があり，設計期間が長くなることもある。また設計課では，個別受注の板金加工製品の製品設計も担当するため，設計業務の混乱が生じ金型製作期間全体に影響することもしばしば生じている。

　「金型組立」，「金型仕上」は，プレス加工技術にも習熟するベテラン技能者が担当しているが，高齢化している。担当者は，金型の修理や改善作業も兼務し，製品の品質や製造コストに影響を及ぼす重要なスキルが必要なことから，若手の養成を検討している。

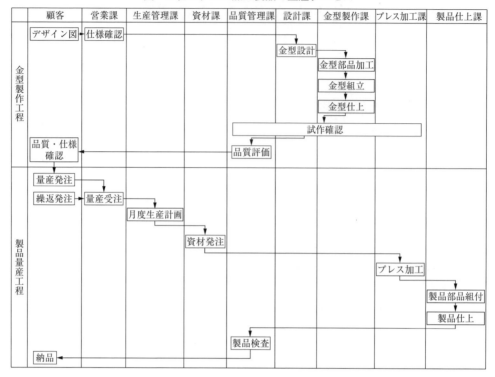

図　C社のプレス加工製品の生産プロセス

	顧客	営業課	生産管理課	資材課	品質管理課	設計課	金型製作課	プレス加工課	製品仕上課
金型製作工程	デザイン図	仕様確認				金型設計	金型部品加工 金型組立 金型仕上 試作確認		
	品質・仕様確認				品質評価				
製品量産工程	量産発注 繰返発注	量産受注	月度生産計画 資材発注					プレス加工	製品部品組付 製品仕上
	納品				製品検査				

　金型が完成した後の製品量産工程は，発注元から納品月の前月中旬に製品別の生産依頼数と納品指定日が通知され，それに基づいて前月月末までに「月度生産計画」を作成して「資材発注」する。プレス加工課では「プレス加工」を行い，製品仕上課で取っ手などの部品を組み付ける「製品部品組付」と製品の最終調整をする「製品仕上」を行い，通常月1回発注元へ納品する。

　C社の「プレス加工」は，生産能力に制約があり，C社全体の生産進捗に影響している。プレス加工機ごとに担当する作業員が材料の出し入れと設備操作を行い，加工製品を変えるときには，その作業員が金型交換作業と材料準備作業など長時間の段取作業を一人で行っている。

　プレス加工製品の生産計画は「プレス加工」の計画だけが立案され，「製品部品組付」，「製品仕上」はプレス加工終了順に作業する。生産計画は，各製品の1日間の加工数量でそれぞれの基準日程を決めて立案する。以前は発注元もこれを理解して，C社の加工ロットサイズを基本に発注し，C社で生産した全量を受領して，発注元で在庫対応していた。しかし，最近は発注元の在庫量削減方針によって発注ロットサイズが減少している。ただC社では，基準日程によって設定しているロットサイズで加工を続け，確定受注量以外はC社内で在庫している。

　C社の受注から納品に至る社内業務では，各業務でパソコンを活用しているが，情報の交換と共有はいまだに紙ベースで行われている。

【新規製品事業】

　数年前C社では受注拡大を狙って，雑貨・日用品の商談会に出展したことがある。その際商談成立には至らなかったが，中堅ホームセンターX社から品質を高く評価された。今回そのX社から新規取引の商談が持ち込まれた。

　X社では，コロナ禍の2020年以降も売上が順調に推移しているが，その要因の一つとしてアウトドア商品売上の貢献がある。しかし新型コロナウイルスのパンデミックにより，中国や東南アジア諸国企業に生産委託しているPB商品の納品に支障が生じて，生産，物流など現在のサプライチェーンの維持が難しくなっている。また今後も海外生産委託商品の仕入れ価格の高騰が懸念されることから，生産委託先をC社へ変更することについてC社と相互に検討を行った。

　C社社長は，当該事業の市場成長性と自社の強みを考慮して戦略とビジネスプロセスを見直し，積極的にこの事業に取り組むこととした。

　X社の要請は，X社のアウトドア用PB商品のうち，中価格帯の食器セット，鍋，その他調理器具などアルミニウム製プレス加工製品の生産である。ただC社社長は，今後高価格な製品に拡大することも期待している。

　X社からの受注品は，商品在庫と店舗仕分けの機能を持つ在庫型物流センターへの納品となり，商品の発注・納品は，次のようになる。まず四半期ごとにX社が商品企画と月販売予測を立案し，C社に情報提供される。確定納品情報については，X社各店舗の発注データを毎週月曜日にX社本社で集計する。在庫量からその集計数を差し引いて発注点に達した製品についてX社の発注データがC社に送付される。納期は発注日から7日後の設定である。1回の発注ロットサイズは，現状のプレス加工製品と比べるとかなり小ロットになる。

【事例Ⅲ】

第1問（配点20点）

2020年以降今日までの外部経営環境の変化の中で，C社の販売面，生産面の課題を80字以内で述べよ。

第2問（配点20点）

C社の主力製品であるプレス加工製品の新規受注では，新規引合いから量産製品初回納品まで長期化することがある。しかし，プレス加工製品では短納期生産が一般化している。C社が新規受注の短納期化を図るための課題とその対応策を120字以内で述べよ。

第3問（配点20点）

C社の販売先である業務用食器・什器卸売企業からの発注ロットサイズが減少している。また，検討しているホームセンターX社の新規取引でも，1回の発注ロットサイズはさらに小ロットになる。このような顧客企業の発注方法の変化に対応すべきC社の生産面の対応策を120字以内で述べよ。

第4問（配点20点）

C社社長は，ホームセンターX社との新規取引を契機として，生産業務の情報の交換と共有についてデジタル化を進め，生産業務のスピードアップを図りたいと考えている。C社で優先すべきデジタル化の内容と，そのための社内活動はどのように進めるべきか，120字以内で述べよ。

第5問（配点20点）

C社社長が積極的に取り組みたいと考えているホームセンターX社との新規取引に応えることは，C社の今後の戦略にどのような可能性を持つのか，中小企業診断士として100字以内で助言せよ。

1.　設問分析

（1）認識

　事例Ⅲは「生産・技術」に関する事例です。一言でいえば，「安く品質の高い製品を納期どおりに，混乱なく効率よく作って，売っているか」が問われます。具体的には，「安く＝Cost（原価）」「品質の高い＝Quality（品質）」「納期どおりに＝Delivery（納期）」のどこに問題を抱えているのかを設問から想定しました。

　→参照：『全知識』事例Ⅲ　「事例Ⅲの概要」，「Ⅱ．最重要の切り口」

　さらに，与件文より，QCDで問題を抱えている部分の真の原因は，生産計画・生産統制（Smoothly）に起因しているのか，生産性（Effectively）が悪いからなのかを読み取りました。そして，1次試験の知識や使える解法テクニックを活用して，与件文に忠実に従いつつ，具体的な対応策や助言を解答することを心がけました。与件文に紐づかない理論だけの解答や，与件文の関係性が読み取りにくい解答は，得点が入らないと考えました。

　→参照：『全知識』事例Ⅲ　「事例Ⅲの概要」，「Ⅳ．使える解法テクニック」

　事例Ⅲの解答の基本構成は，本書の第1部「2次試験のノウハウ（基本パート）」の「Ⅴ　2次試験事例別のノウハウ　事例Ⅲ　2．」に記載のとおり，第1問で課題解決するための経営資源を整理し，途中の設問では第1問の経営資源を使って，第2問以降に生産計画・生産統制（Smoothly）に関する問題，生産性（Effectively）に関する問題を解決したうえで，最終問題で経営戦略（企業の将来の成長，売っているか（Sell））に関する記載を行うという定石パターンを意識しました。また，第1問は第2問目～最終問題との整合性，一貫性を強く意識しました。（第1問は，第2問目以降の整合性を意識して，最後に解く方針で臨みました。）

　最終問題の経営戦略に関する設問は，内部環境と外部環境を分析することが重要と考え，強み，弱み，機会，脅威を与件文から読み取り，クロスSWOT分析を行うことで，事業の方向性とそれに必要な施策を解答することを心がけました。

　→参照：『全知識』事例Ⅲ　「Ⅳ．使える解法テクニック」

（2）各設問の分析

1．設問文を読み，そこから得られた情報を「C社に関してわかること」と「設問要求」に整理しました。

2．設問レイヤーを決めました。情報整理（SWOT）なのか，生産管理（Smoothly）なのか，生産性（Effectively）なのか，経営戦略なのか。

3．設問レイヤー，配点にもとづいて，解く順番を決めました。

4．「聞かれていること」を主語にし，羅列する場合は「①～，②～，③～」と番号を振って解答骨子を作成しました。（実際に解答を書くときは崩してしまって構いません。）

5．上記4．で羅列したうえで，設問によっては効果を書き添えることを意識しました。

【事例Ⅲ】

例：設問「製品企画面の課題と対応策を述べよ」→解答骨子「製品企画面の課題は，①
〜，②〜，③〜，対応は①〜，②〜，③〜し，生産性向上を図る」

6．切り口にもとづき，「解答すべきこと」を検討しました。

第1問（配点20点）
　2020年以降今日までの外部経営環境の変化の中で，C社の販売面，生産面の課題を
80字以内で述べよ。

【C社に関してわかること】

・2020年（コロナ禍と推測）前後で，外部経営環境の変化がある。

・C社には，2020年以降生じた販売面，生産面で解決すべき課題がある。

【設問要求】

・"課題"なので，「目指す姿」を書く必要があります。"問題"ではないことを強く意識
　します。（課題は目指す姿を書く，問題点は現状できていないことを書く。）

　　＜参考：JIS Q9024-2003より引用＞

　　3-6 課題（issue）…設定しようとする目標と現実との，対処を必要とするギャップ。

　　3-2 問題（problem）…設定してある目標と現実との，対策として克服する必要のあ
　　るギャップ。

・2020年以降，今日までの変化の中で生じた課題を書きます。2020年以前の状況の課題
　を書いても得点になりません。時制の制約を強く意識します。

【設問レイヤー】

・設問レイヤーは迷いましたが，第1部「2次試験のノウハウ（基本パート）」の「V
　2次試験事例別のノウハウ　事例Ⅲ　2．」に記載の基本パターンに沿って，情報整
　理（SWOT）と判断しました。

【想定した解答骨子】

・「販売面の課題は①〜，②〜。生産面の課題は①〜，②〜。」と羅列する形で組み立て
　ました。

・字数が80字以内と少ないので，販売面は①〜，②〜，というように，字数によっては
　「課題は」という文言は書かないことも想定しました。

【第1問で解答すべきこと】

・第1問で課題を挙げて，第2問以降で解決していく一貫性を強く意識します。第1問
　で課題を挙げたにもかかわらず，第2問以降で解決しないと一貫性がなく減点される
　と考えました。

・基本的には，与件文をSWOT分析し，弱みを解決することを課題として書くことを想
　定しました。（弱みを「短納期化に対応した即納体制の実現」と"課題"のように書く
　ことを意識。「短納期化ができていない」という"問題"のように書かない。）

・販売面は，具体的な弱みの記述がなかったため，強みを活かして機会を捉える視点で

244

書くこととしました。

●考え方のヒント

　過去問を見ると，第1問はSWOTや強みと弱みを抜き出すパターンが多いです。強みは今後の事業展開に活用できるもの，弱みは各設問で解決するもの，という視点を持つと解答が書きやすくなると思います。

　令和4年度の設問要求は"課題"ですが，弱みを課題として書いて，各設問で解決する，過去問での頻出パターンを強く意識して設問解釈しました。

第2問（配点20点）

　C社の主力製品であるプレス加工製品の新規受注では，新規引合いから量産製品初回納品まで長期化することがある。しかし，プレス加工製品では短納期生産が一般化している。C社が新規受注の短納期化を図るための課題とその対応策を120字以内で述べよ。

【C社に関してわかること】

・C社の主力製品はプレス加工製品であること。

・新規受注から量産初回納品が他社に比べて長期化していること。

・短納期生産が一般化している中で，長期化しているのは，他社はできているがC社ができていないことを意味するため，何か弱みや原因が潜んでいること。

【設問要求】

・与件文から短納期化を阻んでいる要因（弱み）を分析し，目指す姿を課題として記載し，目指す姿に至る取り組みを対応策として記載することが要求されていると考えました。

・新規受注に関するオペレーションが制約条件です。新規受注以外の記載は得点になりません。

【設問レイヤー】

・設問要求が新規受注に至るまでの短納期化なので，設問レイヤーは生産性（Effectively）と考えました。

【想定した解答骨子】

・「課題は①～，②～，③～，対応策は①～，②～，③～し，短納期化を図る。」を解答骨子としました。

・課題の①②③それぞれに対応するように，対応策の①②③を記載します。字数が120字のため，それぞれ20字弱（20字×6項目）としました。

【第2問で解答すべきこと】

・与件文から短納期化を阻んでいる要因（弱み）を把握したうえで，その弱みが解消された「目指すべき新規受注オペレーションの状態」を課題として書きます。

・課題として記載した「目指すべき新規受注オペレーションの状態」を，どのようにす

れば実現するかを対応策として書きます。

●考え方のヒント

新規受注ですので，顧客との間のやり取りに関する記載や，営業，設計，開発それぞれの連携に関する与件文の記載があるはずです。そこの問題点に注目しましょう。

第3問（配点20点）

　C社の販売先である業務用食器・什器卸売企業からの発注ロットサイズが減少している。また，検討しているホームセンターX社の新規取引でも，1回の発注ロットサイズはさらに小ロットになる。このような顧客企業の発注方法の変化に対応すべきC社の生産面の対応策を120字以内で述べよ。

【C社に関してわかること】

・販売先は業務用食器・什器卸売企業であり，BtoB取引である。

・ホームセンターX社との新規取引開始が検討されている。

・業務用食器・什器卸売企業，ホームセンターX社ともに，現状よりも発注ロットサイズが減少する（小ロット化）する。

・現状は小ロット化に対応できていないと推測できる。

・小ロット化に対応できていない要因は生産部門にあると思われる。

【設問要求】

・小ロット化に対応すべき生産面の対応策が求められています。

・「発注方法の変化」に対する対応も求められます。四半期・大量発注（または月次・大量発注）から週次・少量発注（または日次・少量発注）が想定されますが，発注方法の変化に対するC社の対応の記述も求められます。

・「生産面の」が制約条件です。「販売面」や「設計面」などに関することは得点になりません。

【設問レイヤー】

・設問要求が発注方法の変化や小ロット化なので，生産計画に関連することと想定できます。よって，設問レイヤーは生産管理（Smoothly）と考えました。

【想定した解答骨子】

・第1問，第2問は課題を求められましたが，第3問は課題を求められていませんので，「対応策は①～，②～，③～し，小ロット化に対応する。」としました。

・字数が120字のため，①②③それぞれ40字弱とします。

【第3問で解答すべきこと】

　小ロット化できない要因を与件文から分析し，そのダメな点を解決する対応策を記載します。

●考え方のヒント

　D（納期）に関する1次試験の知識を軸に解答を組み立てます。多能工化による多工程

持ち，段取り時間短縮，ボトルネック工程の重点管理などが想定されます。

第4問（配点20点）

　C社社長は，ホームセンターX社との新規取引を契機として，生産業務の情報の交換と共有についてデジタル化を進め，生産業務のスピードアップを図りたいと考えている。C社で優先すべきデジタル化の内容と，そのための社内活動はどのように進めるべきか，120字以内で述べよ。

【C社に関してわかること】

・ホームセンターX社との新規取引開始が検討されている。

・現在の取引先である業務用食器・什器卸売企業との生産業務の情報の交換と共有はデジタル化が遅れていると推測できる。

・生産業務の現状に問題があり，スピードアップできる改善の余地がある。

・生産業務のスピードアップを図りたいのは社長の想い（経営方針）である。

・「優先すべき」とあるため，デジタル化すべき内容が，与件文の中に数多く記載されていると想定できる。

【設問要求】

・生産業務のスピードアップに貢献するデジタル化の内容を記述する必要があります。

・生産業務のスピードアップにつながらないデジタル化の内容は加点されないことを意識します。（例：給与計算システムなど生産業務と直接関連しない内容）

・デジタル化の内容を明確にしたうえで，デジタル化が遅れているC社内にどのように働きかけて変化を起こしていくか，社内活動を記述する必要があります。

【設問レイヤー】

・生産業務の情報の交換と共有は生産管理（Smoothly），生産業務のスピードアップは生産性（Effectively）に紐づくと考えました。

【想定した解答骨子】

・「優先すべきデジタル化の内容は①～，②～，③～。社内活動は①～，②～，③～し，生産業務のスピードアップを図る。」としました。

・字数が120字のため，①②③はそれぞれ20字弱とします。

・ただし，得点要素を多く盛り込むために，「優先すべきは①～，②～，③～。活動は①～，②～，③～し，スピードアップを図る」という形で調整します。

【第4問で解答すべきこと】

・基本的にIT活用の問題と考えました。

・生産業務に関することが制約条件です。

・IT活用して改善できる生産管理や生産統制に関する業務の弱みを書くと想定されます（弱みを改善すればDは向上すると想定）。

IT活用に関してはDRINKの切り口で解答を書くことで，部分点を狙える解答になります。

D：DB（データベース）化

R：リアルタイム

Ｉ：一元管理

N：ネットワーク

K：共有化

第5問（配点20点）

　C社社長が積極的に取り組みたいと考えているホームセンターX社との新規取引に応えることは，C社の今後の戦略にどのような可能性を持つのか，中小企業診断士として100字以内で助言せよ。

【C社に関してわかること】

・C社社長は，ホームセンターX社との新規取引開始に積極的である。ホームセンターX社との取引開始は経営方針。

・第3問で小ロット化，第4問でIT活用を実現できた前提で，戦略にどのような可能性を持つのかを解答する。

【設問要求】

・今後の戦略ですので，過去，現在のことを記載しても得点になりません。時制を強く意識します。

・今後の戦略の可能性の記述が求められています。クロスSWOT分析の，強みを活かし機会を捉える具体例を記載します。

・「中小企業診断士として」という制約がありますので，1次試験の知識を活用することと，C社の経営資源制約を意識した記述が求められています。

【設問レイヤー】

・経営戦略となります。

【想定した解答骨子】

・設問だけでは想定しきれませんが，経営戦略レイヤーのため会社全体のことを漏れなく解答することを意識しました。

・第1問が販売面，生産面の課題だったため，売上と費用で分けて書けば，MECEになると考えました。

・以上より，解答骨子は，「売上面では①〜，②〜，費用面では①〜，②〜し，戦略の可能性が広がる。」としました。

【第5問で解答すべきこと】

・将来にわたって，会社が成長するために何をするかが求められています。

・売上は増やす，方向感は高付加価値化，取引先拡大。

・費用は減らす，方向感は生産性の向上，QCD向上。

●考え方のヒント

　戦略に関する設問は，与件文の中からクロスSWOTして方向感を定めるのが定石ですが，短時間で方向感を決める必要があるため，1次試験で学習する「中小企業経営・政策」の知識の活用もできます。（中小企業白書の知識を使いましょう。）

　例：

　　・事業承継　M&A活用

　　・DX推進

　　・脱下請（自社ブランド），拡下請（取引先拡大），超下請（提案型，高付加価値）

　ここまでの分析から，「C社に関してわかること」と「設問要求」をまとめると次のとおりです（各カッコ内の数字は設問の番号を示す）。

〈C社に関してわかること〉

・2020年前後で，外部経営環境の変化がある。（第1問に関連）
・販売面，生産面で解決すべき課題がある。（第1問に関連）
・主力製品はプレス加工製品である。（第2問に関連）
・新規受注から量産初回納品が他社に比べて長期化している。（第2問に関連）
・現状の販売先は業務用食器・什器卸売企業（BtoB取引）。（第2問に関連）
・ホームセンターX社との新規取引を検討中。社内体制を整備して取引を開始することが社長の想い。（第3問，第4問，第5問に関連）
・発注ロットの小ロット化が取引先から要求されている（第3問，第5問に関連）
・販売先との生産業務に関する情報の交換と共有のデジタル化が課題（第4問，第5問に関連）
・生産業務のスピードアップが課題。（第4問，第5問に関連）

〈設問要求〉

(1)　C社の販売面と生産面の課題（第1問に関連）
(2)　新規受注の短納期化の課題と対応策（第2問に関連）
(3)　小ロット化に向けた生産面の対応策（第3問に関連）
(4)　生産業務の情報交換と共有，スピードアップに向け，優先すべきデジタル化の内容と社内活動（第4問に関連）
(5)　ホームセンターX社との取引開始が今後のC社戦略に与える可能性（第5問に関連）

（3）与件文の情報と設問の対応づけ

　以上のように整理した「設問要求」をもとに与件文を読みました。この「設問要求」と与件文の該当箇所の対応づけは，次のとおりです。

【事例Ⅲ】

項番	設問要求	該当箇所
(1)	C社の販売面と生産面の課題（第1問に関連）	［販売面］第3段落，第13〜15段落 ［生産面］第6〜12段落
(2)	新規受注の短納期化の課題と対応策（第2問に関連）	第6〜7段落
(3)	小ロット化に向けた生産面の対応策（第3問に関連）	第9〜12段落
(4)	生産業務の情報交換と共有，スピードアップに向け，優先すべきデジタル化の内容と社内活動（第4問に関連）	第7段落，第9〜12段落，第17段落
(5)	ホームセンターX社との取引開始が今後のC社戦略に与える可能性（第5問に関連）	第2〜3段落，第13〜16段落

（4）全体を通して

【配点・解答文字数】

各設問の配点・解答文字数は以下のとおりです。

設問	主題	配点	解答文字数
第1問	C社の販売面と生産面の課題	20点	80字
第2問	新規受注の短納期化の課題と対応策	20点	120字
第3問	小ロット化に向けた生産面の対応策	20点	120字
第4問	生産業務の情報交換と共有，スピードアップに向けたデジタル活用と社内活動	20点	120字
第5問	ホームセンターX社との取引開始が今後のC社戦略に与える可能性	20点	100字
全体	—	100点	540字

5問構成である点，および総解答文字数（540字）は概ね例年どおりです。

与件文は図表の読み取りがあり，約3ページ半とボリュームが前年度（令和3年度）より増えました。

【解答自信度】

65%

1問目が例年のSWOT分析でなかったため，戸惑いました。しかし，基本的に1問目に挙げた課題を2問目以降に解決し，最終問題で将来の経営戦略を記述する定石パターンに沿って，設問間の一貫性を意識して解答しました。図の読み取りがありましたが，直感的にわかり，逆に親切な印象を受けました。

設問は第2問，第3問は与件文にある「ダメ」な要素を改善する方向性で解答すればよいオーソドックスで素直な内容だったため，自信はありました。

一方で，第4問の社内活動については，過去に見ないパターンの設問要求だったため，

どのように書けばよいか困りました。第5問も同様に，戦略にどのような可能性を持つのかというあまり見ない設問要求で困惑しましたが，定石パターンの将来の経営戦略に対する助言問題として取り組みました。

　基本的には設問と与件文の紐づけが比較的容易であり，問われ方に変化があったものの，設問解釈を行ったうえで，第1部「2次試験のノウハウ（基本パート）」の「V　2次試験事例別のノウハウ　事例Ⅲ　2.」に記載の基本パターンで対応できたため，難易度は易化したと考えられます。

【解答に際しての留意点，意識したポイント】

　限られた時間内に合格レベルの答案が作成できるよう，次の点に留意しました。

(1)　設問の制約条件を見落とさないように注意し，大外しして得点を失うことを回避する。

(2)　環境分析と問題点については「与件抜出し型」で対応する。

(3)　課題を問われた場合は，「与件抜出し型」を基本に，課題のように書く。

(4)　1次試験の知識にもとづいて解答の方向性を定め，与件文に忠実に従い書くことを意識すること。採点者が直感的に理解できるよう与件文の言葉を使い解答を書く。

(5)　部分点が狙えるように，ナンバリング（①〜，②〜，…）を用いながら，時間を使いすぎない範囲内で，設問1つについて，3つの要素を入れるように意識する。

(6)　助言は「与件類推型」で対応し，「1次試験の知識」を活用して解答の方向性を早期に定める。

(7)　設問間の一貫性を意識し，第1問は最後に解くことを方針としました。第2問〜第5問で用いた経営資源や解決した問題を，第1問に書きました。

【事例Ⅲ】

2. 与件分析と SWOT 分析

（1）実際の与件文チェック

【企業概要】

C社は1964年創業，資本金2,500万円，従業員60名の金属製品製造業である。製品は，売上の7割を占めるアルミニウムおよびステンレス製プレス加工製品（以下「プレス加工製品」という）と，残り3割のステンレス製板金加工製品（以下「板金加工製品」という）である。プレス加工製品は金型を使用して成形する鍋，トレー，ポットなどの繰返受注製品で，板金加工製品は鋼材を切断や曲げ，溶接加工して製作する調理台，収納ラック，ワゴンなどの個別受注製品である。どちらもホテル，旅館，外食産業などの調理場で使用される製品で，業務用食器・什器の卸売企業2社を販売先としている。

C社は，卸売企業が企画する業務用什器の板金加工製品を受託生産する企業として創業した。その後金属プレスや金型製作設備を導入してプレス加工製品の生産を始めている。難易度の高い金型製作技術の向上に努めて，ノウハウを蓄積してきたため，コスト低減や生産性向上に結びつく提案などが可能である。

近年は観光需要で受注量は毎年増加していたが，2020年からの新型コロナウイルス感染拡大による外国人の新規入国規制や，外食産業の営業自粛による影響を受けて減少している。

【生産の現状】

生産部門は，生産管理課，資材課，設計課，金型製作課，プレス加工課，製品仕上課，板金加工課，品質管理課で構成されている。

プレス加工製品の生産プロセスには，金型を製作する金型製作工程と，その金型を利用して同じ製品の繰返受注生産を行う製品量産工程がある（次ページの図参照）。

C社の金型製作工程は，発注元から提示される形状やサイズの概要を表したデザイン図を基に仕様を確認した後に「金型設計」を行い，金型を構成する部品を製作す

与件文チェック

→業種を確認。

→売上構成を確認。

→プレス加工製品は受注生産であることを確認。ただし，「繰返」と記載があるので，実質は見込み生産。

→板金加工製品は受注生産であることを確認。

→最終ターゲットを確認。

→B to B取引。C社は事実上，下請企業。

→事実上，下請企業。

→経路依存性のあるC社の強み。

→第1問の「2020年」は新型コロナ感染拡大を指す。新型コロナ感染拡大以降の課題を意識して与件文を読む必要がある。

→C社の脅威。

→各課の役割，機能を把握する。

る「金型部品加工」，加工した部品を組み立てる「金型組立」，その後の調整や研磨などを行う「金型仕上」を経て，「試作確認」を行い，さらに試作品の品質を発注元との間で確認して完成する。設計開始から完成までの金型製作期間は，難易度によって異なるが，短いもので約2週間，長いもので約1か月を要する。

「金型設計」は，設計課が2次元CADを活用し担当している。発注元との仕様確認が遅くなることや，発注元からの設計変更，仕様変更の要請があり，設計期間が長くなることもある。また設計課では，個別受注の板金加工製品の製品設計も担当するため，設計業務の混乱が生じ金型製作期間全体に影響することもしばしば生じている。

「金型組立」，「金型仕上」は，プレス加工技術にも習熟するベテラン技能者が担当しているが，高齢化している。担当者は，金型の修理や改善作業も兼務し，製品の品質や製造コストに影響を及ぼす重要なスキルが必要なことから，若手の養成を検討している。

> CADが出てきたら，2次元か，3次元のどちらなのかを確認。

> 2次元CADが要因と類推。

> 2次元CADが要因と類推。

> C社の弱み。

> 解決すべきダメな状態。C社の弱み。

> 設計課が個別受注の板金加工製品の製品設計も担当しているため遅延が生じていると解釈できる。C社の弱み。

> C社の強み。

> 技能継承，若手の育成が課題であることを強調。

> ベテラン技能者が兼務し負荷が高い状態である。ベテラン技能者を活用し，より付加価値の高い仕事をしてもらうためには，ベテラン技能者の負荷軽減を考える必要がある。

図　C社のプレス加工製品の生産プロセス

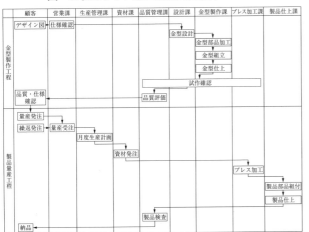

金型が完成した後の製品量産工程は，発注元から納品月の前月中旬に製品別の生産依頼数と納品指定日が通知され，それに基づいて前月月末までに「月度生産計画」を作成して「資材発注」する。プレス加工課では「プレス加工」を行い，製品仕上課で取っ手などの部品を組み付ける「製品部品組付」と製品の最終調整をする「製品

> 月単位→週単位と，生産計画の短サイクル化が解答の方向性になるパターンは頻出。

【事例Ⅲ】

253

仕上」を行い，通常月1回発注元へ納品する。

　C社の「プレス加工」は，生産能力に制約があり，C社全体の生産進捗に影響している。プレス加工機ごとに担当する作業員が材料の出し入れと設備操作を行い，加工製品を変えるときには，その作業員が金型交換作業と材料準備作業など長時間の段取作業を一人で行っている。

　プレス加工製品の生産計画は「プレス加工」の計画だけが立案され，「製品部品組付」，「製品仕上」はプレス加工終了順に作業する。生産計画は，各製品の1日間の加工数量でそれぞれの基準日程を決めて立案する。以前は発注元もこれを理解して，C社の加工ロットサイズを基本に発注し，C社で生産した全量を受領して，発注元で在庫対応していた。しかし，最近は発注元の在庫量削減方針によって発注ロットサイズが減少している。ただC社では，基準日程によって設定しているロットサイズで加工を続け，確定受注量以外はC社内で在庫している。

　C社の受注から納品に至る社内業務では，各業務でパソコンを活用しているが，情報の交換と共有はいまだに紙ベースで行われている。

【新規製品事業】

　数年前C社では受注拡大を狙って，雑貨・日用品の商談会に出展したことがある。その際商談成立には至らなかったが，中堅ホームセンターX社から品質を高く評価された。今回そのX社から新規取引の商談が持ち込まれた。

　X社では，コロナ禍の2020年以降も売上が順調に推移しているが，その要因の一つとしてアウトドア商品売上の貢献がある。しかし新型コロナウイルスのパンデミックにより，中国や東南アジア諸国企業に生産委託しているPB商品の納品に支障が生じて，生産，物流など現在のサプライチェーンの維持が難しくなっている。また今後も海外生産委託商品の仕入れ価格の高騰が懸念されることから，生産委託先をC社へ変更することについてC社と相互に検討を行った。

254

- 小ロット化し，納品の頻度も高める必要がある。
- ボトルネック工程。
- ボトルネック工程なので，加工製品の切り替えは素早くやる必要があるのに，なぜ一人で，長時間かけて実施しているのか!?　C社の弱み。
- 「だけ」という強調は，ダメである可能性を疑う。
- 生産計画は工程全体で行うことが解答の方向性になるパターンは頻出。C社の弱み。
- 1日間の加工数量では，小ロット化に対応できない。「製品1個当たりのサイクルタイム×生産個数」で各工程の工数を立案することが基本。生産管理の1次試験の知識を活用。
- 逆接＝この後は強調したい内容である。
- C社にとって対応すべき内容。
- 前に述べた内容に関して，気に留めておいてほしい内容を付け加えるときの接続詞。この後の記載は要チェック。
- 外部環境変化に対して，生産計画策定方法やロットサイズを変更しないために，在庫増加という問題が生じている。C社の弱み。
- IT化が進んでいる現在においても，という強調の意図がある。
- 第4問とリンク。前近代的な印象（令和元年度事例Iの「前近代的な経理体制」の記述を連想しました）。C社の弱み。
- C社の機会。
- C社の強み。
- C社の機会。
- 逆接＝この後は強調したい内容である。
- C社の機会。
- C社の機会。

C社社長は，当該事業の市場成長性と自社の強みを考慮して戦略とビジネスプロセスを見直し，積極的にこの事業に取り組むこととした。

> C社社長の方針が明確に記載されている。社長の想いに寄り添い，助言することが中小企業診断士にとって重要！

X社の要請は，X社のアウトドア用PB商品のうち，中価格帯の食器セット，鍋，その他調理器具などアルミニウム製プレス加工製品の生産である。ただC社社長は，今後高価格な製品に拡大することも期待している。

> 前に述べた内容に関して，気に留めておいてほしい内容を付け加えるときの接続詞。この後の記載は要チェック。

> C社社長の方針が明確に記載されている。社長の想いに寄り添い，助言することが中小企業診断士にとって重要！

X社からの受注品は，商品在庫と店舗仕分けの機能を持つ在庫型物流センターへの納品となり，商品の発注・納品は，次のようになる。まず四半期ごとにX社が商品企画と月販売予測を立案し，C社に情報提供される。確定納品情報については，X社各店舗の発注データを毎週月曜日にX社本社で集計する。在庫量からその集計数を差し引いて発注点に達した製品についてX社の発注データがC社に送付される。納期は発注日から7日後の設定である。1回の発注ロットサイズは，現状のプレス加工製品と比べるとかなり小ロットになる。

> X社の情報に基づき，需要予測して，生産計画，在庫計画を立案することで，発注後7日納品に対応していく。

> 週次で確定注文が来る。現状のC社は月次で生産計画を立案しており，生産計画の短サイクル化が必要となる。

> 納期が短いため，需要予測して在庫計画を立案する必要がある。

> 現状のC社の生産状況では立ち行かなくなる危機感を強調している。

> 小ロット化の対応が必要。

第1問（配点20点）

2020年以降今日までの外部経営環境の変化の中で，C社の販売面，生産面の課題を80字以内で述べよ。

> 制約条件。時制は常に要チェック。

> 聞かれていること。

> 設問要求は"課題"である。問題点ではないことに留意する。

第2問（配点20点）

C社の主力製品であるプレス加工製品の新規受注では，新規引合いから量産製品初回納品まで長期化することがある。しかし，プレス加工製品では短納期生産が一般化している。C社が新規受注の短納期化を図るための課題とその対応策を120字以内で述べよ。

> 逆接＝この後は強調したい内容である。

> 他社ができていることが，C社にはできていないことを強調。

> 設問要求は"課題"である。問題点ではないことに留意する。

> 聞かれていること。

第3問（配点20点）

C社の販売先である業務用食器・什器卸売企業からの発注ロットサイズが減少している。また，検討しているホームセンターX社の新規取引でも，1回の発注ロットサイズはさらに小ロットになる。このような顧客企業の発注方法の変化に対応すべきC社の生産面の対応策を120字以内で述べよ。

> 前の文章を受けている。取引先の小ロット化。

> 聞かれていること。小ロット化に対応すべきC社の生産面の対応。第1問，第2問と異なり，課題は聞かれていない。

> 制約条件。設計面や営業面，物流面ではないことに留意。

【事例Ⅲ】

255

第4問（配点20点）

C社社長は，ホームセンターX社との新規取引を契機として，生産業務の情報の交換と共有についてデジタル化を進め，生産業務のスピードアップを図りたいと考えている。C社で優先すべきデジタル化の内容と，そのための社内活動はどのように進めるべきか，120字以内で述べよ。

> 制約条件。生産業務以外の記載は得点にならない。（例：「給与計算システム」など生産業務と直接関連しないことは得点になりません。）

> C社社長の方針が明確に記載されている。社長の想いに寄り添い，助言することが中小企業診断士にとって重要！

> 聞かれていること。

第5問（配点20点）

C社社長が積極的に取り組みたいと考えているホームセンターX社との新規取引に応えることは，C社の今後の戦略にどのような可能性を持つのか，中小企業診断士として100字以内で助言せよ。

> C社社長の方針が明確に記載されている。社長の想いに寄り添い，助言することが中小企業診断士にとって重要！

> 第3問，第4問の小ロット化，デジタル化をすること，と類推できる。

> 聞かれていること。

> 1次試験の知識に基づき，中小企業の経営資源の乏しさに留意して，という意味。

（2）SWOT分析

　事例企業の状況をよく理解するためには，与件文を読みながらSWOT分析をしていくとよいと思います。

　具体的な方法としては，マーカーを使って，S，W，O，Tをマーキングします。その際，後から見たときにもわかりやすいように，マーキングした部分に「S」「W」「O」「T」と記載しておきます。一般的に，強みを活かして機会を捉えることが，企業の経営戦略になり得ます。また，社長の想いも考慮しつつ，弱みを克服すること，脅威を回避することが解答の方向性にも繋がり得るので，意識してマーキングすることで，与件文から解答根拠を探しやすくなります。

【C社のSWOT分析】

S（強み）	W（弱み）
・難易度の高い金型製作技術の向上に努めて，ノウハウを蓄積→② ・コスト低減や生産性向上に結びつく提案などが可能→② ・プレス加工技術にも習熟するベテラン技能者→⑧ ・中堅ホームセンターX社から品質を高く評価→⑬	・発注元からの設計変更，仕様変更の要請があり，設計期間が長くなることもある→⑦ ・設計業務の混乱が生じ金型製作期間全体に影響することもしばしば発生→⑦ ・プレス加工技術に習熟する若手育成ができていない（技能者の高齢化）→⑧ ・ボトルネックであるプレス加工工程の加工製品交換作業を一人で長時間実施→⑩ ・プレス加工製品の生産計画は「プレス加工」工程の計画だけ立案→⑪ ・取引先の小ロット化に対応せず，基準日程によって設定しているロットサイズで加工を続け，確定受注量以外はC社内で在庫→⑪ ・情報の交換と共有はいまだに紙ベース→⑫
O（機会）	T（脅威）
・雑貨・日用品の商談会に出展経験あり→⑬ ・コロナ禍の2020年以降もホームセンターX社は売上好調→⑭ ・ホームセンターX社がPB生産委託先をC社に変更することを検討→⑭	・2020年からの新型コロナウイルス感染拡大により，業務用食器・什器のユーザーであるホテル，旅館，外食産業の販売減少→①，③

※丸数字の番号は与件文の段落番号を示す。

（3）課題・問題の抽出分析

「品質の高い製品を」（Q）	→商談会で難易度の高い金型製作技術を訴求（第5問）
「安価に」（C）	→デジタル化を推進して生産性向上（第4問）
「納期どおりに」（D）	→顧客との仕様確認や設計業務を改善し，新規受注の短納期化を図る（第2問）
「混乱なく，効率よく作って」（Smoothness & Effectiveness）	→小ロット化に対応し，かつ生産効率を向上し，さらに在庫削減（第3問）
「売っているか」（Sell）	→難易度の高い金型製作技術と，小ロット化，デジタル化に対応し，顧客を拡大（第5問）

3. 各問題の分析と活用できるノウハウ

第1問（配点20点）
　2020年以降今日までの外部経営環境の変化の中で，C社の販売面，生産面の課題を80字以内で述べよ。

●問題の類型

90％与件抜出し型＋10％与件類推型

●解答の自信度

85% →筆者は，第2問～第5問を解答した後に本問に取り組みました。第2～5問の解答で用いた与件文の項目をここで記載しました。今回の第1問は例年のパターンであるSWOT分析ではありませんでしたが，SWOT分析した弱みを課題のように記載することとしました。生産面はそれで対応できましたが，販売面の弱みの記載はなかったため，販売面は強みと機会のクロスSWOT分析の考え方を軸に記載しました（強みを活かし，機会を捉える）。与件抜出し型のため，難易度は易しいと思います。もし，第1問から解く場合は，SWOT分析して課題設定したことを，第2問以降で解答要素として盛り込む必要があり，SWOTの中から取捨選択に留意が必要です。

●与件文のチェック

　SWOT分析にもとづき第2問目以降の一貫性を強く意識し取捨選択しました。与件文より抜き出した内容と，それが2問目以降のどの設問で用いていくかの紐づけは以下のとおりです。

(a)　C社の強み

第2段落：「難易度の高い金型製作技術の向上に努めて，ノウハウを蓄積してきたため，コスト低減や生産性向上に結びつく提案などが可能」→第5問

第8段落：「プレス加工技術にも習熟するベテラン技能者」→第5問

第13段落：「中堅ホームセンターX社から品質を高く評価」→第5問

(b)　弱み

第7段落：「発注元との仕様確認が遅くなることや，発注元からの設計変更，仕様変更の要請があり，設計期間が長くなることもある」→第2問

第8段落：「『金型組立』，『金型仕上』は，プレス加工技術にも習熟するベテラン技能者が担当しているが，高齢化している」「若手の養成を検討している」→設問紐づけなし

第10段落：「加工製品を変えるときには，その作業員が金型交換作業と材料準備作業な

258

ど長時間の段取作業を一人で行っている」→第３問

第11段落：「プレス加工製品の生産計画は『プレス加工』の計画だけが立案」→第３問

第11段落：「ただＣ社では，基準日程によって設定しているロットサイズで加工を続け，確定受注量以外はＣ社内で在庫している」→第３問

第12段落：「Ｃ社の受注から納品に至る社内業務では，各業務でパソコンを活用しているが，情報の交換と共有はいまだに紙ベースで行われている」→第４問

（c）　機会

第13段落：「Ｃ社では受注拡大を狙って，雑貨・日用品の商談会に出展した」→第５問

第14段落：「Ｘ社では，コロナ禍の2020年以降も売上が順調に推移」→紐づけなし

第14段落：「新型コロナウイルスのパンデミックにより，中国や東南アジア諸国企業に生産委託しているＰＢ商品の納品に支障」「また今後も海外生産委託商品の仕入れ価格の高騰が懸念されることから，生産委託先Ｃ社へ変更することについてＣ社と相互に検討」→紐づけなし

（d）　脅威

第３段落：「近年は観光需要で受注量は毎年増加していたが，2020年からの新型コロナウイルス感染拡大による外国人の新規入国規制や，外食産業の営業自粛による影響を受けて減少」→紐づけなし

　第２問以降の一貫性を考慮し，解答候補を抜き出しました。

・まず，生産面の課題は，弱みを解決することを解答の軸として考えました。要素が非常に多いので迷いますが，第２～４問の設問で解決できる内容を抜き出すことを強く意識して解答しました。

・販売面の課題は，第５問の将来の経営戦略につながる課題の記載を意識し，強みを活かし機会を捉える取り組みを課題としました。

●解答の構築

＜販売面の課題＞

　販売面に関する弱みは，与件文からは読み取れませんでした。したがって，外部環境の変化を確認していきます。

　脅威として，ターゲットであるホテル，旅館，外食産業が新型コロナウイルス感染拡大の影響を受けています。ここから，Ｃ社の売上は減少し，販売が厳しい状況であると類推できます。したがって，Ｃ社はこのような状況を打破し，売上を伸ばしていく必要があります。

　機会として，ホームセンターＸ社から品質を高く評価され，ＰＢ受託を相互検討していま

す。ホテル，旅館，外食産業から，アウトドア商品という新市場拡大の機会です。これは，アンゾフの成長マトリクスの新市場開拓戦略を採用していると一般化できます。新型コロナウイルス感染拡大による売上減少を補い，会社を成長させるためにはホームセンターX社以外の新市場開拓が重要と考えました。過去，雑貨・日用品の商談会に出展している事実より，今後も同様の取り組みを行うことは十分考えられます。

　以上を字数の制約に気をつけながら，40字以内となるよう解答にまとめました。

　　→参照：『全知識』事例Ⅲ　Ⅰ．代表的SWOT項目　S（強み），O（機会）

　　　　　『全知識』事例Ⅱ　Ⅲ．項目別パッケージ　「1．大枠戦略検討　（2）アンゾフ成長戦略マトリクス」

＜生産面の課題＞

　生産面に関する弱みは，与件文より数多く抽出されました。設問分析に記載のとおり，第2問目以降で解決する弱みを中心に記載することとしました。

　第2問では，プレス加工製品の新規引合いから初回納品まで長期化することが問題となっています。「プレス加工製品では短納期生産が一般的」となっているため，C社はこの問題を早急に解決する必要があります。他社より劣っているからです。ただ，他社並みにすることでは，問題の解決です。設問要求で求められているのは課題です。一般的に会社は，他社よりも短納期化することを目指し，競争力を高めるべきです。課題は，目指す姿の記載となります。以上をふまえて，課題のような感じを意識して，記載しました。

　第3問の設問要求では，直接的には小ロット化に対する対応が求められています。第3問で後述しますが，本質的な問題は，ボトルネック工程の製品の切り替えを一人が長時間かけて行っていることです。また，生産計画がプレス加工工程のみしか立案されていないため，工程全体を考慮したうえで，全体で生産能力を最大化できていません。この点を字数制約を意識しコンパクトに記載しました。

　最後に，デジタル化の第4問との紐づけを考えましたが，第4問の題意を捉えきれず，字数制限オーバーとなったため，断念しました。熟練技能者が高齢化している弱みは，C社が中長期的に成長していくためには解決する必要があります。また，若手の養成の検討がされている記載が第8段落にあります。若手の養成は第2問以降に解答していませんが，多面的に課題を指摘することで，部分点を狙いました。

　　→参照：『全知識』事例Ⅲ　Ⅰ．代表的SWOT項目　W（弱み）

　　　　　　　　　　　Ⅲ．項目別パッケージ　「21．技術継承」

【模範解答】

販	売	面	は	,	自	社	の	金	型	製	作	技	術	を	活	か	せ	る	新
事	業	と	新	規	取	引	先	の	開	拓	を	行	う	こ	と	。	生	産	面
は	,	①	プ	レ	ス	加	工	製	品	の	短	納	期	化	,	②	プ	レ	ス
加	工	工	程	の	生	産	能	力	の	向	上	,	③	若	手	の	養	成	。

● 活用できるノウハウ

　『全知識』事例Ⅲ　Ⅰ．代表的 SWOT 項目

　　　　　　　　　　Ⅲ．21．技術継承

　『全知識』事例Ⅱ　Ⅲ．1．大枠戦略検討　（2）アンゾフ成長戦略マトリクス

【事例Ⅲ】

●問題の類型

60％与件抜出し型＋20％与件類推型＋20％知識解答型

●解答の自信度

80%　→第1問解答時に整理したSWOT分析をもとに，第2問で問われている新規受注，設計，量産開始までの業務内容は，与件文の第6〜7段落と第12段落に紐づけることができます。与件文に書かれているC社の弱み（できていない，ダメなところ）をひっくり返すことを記載すれば，解答となります。

●与件文のチェックと解答の構築

＜課題の整理＞

　第6〜7段落から，C社の弱みを抽出し，ひっくり返します。問題点ではなく，課題の感じとなるように留意して表現を考えました。

　①「発注元との仕様確認が遅くなる」→仕様確認の早期化。

　②「発注元からの設計変更，仕様変更の要請があり，設計期間が長くなることもある」

　　→設計変更，仕様変更をなくす，または設計変更，仕様変更対応の早期化。

　顧客が要望したら仕様変更対応をするしかないため，設計変更，仕様変更をなくすことは現実的ではないと考えて，設計変更，仕様変更対応の早期化としました。対応策の字数を考慮し，解答は「設計変更等の早期化」としました。

　　→参照：『全知識』事例Ⅲ　Ⅳ．使える解法テクニック　テクニック11

＜対応策の整理＞

　課題に対する対応策は，なぜできないのか？という要因を分析する必要があります。

　①「発注元との仕様確認が遅くなる」

　顧客が図面を確認しづらい状況が生じていると類推できます。では，なぜ顧客が図面を確認しづらい状況が生じているかと考えると，第7段落にある「設計課が2次元CADを活用し担当している」という記述が原因と想定できます。3次元CADを導入すれば，立体的な図面を確認でき，顧客の確認がスムーズになることが考えられます。

　2次元CADを3次元CADに改めることが解答の方向性になった問題は，令和2年度事例Ⅲの第2問（設問1），第3問に出題されています。筆者は過去問に取り組んでいたため，解答の切り口としてすぐに着目できました。（過去問に最初に取り組んだ際は，2次元

CADと3次元CADの数字の違いを見落とし，自己採点で大幅に失点し，悔しい思いをしていました。）

　　→参照：『全知識』事例Ⅲ　Ⅲ．項目別パッケージ　「9．IT活用　（9）ITを活用した
　　　　　　　　　　　　　　営業②」，「19．CAD/CAM」

　②「発注元からの設計変更，仕様変更の要請があり，設計期間が長くなることもある」

　どのようなときに設計期間が長くなってしまうのでしょうか？　第7段落に「設計課では，個別受注の板金加工製品の製品設計も担当するため，設計業務の混乱が生じ金型製作期間全体に影響することもしばしば生じている」とあることから，ここで，設計課をプレス加工製品担当者と板金加工製品担当者と分けて専任化するという解答も考えられます。しかし，中小企業は経営資源が乏しいため，兼任解消は難しいと考えました。

　そこで，兼任でも混乱をなくす方法はないか検討しました。第12段落に，「C社の受注から納品に至る社内業務では，各業務でパソコンを活用しているが，情報の交換と共有はいまだに紙ベースで行われている」という記載が，設計業務の混乱の真の原因と考えました。つまり，パソコンを用いているが，データは各担当者の端末に保管され，設計課内で共有化されていません。対応策としてDRINKの切り口を使いました。DB化し，共有化するためには，作業の標準化，具体的には顧客毎のデータを管理し，ファイル名などの管理ルールを設ける必要があると考えました。

　　→参照：『全知識』事例Ⅲ　Ⅱ．最重要の切り口　切り口8
　　　　　　　　　　　　　　Ⅲ．項目別パッケージ　「6．Q　（6）作業の標準化，マ
　　　　　　　　　　　　　　　ニュアル化，教育の実施」，「9．IT活用　（4）ITを活用
　　　　　　　　　　　　　　　した顧客対応，（16）IT活用方法の要点」

【事例Ⅲ】

【模範解答】

課	題	は	①	発	注	元	の	仕	様	確	認	の	短	縮	化	②	設	計	変
更	等	の	対	応	の	早	期	化	。	対	応	策	は	①	2	次	元	を	改
め	3	次	元	C	A	D	を	用	い	て	顧	客	の	仕	様	確	定	の	早	期
化	を	図	り	，	②	C	A	D	デ	ー	タ	の	共	有	と	顧	客	毎	の	フ
ァ	イ	ル	名	の	作	成	ル	ー	ル	を	設	け	て	共	有	化	を	図	り	，
設	計	業	務	の	混	乱	を	抑	制	し	て	短	納	期	化	を	図	る	。

第３問（配点20点）

　C社の販売先である業務用食器・什器卸売企業からの発注ロットサイズが減少している。また，検討しているホームセンターX社の新規取引でも，１回の発注ロットサイズはさらに小ロットになる。このような顧客企業の発注方法の変化に対応すべきC社の生産面の対応策を120字以内で述べよ。

●**問題の類型**

60％与件抜出し型＋20％与件類推型＋20％知識解答型

●**解答の自信度**

　80%　→現状の製品量産工程は与件文の第９〜11段落に紐づけることができます。まずは現状がどのようになっているか把握し，何が原因で小ロット化できていないのかを考えます。ただし，与件文から原因を正確につかむことにこだわりすぎて，時間をかけすぎ，他の設問の解答ができず白紙提出という事態は最も回避しなければなりません。したがって，１次試験の知識にもとづいて，あるべき状態とC社の弱み（できていない，ダメなところ）を比較し，そこをひっくり返すことを基本に記載することで部分点を狙うという姿勢も，80分という限られた時間で解答していくには重要だと考えました。

●**与件文のチェックと解答の構築**

　①　第９段落を確認すると，「発注元から納品月の前月中旬に製品別の生産依頼数と納品指定日が通知」「前月月末までに『月度生産計画』を作成」「通常月１回発注元へ納品」となっています。つまり，月１回に大量に納品していることが類推できます。設問要求は発注ロットサイズの減少，小ロット化です。たとえば，月１回120個納品していたとするならば，小ロット化すると，毎週１回30個納品することになります。その場合，月度生産計画では対応できず，週次に改めていく必要があります。

　→参照：『全知識』事例Ⅲ　Ⅳ．使える解法テクニック　テクニック１，テクニック11

　　　　　　　　　　　Ⅲ．項目別パッケージ　「１．生産計画はどうあるべきか」

　②　①で生産計画の頻度を月次から週次に改めることを指摘しました。生産計画の策定範囲と策定方法を確認します。第11段落に「プレス加工製品の生産計画は『プレス加工』の計画だけが立案」「生産計画は，各製品の１日間の加工数量でそれぞれの基準日程を決めて立案」との記載があります。しかもその後に「以前は発注元もこれを理解して，C社の加工ロットサイズを基本に発注し，C社で生産した全量を受領して，発注元で在庫対応」と記載があることから，プレス加工の計画だけが立案され，１日間の加工数量で基準日程を決めて生産計画を立案していることが，小ロット化を阻む原因と考えられます。

　では，どのように対策すればよいでしょうか？

まず，プレス加工の生産計画だけでよいのか検討します。第10段落に「『プレス加工』は，生産能力に制約があり，C社全体の生産進捗に影響」とありますので，プレス加工がボトルネック工程であることがわかります。ですので，プレス加工だけ生産計画を立案すれば，工程全体の計画を立てることができます。しかし，プレス加工工程の後工程である製品仕上課の担当者は，余力を持て余した状態になります。生産計画は工程全体で立案しないと，製品仕上課の担当者の余力を管理できる状態になりません。

　次に，各製品の1日の加工数量でそれぞれの基準日程を決めて生産計画を立案してよいかを検討します。この方法では，原則，1日1品種しか製造できません。その理由は，第10段落の「加工製品を変えるときには，その作業員が金型交換作業と材料準備作業など長時間の段取作業を一人で行っている」ためです。製品切替えに長時間かかるため，1日1品種を生産することが合理的だからと類推できます。しかし，1日1品種の生産では，生産計画を月次から週次に変えた場合に，1週間で7品種しか生産できず，顧客の求める小ロットに対応できません。

　では，どうすればよいでしょうか？

　生産計画の基本は，部品表です。1つの製品を作るのに何の部品が何個必要かがまとめられた部品表をもとに，資材計画が立案されます。この考え方を工程の工数計画にも応用します。「1つの製品を作るのに各工程で標準時間が何秒必要か？」という情報を，部品表とともにメンテナンスしておくことで，工程別の工数計画が立案できます。

　たとえば，製品Aの1個当たりのプレス加工課の標準サイクルタイムは100秒，製品仕上課の標準サイクルタイムが50秒だとすると，製品100個当たりの標準時間は，プレス加工課は100個×100秒＝10,000秒（約166分），製品仕上課は100個×50秒＝5,000秒（約83分）となります。

　このように製品1個当たりの標準作業時間にもとづき計画を立てると，製品仕上課の余力の時間が明確化します。製品仕上課は仮に仕掛在庫を抱えたとしても，余力があるため在庫の消化ができます。ですので，製品仕上課の生産計画を立てることで，製品仕上課の余力を他の工程の応援に振り向けることができます。

　③　製品仕上課の余力をどこに振り向ければよいでしょうか？　ここで着目すべきは，ボトルネック工程であるプレス加工課の製品変更を一人が長時間行っていることです。ここに製品仕上課の余力を振り向け，「金型交換作業と材料準備作業など長時間の段取作業」を複数人で行うことで，製品切替えの時間を短縮することができます。そうすれば，ボトルネック工程の生産能力が増え，1日に1品種ではなく，1日に複数品種の製造を可能にし，小ロット化が可能となります。

　④　①～③の取り組みによって，発注ロットサイズを見直すことが実現でき，かつ，第11段落に記載のある「確定受注量以外はC社内で在庫している」という問題の解消にもつ

ながります。

　以上①～④を字数制限に収まるようにまとめ，解答としました。

　　→参照：『全知識』事例Ⅲ　Ⅳ．使える解法テクニック　テクニック11，テクニック12

　　　　　　　　　　　　　　　Ⅲ．項目別パッケージ　「１．生産計画はどうあるべきか」，

　　　　　　　　　　　　　　　　「８．Ｄ（納期）」

●１次試験の知識にもとづく解答作成（参考）

　第２問の，筆者が考えたプロセスを記載すると長文になってしまいました。短時間にこのような考え方ができたのは，筆者が製造業での長年の勤務経験があったからだと思います。製造業の経験のない方は，ある程度機械的に以下のように対応し，とにかく解答を書いておき，部分点を狙うことも，試験に臨む戦略としては重要かと思います。

　・月度生産計画→週次へ

　　例：「月度の生産計画を改め週次とし，需要変動に適時に対応する。」

　・プレス加工の計画だけが立案→工程全体の生産計画を立案

　　例：「プレス加工のみの生産計画立案を改め，工程全体で生産計画を立案して全体最適化を図る。」

　・長時間の段取り作業→内段取りの外段取り化，段取り作業の他工程からの応援（＝多能工化），治具の開発

　　例：「長時間の段取り作業を改め，多能工化による他工程からの応援体制により内段取りの外段取り化を実現させ，時間短縮を図る。」

　・確定受注以外はＣ社内で在庫→過剰在庫は削減等

　　例：「ラインバランシングにより在庫の適正化を図る。」

　上記の解答案は，与件との紐づきは意識せずに記載しています。白紙で提出するよりも，１次試験の知識にもとづいて対策の型を持っておくことで，心に余裕をもって試験に臨むことができるかと思います。

　　→参照：『全知識』事例Ⅲ　Ⅳ．使える解法テクニック　テクニック１，テクニック９，

　　　　　　　　　　　　　　　テクニック11

　　　　　　　　　　　　　　　Ⅴ．知っておきたい考え方のトレンド　トレンド12，トレンド13

　　　　　　　　　　　　　　　Ⅲ．項目別パッケージ　「１．生産計画はどうあるべきか」，

　　　　　　　　　　　　　　　　「８．Ｄ（納期）」

【事例Ⅲ】

【模範解答】

対	応	策	は	①	生	産	計	画	を	週	次	で	策	定	し	，	②	各	製
品	の	1	日	間	の	加	工	数	量	を	基	準	と	す	る	方	法	を	改
め	製	品	毎	に	工	程	別	の	標	準	作	業	時	間	を	設	定	し	，
③	段	取	時	間	や	在	庫	を	考	慮	し	て	計	画	を	行	い	，	④
発	注	ロ	ッ	ト	サ	イ	ズ	を	見	直	す	こ	と	で	，	小	ロ	ッ	ト
化	に	対	応	し	在	庫	を	削	減	す	る	。							

●活用できるノウハウ

『全知識』事例Ⅲ　事例Ⅲの概要

　　　　Ⅱ．最重要の切り口　切り口4

　　　　Ⅲ．1．生産計画はどうあるべきか，8．D（納期）

　　　　Ⅳ．使える解法テクニック　テクニック1，テクニック9，
　　　　　　テクニック11，テクニック12

　　　　Ⅴ．知っておきたい考え方のトレンド　トレンド12，トレンド13

> **第4問**（配点20点）
>
> 　C社社長は，ホームセンターX社との新規取引を契機として，生産業務の情報の交換と共有についてデジタル化を進め，生産業務のスピードアップを図りたいと考えている。C社で優先すべきデジタル化の内容と，そのための社内活動はどのように進めるべきか，120字以内で述べよ。

●**問題の類型**

　30%与件抜出し型＋40%与件類推型＋30%知識解答型

●**解答の自信度**

　$\boxed{50\%}$　→第12段落で，「情報の交換と共有はいまだに紙ベース」とあり，ITに関する改善の切り口，DRINKの観点で記載すると考えました。しかし，「生産業務の情報の交換と共有」という制約条件により，どの部分を改善すべきか，という方向性に自信が持てませんでした。それから，「社内活動をどのように進めるべきか」という問われ方は過去になく，戸惑ったため，自信度は50%です。

●**与件文のチェックと解答の構築**

＜**優先すべきデジタル化の内容**＞

　① 設問要求に「生産業務のスピードアップを図りたい」とあります。第2問で2次元CADを3次元CADに改めることを解答しています。第2問は発注元の仕様確認の円滑化を目的としていました。せっかく3次元CADで設計図を作成しても，設計課が紙で印刷し，金型製作課に渡していては，生産業務のスピード向上につながりません。3次元CADデータを共有することは，そこからCAMへと展開する可能性につながっていきます。したがって，第2問との一貫性も意識し，設計図面の3次元CADデータの共有を解答することとしました。

　　→参照：『全知識』事例Ⅲ　Ⅲ．項目別パッケージ　「19．CAD/CAM」

　② 次に，設問要求では「ホームセンターX社との新規取引を契機として」という記載から，X社からどのように受注をするかを確認します。最終の第17段落で，「四半期ごとにX社が商品企画と月販売予測を立案し，C社に情報提供」「確定納品情報については，X社各店舗の発注データを毎週月曜日にX社本社で集計する。在庫量からその集計数を差し引いて発注点に達した製品についてX社の発注データがC社に送付」「納期は発注日から7日後の設定」となっています。

　発注日から7日後納品，かつ現状のプレス加工製品と比べるとかなり小ロットですので，第3問の小ロット化を実現しても，X社に確実に納品していくことは難しいと類推できます。そこで，在庫計画も加味した生産計画を立案する必要があります。過剰でもなく，欠品しない，適切な在庫計画を立案するには，需要予測の精度を高めることが肝要です。そのために，顧客であるX社および業務用食器・什器の卸売企業の販売・受注情報を入手す

る必要があります。さらにそれらの情報をデジタルで入手し，C社の在庫計画も加味した生産計画をMRPシステムで策定しなければ，生産性が高まりません。

　　→参照：『全知識』事例Ⅲ　Ⅲ．項目別パッケージ　「1．生産計画はどうあるべきか」

＜社内活動＞

　優先すべきデジタル化の内容とリンクして解答を記載することを意識しました。

　①　第12段落の「情報の交換と共有はいまだに紙ベースで行われている」というダメな部分の記載をひっくり返し，DRINKの切り口，D：DB化，K：共有化を記載しました。

　　→参照：『全知識』事例Ⅲ　Ⅳ．使える解法テクニック　テクニック11
　　　　　　　　　　　　　　　Ⅱ．最重要の切り口　切り口8

　②　X社等の顧客から情報を入手できても，複数の顧客からいくつか異なる情報が届いた場合に，C社のIT活用の業務水準では混乱が生じることが類推できます。その根拠は，第7段落の「設計課では，個別受注の板金加工製品の製品設計も担当するため，設計業務の混乱が生じ」です。生産計画策定業務でも混乱しては顧客にご迷惑をかけます。したがって，第2問との整合性を意識し，社内の作業の標準化活動を行うこと，具体的にはデータやファイル名称のルール，運用を定め，浸透させて，IT運用能力を高めることを記載しました。

　　→参照：『全知識』事例Ⅲ　Ⅱ．最重要の切り口　切り口8
　　　　　　　　　　　　　　　Ⅲ．項目別パッケージ　「6．Q　（6）作業標準化，マニュアル化，教育の実施」

【模範解答】

優	先	す	べ	き	情	報	は	①	3	次	元	C	A	D	デ	ー	タ	を	生	産
部	門	と	共	有	し	，	②	X	社	等	の	顧	客	か	ら	の	受	注	情	
報	や	生	産	計	画	で	あ	る	。	社	内	活	動	は	①	紙	ベ	ー	ス	
を	改	め	，	情	報	の	交	換	と	共	有	を	DB	を	用	い	て	，	②	
デ	ー	タ	や	フ	ァ	イ	ル	の	名	称	ル	ー	ル	な	ど	の	運	用	を	
定	め	る	こ	と	で	，	設	計	課	の	よ	う	な	混	乱	を	防	ぐ	。	

●活用できるノウハウ

　『全知識』事例Ⅲ　事例Ⅲの概要
　　　　　　　　Ⅱ．最重要の切り口　切り口8
　　　　　　　　Ⅲ．1．生産計画はどうあるべきか，6．Q（品質）
　　　　　　　　Ⅳ．使える解法テクニック　テクニック11

第5問（配点20点）

　C社社長が積極的に取り組みたいと考えているホームセンターX社との新規取引に応えることは，C社の今後の戦略にどのような可能性を持つのか，中小企業診断士として100字以内で助言せよ。

●問題の類型

30％与件抜出し型＋70％与件類推型

●解答の自信度

55% →最終問題は例年どおりのパターンで，将来の経営戦略を問う問題でした。第1問で販売面，生産面の課題について問われていましたので，将来の戦略も整合性，一貫性を意識して，販売面＝売上面，生産面＝費用面として切り分けて書くこととしました。（実際には，第2～5問を先に解いてから，第1問を解きました。）

売上面は，クロスSWOT分析の「強みを活かし，機会を捉える」ことを軸に解答しました。費用面は，生産性向上により収益向上という観点で記載しました。「どのような可能性を持つのか」という問われ方が今までにないパターンで，題意の解釈に自信がなく，自信度は55％です。

●与件文のチェックと解答の構築

＜売上面＞

　基本的には，第1問の販売面の課題の分析と同じです。ただし，雑貨・日用品の商談会で，従来は「難易度の高い金型製作技術の向上に努めて，ノウハウを蓄積してきたため，コスト低減や生産性向上に結びつく提案などが可能」（第2段落）の強みを訴求することが中心だったと類推できます。第2問で新規受注の短納期化が実現，第3問で小ロット化に対応可能，第4問で社内のデジタル化という3つの強みが加わっています。商談会で，これらの強みも併せて訴求することで，新規顧客開拓の可能性が高まると考えられます。

　顧客対応への訴求効果が高いのは小ロット化とし，デジタル化は費用面で記述すると切り分けを行ったうえで，字数制限に気をつけながら解答を記載しました。

　　→参照：『全知識』事例Ⅲ　Ⅰ．代表的SWOT項目　S（強み），O（機会）

　　　　　『全知識』事例Ⅱ　Ⅲ．項目別パッケージ　「1．大枠戦略検討　（2）アンゾフ成長戦略マトリクス」

＜費用面＞

　第12段落で「情報の交換と共有はいまだに紙ベースで行われている」となっていますが，第4問の社内活動により，C社内でデジタル化の活用が進むと考えられます。デジタル化は，一般的には生産性向上，付加価値向上に寄与します。そして，社員がデジタル化によ

り「仕事が楽になった」と実感すると，さらなるデジタル活用が加速すると考えられます。その点を解答として記述しました。

　→参照：『全知識』事例Ⅲ　Ⅲ．項目別パッケージ　「9．IT活用」

【模範解答】

売	上	面	で	は	，	商	談	会	で	金	型	製	作	技	術	と	と	も	に
小	ロ	ッ	ト	化	対	応	可	能	を	訴	求	し	，	新	規	顧	客	開	拓
を	図	れ	る	。	費	用	面	で	は	，	IT	活	用	に	よ	り	IT	活	用
の	利	点	が	社	内	に	広	が	り	生	産	性	向	上	に	向	け	た	取
組	み	が	広	が	り	，	収	益	性	向	上	の	可	能	性	が	広	が	る 。

●活用できるノウハウ ─────────────────────────

　『全知識』事例Ⅲ　事例Ⅲの概要
　　　　　　　　　　Ⅰ．代表的SWOT項目
　　　　　　　　　　Ⅲ．9．IT活用
　『全知識』事例Ⅱ　Ⅲ．1．大枠戦略検討　（2）アンゾフ成長戦略マトリクス

──

執筆：太田拓己（令和4年度本試験合格）

Ⓓ 　　令和４年度　第２次試験問題

4. 中小企業の診断及び助言に関する 実務の事例Ⅳ
16：00〜17：20

＊試験開始前に，次の事項を必ずご確認ください。
　携帯電話やスマートフォン，ウエアラブル端末などの通信機器・電子機器は，机上に置くことも，身に着ける（ポケット等に入れる）ことも，使用することもできません。このことが試験時間中に守られていない場合は，不正行為として対処します。試験開始前に必ず電源を切った上でバッグなどにしまってください。
　スマートウオッチやワイヤレスイヤホンなどの取り扱いも同様です。

注　意　事　項

1．開始の合図があるまで，問題用紙・解答用紙に手を触れてはいけません。
2．開始の合図があったら，最初に，解答用紙を開いて受験番号を間違いのないように必ず記入してください。
　　受験番号の最初の３桁の数字（220）は，あらかじめ記入してあるので，４桁目から記入すること。
3．解答は，黒の鉛筆またはシャープペンシルで，問題ごとに指定された解答欄にはっきりと記入してください。
4．解答用紙には，受験番号以外の氏名や符号などを記入したり，所定の解答欄以外に記入をしてはいけません。
5．解答用紙は，必ず提出してください。持ち帰ることはできません。
6．試験開始後30分間および試験終了前５分間は退室できません。（下記参照）
7．試験終了の合図と同時に必ず筆記用具を置いてください。試験終了後に記入や修正をしてはいけません。記入や修正をした場合は，不正行為として対処します。
　　解答用紙は広げたまま，受験番号を記入した面を上にして机上に置いてください。
8．解答用紙の回収が終わり監督員の指示があるまで席を立たないでください。
9．試験時間中に体調不良などのやむを得ない事情で席を離れる場合には，監督員に申し出てその指示に従ってください。
10．その他，受験に当たっての注意事項は，受験票裏面などを参照してください。

＜途中退室者の方へ＞
　試験開始30分後から終了５分前までの間に退室する場合は，解答用紙と受験票を監督員席まで持参して，解答用紙を提出してから退室してください。問題用紙も，表紙の下部に受験番号を記入した上であわせて提出してください。
　問題用紙は，当該科目の試験終了後に該当する受験番号の席に置いておきますので，必要な方は当該科目の試験終了後20分以内に取りに来てください。それ以降は回収します。回収後はお渡しできません。なお，問題用紙の紛失については責を負いませんのでご承知おきください。

（途中退室する場合は，下の欄に受験番号を必ず記入してください。）

受験番号：

D社は，1990年代半ばに中古タイヤ・アルミホイールの販売によって創業した会社であり，現在は廃車・事故車の引取り・買取りのほか中古自動車パーツの販売や再生資源の回収など総合自動車リサイクル業者として幅広く事業活動を行っている。D社の資本金は1,500万円で直近の売上高は約10億3,000万円である。

創業当初D社は本社を置く地方都市を中心に事業を行っていたが，近年の環境問題や循環型社会に対する関心の高まりに伴って順調にビジネスを拡大し，今では海外販売網の展開やさらなる事業多角化を目指している。

D社の事業はこれまで廃車・事故車から回収される中古パーツのリユース・リサイクルによる販売が中心であった。しかし，ここ数年海外における日本車の中古車市場が拡大し，それらに対する中古パーツの需要も急増していることから，現在D社では積層造形3Dプリンターを使用した自動車パーツの製造・販売に着手しようとしている。また上記事業と並行してD社は，これまで行ってきた廃車・事故車からのパーツ回収のほかに，より良質な中古車の買取りと再整備を通じた中古車販売事業も新たな事業として検討している。

中古車販売事業については，日本車の需要が高い海外中古車市場だけでなく，わが国でも中古車に対する抵抗感の低下によって国内市場も拡大してきており，中古車販売に事業のウエイトを置く同業他社も近年大きく業績を伸ばしているといった状況である。D社は中古車市場が今後も堅調に成長するものと予測しており，中古車販売事業に進出することによって新たな収益源を確保するだけでなく，現在の中古パーツ販売事業にもプラスの相乗効果をもたらすと考えている。従って，D社では中古車販売事業に関して，当面は海外市場をメインターゲットにしつつも，将来的には国内市場への進出も見据えた当該事業の展開を目指している。

しかしD社は，中古車販売事業が当面，海外市場を中心とすることや当該事業のノウハウが不足していることなどからリスクマネジメントが重要であると判断しており，この点について外部コンサルタントを加えて検討を重ねている。

D社と同業他社の要約財務諸表は以下のとおりである。なお，従業員数はD社53名，同業他社23名である。

第1問 （配点25点）

（設問1）

D社と同業他社の財務諸表を用いて経営分析を行い，同業他社と比較してD社が優れていると考えられる財務指標を2つ，D社の課題を示すと考えられる財務指標を1つ取り上げ，それぞれについて，名称を(a)欄に，その値を(b)欄に記入せよ。なお，優れていると考えられる指標を①，②の欄に，課題を示すと考えられる指標を③の欄に記入し，(b)欄の値については，小数点第3位を四捨五入し，単位をカッコ内に明記すること。また，解答においては生産性に関する指標を少なくとも1つ入れ，当該指標の計算においては「販売費及び一般管理費」の「その他」は含めない。

貸借対照表
（令和 4 年 3 月31日現在）

（単位：万円）

	D 社	同業他社		D 社	同業他社
〈資産の部〉			〈負債の部〉		
流動資産	33,441	29,701	流動負債	9,067	13,209
現金預金	25,657	18,212	固定負債	21,506	11,285
売掛金	4,365	5,297			
たな卸資産	3,097	5,215	負債合計	30,573	24,494
その他流動資産	322	977	〈純資産の部〉		
固定資産	27,600	20,999	資本金	1,500	4,500
有形固定資産	16,896	8,395	利益剰余金	28,968	21,706
無形固定資産	208	959			
投資その他の資産	10,496	11,645	純資産合計	30,468	26,206
資産合計	61,041	50,700	負債・純資産合計	61,041	50,700

損益計算書
自　令和 3 年 4 月 1 日
至　令和 4 年 3 月31日

（単位：万円）

	D 社	同業他社
売上高	103,465	115,138
売上原価	41,813	78,543
売上総利益	61,652	36,595
販売費及び一般管理費		
人件費	22,307	10,799
広告宣伝費	5,305	3,685
減価償却費	2,367	425
地代家賃	3,114	4,428
租税公課	679	559
外注費	3,095	1,124
その他	9,783	4,248
販売費及び一般管理費合計	46,650	25,268
営業利益	15,002	11,327
営業外収益	1,810	247
営業外費用	302	170
経常利益	16,510	11,404
特別損失	—	54
税引前当期純利益	16,510	11,350
法人税等	4,953	3,405
当期純利益	11,557	7,945

【事例Ⅳ】

（設問2）

D社が同業他社と比べて明らかに劣っている点を指摘し，その要因について財務指標から読み取れる問題を80字以内で述べよ。

第2問（配点20点）

D社は，海外における中古自動車パーツの需要が旺盛であることから，大型の金属積層造形3Dプリンターを導入した自動車パーツの製造・販売を計画している。この事業においてD社は，海外で特に需要の高い駆動系の製品Aと製品Bに特化して製造・販売を行う予定であるが，それぞれの製品には次のような特徴がある。製品Aは駆動系部品としては比較的大型で投入材料が多いものの，構造が単純で人手による研磨・仕上げにさほど手間がかからない。一方，製品Bは小型駆動系部品であり投入材料は少ないが，構造が複雑であるため人手による研磨・仕上げに時間がかかる。また，製品A，製品Bともに原材料はアルミニウムである。

製品Aおよび製品Bに関するデータが次のように予測されているとき，以下の設問に答えよ。

〈製品データ〉

	製品A	製品B
販売価格	7,800円／個	10,000円／個
直接材料（400円／kg）	4 kg／個	2 kg／個
直接作業時間（1,200円／h）	2 h／個	4 h／個
共通固定費（年間）	4,000,000円	

（設問1）

D社では，労働時間が週40時間を超えないことや週休二日制などをモットーとしており，当該業務において年間最大直接作業時間は3,600時間とする予定である。このとき上記のデータにもとづいて利益を最大にするセールスミックスを計算し，その利益額を求め(a)欄に答えよ（単位：円）。また，(b)欄には計算過程を示すこと。

（設問2）

最近の国際情勢の不安定化によって原材料であるアルミニウム価格が高騰しているため，D社では当面，アルミニウムに関して消費量の上限を年間6,000kgとすることにした。設問1の条件とこの条件のもとで，利益を最大にするセールスミックスを計算し，その利益額を求め(a)欄に答えよ（単位：円）。また，(b)欄には計算過程を示すこと。

第3問（配点35点）

D社は新規事業として，中古車の現金買取りを行い，それらに点検整備を施したうえで海外向けに販売する中古車販売事業について検討している。この事業では，取引先である現地販売店が中古車販売業務を行うため，当該事業のための追加的な販売スタッフなどは

必要としない。

　D社が現地で需要の高い車種についてわが国での中古車買取価格の相場を調査したところ，諸経費を含めたそれらの取得原価は1台あたり平均50万円であった。それらの中古車は，現地販売店に聞き取り調査をしたところ，輸送コスト等を含めてD社の追加的なコスト負担なしに1台あたり60万円（4,800ドル，想定レート：1ドル＝125円）で現地販売店が買い取ると予測される。また，同業他社等の状況から中古車販売事業においては期首に中古車販売台数1か月分の在庫投資が必要であることもわかった。

　D社はこの事業において，初年度については月間30台の販売を計画している。

　以下の設問に答えよ。

（設問1）

　D社は買い取った中古車の点検整備について，既存の廃車・事故車解体用工場に余裕があるため月間30台までは臨時整備工を雇い，自社で行うことができると考えている。こうした中，D社の近隣で営業している自動車整備会社から，D社による中古車買取価格の2％の料金で点検整備業務を請け負う旨の提案があった。点検整備を自社で行う場合の費用データは以下のとおりである。

〈点検整備のための費用データ（1台あたり）〉

直接労務費	6,000円
間接費	7,500円

＊なお，間接費のうち，30％は変動費，70％は
　固定費の配賦額である。

　このときD社は，中古車の買取価格がいくらまでなら点検整備を他社に業務委託すべきか計算し(a)欄に答えよ（単位：円）。また，(b)欄には計算過程を示すこと。なお，本設問では在庫に関連する費用は考慮しないものとする。

（設問2）

　D社が海外向け中古車販売事業の将来性について調査していたところ，現地販売店よりD社が販売を計画している中古車種が当地で人気があり，将来的にも十分な需要が見込めるとの連絡があった。こうした情報を受けてD社は，初年度においては月間30台の販売からスタートするが，2年目以降は5年間にわたって月間販売台数50台を維持する計画を立てた。

　この計画においてD社は，月間50台の販売台数が既存工場の余裕キャパシティを超えることから，中古車販売事業2年目期首に稼働可能となる工場の拡張について検討を始めた。D社がこの拡張について情報を収集したところ，余裕キャパシティを超える20台の点検整備を行うためには，建物および付属設備について設備投資額7,200万円の投資が必要になることがわかった。また，これに加えて今後拡張される工場での点検整備のために，新たな整備工を正規雇用することにした。この結果，工場拡張によって増加する20台の中古車

にかかる1台あたりの点検整備費用は，直接労務費が10,000円，間接費が4,500円（現金支出費用であり，工場拡張によって増加する減価償却費は含まない）になる。

この工場拡張に関する投資案について，D社はまず回収期間（年）を検討することにした。回収期間を求めるにあたってD社は，中古車の買取りと販売は現金でなされ，平均仕入価格や販売価格は今後も一定であると仮定した。なお，設備投資額と在庫投資の増加額は新規の工場が稼働する2年目期首にまとめて支出されることとなっている。また，D社の全社的利益（課税所得）は今後も黒字であることが予測されており，税率は30％とする。

上記の条件と下記の設備投資に関するデータにもとづいて，この投資案の年間キャッシュフロー（初期投資額は含まない）を計算し(a)欄に答えよ（単位：円）。また，(b)欄には計算過程を示すこと。さらに，(c)欄には(a)欄で求めた年間キャッシュフローを前提とした回収期間を計算し，記入せよ（単位：年）。なお，解答においては小数点第3位を四捨五入すること。

〈設備投資に関するデータ〉

設備投資額	7,200万円
耐用年数	15年
減価償却法	定額法
残存価額	初期投資額の10％

（設問3）

D社は，工場拡張に関する投資案について回収期間に加えて正味現在価値法によっても採否の検討を行うことにした。当該投資案の正味現在価値を計算するにあたり，当初5年間は月間50台を販売し，その後は既存工場の収益性に鑑みて，当該拡張分において年間150万円のキャッシュフローが継続的に発生するものとする。また，5年間の販売期間終了後には増加した在庫分がすべて取り崩される。この条件のもとで当該投資案の投資時点における正味現在価値を計算し(a)欄に答えよ（単位：円）。また，(b)欄には計算過程を示すこと。

なお，毎期のキャッシュフロー（初期投資額は含まない）は期末に一括して発生するものと仮定し，割引率は6％で以下の係数を用いて計算すること。また，解答においては小数点以下を四捨五入すること。

複利現価係数（5年）	0.7473
年金現価係数（5年）	4.2124

第4問（配点20点）

D社が中古車販売事業を実行する際に考えられるリスクを財務的観点から2点指摘し，それらのマネジメントについて100字以内で助言せよ。

1.　大枠戦略の検討

■事例Ⅳ（財務・会計）で問われていること

> 基本的な財務分析（B/S，P/L）ができ，損益計算書作成やCVP分析による会計面，プロジェクトや事業採算性評価および連結会計における財務的な助言ができるかどうか？

（1）SWOT分析と企業の方向性

【D社の概要】

- 業　　種：廃車・事故車買取業，中古自動車パーツ販売業，再生資源回収事業
- 資本金：15百万円
- 売上高：1,035百万円
- 総資産：610百万円
- 従業員：53名

【D社のSWOT分析】

S（強み）	W（弱み）
・同業他社対比，収益性が高い ・同業他社対比，棚卸資産・売上債権における効率性が高い	・従業員数に対して，売上高が少ない ・有形固定資産の額に対して，売上高が少ない ・上記を主因に，労働生産性が低い ・中古車販売事業のノウハウが不足
O（機会）	**T（脅威）**
・総合自動車リサイクル業者の外部環境は堅調 ・中古車販売事業の外部環境は，海外・国内とも堅調	・国内では，中古車販売事業にウェイトを置く同業他社が業績を伸ばしている

【D社の方向性】

　D社は，中古タイヤ・アルミホイール販売，廃車・事故車の引取り・買取り，中古自動車パーツの販売，再生資源の回収などを行う総合自動車リサイクル業者です。近年の環境問題や循環型社会に対する関心の高まりを背景に，堅調にビジネスを拡大しています。

　また，①海外での高い日本車の需要，②国内での中古車に対する抵抗感の低下による市場拡大，③既存パーツ販売とのシナジー効果，を理由に，中古自動車販売事業への進出による多角化を目指しています。

　他方，従業員数・有形固定資産対比で売上高が少ないため，同業他社対比で労働生産性が低い点，中古車販売事業におけるノウハウが不足している点という問題点があり，解決が必要な状況です。

（2）事例企業テーマ

・新規事業への進出による売上拡大，リスク回避のマネジメント策検討

（3）進むべき方向性

① 同業他社比較によるD社全体の経営分析・財務分析
② 3Dプリンターを導入した自動車パーツの製造・販売事業の分析
③ 中古車販売事業における点検整備業務の内製・外注判断と，将来CFをもとにした回収期間法・正味現在価値法による投資是非の判断
④ 中古車販売事業を実行した際の予想リスクの明確化とマネジメント策の助言

（4）活用ノウハウ

『全知識』事例Ⅳ 使える解法テクニック1

→時間配分と効率的解法

　事例Ⅳは，4つの事例のなかで最もバランス感覚を求められる事例です。特に①時間配分の見積もり，②できる設問とできない設問の見極め，③想定得点の推定，④失点リスクの推定などを意識しながら取り組むことが求められます。

　事例Ⅳを解くにあたって最も重要なことは「一発勝負ではなく普段どおりの対応をすること」と「決して諦めない気持ちを持ち続けること」です。

　次の手順に従って解いていくとよいでしょう。

手順1．配点，設問の種類，分野を確認します。

　令和4年度の事例において，試験開始直後に確認すべき事項は，次のとおりです。

設問		配点	設問の種類	分野
第1問	（設問1）	25点	計算	経営分析・財務分析
	（設問2）		記述（80字）	
第2問	（設問1）	20点	計算	セールスミックスの計算
	（設問2）		計算	二重制約時のセールスミックスの計算
第3問	（設問1）	35点	計算	変動費を用いた内外判定の買取価格計算
	（設問2）		計算	年間CFと回収期間の計算
	（設問3）		計算	将来CFと正味現在価値の計算
第4問		20点	記述（100字）	新規事業進出時のリスクとマネジメント策について助言

手順2．与件文の最初の段落を読み，D社の概要を把握します。

手順3．与件文の続きを読む前に，設問文を読み，各設問で求められていることを把握します。精読するための時間はありませんので，効率よく要点を捉えることに重点を置きます。

手順4．続いて，段落番号を振りながら与件文と財務諸表を読み，①D社のSWOT，②D社の問題点，③D社の今後の課題を把握します。読む際には，各設問で求められていることに関係する情報を探し出せるように意識します。また，事例Ⅳでは，他の事例に比べて比較的はっきりとSWOTが示されていますので，マーキング方法を他の事例より簡素にすることで対応時間を短縮するとよいでしょう。

手順5．続いて，各設問の難易度と想定解答時間を見積もり，各設問の時間配分を決定します。時間配分の目安は，設問文・与件文の読み込みに10分，計算・記述に50分，見直し・最終調整に20分です。

内容		配点		時間配分	
設問文・与件文の読み込み				10分	
計算・記述	第1問		25点		13分
	第2問	100点	20点	50分	10分
	第3問		35点		17分
	第4問		20点		10分
見直し・最終調整				20分	
合計				80分	

手順6．設問に着手します。ここでは次の点に留意しましょう。

・時間配分を意識しながら，解ける問題から解き，得点を積み上げていきます。

・事例Ⅳでは例年，難問（難易度が高い設問や，時間がかかる設問）が1〜2問出題される傾向があります。そのため，全く解けない設問や時間を要する設問を捨てることも考えましょう。

・記述式の設問では，部分点を少しでも得るために，必ず何か書くことを忘れずに。

・検算は，最終的な解答が定まったときに行うのはもちろんですが，設問を解いている途中であっても行いましょう。できるだけ早い段階で計算ミスを発見して対処することが重要です。

・たった1つの誤りが数十点の失点につながる場合があることを認識し，情報の読み落とし，誤解，計算ミスなどには十分に注意しましょう。

手順7．最終の20分は見直しと最終調整時間に充てます。＋5点の積み上げを狙うよりも，－5点のリスクを減らすことに注力します。

（5）課題・問題の抽出分析

・財務分析・経営分析：与件文と財務諸表を総合的にみて分析

・基本知識：財務諸表分析（損益計算書と貸借対照表から収益性，効率性，安全性の分析），損益分岐点分析，将来キャッシュフロー

【事例Ⅳ】

・令和４年度テーマ：

> 財務諸表に関する基本知識を理解しているか
>
> 労働生産性について理解しているか
>
> コストの固変分解と作業の内製・外注判断を適切に行えるか
>
> 投資案の経済性評価を行えるか
>
> 新規事業進出時のリスク明確化とマネジメント策を助言できるか

（6）認識

　配点と難易度を見極め，時間とメンタルのマネジメントを徹底します。また，設問間の関係性を見極め，失点するリスクを最小限にすることにも留意します。

〈出題スタイルの特徴〉

　令和４年度の特徴は次のとおりです。

⑴　第１問の経営分析・財務分析は，優れていると考えられる指標を２つ，課題を示すと考えられる指標を１つ指摘するものでした。ただ，これまでの傾向と異なり，生産性に関する指標を必ず１つ挙げることを求められました。例年にない制約条件が付され，多くの受験生が戸惑ったことと思われます。しかし，与件文の最後にわざわざ従業員数が記載されている点，従業員数が同業他社の２倍強に設定されているにもかかわらず，売上高や利益額がほぼ同水準である点に気づけば，労働生産性の指標は答えられずとも，売上高を従業員数で除した「１人当たり売上高」などの簡易な指標を課題として挙げられたものと考えます。その他の指標は，与件文の記載もヒントにすれば，例年どおりに対応できる問題でした。例年にない切り口で多数の受験生が初見である問題ではあったものの，解答の方向性は容易に想像できる問題であり，落ち着いて思考できたかが得点を分ける問題だったといえるでしょう。

⑵　第２問（設問１）は，単一の制約条件下における，セールスミックスの最適な割合から最大利益額を求める問題でした。基本問題であり，しっかりと得点したい問題でした。

⑶　第２問（設問２）は，制約条件が複数となった場合の，セールスミックスの最適な割合から最大利益額を求める問題でした。答練を重ねていない受験生には対応が難しい問題ではあったと思いますが，設問文から冷静に制約条件を数式化し，連立方程式を設定することで，部分点を確保したい問題でした。

⑷　第３問（設問１）は，点検整備業務を内製とした場合のコストと，業務委託とした場合のコスト構造を比較し，業務委託とすべき買取価格を計算する問題でした。変動費・固定費を冷静に分解し，業務委託費と比較するべき費用は変動費のみであることに気づけるかが，ポイントとなる問題でした。

⑸　第３問（設問２）は，投資計画における年間のキャッシュフローを計算し，総投資額を除すことで回収期間を求める問題でした。設問文に含まれている各種条件をすべて正

確に抽出し，キャッシュフロー計算に反映できたかが，勝負の分かれ目でした。

⑹　第3問（設問3）は，（設問2）で求めたキャッシュフローに加え，将来的なキャッシュフローも加味して正味現在価値を求める問題でした。（設問2）のキャッシュフローが正確に算出できていることと，操業6年目以降の年間キャッシュフローを永続価値と捉え，DCF法にて現在価値を算出する問題であり，極めて難易度の高い問題でした。他の設問を優先すると計算時間が足りない問題であったと思われ，NPVやDCFの考え方の公式だけでも記述することで，部分点を狙いたい問題でした。

⑺　第4問は，中古車販売事業を実行する際のリスクと，そのマネジメント策を2つ答える問題でした。国外販売・国内販売のいずれを想定したリスクとするか悩ましい問題でしたが，D社の財務状況と不足するノウハウを加味し，為替変動リスクと代金回収不能・長期化リスクを挙げたい問題でした。

〈合否を分けるポイント〉

出題スタイルの特徴を考慮すると，合否を分けるポイントは次のとおりと考えられます。
・取るべき設問に対して，慎重に解き，確実に得点すること。（第1問，第2問，第3問）
・初見の切り口に対し，冷静に思考を進め，正答に近い解答を記述すること。（第1問）
・計算方法だけではなく，背景にある原理も理解していること。（第2問，第3問）
・問われていることを正確に解釈し，確実に正解値を導き得点すること。（第2問，第3問）
・与件文からD社の課題と方策を抜き出し，得点を積み上げること。（第4問）

【事例Ⅳ】

2. 実際の与件文チェック

　D社は，1990年代半ばに中古タイヤ・アルミホイールの販売によって創業した会社であり，現在は廃車・事故車の引取り・買取りのほか中古自動車パーツの販売や再生資源の回収など総合自動車リサイクル業者として幅広く事業活動を行っている。D社の資本金は1,500万円で直近の売上高は約10億3,000万円である。

　創業当初D社は本社を置く地方都市を中心に事業を行っていたが，近年の環境問題や循環型社会に対する関心の高まりに伴って順調にビジネスを拡大し，今では海外販売網の展開やさらなる事業多角化を目指している。

　D社の事業はこれまで廃車・事故車から回収される中古パーツのリユース・リサイクルによる販売が中心であった。しかし，ここ数年海外における日本車の中古車市場が拡大し，それらに対する中古パーツの需要も急増していることから，現在D社では積層造形3Dプリンターを使用した自動車パーツの製造・販売に着手しようとしている。また上記事業と並行してD社は，これまで行ってきた廃車・事故車からのパーツ回収のほかに，より良質な中古車の買取りと再整備を通じた中古車販売事業も新たな事業として検討している。

　中古車販売事業については，日本車の需要が高い海外中古車市場だけでなく，わが国でも中古車に対する抵抗感の低下によって国内市場も拡大してきており，中古車販売に事業のウエイトを置く同業他社も近年大きく業績を伸ばしているといった状況である。D社は中古車市場が今後も堅調に成長するものと予測しており，中古車販売事業に進出することによって新たな収益源を確保するだけでなく，現在の中古パーツ販売事業にもプラスの相乗効果をもたらすと考えている。従って，D社では中古車販売事業に関して，当面は海外市場をメインターゲットにしつつも，将来的には国内市場への進出も見据えた当該事業の展開を目指している。

　しかしD社は，中古車販売事業が当面，海外市場を中心とすることや当該事業のノウハウが不足していること

（与件文チェック）

→ 業種：総合自動車リサイクル業者。

→ 機会：総合リサイクル事業の外部環境は堅調。

→ 今後の展望の方針。

→ 機会：海外での日本車の中古車市場の拡大とパーツ需要の急増。

→ 短期的に実施予定の新規事業。

→ 多角化の具体的内容。

→ 機会：国内での需要もあり。

→ 脅威：同業他社の存在。

→ 機会：中古車市場が堅調に成長する。

→ 多角化による既存事業とのシナジー効果。

→ 具体的なステップ感を持った新事業の展開計画。

→ 弱み：中古車販売事業のノウハウが不足。

284

などからリスクマネジメントが重要であると判断しており，この点について外部コンサルタントを加えて検討を重ねている。

→ 新分野であるため，リスクマネジメントが必要。

　D社と同業他社の要約財務諸表は以下のとおりである。なお，従業員数はD社53名，同業他社23名である。

→ 従業員数が，D社が同業他社の2倍強。

貸借対照表
（令和4年3月31日現在）

→ 年度を確認。

（単位：万円）

→ 単位を確認。

	D社	同業他社		D社	同業他社
〈資産の部〉			〈負債の部〉		
流動資産	33,441	29,701	流動負債	9,067	13,209
現金預金	25,657	18,212	固定負債	21,506	11,285
売掛金	4,365	5,297			
たな卸資産	3,097	5,215	負債合計	30,573	24,494
その他流動資産	322	977	〈純資産の部〉		
固定資産	27,600	20,999	資本金	1,500	4,500
有形固定資産	16,896	8,395	利益剰余金	28,968	21,706
無形固定資産	208	959			
投資その他の資産	10,496	11,645	純資産合計	30,468	26,206
資産合計	61,041	50,700	負債・純資産合計	61,041	50,700

→ D社のほうが固定負債が多い。

→ D社のほうが有形固定資産が多い。

損益計算書
自　令和3年4月1日
至　令和4年3月31日

→ 年度を確認。

（単位：万円）

→ 単位を確認。

	D社	同業他社
売上高	103,465	115,138
売上原価	41,813	78,543
売上総利益	61,652	36,595
販売費及び一般管理費		
人件費	22,307	10,799
広告宣伝費	5,305	3,685
減価償却費	2,367	425
地代家賃	3,114	4,428
租税公課	679	559
外注費	3,095	1,124
その他	9,783	4,248
販売費及び一般管理費合計	46,650	25,268
営業利益	15,002	11,327
営業外収益	1,810	247
営業外費用	302	170
経常利益	16,510	11,404
特別損失	—	54
税引前当期純利益	16,510	11,350
法人税等	4,953	3,405
当期純利益	11,557	7,945

→ 売上規模は類似。

→ D社のほうが各種利益額が大きい。

→【事例Ⅳ】

第1問（配点25点）

（設問1）

　D社と同業他社の財務諸表を用いて経営分析を行い，同業他社と比較してD社が優れていると考えられる財務指標を2つ，D社の課題を示すと考えられる財務指標を1つ取り上げ，それぞれについて，名称を(a)欄に，その値を(b)欄に記入せよ。なお，優れていると考えられる指

→ 優れている財務指標を2つ，課題を示す財務指標を1つ挙げる問題。

標を①，②の欄に，課題を示すと考えられる指標を③の
欄に記入し，(b)欄の値については，**小数点第3位を四捨
五入し，単位をカッコ内に明記すること。**また，**解答に
おいては生産性に関する指標を少なくとも1つ入れ，当
該指標の計算においては「販売費及び一般管理費」の
「その他」は含めない。**

（設問2）

D社が同業他社と比べて明らかに劣っている点を指摘
し，その要因について財務指標から読み取れる問題を80
字以内で述べよ。

第2問（配点20点）

D社は，海外における中古自動車パーツの需要が旺盛
であることから，大型の金属積層造形3Dプリンターを
導入した自動車パーツの製造・販売を計画している。こ
の事業においてD社は，海外で特に需要の高い駆動系の
製品Aと製品Bに特化して製造・販売を行う予定である
が，それぞれの製品には次のような特徴がある。製品A
は駆動系部品としては比較的大型で投入材料が多いもの
の，構造が単純で人手による研磨・仕上げにさほど手間
がかからない。一方，製品Bは小型駆動系部品であり投
入材料は少ないが，構造が複雑であるため人手による研
磨・仕上げに時間がかかる。また，製品A，製品Bとも
に原材料はアルミニウムである。

製品Aおよび製品Bに関するデータが次のように予測
されているとき，以下の設問に答えよ。

〈製品データ〉

	製品A	製品B
販売価格	7,800円／個	10,000円／個
直接材料（400円／kg）	4 kg／個	2 kg／個
直接作業時間（1,200円／h）	2 h／個	4 h／個
共通固定費（年間）	4,000,000円	

（設問1）

D社では，労働時間が週40時間を超えないことや週休
二日制などをモットーとしており，当該業務において年
間 最大直接作業時間は3,600時間とする予定である。こ
のとき上記のデータにもとづいて利益を最大にするセー

右欄注：

→解答時に，単位と四捨五入の位置を確認。

→生産性に関する指標を少なくとも1つ挙げる。

→生産性の指標を計算する場合，「販管費」の「その他」の金額は含めない。

→（設問1）で挙げた課題を示す財務指標について，与件文と他の財務指標を根拠に80字以内で述べる。

→セールスミックスに関する問題。

→製品A：原材料は多く，作業時間は少ない。

→製品B：原材料は少なく，作業時間は多い。

→設問の計算の最後に，共通固定費を控除することを忘れない。

→期間に注意。

→直接作業時間の制約条件。

ルスミックスを計算し，その利益額を求め(a)欄に答えよ　→求めるものは，A・Bの比率ではな

（単位：円）。また，(b)欄には計算過程を示すこと。　→単位を確認。

（設問2）

　最近の国際情勢の不安定化によって原材料であるアル　→採点者に伝わるように，段階を細か

ミニウム価格が高騰しているため，D社では当面，アル

ミニウムに関して消費量の上限を年間6,000kgとするこ　→原材料の制約条件。

とにした。設問1の条件とこの条件のもとで，利益を最　→直接作業時間と原材料の2つの制約

大にするセールスミックスを計算し，その利益額を求め　→求めるものは，A・Bの比率ではな

(a)欄に答えよ（単位：円）。また，(b)欄には計算過程を示　→単位を確認。

すこと。　→採点者に伝わるように，段階を細か

（右側の注釈）
→求めるものは，A・Bの比率ではなく利益額であることに注意。
→単位を確認。
→採点者に伝わるように，段階を細かく分けて書く。
→原材料の制約条件。
→直接作業時間と原材料の2つの制約条件を同時に満たす必要あり。
→求めるものは，A・Bの比率ではなく利益額であることに注意。
→単位を確認。
→採点者に伝わるように，段階を細かく分けて書く。

第3問（配点35点）

　D社は新規事業として，中古車の現金買取りを行い，

それらに点検整備を施したうえで海外向けに販売する中

古車販売事業について検討している。この事業では，取

引先である現地販売店が中古車販売業務を行うため，当

該事業のための追加的な販売スタッフなどは必要としな　→販売に関する追加投資は不要。

い。

　D社が現地で需要の高い車種についてわが国での中古

車買取価格の相場を調査したところ，諸経費を含めたそ

れらの取得原価は1台あたり平均50万円であった。それ　→取得原価は変動することを確認。

らの中古車は，現地販売店に聞き取り調査をしたところ，

輸送コスト等を含めてD社の追加的なコスト負担なしに

1台あたり60万円（4,800ドル，想定レート：1ドル＝

125円）で現地販売店が買い取ると予測される。また，

同業他社等の状況から中古車販売事業においては期首に　→NPV計算時に算入が必要となる。

中古車販売台数1か月分の在庫投資が必要であることも

わかった。

　D社はこの事業において，初年度については月間30台　→期間を確認。年間ではない。

の販売を計画している。

　以下の設問に答えよ。

（設問1）

　D社は買い取った中古車の点検整備について，既存の

廃車・事故車解体用工場に余裕があるため月間30台まで

は臨時整備工を雇い，自社で行うことができると考えて

いる。こうした中，D社の近隣で営業している自動車整

【事例Ⅳ】

備会社から，D社による中古車買取価格の2％の料金で点検整備業務を請け負う旨の提案があった。点検整備を自社で行う場合の費用データは以下のとおりである。

〈点検整備のための費用データ（1台あたり）〉

直接労務費	6,000円
間接費	7,500円

＊なお，間接費のうち，30％は変動費，70％は固定費の配賦額である。

このときD社は，中古車の買取価格がいくらまでなら点検整備を他社に業務委託すべきか計算し(a)欄に答えよ（単位：円）。また，(b)欄には計算過程を示すこと。なお，本設問では在庫に関連する費用は考慮しないものとする。

（設問2）

D社が海外向け中古車販売事業の将来性について調査していたところ，現地販売店よりD社が販売を計画している中古車種が当地で人気があり，将来的にも十分な需要が見込めるとの連絡があった。こうした情報を受けてD社は，初年度においては月間30台の販売からスタートするが，2年目以降は5年間にわたって月間販売台数50台を維持する計画を立てた。

この計画においてD社は，月間50台の販売台数が既存工場の余裕キャパシティを超えることから，中古車販売事業2年目期首に稼働可能となる工場の拡張について検討を始めた。D社がこの拡張について情報を収集したところ，余裕キャパシティを超える20台の点検整備を行うためには，建物および付属設備について設備投資額7,200万円の投資が必要になることがわかった。また，これに加えて今後拡張される工場での点検整備のために，新たな整備工を正規雇用することにした。この結果，工場拡張によって増加する20台の中古車にかかる1台あたりの点検整備費用は，直接労務費が10,000円，間接費が4,500円（現金支出費用であり，工場拡張によって増加する減価償却費は含まない）になる。

この工場拡張に関する投資案について，D社はまず回収期間（年）を検討することにした。回収期間を求めるにあたってD社は，中古車の買取りと販売は現金でなさ

→ 業務委託コストの条件。

→ 自社内作業コストの条件。

→ 固定費と変動費を分割する固変分解が必要。

→ 単位を確認。

→ 採点者に伝わるように，段階を細かく分けて書く。

→ 期首に1か月分の在庫が必要となることは考慮しない。

→ 初年度と台数が変わることに注意。

→ 2年目期首が，投資計画の初年度となることに注意。

→ キャパシティを超える20台についての投資であることに注意。

→ 減価償却費は別途計算する必要がある。

→ 増加運転資金の検討は不要。

288

れ，平均仕入価格や販売価格は今後も一定であると仮定した。なお，設備投資額と在庫投資の増加額は新規の工場が稼働する2年目期首にまとめて支出されることとなっている。また，D社の全社的利益（課税所得）は今後も黒字であることが予測されており，税率は30％とする。

> 月間20台分の在庫支出が必要となることに注意。

> 2年目期首を本計画の初年度とし，期首にまとめて支出される。

> 税率を確認。

　上記の条件と下記の設備投資に関するデータにもとづいて，この投資案の年間キャッシュフロー（初期投資額は含まない）を計算し(a)欄に答えよ（単位：円）。また，(b)欄には計算過程を示すこと。さらに，(c)欄には(a)欄で求めた年間キャッシュフローを前提とした回収期間を計算し，記入せよ（単位：年）。なお，解答においては小数点第3位を四捨五入すること。

> 単位を確認。

> 採点者に伝わるように，段階を細かく分けて書く。

> 単位を確認。

> 解答時の四捨五入の位置を確認。

〈設備投資に関するデータ〉

設備投資額	7,200万円
耐用年数	15年
減価償却法	定額法
残存価額	初期投資額の10％

（設問3）

　D社は，工場拡張に関する投資案について回収期間に加えて正味現在価値法によっても採否の検討を行うことにした。当該投資案の正味現在価値を計算するにあたり，当初5年間は月間50台を販売し，その後は既存工場の収益性に鑑みて，当該拡張分において年間150万円のキャッシュフローが継続的に発生するものとする。また，5年間の販売期間終了後には増加した在庫分がすべて取り崩される。この条件のもとで当該投資案の投資時点における正味現在価値を計算し(a)欄に答えよ（単位：円）。また，(b)欄には計算過程を示すこと。

> NPVを算出する問題。

> 永続価値の発生と解釈。

> 計画5年後に在庫取崩しのキャッシュフローinが発生する。

> 単位を確認。

> 採点者に伝わるように，段階を細かく分けて書く。

　なお，毎期のキャッシュフロー（初期投資額は含まない）は期末に一括して発生するものと仮定し，割引率は6％で以下の係数を用いて計算すること。また，解答においては小数点以下を四捨五入すること。

> 解答時の四捨五入の位置を確認。

複利現価係数（5年）	0.7473
年金現価係数（5年）	4.2124

【事例Ⅳ】

第4問（配点20点）

　D社が中古車販売事業を実行する際に考えられるリスクを財務的観点から2点指摘し，それらのマネジメントについて100字以内で助言せよ。

→財務的観点から，新規事業のリスクを2点挙げる。

→2つのリスク各々へのマネジメント策を記載する。

3.　各問題の分析と活用できるノウハウ

第1問（配点25点）

（設問1）

　D社と同業他社の財務諸表を用いて経営分析を行い，同業他社と比較してD社が優れていると考えられる財務指標を2つ，D社の課題を示すと考えられる財務指標を1つ取り上げ，それぞれについて，名称を(a)欄に，その値を(b)欄に記入せよ。なお，優れていると考えられる指標を①，②の欄に，課題を示すと考えられる指標を③の欄に記入し，(b)欄の値については，小数点第3位を四捨五入し，単位をカッコ内に明記すること。また，解答においては生産性に関する指標を少なくとも1つ入れ，当該指標の計算においては「販売費及び一般管理費」の「その他」は含めない。

（設問2）

　D社が同業他社と比べて明らかに劣っている点を指摘し，その要因について財務指標から読み取れる問題を80字以内で述べよ。

●**設問の類型**

　経営分析問題

●**設問への対応**

　まず，問われていることを把握します。

・D社の優れている財務指標（長所）を2つ，課題を示す財務指標（短所）を1つ選ぶ。また，最低1つは生産性の指標を選択する。（設問1）

・同業他社と比較した，財務指標上でD社が明らかに劣っている点とその要因についてコメントする（80字以内）（設問2）。

●**解答の構築**

　次の手順で進めます。

（1）　設問文および与件文の情報の整理

（2）　財務指標を計算して選ぶ

（3）　選んだ指標へのコメント

（1）設問文および与件文の情報の整理

① **優れている指標**

　与件文より，D社は堅調な外部環境を背景に，順調に業務を拡大し，現在は海外販売網の展開や事業多角化を検討しています。このことから，収益性に関する指標は良好であることが予想されます。また，事業そのものが堅調である記載があり，販売費及び一般管理費（販管費）や営業外収益・費用についての記載がないことから，売上高営業利益率・売

上高経常利益率よりも，売上高総利益率を優先させると判断します。

　さらに，売掛金や棚卸資産の額が少ないので，効率性の指標として優れているか，実際に計算をして判断をします。

② 課題を示す指標

　与件文の最後に従業員数の記載があります。これによると，Ｄ社は53名と，同業他社の23名の２倍強の人数となっています。また，有形固定資産の金額も169百万円と，同業他社の84百万円の約２倍の金額となっています。それにもかかわらず，Ｄ社の売上高は同業他社対比以下であり，利益額も概ね同水準となっています。

　このことから，Ｄ社の生産性は低いものと判断できるため，課題を示す指標は生産性の指標を選択することとします。

（2）財務諸表を計算して選ぶ

　主要な財務指標を計算します。（以下の表を計算すべき指標の参考にしてください。）

　それぞれの計算結果は下記のとおりです。

【Ｄ社と同業他社との財務指標比較】

財務指標			Ｄ社	同業他社	比較
収益性	売上高総利益率		59.59%	31.78%	○
	売上高営業利益率		14.50%	9.84%	○
	売上高経常利益率		15.96%	9.90%	○
効率性	棚卸資産回転率		33.41回	22.08回	○
	有形固定資産回転率		6.12回	13.72回	×
	売上債権回転率		23.70回	21.74回	○
	総資本回転率		1.70回	2.27回	×
安全性	短期	当座比率	331.11%	177.98%	○
		流動比率	368.82%	224.85%	○
	長期	固定長期適合率	53.10%	56.01%	○
		固定比率	90.59%	80.13%	×
	資産構成	負債比率	100.34%	93.47%	×
		自己資本比率	49.91%	51.69%	×
生産性	労働生産性		820.17万円	1,197.30万円	×

補足：流動比率・当座比率について

　Ｄ社の指標は，どちらも300％を超えており，非常に優秀な水準といえます。しかしながら，同業他社も200％前後と高い数値になっています。また，事業で獲得した収益を有効に投資に回せておらず，現金で保有しているという側面も表しているため，解答の優先度は劣後させています。

（3）選んだ指標へのコメント

【記述（80字）】

　今回は，同業他社に比べて明らかに劣っている点を指摘し，その要因を説明する記述となっています。劣っている点は労働生産性であるため，その要因を分析します。

～労働生産性の要素分解による分析～

　ここでは，「労働生産性＝付加価値額÷従業員数」の計算式を，さらに3パターンに変化させ，要素分解による分析を実施します。

● Step 1 ：前提となる各種数値

　本分析に必要となる指標を，D社・同業他社の数値を算出し，比較します。

財務指標評価 　　　　　　　　　　　　　　　　　　　　　　　　（単位：万円）

	D社	同業他社	評価	算出式
従業員数	53名	23名	－	－
売上高	103,465	115,138	－	－
付加価値	43,469	27,538	－	－
有形固定資産	16,896	8,395	－	－
1人当たり売上高	1,952	5,006	×	売上高÷従業員数
売上高付加価値率	42.0%	23.9%	○	付加価値÷売上高
労働装備率	319	365	△	有形固定資産÷従業員数
設備生産性	257.3%	328.0%	×	付加価値÷有形固定資産
有形固定資産回転率	6.1	13.7	×	売上高÷有形固定資産

● Step 2 ：要素分解分析

　「労働生産性＝付加価値額÷従業員数」の計算式を，以下の3つの分解パターンに変化させ，要素分解分析を実施します。

　分解①：労働生産性＝売上高付加価値率×1人当たり売上高

労働生産性　＝　　　付加価値額　　÷　　従業員数

　　　　　　＝　　　付加価値額　　×　$\dfrac{1}{従業員数}$　　　：従業員数を逆数にして掛け算とする

　　　　　　＝　$\dfrac{付加価値額}{売上高}$　　×　$\dfrac{売上高}{従業員数}$　　：左を売上高で割り，右に売上高を掛ける

　　　　　　＝　売上高付加価値率　×　1人当たり売上高　　：指標名に置き換える

【事例Ⅳ】

<u>分解②：労働生産性＝設備生産性×労働装備率</u>

労働生産性 ＝ 　付加価値額　 ÷ 　従業員数

　　　　　＝ 　付加価値額　 × $\dfrac{1}{\text{従業員数}}$ 　：従業員数を逆数にして掛け算と
　　　　　　　　　　　　　　　　　　　　　　　　する

　　　　　＝ $\dfrac{\text{付加価値額}}{\text{有形固定資産}}$ × $\dfrac{\text{有形固定資産}}{\text{従業員数}}$ 　：左を有形固定資産で割り，右に
　　　　　　　　　　　　　　　　　　　　　　　　有形固定資産を掛ける

　　　　　＝ 　設備生産性　 × 　労働装備率　 　：指標名に置き換える

<u>分解③：労働生産性＝売上高付加価値率×有形固定資産回転率×労働装備率</u>

労働生産性 ＝ 　付加価値額　 ÷ 　従業員数

　　　　　＝ 　付加価値額　 × $\dfrac{1}{\text{従業員数}}$ 　：従業員数を逆数にして掛け算とする

　　　　　＝ $\dfrac{\text{付加価値額}}{\text{有形固定資産}}$ × $\dfrac{\text{有形固定資産}}{\text{従業員数}}$ 　：左を有形固定資産で割り，右に
　　　　　　　　　　　　　　　　　　　　　　　　有形固定資産を掛ける

　　　　　＝ $\dfrac{\text{付加価値額}}{\text{売上高}}$ × $\dfrac{\text{売上高}}{\text{有形固定資産}}$ × $\dfrac{\text{有形固定資産}}{\text{従業員数}}$ 　：左を更に付加価値額と，
　　　　　　　　　　　　　　　　　　　　　　　　　　　　　$\dfrac{1}{\text{有形固定資産}}$ に分解
　　　　　　　　　　　　　　　　　　　　　　　　　　　　　し，各々を売上高の除
　　　　　　　　　　　　　　　　　　　　　　　　　　　　　算・積算で変形

　　　　　＝ 売上高付加価値率 × 有形固定資産回転率 × 労働装備率 　：指標名に置き換える

● Step 3 ：D 社と同業他社の対比評価

それぞれの要素分解の結果を用いて，D 社と同業他社を対比評価します。

分解①　売上高付加価値率○，<u>１人当たり売上高×</u>

分解②　<u>設備生産性×</u>，労働装備率△

分解③　売上高付加価値率○，<u>有形固定資産回転率×</u>，労働装備率△

● Step 4 ：×となった指標の文章化

上記の評価結果で×となった指標について文章で表現します。

分解①　従業員数に対し，売上高が小さい

分解②　有形固定資産の額に対し，付加価値額が小さい

分解③　有形固定資産の額に対し，売上高が小さい

● Step 5 ：要約

分解①〜③によって導かれた内容を以下のように集約します。

「労働力・設備のストックに対して，十分な売上高を生み出せていないため，収益性には問題ないものの付加価値の金額が少なく，労働生産性が悪い。」

【模範解答】

（設問 1 ）

	(a)	(b)
①	売上高総利益率	59.59（％）
②	棚卸資産回転率	33.41（回）
③	労働生産性※	820.17（万円）

※③算出式

（営業利益15,002万円＋人件費22,307万円＋減価償却費2,367万円＋地代家賃3,114万円＋租税公課679万円）÷従業員数53名

（設問 2 ）

労	働	生	産	性	が	劣	っ	て	い	る	。	要	因	は	，	従	業	員	数
お	よ	び	有	形	固	定	資	産	の	規	模	に	対	し	，	売	上	高	の
模	模	が	小	さ	い	た	め	，	収	益	性	は	高	い	も	の	の	，	十
分	な	付	加	価	値	額	を	生	み	出	せ	て	い	な	い	こ	と	。	

●活用できるノウハウ

『全知識』事例Ⅳ　1．B/S，P/L 分析

　令和 4 年度の経営分析の問題は例年の傾向とは異なり，生産性に関する指標を必ず 1 つ挙げることを求められました。例年にない制約条件が付され，多くの受験生が戸惑ったことと思われます。しかし，与件文の最後にわざわざ従業員数が記載されている点，従業員数が同業他社の 2 倍強に設定されているにもかかわらず，売上高や利益額がほぼ同水準である点に気づけば，労働生産性の指標は答えられずとも，売上高を従業員数で除した「 1 人当たり売上高」などの簡易な指標を課題として挙げられたものと考えます。その他の指標は，与件文の記載もヒントにすれば，例年どおりに対応できる問題でした。

　例年にない切り口で多くの受験生が初見である問題ではあったものの，解答の方向性は容易に想像できる問題であり，落ち着いて思考できたかが得点を分ける問題だったといえるでしょう。

　また，今後経営分析・財務分析の学習を進めるにあたり，出題可能性が高い14の経営指標についてまとめましたので，参考にしてください。

【重要な経営指標】

経営指標			与件文のキーワード
収益性	売上高総利益率		製造原価，高付加価値，ブランド力，販売単価
	売上高営業利益率		販売管理費，広告費，人件費，家賃
	売上高経常利益率		支払利息，営業外収益，借入金，銀行の貸し渋り
効率性	売上債権回転率		売掛金，債権管理，決済条件，販売先
	棚卸資産回転率		在庫，仕掛品，在庫管理，不良品，歩留まり低下
	有形固定資産回転率		設備投資，建物，工場，土地
	総資産回転率		上記のすべて（指摘が曖昧になるのでなるべく避ける）
安全性	短期	当座比率	現金，売掛金，短期借入金
		流動比率	棚卸資産，在庫，仕掛品
	長期	固定長期適合率	固定資産，長期借入金，自己資本，短期借入金
		固定比率	固定資産，設備投資，有形固定資産，自己資本
	資金調達	負債比率	借入金，設備投資，累積赤字，自己資本，内部留保
		自己資本比率	
生産性	労働生産性		従業員数，売上高，各種利益，有形固定資産

第２問（配点20点）

　Ｄ社は，海外における中古自動車パーツの需要が旺盛であることから，大型の金属積層造形３Ｄプリンターを導入した自動車パーツの製造・販売を計画している。この事業においてＤ社は，海外で特に需要の高い駆動系の製品Ａと製品Ｂに特化して製造・販売を行う予定であるが，それぞれの製品には次のような特徴がある。製品Ａは駆動系部品としては比較的大型で投入材料が多いものの，構造が単純で人手による研磨・仕上げにさほど手間がかからない。一方，製品Ｂは小型駆動系部品であり投入材料は少ないが，構造が複雑であるため人手による研磨・仕上げに時間がかかる。また，製品Ａ，製品Ｂともに原材料はアルミニウムである。

　製品Ａおよび製品Ｂに関するデータが次のように予測されているとき，以下の設問に答えよ。

〈製品データ〉

	製品Ａ	製品Ｂ
販売価格	7,800円／個	10,000円／個
直接材料（400円／kg）	4 kg／個	2 kg／個
直接作業時間（1,200円／h）	2 h／個	4 h／個
共通固定費（年間）	4,000,000円	

（設問１）

　Ｄ社では，労働時間が週40時間を超えないことや週休二日制などをモットーとしており，当該業務において年間最大直接作業時間は3,600時間とする予定である。このとき上記のデータにもとづいて利益を最大にするセールスミックスを計算し，その利益額を求め(a)欄に答えよ（単位：円）。また，(b)欄には計算過程を示すこと。

●設問の類型

　制約条件が１つの場合の，利益を最大とするセールスミックスの計算

●設問への対応

　制約条件を満たす製品Ａ・製品Ｂの組み合わせの中で，利益額が最大となる組み合わせを導き，そのときの利益額を求めます。

●解答の構築

　最大直接作業時間を3,600時間とする制約条件がある中で，利益額を最大とするための製品Ａ・製品Ｂを製造する個数の組み合わせを算出します。

　そのうえで，問われていることは「利益額」ですので，組み合わせ個数ではなく利益額を算出することに気をつけます。

　まずは，製品Ａ・製品Ｂそれぞれの１個当たりの利益額を計算します。

～製品A～

販売価格7,800円－（原材料費4kg×単価400円）－（直接作業時間2h×単価1,200円）

= 7,800円－1,600円－2,400円

= 3,800円／個

製品Aは，1個当たり3,800円の利益であることがわかりました。

続いて，製品Bについて計算します。

～製品B～

販売価格10,000円－（原材料費2kg×単価400円）－（直接作業時間4h×単価1,200円）

= 10,000円－800円－4,800円

= 4,400円／個

製品Bは，1個当たり4,400円の利益であることがわかりました。

いま，年間の直接作業時間が3,600時間という制限が設定されているため，各製品の1時間当たりの利益の高いほうを優先的に生産することとします。

それぞれの1時間当たりの利益額は，以下のように計算できます。

～製品A～

利益額3,800円／個÷作業時間2h

= 1,900円／個／h

～製品B～

利益額4,400円／個÷作業時間4h

= 1,100円／個／h

ということで，製品Aのほうが1時間当たりの利益額が高いことがわかりました。

そのため，製品Aを3,600時間分生産するとき，利益額が最大になります。

年間直接作業時間3,600h÷製品Aの製造時間2h

= 年間生産可能個数1,800個

よって，製品Aを1,800個生産するとき，利益額が最大となります。

今回は利益額を計算しますので，1,800個生産したときの利益額を計算します。

また，「年間共通固定費4,000,000円」を忘れずに控除しましょう。

1,800個×1個当たり利益額3,800円－年間共通固定費4,000,000円

= 2,840,000円

最大利益額は，2,840,000円であることが求められました。

【模範解答】

（設問１）

(a)	2,840,000円
(b)	まず，時間当たりの各製品の利益額を算出する。 ・製品Ａ 　{販売価格7,800円−（原材料費４kg×単価400円）−（直接作業時間２h×単価1,200円）} 　÷２＝1,900円／個／h ・製品Ｂ 　{販売価格10,000円−（原材料費２kg×単価400円）−（直接作業時間４h×単価1,200 　円）}÷４＝1,100円／個／h 上記より，製品Ａを優先して，年間作業時間3,600時間分＝1,800個生産する。 このときの利益額は， 1,800個×3,800円−年間共通固定費4,000,000円＝2,840,000円

●活用できるノウハウ ─────────────

　『全知識』事例Ⅳ　４．損益分岐点分析（セールスミックス）

（設問2）

　最近の国際情勢の不安定化によって原材料であるアルミニウム価格が高騰しているため，D社では当面，アルミニウムに関して消費量の上限を年間6,000kgとすることにした。設問1の条件とこの条件のもとで，利益を最大にするセールスミックスを計算し，その利益額を求め(a)欄に答えよ（単位：円）。また，(b)欄には計算過程を示すこと。

●設問の類型

　制約条件が2つの場合の，利益を最大とするセールスミックスの計算

●設問への対応

　制約条件が2つとなるため，それぞれの制約条件を連立方程式で表します。連立方程式の解答が，2つの制約条件を同時に満たす製品A・製品Bのセールスミックスとなるため，その際の利益額を計算します。

●解答の構築

　まずは，製品Aおよび製品Bを，それぞれ何個生産すべきかを求めるために，製品Aの年間生産個数をx個，製品Bの年間生産個数をy個と置きます。

　次に，設問文の制約条件を，以下のとおり数式化します。

原材料消費量　　　　$4x + 2y ≦ 6,000$kg　…数式①

年間最大作業時間　　$2x + 4y ≦ 3,600$h　…数式②

　この2つの式を同時に満たすxとyの組み合わせは，以下のようなグラフで図示できます。

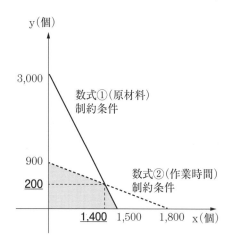

　両式を同時に満たすxとyの組み合わせは，上図の網掛け部分です。

　つまり，xとyの最大値は両式の交点となります。

　そのため，2式の連立方程式を解きます。

　参考までに，連立方程式の解き方も記載しておきます。

数式①⇒　y＝3,000－2x

数式②⇒　y＝900－0.5x

　　3,000－2x＝900－0.5x

　　2,100＝1.5x

　　x＝1,400

数式①または数式②にxの値を代入して，

　y＝3,000－2×1,400＝200　または　y＝900－0.5×1,400＝200

　以上より，製品Aは1,400個，製品Bは200個を生産するとき，利益が最大になることがわかりました。

　このときの年間利益額を計算します。なお，年間共通固定費を忘れずに控除しましょう。

　製品A 3,800円×1,400個＋製品B 4,400円×200個－年間共通固定費4,000,000円

　　＝2,200,000円

【模範解答】

（設問２）

(a)	2,200,000円
(b)	製品Aの年間生産個数をx個，製品Bの年間生産個数をy個とする。 設問文の制約条件より， 　　原材料消費量　　　4x＋2y≦6,000kg　…数式① 　　年間最大作業時間　2x＋4y≦3,600h　…数式② 数式①および数式②を同時に満たすxとyの最大値の組み合わせは，2式の連立方程式の解である。これを解くと， 　　x＝1,400，y＝200　となる。 以上より，製品Aは1,400個，製品Bは200個を生産することになる。 このときの年間利益額は， 製品A 3,800円×1,400個＋製品B 4,400円×200個－年間共通固定費4,000,000円 　　＝2,200,000円

●活用できるノウハウ ─────────────────

　『全知識』事例Ⅳ　４．損益分岐点分析（セールスミックス）

　D社は新規事業として，中古車の現金買取りを行い，それらに点検整備を施したうえで海外向けに販売する中古車販売事業について検討している。この事業では，取引先である現地販売店が中古車販売業務を行うため，当該事業のための追加的な販売スタッフなどは必要としない。

　D社が現地で需要の高い車種についてわが国での中古車買取価格の相場を調査したところ，諸経費を含めたそれらの取得原価は1台あたり平均50万円であった。それらの中古車は，現地販売店に聞き取り調査をしたところ，輸送コスト等を含めてD社の追加的なコスト負担なしに1台あたり60万円（4,800ドル，想定レート：1ドル＝125円）で現地販売店が買い取ると予測される。また，同業他社等の状況から中古車販売事業においては期首に中古車販売台数1か月分の在庫投資が必要であることもわかった。

　D社はこの事業において，初年度については月間30台の販売を計画している。

　以下の設問に答えよ。

（設問1）

　D社は買い取った中古車の点検整備について，既存の廃車・事故車解体用工場に余裕があるため月間30台までは臨時整備工を雇い，自社で行うことができると考えている。こうした中，D社の近隣で営業している自動車整備会社から，D社による中古車買取価格の2％の料金で点検整備業務を請け負う旨の提案があった。点検整備を自社で行う場合の費用データは以下のとおりである。

〈点検整備のための費用データ（1台あたり）〉

直接労務費	6,000円
間接費	7,500円

　＊なお，間接費のうち，30％は変動費，70％は
　　固定費の配賦額である。

　このときD社は，中古車の買取価格がいくらまでなら点検整備を他社に業務委託すべきか計算し(a)欄に答えよ（単位：円）。また，(b)欄には計算過程を示すこと。なお，本設問では在庫に関連する費用は考慮しないものとする。

●設問の類型

　費用を固変分解し，自社内での作業とすべきか業務委託とすべきかを判定する，買取価格の算出

●設問への対応

　次のステップで解答を作成します。

① 自社内でのコスト構造より，変動費と固定費に分解して再計算する。

② 自社内でのコストと業務委託のコストの計算式を作成する。

③ 両式を比較し，買取価格がいくらまでなら業務委託とすべきかを算出する。

●解答の構築

まずは，自社内作業の場合，業務委託の場合の発生コストを計算式で表します。

自社内作業のコストは，以下のとおり，変動費と固定費に分解できます。

設問文条件		固変分解	
直接労務費	6,000円	変動費	8,250円
間接費	7,500円		
うち変動間接費（30％）	2,250円		
うち固定間接費（70％）	5,250円	固定費	5,250円
合計	13,500円		13,500円

また，業務委託の場合は，買取価格の2％が発生コストとなります。

さて，自社内作業とすべきか，業務委託とすべきか，どのように比較すべきでしょう？

ポイントは，「自社内作業のときの固定費は，比較計算式から除外する」という点です。なぜなら，上記で計算した固定費は，「自社内作業の場合でも業務委託の場合でも，いずれにせよ発生する費用」だからです。

したがって，自社内作業とすべきか，業務委託とすべきかを判断する際の要因からは除外して考えます。

そうなると，買取価格をα円と置くと，それぞれのコストは以下の計算式で表せます。

自社内作業時のコスト：8,250円

業務委託時のコスト：α円×2％

いま，「買取価格がいくらまでなら業務委託とすべきか」と問われていますので，上記の式を以下の不等式で比較します。

α円×2％≦8,250円

これを解くと，

α円≦412,500円

となります。

つまり，買取価格が412,500円までなら業務委託にするべきと判断できます。

【模範解答】

（設問1）

(a)	412,500円
(b)	中古車買取価格がいくらまでなら，点検整備を業務委託とすべきかを算出する。 自社内作業の場合，変動費は，6,000円＋7,500円×30％＝1台当たり8,250円 一方，業務委託とする場合のコストは，中古車買入価格の2％。 買取価格をα円と置き，以下の数式を解く。 自社内作業変動費8,250円≧業務委託費α円×2％ α円≦412,500円

●活用できるノウハウ ─────────────────

　『全知識』事例Ⅳ　　4．損益分岐点分析（セールスミックス）

　　　　　　　　　　　6．原価計算

（設問２）

　Ｄ社が海外向け中古車販売事業の将来性について調査していたところ，現地販売店よりＤ社が販売を計画している中古車種が当地で人気があり，将来的にも十分な需要が見込めるとの連絡があった。こうした情報を受けてＤ社は，初年度においては月間30台の販売からスタートするが，２年目以降は５年間にわたって月間販売台数50台を維持する計画を立てた。

　この計画においてＤ社は，月間50台の販売台数が既存工場の余裕キャパシティを超えることから，中古車販売事業２年目期首に稼働可能となる工場の拡張について検討を始めた。Ｄ社がこの拡張について情報を収集したところ，余裕キャパシティを超える20台の点検整備を行うためには，建物および付属設備について設備投資額7,200万円の投資が必要になることがわかった。また，これに加えて今後拡張される工場での点検整備のために，新たな整備工を正規雇用することにした。この結果，工場拡張によって増加する20台の中古車にかかる１台あたりの点検整備費用は，直接労務費が10,000円，間接費が4,500円（現金支出費用であり，工場拡張によって増加する減価償却費は含まない）になる。

　この工場拡張に関する投資案について，Ｄ社はまず回収期間（年）を検討することにした。回収期間を求めるにあたってＤ社は，中古車の買取りと販売は現金でなされ，平均仕入価格や販売価格は今後も一定であると仮定した。なお，設備投資額と在庫投資の増加額は新規の工場が稼働する２年目期首にまとめて支出されることとなっている。また，Ｄ社の全社的利益（課税所得）は今後も黒字であることが予測されており，税率は30％とする。

　上記の条件と下記の設備投資に関するデータにもとづいて，この投資案の年間キャッシュフロー（初期投資額は含まない）を計算し(a)欄に答えよ（単位：円）。また，(b)欄には計算過程を示すこと。さらに，(c)欄には(a)欄で求めた年間キャッシュフローを前提とした回収期間を計算し，記入せよ（単位：年）。なお，解答においては小数点第３位を四捨五入すること。

〈設備投資に関するデータ〉

設備投資額	7,200万円
耐用年数	15年
減価償却法	定額法
残存価額	初期投資額の10％

●設問の類型

設備投資による年間キャッシュフローと回収期間法での投資評価

●設問への対応

以下のステップで解答を作成します。

① 算出すべき売上とコストの範囲を設問文から読み取る。

② 設問条件から，年間キャッシュフローを算出する。

③ 算出した年間キャッシュフローで総投資額を除し，回収期間を算出する。

●解答の構築

まずは，計算すべき売上高やコストの範囲を特定します。

今回算出すべきキャッシュフローおよび回収期間法での投資判断は，2年目以降に拡張した20台分の点検整備に対応する設備投資額7,200万円に対するものであるため，算出すべき売上高やコストは20台分／月＝240台分／年です。50台分／月ではないことに注意しましょう。

それでは，設問文の条件から，キャッシュフローの要素を計算します。

［売上高］

240台×60万円＝14,400万円

［仕入］

240台×50万円＝12,000万円

［追加点検整備費用］

240台×（直接労務費1万円＋間接費0.45万円）＝348万円

［減価償却費］

（投資額7,200万円−残存価額（10％）720万円）÷15年間＝432万円

上記より，税引前利益は以下のとおりとなります。

14,400万円−12,000万円−348万円−432万円＝1,620万円

税率は30％であるため，税引後利益は以下のとおりとなります。

1,620万円−（1,620万円×30％）＝1,134万円

ここで「営業キャッシュフロー（CF）＝税引後利益＋減価償却費」より，

営業CF＝1,134万円＋432万円＝1,566万円

（単位：万円）

	2年目
売上	14,400
仕入	▲12,000
追加点検整備費用	▲348
減価償却費	▲432
税引前利益	1,620
税金（30％）	▲486
税引後利益	1,134
減価償却費	432
営業CF	1,566

　今回の投資額は，建物および付属設備についての設備投資額7,200万円と，期首に用意する１か月分の在庫投資（20台分）の合算値です。

　したがって，投資額は以下のとおりとなります。

　設備投資額7,200万円＋在庫20台分×50万円＝8,200万円

　最後に，総投資額を営業キャッシュフローで割ります。

　8,200万円÷1,566万円＝5.236270753…≒5.24年（小数点第３位を四捨五入）

【模範解答】

（設問２）

(a)	15,660,000円
(b)	設備投資によって増加した20台／月＝240台／年のキャッシュフローを計算する。 ［売上高］ 　240台×60万円＝14,400万円 ［仕入］ 　240台×50万円＝12,000万円 ［追加点検整備費用］ 　240台×（直接労務費１万円＋間接費0.45万円）＝348万円 ［減価償却費］ 　（投資額7,200万円－残存価額（10％）720万円）÷15年間＝432万円 ［税引後利益］ 　（14,400万円－12,000万円－348万円－432万円）×（100％－30％） 　＝1,134万円 営業キャッシュフロー＝税引後利益＋減価償却費より， 　1,134万円＋432万円＝1,566万円
(c)	今回の投資額は，建物および付属設備についての設備投資額7,200万円と，期首に用意する１か月分の在庫投資（20台分）の合算値。 ［総投資額］ 　設備投資額7,200万円＋在庫20台分×50万円＝8,200万円 ［回収期間］ 　8,200万円÷1,566万円＝5.236270753…≒5.24年（小数点第３位を四捨五入）

【事例Ⅳ】

●活用できるノウハウ

　『全知識』事例Ⅳ　３．投資（プロジェクト）の評価とリスクの計算

（設問3）

D社は，工場拡張に関する投資案について回収期間に加えて正味現在価値法によっても採否の検討を行うことにした。当該投資案の正味現在価値を計算するにあたり，当初5年間は月間50台を販売し，その後は既存工場の収益性に鑑みて，当該拡張分において年間150万円のキャッシュフローが継続的に発生するものとする。また，5年間の販売期間終了後には増加した在庫分がすべて取り崩される。この条件のもとで当該投資案の投資時点における正味現在価値を計算し(a)欄に答えよ（単位：円）。また，(b)欄には計算過程を示すこと。

なお，毎期のキャッシュフロー（初期投資額は含まない）は期末に一括して発生するものと仮定し，割引率は6％で以下の係数を用いて計算すること。また，解答においては小数点以下を四捨五入すること。

複利現価係数（5年）	0.7473
年金現価係数（5年）	4.2124

●設問の類型

（設問2）のキャッシュフローと設問文で追加された条件を使用しての正味現在価値の算出

●設問への対応

以下のステップで解答を作成します。

①　2年目（2y）～6年目（6y）の正味現在価値を算出する。

②　7年目（7y）以降の永続価値による正味現在価値を算出する。

③　6年目（6y）期末時点の精算在庫に関する正味現在価値を算出する。

●解答の構築

正味現在価値は，「いつ時点の価値を計算するか」を明確化することが肝要です。今回は，工場稼働時である「2y期首時点」の現在価値を算出します（単位は百万円に統一して記載します）。

①　2y～6yのCF合計の現在価値は，年金現価係数を使用し，以下のとおり。

　各年の営業CF15.66百万円（設問2より）×4.2124＝65.966184百万円

②　7y以降は，各年のCFと割引率6％を使用し，以下のとおり。

　なお，成長率は特段記載がないため，0％とします。

「6y時点の」現在価値：

　各年の営業CF1.5百万円（設問文より）÷（割引率6％－成長率0％）＝25百万円

「2y期首の」現在価値：

　25百万円×0.7473＝18.6825百万円

③　6y期末時点に精算する在庫の現在価値は，以下のとおり。

10百万円（設問2より）×0.7473＝7.473百万円

上記①～③の合計は，

65.966184百万円＋18.6825百万円＋7.473百万円＝92.121684百万円

投資額は，（設問2）より，▲82百万円であるため，

NPV＝92.121684百万円－82百万円＝10.121684百万円

　　　＝10,121,684円

［イメージ図］

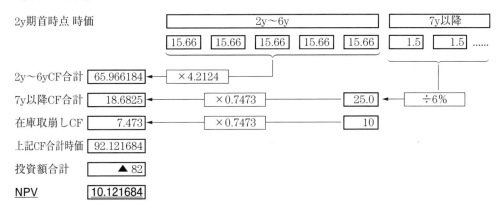

【模範解答】

（設問3）

(a)	10,121,684円
(b)	工場稼働時である「2y期首時点」の現在価値を算出（単位は百万円に統一）。 ①　2y～6yのCF合計の現在価値は，年金現価係数を使用し，以下のとおり。 　各年の営業CF15.66百万円×4.2124＝65.966184百万円 ②　7y以降は，各年のCFと割引率6％を使用し，以下のとおり。 「6y時点の」現在価値：各年の営業CF1.5百万円÷（割引率6％－成長率0％） 　＝25百万円 「2y期首の」現在価値：25百万円×0.7473＝18.6825百万円 ③　6y期末時点に精算する在庫の現在価値は，以下のとおり。 　10百万円×0.7473＝7.473百万円 上記①～③の合計は，92.121684百万円 投資額は（設問2）より▲82百万円であるため， 　NPV＝92.121684百万円－82百万円＝10.121684百万円 　　　＝10,121,684円

●別解

　工場の耐用年数が15年であることから，7y以降のキャッシュフローは16yまで続くと
みなし，それぞれの正味現在価値を算出するアプローチも，別解として示します。

① 　2y〜6yのCF合計の現在価値は，年金現価係数を使用し，以下のとおり。

　　各年の営業CF15.66百万円（設問2より）×4.2124＝65.966184百万円

② 　7y〜11yのCF合計の現在価値は，年金現価係数と複利現価係数を使用し，以下のとおり。

　　各年の営業CF1.5百万円（設問文より）×4.2124×0.7473＝4.72188978百万円

③ 　12y〜16yのCF合計の現在価値は年金現価係数と複利現価係数を使用し，以下のとおり。

　　各年の営業CF1.5百万円（設問文より）×4.2124×0.7473×0.7473＝3.52866823百万円

④ 　6y時点に精算する在庫の現在価値は，以下のとおり。

　　10百万円（設問2より）×0.7473＝7.473百万円

⑤ 　減価償却完了時（＝16y期末）の工場の現在価値は，以下のとおり。

　　72百万円×残価10%×0.7473×0.7473×0.7473＝3.00481295百万円

　　上記合計の現在価値は，

　　84.6945549百万円

投資額は，（設問2）より，▲82百万円であるため，

　　NPV＝84.6945549−82＝2.6945549百万円

　　　　　＝2,694,555円（円未満四捨五入）

　［イメージ図］

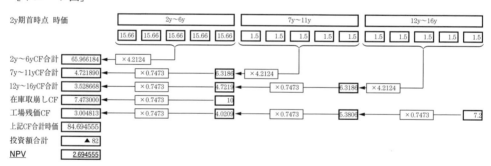

　　こちらのアプローチは，

ⅰ）80分という時間制限内で，他の問題を含めて解くことを考えると，計算量が多い。

ⅱ）6yまでのキャッシュフローと7y以降のキャッシュフローの金額格差が大きく，同
　　種類のキャッシュフローとして取り扱うには違和感がある。

という点から，メインの解答とはせず，別解扱いとしました。

　　ⅱ）については，「永続価値」の観点から，16yで耐用年数を迎えた際の更新投資なども
すべて含んだうえで，利益として残るキャッシュフローを1.5百万円と設定しているのだ
と解釈しました。

●活用できるノウハウ ────────────────────────

　『全知識』事例Ⅳ　3．投資（プロジェクト）の評価とリスクの計算

> **第４問**（配点20点）
>
> 　D社が中古車販売事業を実行する際に考えられるリスクを財務的観点から２点指摘し，それらのマネジメントについて100字以内で助言せよ。

●設問の類型

新規事業に進出する際のリスクの明確化とマネジメント策の助言

●設問への対応

・財務的観点から考えられるリスクを２点挙げる。

・各々のリスクに対するマネジメント策を助言する。

●解答の構築

　D社が未経験である中古車販売事業に進出する際に，B/SやP/Lに影響を与えるリスクは以下のとおりです。

　　◆海外販売

　　　①為替変動リスク

　　　②代金回収不能（または回収期間長期化）リスク

　　◆国内販売

　　　③在庫長期化による流動性減少リスク

　　　④資金繰り逼迫リスク

　上記のリスクが想定されますが，与件文には「中古車販売事業が当面，海外市場を中心とする」（第５段落）という記載があるので，この設問では海外販売に関連する①為替変動リスク，②代金回収不能（または回収期間長期化）リスクを中心に考えます。

　また，１取引当たりの単価が，既存の事業に比べて大きくなる中古車販売事業において，①為替変動リスクや，②代金回収不能（または回収期間長期化）リスクは，発生の蓋然性の高さと影響力を鑑みると，優先してマネジメントを実施する必要があるリスクと判断できます。

　上記の考察のもと，①と②のリスクを挙げ，それぞれ，①については「為替予約や通貨オプション（OP）」，②については「輸出保険や信用状取引」を活用するマネジメント策を助言します。

【事例Ⅳ】

【模範解答】

リ	ス	ク	は	，	①	為	替	変	動	リ	ス	ク	，	②	輸	出	代	金	の
回	収	不	能	リ	ス	ク	で	あ	る	。	マ	ネ	ジ	メ	ン	ト	策	は	，
①	為	替	予	約	や	通	貨	OP	を	活	用	し	，	為	替	変	動	に	よ
る	悪	影	響	を	回	避	す	る	，	②	輸	出	保	険	や	信	用	状	取
引	を	活	用	し	，	代	金	回	収	不	能	リ	ス	ク	を	回	避	す	る。

●活用できるノウハウ ―――――――――――――――――――――――

『全知識』事例Ⅳ　特に掲載なし

――――――――――――――――――――――――――――――――

執筆：成瀬初之（令和 4 年度本試験合格）

第
章

２次筆記試験対策

I ▶▶▶ 与件文を読むときに注意しておきたいフレーズ集

> 「与件文の内容や設問間の関連性の整理が苦手である」
>
> 「与件文のどの表現に着目し，どのように解釈すべきかわからない」
>
> 「解答の糸口がつかめない」
>
> 「模範解答例と方向性がずれた解答をしがちである」
>
> 「模範解答がなぜそのようになったのか，解答解説を読んでも理解できない」
>
> 「解説者がなぜそのポイントに注目し解説しているのか理解できない」

　過去問や演習問題で思うように解答が書けず悩んでいませんか？　著者も2次試験の勉強を開始したばかりの頃はそんな悩みをいつも抱えていました。

　与件文には事例企業に関するたくさんの情報が詰め込まれており，1次試験対策で学習した基本知識をベースにそれらを適切に理解して，解答構築に活用できることが必要です。さらに言ってしまえば，本試験当日の緊張感の中，初めて見る与件文の中からいかに重要な情報に気がつくか，これが合否を分けているといっても過言ではありません。

　そこで，このコーナーでは与件文を読む際にどんなフレーズに注意したらよいかというポイントを皆さんにご紹介いたします。過去5年の2次試験問題（事例Ⅰ～事例Ⅳ）をもとに，著者が受験生時代にどんなフレーズに注目してきたかをお伝えします。

　フレーズは全部で5つのレベルに分けてご紹介します。「　　」で括って強調表現しているような比較的見つけやすいものから，多少の読解力を必要とするような難易度の高い表現まで，"与件文をさっと読んだときに，解答要素として見つけやすいかどうか"を基準にLEVEL 1からLEVEL 5まで段階を追って紹介していきます。

　これらの注意すべきポイントを押さえ演習を繰り返すことで，与件文を読むときに注意しておきたいフレーズが段階的にご理解いただけるようにまとめました。重要なフレーズを把握できれば，今まで以上に適切な解答の方向性を導きやすくなると思います。皆さんの2次試験対策における何らかの気づきを得るきっかけとしてぜひご活用ください。

【注意すべきフレーズ】

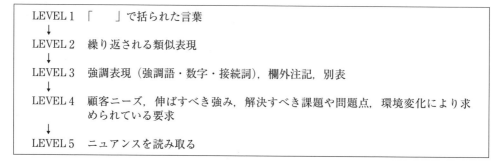

LEVEL 1　「　　」で括られた言葉
↓
LEVEL 2　繰り返される類似表現
↓
LEVEL 3　強調表現（強調語・数字・接続詞），欄外注記，別表
↓
LEVEL 4　顧客ニーズ，伸ばすべき強み，解決すべき課題や問題点，環境変化により求められている要求
↓
LEVEL 5　ニュアンスを読み取る

1.　LEVEL 1　「　　」で括られた言葉

　わざわざ「　　」で括ってある言葉は，経営理念，事例企業の採用する戦略，コアコンピタンス，事業や製品のコンセプトである可能性が高くなっています。解答にそのまま使用するか，その方向性を前提とした解答を構築しましょう。

■事例Ⅰ（組織・人事）

年度	表記箇所	注目フレーズ　➡	こう読む！
R 4	第4段落 5行目	「人にやさしく，環境にやさしい農業」	A社が新たに打ち出したコンセプトであり，「　　」で括ることで表現を強調しており，解答要素になる可能性は高いです。
R 1	第7段落 1行目 第9段落 4行目	「農作物の乾燥技術」 「モノ」「試験乾燥」	A社のコアテクノロジーや具体的なサービスを「　　」で括ることで，A社の推進する経営改革の重要なポイントを強調しています。

■事例Ⅱ（マーケティング・流通）

年度	表記箇所	注目フレーズ　➡	こう読む！
R 3	第5段落 7行目	「X市の魅力を全国に」	Y社の思いが明示されています。
	第9段落 10行目	「豆腐に旅をさせるな」	ネット販売立ち上げの際の制約条件となっています。
	第10段落 6行目	「手作り豆腐セット」	上記制約条件を解決できる商品として明示されています。
R 2	第12段落 3行目	「眠る前に飲むハーブティー」	自社ブランド製品のコンセプトですが，Z社のアンチエイジング効能のある製品との違いを強調しています。

■事例Ⅲ（生産・技術）

年度	表記箇所	注目フレーズ　➡	こう読む！
R 3	第4段落 2行目	「永く愛着を持って使えるバッグ」	C社のブランド製品の方針と修理作業を行う理由と考えられます。
R 2	第10段落 1行目	「納期遅延の根絶」	C社の最大の悩み事であり，弱みです。

2.　LEVEL 2　繰り返される類似表現

　複数回繰り返される言葉や意味合いの同じ言葉は，出題者が特に強調したい内容と捉えることができます。ブレのない解答の方向性を構築するための大きなヒントとなり，解答

にそのまま引用すべきともいえる重要度の高いものです。

■事例Ⅰ（組織・人事）

年度	表記箇所	注目フレーズ ➡	こう読む！
R5	第2段落 2行目 8行目 第9段落 2行目 4行目	**地域住民**を取り込むことで，リピート客を増やしていった **まちの食堂的な役割**を担うようになっていった 主に**地域住民**の需要に支えられて客足が絶えることはなく 常連である**地元の顧客**も高齢化し，新たな顧客層の取り込みがますます重要となっていった	開店当初やコロナ禍の集客に苦労する時期に地元の顧客に支えられたことが書かれており，その顧客の高齢化はA社の課題であることがわかります。
	第7段落 4行目 6行目 第9段落 3行目 第11段落 4行目 6行目	使用する**原材料**も厳選して，以前よりも価格を引き上げた 近隣の**原材料**の仕入れ業者の高齢化によって，**原材料**の仕入れが不安定になり，新たな供給先の確保が必要となりつつある **原材料の高騰**がA社の収益を圧迫する要因となっていた **原材料**の調達については 地元産の高品質な**原材料**をも扱う生産者と直接取引をしていた	使用する原材料の大切さが繰り返されており，差別化の源泉であることがわかります。
	第4段落 4行目 第8段落 9行目 第12段落 9行目	厨房を担当していた数名の正社員も**独立**するようになり，重要な役割を担う正社員の**離職**も相次いだため チームとして相互に助け合う土壌が生まれ，**従業員が定着**するようになった 仕事がきついことを理由に**離職**率も高く，**常にアルバイトを募集**する必要があった	店舗経営において，従業員の確保・定着が重要であることがわかります。
	第4段落 6行目 第6段落 4行目 第7段落 5行目 第11段落 4行目 第12段落 4行目	**サービス**の質の低下を招いていった 新規の**メニューの開発力**も弱く，効率重視で，**接客サービス**が粗雑なことが課題であった **商品とサービス**の質を高めることで，差別化を行った **接客やサービス**は省力化されてきた 大手外食チェーンとの価格競争は難しく，**商品やサービス**の差別化が必要であった	他社との差別化については，商品とサービスの質で対応することが重要であることがわかります。

R4	第7段落 1行目	従業員の定着が悪く，**新規就農者を確保することが難しかった**	新卒・中途などの採用活動などを行っていますが，人材を確保することの難しさの表現が繰り返されており，A社の課題であることがわかります。
	5行目	**帰属意識の高い従業員を確保することが難しかった**	
	6行目	長く働き続けてくれる**人材の確保は容易**でなかった	
	第9段落 3行目	これらの業務は，常務が中心となって5名の生産に従事する若手従業員と5名のパート従業員が**兼任の形で従事**している	新しい分野に従事する従業員は，兼任・兼務であることが繰り返されており，人手不足が生じていることもわかります。
	第10段落 13行目	一方で，人手不足が顕著になってきており，生産を**兼務する従業員**だけでは対応できなくなりつつあった	
	第4段落 8行目	この販売業者のアドバイスを受けながら，**最終消費者が求める**野菜作りを行い	与件文に記載されている場所は離れていますが，最終消費者に関する記述が繰り返されており，最終消費者の要求を満たすことが，認証の取得に繋がったり，売上拡大に貢献していることがわかります。
	第10段落 10行目	**消費者との接点**ができることで，少しずつではあるがA社は自社商品に関する**消費者の声**を取得できるようになった	
R3	第3段落 3行目	**大量・安価**に印刷が仕上げられるようになった	厳しい外部環境に置かれているという内容が繰り返されています。経営戦略とそれにもとづいた組織・人事施策の面から，厳しい外部環境の中で生き残る道を示す必要があると考えられます。
	第4段落 3行目	より**安価な小ロット印刷**のサービスに置き換わっていった	
	5行目	さらに**印刷の単価が下がっていった**	
	第5段落 1行目	技術革新に伴う**経営環境の変化**に直面する中で	
	第8段落 9行目	既に**数多くの競合他社**が存在しているため，非常に**厳しい競争環境**	
	第2段落 4行目	社内，社外の職人の**分業**によって行われてきた	「分業体制」「協力企業」という外部連携に関する語句が繰り返し現れます。外部連携がA社の強みであり，課題を解決するための要素となると考えられます。
	第3段落 2行目	社内，社外で**分業する体制**が崩れ始め	
	第5段落 5行目	専門特化された**協力企業**に依頼	
	6行目	外部に**サプライチェーンのネットワーク**を構築	
	7行目	**分業体制**を整えることに注力	
	9行目	**協力企業**を手配して指示	
	第6段落 3行目	それらの工程は**協力企業**に依頼	
	第7段落 5行目	外部の**協力企業**を束ねる形で	
	第9段落 2行目	オペレーションは**外部に依存**	
	4行目	**協力関係を構築**する	

R2	第1段落 1行目	温泉地にある**老舗**の蔵元	買収した蔵元が老舗であることが, 何度も繰り返されることで強調され, それがA社の強みであることがわかります。
	第2段落 2行目	この**老舗**の当主は	
	第4段落 4行目	蔵元として**老舗**の経営権を獲得	
	第5段落 2行目	**老舗**ブランドは魅力的である	
	4行目	**老舗**酒造店の立て直しに取り組ませました	
	第12段落 1行目	**老舗**企業のブランドと事業を継いだだけでなく	
	第3段落 7行目	**地元の有力者**の協力を仰ぐ	「地域」や「地元」という表現が, 何度も繰り返されることで強調されています。A社長の祖父が地域の活性化を図り, A社は実際に地元経済の活性化に貢献したことがわかります。
	第4段落 2行目	**地元の旅館**を買収して	
	第5段落 2行目	**地域の活性化**につながっていく	
	第7段落 3行目	**地元の高級食材を提供**するレストラン	
	第9段落 2行目	**地元の学生や主婦**を非正規社員として採用した	
	第12段落 2行目	**地元経済の活性化**にも大いに貢献してきた	
	第5段落 1行目	**インバウンドブーム**の前兆期ともいえる当時	A社は, インバウンドブームを捉えて成長したことがわかります。
	第10段落 2行目	**インバウンドブーム**の追い風に乗って	
	第4段落 2行目	地元の**旅館**を買収して娘を女将にすると, 全国でも有名な**高級旅館**へと発展させた	老舗蔵元であるA社は, 旅館などのグループ企業とシナジーを発揮して成長したことがわかります。
	第10段落 2行目	**旅館などグループ企業**からの営業支援もあって	
R1	第3段落 13行目	**際立った切迫感**があったわけではなく	A社長の意識が強調されており, A社の経営にどのように影響しているかを読み解く必要があります。
	第5段落 1行目	**危機感の中**でスタートした	
	第4段落 8行目	**自社の技術を見直し**	一連のA社の経営改革の中で, 自社の技術の見直しが重要な位置づけにあったことを強調しています。
	第5段落 6行目	A社のこれまでの事業や**技術力を客観的に見直し**	
	第7段落 1行目	**自社のコアテクノロジーを「農作物の乾燥技術」と明確に位置づけ**	

■事例Ⅱ（マーケティング・流通）

年度	表記箇所	注目フレーズ ➡	こう読む！
R5	第7段落 2行目 3行目 第14段落 1行目 第19段落 3行目 ※第2問 （設問文2 行目）	～，グラブ，スパイクといった野球用品を**買い替える**ことになる こうした**買い替え**需要を取り込むことに成功しており また，成長に伴う**買い替え**や，より良い用品への**買い替え**も保護者には金銭的な負担となっていて，他の習い事もあり，**買い替え**の負担を理由に また，用品に関する**買い替え**などの多様なニーズに応えるいくつかの販売方法を導入する ～，ユニフォーム，バット，グラブ，スパイクといった野球用品を何度か**買い替える**ことになるため	「買い替え」が設問文も含め計7回も使われています。とにかく「用品の買い替え」が1つのポイントになっていることを読み取りましょう。 実際に第2問で問われており，「買い替え」における価格戦略の提案が必要です。
	第12段落 1行目 第18段落 1行目	B社の**各種有名スポーツブランド用品の取り揃え，ユニフォーム加工技術や納品の確かさ**，オリジナルバッグなどのオリジナル用品への対応力，**子どもたちの体格や技術を応じた野球用品の提案力**などについて高く評価しており 第1に，総合的なスポーツ用品を扱いながらも，1970年代に事業転換したときからの強みである，**野球用品の強化をさらに進める。特に子どもたち一人一人の体格や技術，特性に応じた商品カスタマイズの提案力をより強化する**ことで，大型スポーツ用品量販店との差別化を図る	B社の（野球用品の）品揃えの良さ，商品の加工技術（カスタマイズ）の確かさ，提案力が評価されており，強みであることがわかります。
	第13段落 1行目 第14段落 1行目	しかし，**メンバーの保護者から，価格面でのメリットなどを理由に**，大型スポーツ用品量販店で汎用品の個別購入を希望された場合 また，成長に伴う買い替えや，より良い用品への買い替えも**保護者には金銭的な負担となっていて**	B社の価格面の弱みと，保護者の金銭的な負担がわかります。

R4	第4段落 1行目	B社の商品は**クオリティの高さに定評がある**	B社の商品（食肉，食肉加工品）の品質が高い，という内容が繰り返され，強調されています。
	2行目	仕入れ元からのB社に対する**信頼も厚く，良い食肉を仕入れられる体制が整っている**	
	3行目	**贈答用を含めた最高級品質の食肉や食肉加工品の販売を行い**	
	第8段落 1行目	**高い技術力を有する職人**をB社に招き入れ，**良質でおいしい食肉加工品を製造できる体制を整えた**	
	3行目	これによって，B社は**最高級のハムやソーセージ，ローストビーフなどの食肉加工品を自社ブランドで開発できるようになった**	
	第2段落 1行目	B社はX県の大都市近郊に立地する。**高速道路のインターチェンジからも近く，車の利便性は良いエリアだ**	B社の流通戦略構築のうえで，高速道路の利用が可能という内容が繰り返され，強調されています。
	第7段落 2行目	B社のあるX県は，都市部と自然豊かな場所がともに存在し，**高速道路で行き来できる**	
	第4段落 6行目	**さまざまな食肉の消費機会に対応できる事業者である**	さまざまなニーズに対応できることが繰り返され，強調されています。
	第8段落 6行目	**取引先のニーズに応じて**，相手先ブランドでの食肉加工品製造を請け負うことも可能になった	
	第9段落 6行目	B社は自社工場という加工の場をもつことによって，**個々の顧客の要望に応じた納品が可能になった**	
R3	第2段落 2行目	**地元産大豆**，水にこだわった豆腐は**評判**となり，品評会でも**度々表彰された**	地元産大豆というフレーズは，強みや社長の思いと一緒に，繰り返し記述されており，今後の戦略・施策に活用できる可能性がうかがえます（第2問）。
	第4段落 4行目	**地元産大豆**にこだわった祖父と父のポリシー	
	第7段落 1行目	移動販売の開始と同時に原材料を全て**地元産大豆**に戻し	
	第10段落 14行目	**地元産大豆**の魅力を伝える全国向けネット販売といった夢	

	第2段落 2行目	地元産大豆，水にこだわった豆腐は**評判**となり，品評会でも**度々表彰された**	こだわりの商品が好評であることを示す表現は，そこに需要が存在することを示唆しており，今後の戦略・施策に活用できる可能性がうかがえます（第2問）。
	第9段落 8行目	参加者が毎年**楽しみにしている**のは炊きたての新米に，出来たての温かい豆腐を乗せ，鰹節としょうゆ，薬味の葱少々をかけた豆腐丼	
	12行目	豆腐と同じ水で炊き上げた新米との相性も合って毎年**好評**を得ていた	
	第10段落 4行目	豆腐丼を**惜しむ**声	
	9行目	リモートワークの浸透を受け，自宅での食事にこだわりを持つ家庭が増え，お得意さま意外の主婦層にも**人気**を博している	
R2	第2段落 2行目 3行目 第5段落 4行目 第7段落 4行目 第9段落 3行目	島内各所には**海と空，緑が鮮やかな絶景スポットがある** **夜は満天の星空が広がる** 一面に広がるハーブ畑は，生命力あふれる**緑の葉が海から吹く風に揺れ，青い空と美しいコントラストを生み出している** **美しい島**で栽培された **島の大自然**とハーブからもたらされる美	島の自然や美しい情景の描写が多く記載されています。第9段落のハーブを使った商品のパッケージの記述にあるように，島の美しさは顧客により美を意識させることにつながり，またこのような美しい大自然で育ったハーブという独自のストーリーが差別化ポイントとして強みとなっています。
	第7段落 2行目 4行目 第9段落 6行目 第11段落 3行目	拡大基調にある**ヘルスケア市場** **ヘルスケア製品** **ヘルスケア**に関心の高い人たち 複数の**ヘルスケア**メーカーなどから	第6段落にハーブの多様な用途の記述があるので，ヘルスケア市場の記述であることの強調だと読み取れます。それ以外の市場への広がりの可能性があることが示唆されています。
R1	第2段落 4行目 9行目 第3段落 4行目 第6段落 2行目 7行目 8行目 12行目	販促物を**デザイン**する仕事に従事した 好きな**デザイン**の仕事を **デザイン**や装飾は2人の得意とするところであり 和服に合わせて**デザイン**したジェルネイル 顧客の要望に合った**デザイン** 顧客の期待以上の**デザイン**を提案し，その**デザイン**に対する評価が高ければ，固定化につながる例も多い **デザイン**重視の顧客と	「デザイン」というフレーズが繰り返し記載されており，強みとして捉えることができます。このデザイン力を活かし，既存顧客のリピートや，新規顧客獲得につながる可能性を示唆しています。

	第2段落 2行目 6行目	**美術大学**の同級生であり，**美大**時代に意気投合した友人でもある。社長は**美大**卒業後 Ｙさんは**美大**卒業後	美術大学出身であることが何度も強調されています。美大出身で技術力やデザイン力が高いことを示唆しています。
	第1段落 10行目 第2段落 15行目 第6段落 1行目	**イベント**が毎月あり，行事が盛んな土地柄である 参加**イベント**の雰囲気に合わせて 自分の子供の**卒業式**で着用した和服に合わせてデザインしたジェルネイル	地域のイベントや行事が盛んな土地柄であることがわかります。また，30代～50代の女性は多数のイベントに列席する機会が多いため，ネイルの需要も多いと推測され，重要な顧客層となることが想像できます。

■事例Ⅲ（生産・技術）

年度	表記箇所	注目フレーズ ➡	こう読む！
R5	第8段落 2行目 第9段落 3行目 7行目 第10段落 1行目	Ｃ社の製造は，…工場管理者3名と各製造班のパートリーダーがパート従業員に**直接**作業方法を指導，監督して 製品仕様は販売先料理長がＣ社に来社し，**口頭**で**直接**指示を 生産指示や加工方法の指導などは両課長が加工室で**直接**行う 販売先料理長から**口頭**で指示される各製品の食材，使用量，作業手順などの製品仕様は，…	「直接」や「口頭」という語句が繰り返し現れ，コミュニケーション上の問題が強調されています。
	第2段落 1行目 第3段落 1行目 第13段落 4行目	Ｃ社は地方都市に立地し，温泉リゾート地にある**高級**ホテルと**高級**旅館5軒を主な販売先として，… **高級**ホテルの料理人を経験し，ホテル調理場の作業内容などのマネジメントに熟知した現経営者 Ｃ社では，季節性があり**高級**感のある和食や洋食の総菜などで，Ｘ社の既存の総菜商品との差別化が可能な商品企画を提案	「高級」という語句が繰り返し現れています。Ｃ社の強みであり，顧客も「高級」さを求めていることがわかります。
R4	第6段落 5～6行目 第7段落 2行目 4行目 第10段落 3行目	設計開始から完成までの金型製作期間は，…**長い**もので約1か月を要する 設計期間が**長く**なることもある **金型製作期間全体**に**影響**することもしばしば生じている 金型交換作業と材料準備作業など**長時間**の段取作業を一人で行っている	「長い，長時間，期間に影響」など，QCDのDに与える影響が繰り返し表現されることで，問題点（ダメな点）として強調されています。この問題点がなぜ生じるかを読解することがポイントです。

	第11段落 4行目 5行目 6行目 第17段落 6〜7行目	C社の加工**ロットサイズ**を基本に 発注**ロットサイズ**が減少 基準日程によって設定している**ロットサイズ**で加工を続け 1回の発注**ロットサイズ**は，現状のプレス加工製品と比べるとかなり小**ロット**になる	「ロット」という語句が繰り返し現れます。第3問の設問要求の「小ロット化」に向けた対応策を検討する手がかりとなります。
	第11段落 3行目 6行目 第17段落 6行目	それぞれの**基準**日程を決めて立案する **基準**日程によって設定しているロットサイズで加工を続け 納期は発注日から7日後の**設定**である	「基準」という言葉や，日程の「設定」などルールに関する言葉は，そのルールを見直すことが改善策となり得ます。
R3	第6段落 3行目 第8段落 2行目 第10段落 4行目	**生産計画**は月1回作成し，…月内でもその都度変更される **生産計画**を作成し，…欠品や過剰在庫が生じることがある **生産計画**の変更が必要となる	「生産計画」が不適切である内容が繰り返し現れます。生産計画の頻度や方法等，生産計画の問題点を解消することが必要だと考えられます。
	第4段落 1行目 第11段落 1行目 4行目 5行目 7行目 8行目 10行目 第12段落 3行目 第13段落 1行目	**熟練職人**が縫製，仕上げ加工する **熟練職人**6名が配置されている縫製工程 全体縫製では部分縫製より**熟練**を要する **熟練職人**は… 製品ごとに**熟練職人**が担当し，… 縫製工程を担当した**熟練職人**は，… 各作業者の**熟練度**を考慮して決めている 縫製工程同様手作業が多く，**熟練**を要する **熟練職人**の高齢化が進み，今後退職が予定	「熟練」という語句が繰り返し現れます。「熟練」とそうでない状態で違いが生じており，「熟練」が課題の要素を構成していると考えられます。
R2	第9段落 4行目 第10段落 1行目 第15段落 1行目	**納期の遅延**が生じC社の大きな悩みとなっている 全社的な改善活動として「**納期遅延の根絶**」を掲げ 全社的改善活動のテーマである**納期遅延の問題**	「納期遅延」という問題点が繰り返し現れます。すべての業務フローを確認し，C社に根付いている納期遅延につながる問題点を解消することが必要だと考えられます。
R1	第2段落 3行目 第6段落 3行目 5行目 第13段落 8行目	多くの金属製品や部品加工の…製品**品質**を保証する そのため…**品質**が保持されている また，機械加工も…加工**品質**が保たれている これまでの作業者スキルに頼った加工**品質**の維持ではなく	「品質」という語句が繰り返し現れます。この「品質」が課題の要素を構成していると考えられます。

第5段落 5行目 第13段落 10行目	機械加工工場では，…機能別に**レイアウト**されている 一人当たり生産性を…工程**レイアウト**設計などの工程計画を	「レイアウト」という語句が繰り返し現れます。この「レイアウト」が課題の要素を構成していると考えられます。
第8段落 3行目 5行目 6行目	両部門とも…**日程計画**を作成し 納期の短い注文については，…**日程計画**を調整，修正し 材料の調達は，**日程計画**が確定する都度発注し	「日程計画」という語句が【生産の概要】の段落中で繰り返し現れます。この「日程計画」が重要なポイントと考えられます。
第11段落 1行目 第12段落 3行目	また，この機械加工の受託生産の実施を機会に…，**後工程引取方式**を両社間の管理方式として この**後工程引取方式**は，Ｘ社自動車部品の	「後工程引取方式」という語句が繰り返し現れます。この「後工程引取方式」が課題の要素を構成していると考えられます。
第11段落 4行目 5行目 第12段落 1行目 2行目	具体的運用方法は，…Ｃ社に届く**外注かんばん**によって これら納品予定内示および**外注かんばん**は **外注かんばん**の電子データ化などの 確定受注情報となる**外注かんばん**の社内運用を	「外注かんばん」という語句が繰り返し現れます。この「外注かんばん」が課題の要素を構成していると考えられます。
第13段落 2行目 3行目 6行目 12行目	生産設備面では，…設備を増設するために**新工場**の検討を行っている Ｃ社社長は，この**新工場**計画について前向きに Ｘ社の受託生産部品だけの…量産の機械加工ができる**新工場**にする 近年の人材採用難に対応して，**新工場**要員の採用は	「新工場」という語句が【自動車部品機械加工の受託生産計画】の段落中で繰り返し現れます。「新工場」での計画が重要なポイントと考えられます。

■事例Ⅳ（財務・会計）

年度	表記箇所	注目フレーズ ➡	こう読む！
R5	第3段落 1行目 第4段落 3行目 第7段落 2行目	実店舗やネット上での同業他社との**競争激化**により販売が低迷してきており 他のメーカーが次々に新製品を市場に投入してきており，**競争が激化**している 同業他社との**競争が激化**していることもあり	既存事業は過当競争に陥っており，収益性に課題があると読みます。
R4	第1段落 3行目 第2段落 2～3行目 第4段落 6行目	総合自動車リサイクル業者として**幅広く**事業活動を行っている 順調にビジネスを**拡大**し，今では海外販売網の展開やさらなる**事業多角化**を目指している 現在の中古パーツ販売事業にもプラスの**相乗効果をもたらす**と考えている	堅調なビジネス推移を背景に，既存事業とシナジー効果のある新規事業への進出がポイントであると読みます。
R3	第1段落 7行目 第4段落 5行目 9行目	地元住民の**高齢化**や人口減少 D社が事業活動を行っている地方都市において**高齢化**が進行 移動販売事業は**高齢化**が進んでいるエリアを担当する店舗の従業員が運転および販売業務を担っている	高齢者増加の機会を捉えた事業展開がポイントであると読みます。
	第1段落 4行目 第3段落 1行目	常に**地元産の商品**にこだわり，**地元密着**をセールスポイントとして経営を行ってきた さらにD社は，**地元への地域貢献**と自社ブランドによる商品開発を兼ねた新事業に着手	地元密着での事業展開により地域貢献意欲の高い企業であると読みます。
R2	第5段落 3行目 4行目 6行目	購入者を対象にした**リフォーム事業**も手掛けている **リフォーム事業**については **リフォーム事業**の拡充を検討	どうにかして顧客との優良な関係（強み）を用いて，依頼が増えつつあるリフォーム事業（機会）の拡充を検討したい！

3. LEVEL 3 強調表現（強調語・数字・接続詞），欄外注記，別表

　強調を表す副詞や形容詞，数字，接続詞の前後には，解答構築のヒントが潜んでいる傾向が高くなっています。また，普段使わないような独特の言葉遣いにも事例企業の戦略が隠れている傾向があります。

　そして，忘れてはならないのは，欄外注記や事例Ⅳにおける財務諸表の別表など，見落とすと解答がまったく別の方向へ導かれてしまうようなものもあります。与件文に無駄な情報は一切ないと考え，隅々まで目を配りましょう。

■事例Ⅰ（組織・人事）

年度	表記箇所	注目フレーズ ➡	こう読む！
R5	第4段落 1行目	<u>しかしながら</u>，1990年代半ばになると	ここまではA社の順調な成長が記述されているため，ここから，経営悪化など悪い面の記述があることが示唆されています。
	第6段落 3行目	<u>とりわけ</u>宴会への対応においては仕事の負担が大きく，疲弊して辞めていく従業員が相次いだ	A社の離職率の高さに対して，新規募集をしても離職が続く状況が強調されています。
	第8段落 10行目	<u>とりわけ</u>接客においては，自主的に問題点を提起し解決するような風土が醸成されていた	A社の強みである互助の組織文化について，特に強みとなる組織風土について強調されています。
	第8段落 4行目	<u>他方で</u>，先代経営者の下で働いていたベテランの厨房責任者	接客リーダーへのA社経営者の信任について記述されていましたが，ここからその他の重要な従業員についての記述であることが示唆されています。
	第9段落 3行目	<u>ただ</u>，原材料の高騰がA社の収益を圧迫する要因となっていた	ここまではA社の経営の好転が記述されていましたが，ここからA社経営における問題点が記述されています。
	第9段落 4行目	<u>さらに</u>，常連である地元の顧客も高齢化し，新たな顧客層の取り込みがますます重要になっていった	先に書かれている問題点について，この後もA社の課題が続くことが強調されています。
	第12段落 4行目	<u>ただ</u>，駅構内に出店した大手外食チェーンとの価格競争は難しく，商品やサービスの差別化が必要であった	競合に対して実施した対応策が記述されていますが，ここから本来対応すべきことについての記述がされることが示唆されています。
	第12段落 8行目	<u>ただ</u>，営業時間内は厨房も接客もオペレーションに忙殺されることから	コロナ禍における対応について記述されていますが，ここから，それでも起きる問題点についての記述がされています。
R4	第3段落 1行目	<u>他方</u>，バブル経済崩壊後，贈答用の高級苺の売上高は陰りを見せ始める	外部環境の悪化について記述されています。

	第6段落 1行目	<u>他方</u>，業容の拡大に伴い，経営が複雑化してきた	ここまではA社の良い面が記述されていたため，ここからA社の問題点など悪い面が記述されることが示唆されています。
	第7段落 1行目	<u>さらに</u>，従業員の定着が悪く，新規就農者を確保することが難しかった	第6段落に記述の問題点について，この後も続くことが強調されています。
	第8段落 9行目	<u>他方</u>，ここ数年，A社では，大手中食業者への対応に忙殺されるあまり，新たな品種の生産が思うようにできていない状況であった	大手中食業者との関係性の良い面が記述されていましたが，ここから問題点など悪い面が記述されることが示唆されています。
	第10段落 12行目	着実に売上高を伸ばしてきたが，<u>一方で</u>，人手不足が顕著になってきており，生産を兼務する従業員だけでは対応できなくなりつつあった	良い面が記述されていましたが，ここから問題点など悪い面が記述されることが示唆されています。
R3	第3段落 1行目	<u>しかしながら</u>，1970年代からオフセット印刷機が普及し始めると	創業時以来順調だった経営体制が崩れ，ファブレス化を行うに至った経緯について強調して記述されています。
	第4段落 1行目	<u>さらに</u>2000年頃より情報通信技術の進化によって	次々と悪化していったことが強調されています。事業存続のために，大きな経営判断が求められたと類推されます。
	第8段落 7行目	<u>しかしながら</u>，新たな事業の案件を獲得していくことは難しかった	事業拡大の欠点について強調されています。
	第8段落 12行目	印刷物を伴わない受注を増やしていくのに<u>大いに苦労している</u>	新事業の受注獲得が，A社にとって大きな課題となっていることが強調されています。
R2	第2段落 1行目 第3段落 2行目	A社の売上のうち<u>約2億円</u>は昔ながらの酒造事業によるものであるが，残りの<u>3億円</u>はレストランと土産物店の売上である 戦後の最盛期には酒造事業で年間<u>2億円以上</u>を売り上げていた。しかし，〜A社の売上高も<u>半分近く</u>に落ち込んでしまった	昔ながらの酒造事業によるもの以上に，レストランと土産物店などの自社店舗での直販による売上が大きいことがわかります。また，落ち込んだ酒造事業の売上を，買収後に約2倍に回復させたことがわかります。
	第5段落 1行目	インバウンドブームの前兆期ともいえる当時，〜老舗ブランドは魅力的であるし，それが地域の活性化につながっていくといった<u>確信が買収を後押しした</u>	老舗ブランドを活用してインバウンドブームを捉え，地域の活性化につなげるために買収したことを「確信」という強い表現で表しています。
	第12段落 2行目	経営の合理化を進めるとともに，優秀な人材を活用して地元経済の活性化にも大いに貢献してきたという自負がある。<u>しかしながら</u>，A社の人事管理は，〜前近代的なものであることも否めない	A社は経営の合理化を行い，優秀な人材を活用してきましたが，人事管理については，前近代的で改善の余地があることを示唆しています。

		注目フレーズ	こう読む！
R 1	第2段落 2行目	その**ほとんど**は正規社員である	A社の従業員の大半が正規社員である ことを強調しています。
	第3段落 5行目	**しかし**，1980年代半ばに公企業 の民営化が進んだ頃から向かい 風が吹き始め	これまで順調に拡大してきた事業が， 外部環境の変化によって逆境になった ことを示唆しています。第1問を考え るうえでの前提条件となります。
	第3段落 12行目	**とはいえ**，売上も現在の倍以上 あった上，一新入社員に過ぎな かったA社長に際立った切迫 感があったわけではなく	経営の根幹が揺らぎつつあるにもかか わらず，A社長の危機意識が低いこと が示唆されています。
	第5段落 1行目	**長年**にわたって問題視されてき た高コスト体質の見直し	これまで問題視されてきたにもかかわ らず，A社として対応をしてこなかっ たことを強調することで，危機意識の 低さを示唆しています。
	第8段落 2行目	新規事業を必要とする市場の開 拓は**もちろん**，販売チャネルの 構築も不可欠	新規事業の拡大の必要要件として，市 場の開拓と販売チャネルの構築の両方 があるということを強調しています。

■事例Ⅱ（マーケティング・流通）

年度	表記箇所	注目フレーズ	こう読む！
R 5	第10段落 1行目	**しかし**，2000年代に入ると，付 近にサッカーやバスケットボー ル用品の専門店が相次いで開業 し，過当競争になった。…**また**， 数年前には自動車で15分ほどの 場所に，大型駐車場を備えてチ ェーン展開をしている大型スポ ーツ用品量販店が出店した	2つの接続詞が重ねられており，競合 が相次いで出現したことがわかります。
	第13段落 3行目	各チームの監督ともB社で購入 することを**なかなか**強く言えな くなっている	価格面での弱みを自社で解決しなくて はいけないことがわかります。
	第15段落 1行目	**さらに**，野球をやりたいという 子どもの確保も各チームの課題 となっている	前段落に重ねて，B社の脅威となる可 能性がある外部の要因が述べられてい ます。
	第18段落 1行目 第19段落 1行目 第20段落 1行目 第21段落 1行目	**第1に**，総合的な… **第2に**，各少年野球チームの… **第3に**，女子の軟式野球が… **第4に**，インターネットの活用 の…	第17段落で「次のような事業内容の見 直しをすることとした。」とあり，それ がわかりやすく連続で記載されていま す。確実に社長の思いを汲み取りまし ょう。

R4	第3段落 2行目	当時の食肉消費拡大の波に乗って<u>順調</u>に売り上げを伸ばしたB社は，1960年代に入ると，食肉小売事業に加え，地域の百貨店や近隣のスーパーなどの大型小売業へ食肉を納入する事業を手がけるようになった	B社の経営が拡大してきた様子がわかります。
	第4段落 2行目 3行目	百貨店やスーパーを取引先としてきたこともあって，B社の商品はクオリティの高さに<u>定評</u>がある。仕入れ元からのB社に対する<u>信頼も厚く</u>，<u>良い食肉</u>を仕入れられる体制が整っているB社は，百貨店向けには贈答用を含めた<u>最高級品質の食肉や食肉加工品</u>の販売を行い	B社の商品（食肉や食肉加工品）のクオリティの高さがうかがえます。
	第6段落 2行目	こうした経営環境の変化を前に，B社社長は，直営の食肉小売店での販売と百貨店やスーパーを主要取引先とする商売を続けていくことに<u>危機を感じた</u>	B社社長が事業内容の見直しの必要性を強く意識したことが強調されています。
	第10段落 3行目	折からのインバウンド需要の拡大を受け，ホテル・旅館との取引は<u>絶好調</u>であった	コロナ禍前のインバウンド需要の拡大により，取引に好影響を与えていたことが強調されています。
	第11段落 1行目 3行目	<u>ところが</u>，国内での新型コロナウイルス感染症の発生を受け，ホテル・旅館や飲食店などを主要取引先とするB社の経営は<u>大打撃を受けた</u> B社の2020年度の売り上げは，2019年度の<u>およそ半分</u>となった	コロナ禍の影響が非常に大きかったことが強調されています。
	第11段落 7行目	東京オリンピック・パラリンピックのために積み増した冷凍在庫をさばくため，B社は大手ネットショッピングモールに出店し，焼肉用やステーキ用として冷凍肉の販売も試してみた。しかし，コロナ禍で同じことを考えた食肉販売業者は多く，B社紹介ページはネット上で<u>埋もれ</u>，<u>消費者の目にはほとんど留まらないようだった</u>	競合が多数おり，大手ネットショッピングモールでの販売が失敗したことが強調されています。
	第11段落 8行目 10行目	B社にとって<u>せめてもの救い</u>は，直営の食肉小売店であった コロナ禍の巣ごもり需要拡大の影響で，開業以来，とくに何の手も打って来なかった食肉小売店での販売だけが<u>急上昇した</u>	コロナ禍の巣ごもり需要拡大により，食肉小売店の販売が伸びたことが強調されています。

	第12段落 1行目 4行目	B社社長はこの2年以上，コロナ禍で長期にわたって取引が激減しているホテル・旅館や，続々と閉店する飲食店を目の当たりにしてきた もちろんB社の販売先の多くはまだ残っているが，コロナ収束後，これらの事業者がすぐにコロナ前の水準で取引してくれるようになるとはとても思えずにいる	コロナ禍の影響が大きく，ホテル・旅館との取引が減り，飲食店が多数閉店したことが強調され，事業の再構築の必要性が示唆されています。
R3	第6段落 3行目	売上の早期回復のために移動販売はフランチャイズ方式を採用した	売上回復が喫緊の課題であったことがうかがえます。
	第7段落 1行目	移動販売の開始と同時に原材料を全て地元産大豆に戻し，品揃えも大幅に見直した。手頃な価格の絹ごし豆腐，木綿豆腐の他，柚子豆腐，銀杏豆腐などの季節の変わり豆腐も月替わりの商品として加えた。新商品のグラム当たり単価はいずれもスーパーマーケットの高価格帯商品よりも高く設定した。	移動販売を拡大する際に，活用できそうな経営資源（高単価商品）が明示されています（第3問）。
	第8段落 10行目	ただし若年層にはIMによるテキストでのやり取りの方が好まれ	若年層に対するコミュニケーションツールが明示されています（第4問）。
	第10段落 1行目	しかしながら，新型コロナウイルス感染症のまん延に伴い，以降，試食を自粛した	B社の脅威に関する記述です（第1問）。
	第10段落 5行目	全国に多数展開される豆腐ECサイト	B社の脅威に関する記述です（第1問）。
	第10段落 10行目	この商品のヒットもあり，何とかもちこたえてきたものの，移動販売の売上は3割落ち込んだままである	移動販売における売上回復が喫緊の課題であることがうかがえます（第3問）。
R2	第2段落 4行目	ただし島では，若年層の人口流出や雇用機会不足，人口の高齢化による耕作放棄地の問題，農家所得の減少などが深刻化し，地域の活力が低下して久しい	「ただし」の後のX島の窮状を打開するためB社を設立しています。社長の思いに通じる記述です。
	第4段落 4行目	とくに高齢者は普段からおひたしや酢みそあえにして食べる	古くからの風習を強調しています。第4問のヒントとも考えられます。
	第5段落 2行目	しかし，社長は農業試験場の支援を得て実験を繰り返し，無農薬で高品質のハーブが同じ耕作地で年に4～5回収穫できる効率的な栽培方法を開発した	第1問，B社の強みとなっている栽培方法に関する記述です。

	第7段落 2行目	消費者の健康志向を背景にますます拡大基調にあるヘルスケア市場では	第1問の機会であるヘルスケア市場が拡大基調であることの強調です。
	第9段落 5行目	とくにヘルスケアに関心の高い人たちから，このハーブが島の顔として認知されるようになってきた	ハーブの認知度が高まってきましたが，限定的であることを示唆しています。第1問の弱みに関連しています。
	第11段落 5行目	しかし，取引が成立しても，Z社との取引に比べるとまだ少量であり，B社の事業がZ社との取引に依存している現状は変わらない	第1問，弱みとなるZ社への依存についての記述です。
R1	第1段落 6行目	X市は県内でも有数の住宅地であり，中でも商店街周辺は高級住宅地として知られる	「有数の」という表現からも高級住宅地をイメージでき，新規顧客の候補となる可能性があります。
	第2段落 4行目	特に在職中から季節感の表現に定評があり，社長が提案した季節限定商品のパッケージや季節催事用のPOPは，同社退職後も継続して利用されていた	「特に」以降の一文が強調されています。退職後も「継続して」利用されていることから，季節感の表現力が強みと読み取れます。
	第2段落 18行目	要領を得てからは持ち前の絵心で技術は飛躍的に向上した	ネイリスト経験はなかったが，持ち前の絵心で競争優位に立てるほどの技術力を身につけたと読み取れます。
	第7段落 5行目	B社社長は，これまで自宅から近いことを理由に来店していた顧客が大幅に流出することを予想した	近さ重視の約半数の顧客層を失う可能性があり，流出を食い止める施策か，減少する顧客数を補うための新規顧客獲得の施策が必要と読み取れます。

■事例Ⅲ（生産・技術）

年度	表記箇所	注目フレーズ ➡	こう読む！
R5	第3段落 5行目	増加する訪日外国人観光客の集客を狙って，地元食材を使った特色のあるメニューを提供する傾向が強まっているが，その一方で材料調達や在庫管理の簡素化などによるコスト低減も目指している	課題が強調されています。
	第15段落 1行目	C社社長は，この新規事業に積極的に取り組む方針	C社社長の新規事業への「想い」が強調されています。
R4	第11段落 4～6行目	C社で生産した全量を受領して，発注元で在庫対応していた。しかし，最近は発注元の在庫削減方針によって発注ロットサイズが減少している	環境変化が生じていることが示されています。

331

	第11段落 6～7行目	ただC社では，基準日程によって設定しているロットサイズで加工を続け，確定受注量以外はC社内で在庫している	環境変化に対応できておらず，生じている問題が示されています。
	第12段落 2行目	情報の交換と共有はいまだに紙ベースで行われている	前近代的なことを強調し，IT活用できていない弱みを表しています。
	第16段落 2～3行目	ただC社社長は，今後高価格な製品に拡大することも期待している	社長の「想い」が強調されています。
	第17段落 6～7行目	1回の発注ロットサイズは，現状のプレス加工製品と比べるとかなり小ロットになる	C社の弱みであるロットサイズが大きい点を強調しています。
R3	第5段落 2行目	ただ，製品デザイン部門には新製品の企画・開発経験が少ないことに不安がある	C社の弱みを表しています。
R2	第3段落 1行目	特に鏡面仕上げなどステンレス製品の表面品質にこだわり	C社の強みを表しています。
R1	第2段落 3行目 5行目	金属熱処理とは，…重要な基盤技術である 金属材料を加熱する…特殊な技術の蓄積が必要である	C社の強みとなるポイントを「重要な」や「特殊な」という強調語で表現していることが読み取れます。
	第4段落 4行目	その後…C社売上高に占めるX社の割合は20%までになっている	X社の割合が多いと考えられていることが読み取れます。
	第8段落 7行目	材料在庫は受注分のみである	材料在庫が受注分のみであることの確認が重要であることが考えられます。

■事例IV（財務・会計）

年度	表記箇所	注目フレーズ ➡	こう読む！
R5	第5段落 2行目 第6段落 2行目	男性向けアンチエイジング製品は，これまでD社では扱ってこなかった製品分野であるが，バイオテクノロジーを用いて，同製品の基礎研究を進めてきた当該男性向けアンチエイジング製品は，今までにない画期的な製品であり，市場の状況が見通せない状況であるため	収益性に課題のある既存事業依存からの脱却のため，新製品開発戦略を進めていると読みます。
R4	第6段落 1行目	なお，従業員数はD社が53名，同業他社23名である。	与件文の最後にわざわざ記述されており，人数が2倍程度の大きさとなっているため，生産性が低いことを予想します。
R3	第4段落 10行目	D社では当該事業への対処も重要な経営課題となっている	不採算事業である移動販売事業への対処が経営課題であることがわかります。

R2	第2段落 7行目	<u>一方</u>，丁寧な顧客対応のための費用負担が重いことも事実	販管費が高いのなら，売上高営業利益率は低い可能性があり，指摘するときの根拠に成り得ます。
	第3段落 6行目	<u>特に</u>，ステーキ店については，前期から2期連続で営業利益がマイナス	営業利益が赤字であるということは，こちらでも売上高営業利益率が低いことがわかります。
R1	第4段落 3行目	<u>とくに</u>，当期は一部の分譲住宅の販売が滞ったことから事業部の損益は赤字となった	当期損益の赤字要因が明確に示されています。

4. LEVEL 4　顧客ニーズ，伸ばすべき強み，解決すべき課題や問題点，環境変化により求められている要求

　顧客ニーズや今後の課題，求められている要求などは，解答の方向性を導くうえで重要なポイントです。与件文に明確に書かれていても，読み飛ばしてしまったり，解答の方向性の検討から漏れてしまった経験はありませんか？　試験問題では，事例企業に関する情報は与件文に書かれたものがすべてです。事例企業が何を求められているのかを強く意識し，解答構築に活用しましょう。

■事例Ⅰ（組織・人事）

年度	表記箇所	注目フレーズ ➡	こう読む！
R5	第4段落 4行目	厨房を担当していた数名の正社員も**独立**するようになり，重要な役割を担う正社員の**離職**も相次いだため，一時的に従業員は家族とアルバイトだけとなり，**サービスの質の低下**を招いていった	A社でも離職率の高い時期があったが，それを克服した経緯が記載されており，X社の現状の課題である高い離職率に対しても同様の施策が必要と考えられます。それにより，サービスの品質が向上することが読み取れます。
	第8段落 9行目	チームとして相互に助け合う土壌が生まれ，**従業員が定着**するようになった	
	第12段落 9行目	仕事がきついことを理由に**離職率が高く**，常にアルバイトを募集する必要があった	
	第7段落 5行目	**商品とサービスの質を高めることで，差別化**を行った	A社が経営改善に至った施策が記載されており，X社の経営立て直しにも同様の施策での対応が求められていると読み取れます。
	第12段落 4行目	大手外食チェーンとの価格競争は難しく，**商品やサービスの差別化が必要**であった	
	第8段落 9行目	チームとして相互に**助け合う土壌**が生まれ，従業員が定着するようになった。とりわけ接客においては，**自主的に問題点を提起し解決するような風土**が醸成されていた	A社の組織文化の強みが記載されている一方で，X社の組織文化が対比される形で記載されており，これは，解答の中で解決されるべきだと読み取れます。
	第11段落 8行目	厨房，接客，管理の従業員は担当業務に専念するのみで**横のつながりが少なく**，淡々と**日々のルーティンをこなしている状況**であった	

R4	第6段落 1行目 3行目 6行目	現経営者は職人気質で，**仕事は見て盗め**というタイプであった しかし，**従業員間で明確な役割分担がなされていなかった** 繁忙期は従業員総出でも**人手が足りず**，パート従業員をスポットで雇用して対応する一方，閑散期は逆に**人手が余る**ような状況であった	A社の育成制度，ワークライフバランス，新規就業者の確保，モチベーションの維持など，人的管理制度における問題点が多数記述されています。これらは，解答の中で解決されるべきだと読み取れます。
	第7段落 1行目 3行目 5行目 6行目	さらに，**従業員の定着が悪く**，新規就農者を確保することが難しかった **新参者**が地域の農業関係者の中に溶け込み関係をつくることも難しかった **帰属意識の高い従業員を確保**することが難しかった **長く働き続けてくれる人材**の確保は容易ではなかった	
	第8段落 10行目 第10段落 12行目 14行目	大手中食業者への対応に忙殺されるあまり，**新たな品種の生産**が思うようにできていない状況であった この分野は，**着実に売上高を伸ばしてきた**が A社は，今後も地域に根ざした農業を基盤に据えつつ，**新たな分野に挑戦**したいと考えている	A社は新たな分野にも挑戦したいと考えており，その分野の売上も着実に伸びていることがわかります。
R3	第5段落 10行目 11行目 14行目	**多工程にわたり高品質，高精度な印刷を必要とする**美術印刷の分野にのみ需要を絞る **高度で手間のかかる小ロットの印刷，出版**における事業を幅広く展開できるようになった **高精度な仕上がりが求められる分野**において需要を獲得	高精度な印刷に対する顧客ニーズがあることが読み取れます。また，多工程や小ロットといった手間のかかるものにも顧客ニーズがあることがわかります。事業を成功させる機会になると推測されます。
	第8段落 8行目	**新たな事業を既存の顧客に訴求するためには，新規の需要を創造**していくことが求められた	新事業を展開したものの，現状では顧客ニーズがない市場であったことが読み取れます。新事業を継続するのであれば，ニーズの創造または市場の再検討が課題だと推測されます。
	第10段落 2行目	3代目は特に**営業活動を行わず**，主に初代，2代目の経営者が開拓した地場的な市場を引き継ぎ，既存顧客からの紹介や口コミを通じて新たな顧客を取り込んできたが，**売り上げにおいて目立った回復のないまま現在に至っている**	売上が回復していない状況から，営業活動を行うことが課題であると考えられます。

R2	第5段落 1行目	インバウンドブームの前兆期ともいえる当時，日本の文化や伝統に憧れる来訪者にとっても，200年の年月に裏打ちされた老舗ブランドは魅力的であるし，それが地域の活性化につながっていくといった確信が買収を後押しした	強みである老舗ブランドを活用することにより，インバウンドブームという外部環境の機会を捉えて，A社長の祖父のニーズである地域の活性化に貢献しようとしたことがわかります。
	第6段落 1行目	幼少時から祖父の跡を継ぐことを運命づけられ，自らも違和感なく育ってきたA社長は金融機関を退職し帰郷した。経営実務の師となる祖父の下で，3年近くに及ぶ修行がスタートした。酒造りは，経営顧問と杜氏，そしてベテランの蔵人たちから学んだ	A社長を後継者として徐々に教育することが必要だったと読み取れます。
	第8段落 4行目	A社長にとって経験のないレストラン経営や売店経営は，祖父に教えを請いながら徐々に仕事を覚えていった	
	第12段落 3行目	A社の人事管理は，伝統的な家族主義的経営や祖父の経験や勘をベースとした前近代的なものであることも否めない。〜企業グループ全体のバランスを考えた人事制度の整備が必須である	A社および企業グループ全体の人事制度の整備が課題であることが読み取れます。
R1	第4段落 3行目	A社長にとって，存続問題は現実のものとなっていた。そこで，自らが先頭に立って自社製品のメンテナンスを事業化することに取り組んだ	環境変化によって存続の危機にあったA社にとって，新規の事業を行うことが求められていたことがわかります。
	第4段落 11行目	その上，新しい事業に取り組むことを，古き良き時代を知っている古参社員たちがそう簡単に受け入れるはずもなかった	新規事業に取り組むA社にとって，新規事業に対する古参社員の受け入れ性の低さが課題となることが読み取れます。
	第7段落 1行目	自社のコアテクノロジーを「農作物の乾燥技術」と明確に位置づけ	乾燥技術がA社にとっての伸ばすべき（伸ばしたい）強み＝コアテクノロジーであることを示唆しています。
	第8段落 2行目	新規事業を必要とする市場の開拓はもちろん，販売チャネルの構築も不可欠である	新規事業の拡大を実現するにあたり，市場の開拓と販売チャネルの構築が課題であることが読み取れます。

■事例Ⅱ（マーケティング・流通）

年度	表記箇所	注目フレーズ ➡	こう読む！
R5	第16段落 1行目	他には，チームやそのメンバーのさまざまなデータ管理についても，たとえばスマートフォンを使って何かできないかとB社は相談を受けていた	明らかな顧客ニーズがあります。
	第17段落 1行目	2代目社長は，ICT企業に勤めている30代の長男がB社を事業継承する決意をして戻ってくるのを機に，次のような事業内容の見直しをすることとした	ICT企業に勤めていた長男はIT関係に詳しいことが予想され，IT活用の問いがあった場合は必ずこの強みを活用する必要があるといえます。
R4	第7段落 3行目 6行目	また，野菜・果物・畜産などの農業，漁業，機械や食品などの工業，大型ショッピングセンターなどの商業，観光サービス業がバランスよく発展している　山の幸，海の幸の特産品にも恵まれ，大規模な集客施設もあれば，四季それぞれに見どころのある観光エリアもあり，新たな取引先探しには事欠かなかった	畜産などの農業など，新商品開発のために生かせる地域資源があること，観光エリアが販路となる可能性があることが推測されます（第2問）。
	第8段落 6行目	また，取引先のニーズに応じて，相手先ブランドでの食肉加工品製造を請け負うことも可能になった	取引先のニーズに応じた食肉加工品製造ができるようになったのは生かせる強みだと考えられます（第2問）。
	第9段落 7行目 8行目	B社は自社工場という加工の場をもつことによって，個々の顧客の要望に応じた納品が可能になった　最近では，飲食店に対してメニュー提案を行ったり，その半加工を請け負ったりすることも増えている	個々の顧客の要望にきめ細かく合わせて自社加工し，納品できることは大きな強みだと考えられます（第4問）。
	第13段落 4行目 6行目	中小企業診断士との対話を重ねていくうち，B社社長は自社の売り上げが他社の動向に左右されていることに気づき，今後はB社自身が最終消費者と直接結びつく事業領域を強化すべきであると納得するに至った　B社社長は，自社の強みを生かした新たな事業展開ができるよう，中小企業診断士にさらなる助言を求めた	解決すべき課題として明示されています（第4問）。
R3	第9段落 12行目	同市の年齢分布を踏まえると主婦層の顧客が少ないという課題を抱えつつ	解決すべき課題として明示されています（第4問）。

	第10段落 1行目	新型コロナウイルス感染症のまん延に伴い，以降，**試食を自粛**した。また，**人的接触を避ける**ために，駐車場での販売から**戸別販売への変更**を希望したり，**戸別訪問を断っ**たりする顧客が増えてきた。収穫祭では収穫体験のみを実施し，**室内での食事会を中止**した	感染症のまん延により迫られている要求が明示されています（第1問）。
	第10段落 4行目	その際に，**豆腐丼を惜しむ声が複数顧客より寄せられた**	豆腐丼に需要があることがうかがえます（第2問）。
	第10段落 7行目	顧客が豆乳とにがりを混ぜ，蒸し器で仕上げる**手間のかかる商品**であるが，出来たての豆腐を味わえる。リモートワークの浸透を受け，自宅での食事にこだわりを持つ家庭が増え，**お得意さま以外の主婦層にも人気**を博している	「手作り豆腐セット」は手間のかかる商品であるが，自宅での食事にこだわりを持つ家庭の増加によって，需要が拡大していることがうかがえます（第2問）。
	第10段落 10行目	**移動販売の売上は3割落ち込んだままである**	解決すべき課題として明示されています（第3問）。
R2	第2段落 4行目 第3段落 2行目	島では，**若年層の人口流出や雇用機会不足，人口の高齢化による耕作放棄地の問題，農家所得の減少**などが深刻化し，**地域の活力が低下して久しい** こうした**島の窮状を打開**したい	LEVEL3と同様，解決すべき地域の課題であり，この窮状を打開することがB社社長の思いです。
	第4段落 5行目	社長はこのハーブの本格的な栽培に取り組み，**島の新たな産業として発展させよう**と考えた	上記の課題解決のための方策です。
	第6段落 4行目	社長は，この**ハーブと島の知名度が大消費地では著しく低い**ことを痛感し	製品の売上を上げるためにはハーブや島の知名度を上げることが必要だと示唆されています。
	第7段落 3行目	Z社は当時，希少性と効能を兼ね備えた差別的要素の強いヘルスケア製品の開発可能性を探っており，美しい島で栽培された**伝統あるハーブが有するアンチエイジングの効能**と社長の**高品質かつ安全性を追求する姿勢**，**島への思い入れ**を高く評価した	これら全てがB社の伸ばすべき強みであることが示されています。
	第11段落 6行目	**B社の事業がZ社との取引に依存している現状は変わらない**	Z社依存は解決すべき問題であることがわかります。
	第12段落 1行目	社長は**自社ブランド製品の販売に再びチャレンジしたいという思い**や，**島の活性化への思い**がさらに強くなってきた	島の活性化は解決すべき問題であり，そのために自社ブランド製品の販売によって知名度を上げることが必要だと考えられます。

R1	第4段落 9行目	ただし，**言葉で伝えるのが難しいという顧客もおり，好きな絵柄やSNS上のネイル写真を持参する場合も多くなっている**	顧客の独自のデザイン要求に合わせてアートオプションの追加を促せることを示唆しています。
	第6段落 13行目	**オプションを追加する顧客は少なく**，力を発揮したい2人としてはやや物足りなく感じている	オプションを追加し，客単価を高めていきたいことを示唆しています。

■事例Ⅲ（生産・技術）

年度	表記箇所	注目フレーズ ➡	こう読む！
R5	第3段落 4行目	近年，販売先のホテルや旅館では，増加する訪日外国人観光客の集客を狙って，**地元食材を使った特色のあるメニューを提供する傾向が強まっているが**，その一方で**材料調達や在庫管理の簡素化などによるコスト低減も目指している**	既存顧客のニーズと解決すべき課題が読み取れます。
	第13段落 3～4行目	X社では，各店舗の売上金額は増加しているが，**総菜コーナーの売上伸び率が低く**，X社店舗のバックヤードでの調理品の他に，**中食需要に対応する総菜の商品企画を求めている**	X社の問題点とニーズが読み取れます。
	第15段落 1～2行目	C社社長は，この新規事業に積極的に取り組む方針であるが，**現在の生産能力では対応が難しく**，工場増築などによって生産能力を確保する必要があると考えている	新規事業を進めるうえでの問題が読み取れます。
R4	第2段落 3～4行目	**難易度の高い金型製作技術の向上に努めて，ノウハウを蓄積してきたため，コスト低減や生産性向上に結びつく提案などが可能である**	「ノウハウ」「蓄積」は経路依存性のある持続的競争優位です。経営戦略を検討するうえで活用します。
	第3段落	近年は観光需要で受注量は毎年増加していたが，2020年からの新型コロナウイルス感染拡大による外国人の新規入国規制や，外食産業の営業自粛による**影響を受けて減少している**	得意先の業界における外部環境変化を受け，新規販路の開拓が必要と示唆しています。

	第8段落	プレス加工技術にも習熟するベテラン技能者が担当しているが, **高齢化**している。担当者は, 金型の修理や改善作業も兼務し, 製品の品質や製造コストに影響を及ぼす重要なスキルが必要なことから, **若手の養成**を検討している	C社の強みである技術力を将来も活用していくために, 若手職人の養成が課題であることがわかります。
R3	第3段落 2行目	自社ブランド製品が旅行雑誌で特集されて, **手作り感のある高級仕様が注目**された	手作り感ある高級仕様製品の顧客ニーズが読み取れます。
	第3段落 8行目	現在自社ブランド製品は25アイテム, C社売上高の20%程度ではあるが, **収益に貢献**している	売上高の割合が大きくなくても, 収益に貢献している状況から, 自社ブランド製品は伸ばすべき強みであることがわかります。
	第13段落 2行目	**若手職人の養成**を行っている。その方法として, 細分化した作業分担制で担当作業の習熟を図ろうとしているが, バッグを一人で製品化するために必要な**製造全体の技術習熟が進んでいない**	C社が若手職人の養成を必要としているが, 思うように進んでおらず, 解決すべき課題であることがわかります。
R2	第4段落 3行目	**特殊加工と仕上げ品質が要求される**ステンレス製モニュメント製品の受注活動を始めた	ステンレス製モニュメント製品の顧客ニーズが読み取れます。
	第5段落 1行目	**近年の都市型建築の増加に伴い**製作依頼が増加している	外部環境の機会と読み取れ, 今後のC社の戦略の方向性に関わります。
	第5段落 3行目	モニュメント製品は～付加価値が高いため, **今後も受注の増加を狙っている**	C社が今後事業を拡大していきたいことがわかります。
R1	第10段落 2行目	その内容は, …C社では初めて**の本格的量産機械加工になる**	顧客にとっては重要な機会であることが読み取れます。
	第13段落 3行目	C社社長は, この新工場計画について前向きに検討を進める考えであり, **次のような方針を社内に表明している**	これ以降続く文に, C社にとっての重要な課題が記載されていると考えられます。

※事例Ⅲでは, 生産における問題点が明確に書かれており, その問題点と対策を合わせて解答へ盛り込むことが多い傾向にあります。

■事例Ⅳ（財務・会計）

年度	表記箇所	注目フレーズ ➡	こう読む！
R5	第6段落 4行目 第7段落 3行目	市場の状況が見通せない状況であるため, **慎重な検討を要する**と考えている **早急にこの設備投資に関する意思決定**を行うことが求められている	解決すべき課題が明示されています。

R4	第5段落 1行目	中古車販売事業が当面，**海外市場を中心とすること**や**当該事業のノウハウが不足していること**	解決すべき課題が明示されています。
R3	第1段落 9行目	顧客獲得競争に苦戦を強いられ，徐々に**収益性も圧迫**されてきている。	問題点が明示されています。
	第2段落 1行目	**レジ待ち時間の解消**による顧客サービスの向上と**業務効率化**による人件費削減	解決すべき課題が明示されています。
	第4段落 2行目	これらの事業は，主な事業との親和性や**シナジー効果**などを勘定して展開されてきたものである	シナジーを考慮した効率の良い事業展開を，強みであると読みます。
R2	第2段落 3行目 6行目 7行目	引き渡し後に問題が生じた際，**迅速に駆け付けたいという経営者の思い** **地域に根差した企業**として評判が高く 丁寧な顧客対応のための費用負担が重いことも事実であり，**顧客対応の適正水準について模索**を続けている	顧客対応費を単に削減するのではなく，この顧客対応能力や評判という強みを活かした，より付加価値が高い投資案や事業展開を提案することが必要です。
	第3段落 7行目	業態転換や**即時閉店**も含めて対応策を検討している	早急な対策案の検討評価の必要性。
	第4段落 1行目	取締役の業績は各事業セグメントの当期 ROI（**投下資本営業利益率**）によって**評価**されている	利益率重視になってしまうが，それだけでいいのか？と疑問視します。
	第5段落 4行目	リフォーム事業については，高齢化の進行とともに，バリアフリー化を主とするリフォームの依頼が増えている。同社は，これを**事業の拡大を図る機会ととらえ**，これまで構築してきた**顧客との優良な関係を背景に，リフォーム事業の拡充を検討している**	顧客との優良な関係（強み）を用いて，依頼が増えつつあるリフォーム事業（機会）の拡充を図ることで，顧客対応費を削減せずに適正水準にできる可能性。
R1	第3段落 2行目 3行目 4行目	一方で**円安や自然災害による建材の価格高騰**などによって業績は低迷している 今後は**着工戸数の減少**が見込まれており，地域の中小工務店等ではすでに厳しい状況が見られている 建材市場においては**メーカーと顧客のダイレクトな取引**（いわゆる中抜き）**も増加**してきており	脅威が明示されています。その脅威が及ぼす影響範囲と当事者を特定します。

	第3段落 6行目	さらなる売上の増加のために，地域の工務店等の取引先と連携を深めるとともに質の高い住宅建築の知識習得および技術の向上に努めている	強みが明示されています。
	第3段落 8行目	建材配送の小口化による配送コストの増大や非効率な建材調達・在庫保有が恒常的な収益性の低下を招いていると認識している	解決すべき問題点が示されています。
	第3段落 10行目 第4段落 4行目	現在，よりタイムリーな建材配送を実現するため，取引先の了解を得て，受発注のみならず在庫情報についてもEDI（Electronic Data Interchange，電子データ交換）を導入することによって情報を共有することを検討中である 経営者は，この事業部について，多様な広告媒体を利用した販売促進の必要性を感じているだけでなく，新規事業開発によってテコ入れを図ることを検討中である	経営者の想いと方向性が示されています。

※事例Ⅳでは，「顧客ニーズ，強み，課題，求められているもの」が解答に使える場合と，それらの対応策が直接問題で問われている場合とがあります。また，「顧客ニーズ」は応えることができていれば強みとなりますが，応えることができていなければ弱みとなります。

5.　LEVEL 5　ニュアンスを読み取る

　ここでは，多少国語の読解力が必要となる表現や言い回し，ニュアンスを読み取るポイントを紹介します。難易度が高く複数解釈が考えられ，幾通りもの模範解答を生み出すような表現も含まれます。ポイントは，最も妥当な解答の方向性を導き出すために，頭を柔らかくし，前後の文章を総合的に検討して，事例企業の問題点や課題とあるべき姿とのギャップを検討することです。

■事例Ⅰ（組織・人事）

年度	表記箇所	注目フレーズ　➡	こう読む！
R5	第11段落 6行目	この食品卸売業者は，地元産の高品質な原材料をも扱う生産者と直接取引をしていた	A社の抱える弱みである原材料の仕入れ先について，X社の仕入れ先は強みであることがわかり，経営統合後のシナジーにつながることが推測されます。
R3	第8段落 11行目	印刷物を伴わない受注を増やしていくのに大いに苦労している	印刷を伴わない受注が少ないという点から，印刷部門の売上構成比が高いことが推測されます。
	第10段落 1行目	2代目経営者の事業変革によって，印刷部門5名とデザイン部門10名の2部門体制で事業を行うようになり，正社員は15名を保っている	正社員15名のうち，売上構成比の高い印刷部門の人員が5名しかいない状況から，組織体系や全社的な一体感に課題があると推測されます。
R2	第11段落 2行目	若き執行役員である。～直販方式の導入によって本業の酒造事業の売上を伸長させた人材であり，杜氏や蔵人と新規事業との橋渡し役としての役割も果たしている	若き執行役員は，直販方式の導入によって酒造事業の売上を伸長させるために，杜氏や蔵人と新規事業との橋渡し役を担っていたことがわかります。橋渡し役として必要な能力を類推し，第3問の解答の要素とします。
	第11段落 6行目	総務担当責任者も前任のベテラン女性事務員と2年ほど共に働いて知識や経験を受け継いだだけでなく，それを整理して情報システム化を進めた	受け継いだ知識や経験を整理して情報システム化を進める場合，どのような整理をしたのかを1次知識を使い類推します。

■事例Ⅱ（マーケティング・流通）

年度	表記箇所	注目フレーズ ➡	こう読む！
R5	第2段落 1行目	B社はX県の都市部近郊に立地する。付近にはJRと大手私鉄が乗り入れている駅があり、<u>交通の便がよいため、住宅地が広がり</u>、戸建てやアパート、マンションなどから構成されている。<u>駅前は商店が多く、スーパーを中心に各種専門店や飲食店などがあり、買い物も便利でにぎわっている</u>	B社の店舗は駅付近にあり、地域にも賑わいがあるため、そもそも人がいないために顧客が少ない、といった企業の悩みはないことがわります。
	第3段落 1行目	また、B社のある町の中には幹線道路が通っていて、自動車での移動も便利である。<u>すぐ近くには大きな河川があり、河川敷がスポーツ施設として整備され、野球場、サッカー場、多目的広場などがある。近隣の競合社会人野球チームがここを借りて練習しているということで地域住民の野球熱が高く、野球場の数も通常の河川敷に比べるとかなり多い</u>	近隣にはスポーツをする環境が整っており、顧客および顧客予備軍がたくさんいることを読み取ってください。また、野球場がたくさんあることや社会人野球チームがあるため、プロモーション施策に活用できるかもしれない、という見当をつけておくことも必要です。
	第15段落 1行目	従来のようにポスターを貼ったりチラシを配布したりするといった募集活動に加え、<u>SNSを用いた募集活動への対応がある</u>	従来はポスターなどで募集活動をしていたが、これから（まだあまり対応されていないが）SNSを用いた募集活動をすべき、と読みます。
R4	第2段落 3行目	B社の周辺には、大規模な田畑を所有する古くからの住民もいるが、工業団地があるため、<u>現役世代が家族で居住する集合住宅も多い</u>	「現役世代」の存在を伝えるため、わざわざ書かれたような一文です。「現役世代」がターゲット顧客になる可能性がある、というニュアンスが読み取れます（第3問）。
R3	第4段落 6行目	数度のコンペで受注契約を繰り返し、<u>最盛期はB社売上比率の約半分</u>がPBで占められた。しかし、2015年（平成27年）の<u>コンペで大手メーカーに敗れ、契約終了</u>となった	コンペで敗れ、契約終了となったことで、売上が激減したことがうかがえます。
	第8段落 1行目	移動販売は戸別訪問の他に、豆腐の製造販売店がない商店街、遊戯施設、病院などの駐車場でも許可を得て販売している。<u>駐車場での販売は高齢者が知り合いを電話で呼び、井戸端会議のきっかけとなることも多い</u>	移動販売の場所柄、高齢者との接点が多い、というニュアンスが読み取れます。このことは、高齢者顧客が多く、主婦層顧客が少ないことの背景となっています。

	第9段落 7行目	参加者が毎年楽しみにしているのは**炊きたての新米に，出来たての温かい豆腐を乗せ**，鰹節としょうゆ，薬味の葱少々をかけた豆腐丼であった。豆腐丼は祖父の時代からB社でまかないとして食べてきたものである。「豆腐に旅をさせるな」といわれるように**出来たての豆腐の風味が最も良く，豆腐と同じ水で炊き上げた新米との相性も合って毎年好評を得ていた**	豆腐丼が好評であったのは，出来立ての豆腐の風味と，豆腐と同じ水で炊き上げた新米との相性があってこそ，というニュアンスがうかがえます（第2問）。
	第10段落 13行目	危機こそ好機と捉え，豆腐やおからを材料とする菓子類による**主婦層の獲得**や，地元産大豆の魅力を伝える**全国向けネット販売**といった夢をこの機にかなえたいと考えている	社長の思いに沿った提言が期待されていることがうかがえます（第2問，第4問）
R2	第6段落 1行目	一般的に**ハーブの用途は広く，お茶や調味料，健康食品などのほか，アロマオイルや香水などの原材料にもなる**	この後の段落（第7段落）からZ社とヘルスケア市場についての記述になりますが，ヘルスケア製品以外にも用途があることを示しており，第2問の解答のヒントとなっています。
	第6段落 5行目	ハーブを使った自社による製品開発をいったん諦めた	「いったん」という表現から，完全には諦めていないことがうかがえます。
	第9段落 7行目	こうした経緯もあって，**島民は昨今B社の存在を誇りに感じ始めている**	島民がB社に好意的で協力を得やすい状況のため，第4問で島民の協力を得る施策ができることが示唆されています。
	第12段落 2行目	**試しに**，安眠効果のあるハーブを原材料とした「眠る前に飲むハーブティー」～注文が来るようになった	「試しに」という表現より，明確な商品戦略，開発ノウハウを持っていないことが伝わります。
	第12段落 5行目	**20歳代後半～50歳代の大都市圏在住の女性層**	大都市圏在住で安眠効果のあるハーブティーを購入しているため，ストレスや疲労が多く，癒しやリラックスを求める層であると読み取れます。
R1	第6段落 11行目 第7段落 5行目	なお，顧客の大半は従業者と同世代である。そのうち**デザイン重視の顧客と住宅地からの近さ重視の顧客は半数ずつ**となっているB社社長は，これまで**自宅から近いことを理由に来店していた顧客が大幅に流出**することを予想した	既存顧客の大半は40代であり，そのうち約半数が流出する可能性があるなか，その既存顧客の流出を防ぐ施策か，異なる世代の新規顧客を獲得する施策，もしくはその両方が有効な施策と考えられます。

年度	表記箇所	注目フレーズ ➡	こう読む！
R5	第13段落 6〜7行目	C社の製品開発部は，このために**外部人材を採用し最近新設**された。この採用された**外部人材は，中堅食品製造業で製品開発の実務や管理の経験がある**	C社の製品開発力は既に強みであるのか，発展途上段階なのか判断が悩ましいですが，少なくとも外部人材の経験は強みであることが読み取れます。
R4	第17段落 2〜6行目	まず四半期ごとにX社が商品企画と月販売予測を立案し，C社に**情報**提供される。確定納品**情報**については，X社各店舗の発注データを毎週月曜日にX社本社で集計する。在庫量からその集計数を差し引いて発注点に達した製品についてX社の発注データがC社に送付される。納期は発注日から7日後の設定である	C社以外のX社の発注プロセスをあえて詳細に記載しています。第4問のIT活用の設問（生産業務の情報の交換と共有）で活用することが考えられます。
R3	第11段落 10行目	縫製工程は，自社ブランド製品の修理作業も担当しており，C**社製造工程中最も負荷が大きく時間を要する工程**となっている	負荷が大きく時間を要する状況から，効率化を図るうえでは縫製工程の状況を改善する必要があると考えられます。
R2	第11段落 5行目	**各作業チームの技術力には差があり**，高度な技術が必要な製作物の場合には任せられない作業チームもある	会社全体としては高度な技術力を持っているが，作業チーム毎に見ていくと，技術力に差があり，チームの負担感に差がでていると考えられます。
	第13段落 4行目	C社の製品については**基準となる工程順序や工数見積もりなどの標準化が確立しているとはいえない**	大きな問題点と捉えているわけではないが，改善したい内容と考えられます。
R1	第6段落 3〜5行目	そのため金属熱処理技能検定試験に合格し技能士資格をもつ**ベテラン作業者を中心に作業が行われ品質が保持されている**。また，機械加工も**汎用機械加工機の扱いに慣れた作業者の個人技能によって加工品質が保たれている**	作業者の技術レベルが高いことが読み取れる一方，品質維持を個人技能に依存していることが問題視されていることが読み取れます。
	第13段落 8行目	2．**これまでの作業者のスキルに頼った加工品質の維持ではなく，作業標準化を進める**	

■事例Ⅳ（財務・会計）

年度	表記箇所	注目フレーズ ➡	こう読む！
R5	第3段落 2行目	このままでは売上高がさらに減少する可能性が高いと予想される。また，今後は，輸送コストが高騰し，原材料等の仕入原価が上昇すると予想される。しかし，D社では，将来の成長を見込んで，当面は人件費等の削減は行わない方針である	今後予想される外部環境の変化に対し，財務的にはあえて不利な方針を選択しています。ここからD社の成長戦略を読み取ります。
R2	第2段落 4行目	**商圏を本社のある県とその周辺の3県に限定**している	単に戸建住宅の販売数を増やすのではなく，購入後のリフォームも含めた，顧客生涯価値を上げることが，D社の強みを活かす方向性。 売上を上げるために，盲目的に戸建住宅の販売数を増やそうと商圏を広げてしまうと，強みである顧客対応力が希薄化してしまう恐れがあることを経営者も理解していると読み取れます。
R1	第5段落 2行目	それによって得られる**収入はかなり安定的で，全社的な利益の確保に貢献**している	業績が低迷している他の事業部の損益を補完していると考えられます。

II ▶▶▶ 与件文ナシ！「アウトプット力向上・編集力向上・知識定着」に役立つ『想定問題集』

　　1次試験を終えて2次試験と初めて向き合うときに一番苦労するのが知識の「アウトプット」と「編集」だと思います。選択式だった1次試験とは異なり，2次試験では自分の言葉で記述する必要があり，1次試験では大枠を理解していれば解けていた問題も，2次試験の解答字数制限と受け答えの整合性という制限が大きな壁となり受験生を苦しめます。この知識の「アウトプット」と「編集」がもともと得意な人はいますが，大多数は試験勉強と合わせた訓練が必要かと思います。

　　ここでは，「アウトプット力」と「編集力」向上を目的とした想定問題を集めました。本想定問題集を用いてトレーニングを行うことにより，自分の苦手部分・分野が浮き彫りになり，「アウトプット力」ならびに「編集力」を向上させるとともに知識定着を図れるようになります。

　　また1問5分程度で取り組めるので，通勤時等のスキマ時間の活用にもピッタリで，1事例80分というまとまった時間を取る必要もなく，飽きずに取り組めるのもお得ポイントです。さらに，解答を「写経」するだけでも書くことのトレーニングにもなります。

【想定問題集を解くことによって得られる効果】

①　アウトプットすることで自分の知識の不明瞭さを認識でき，対応できる。

②　数をこなすことで字数制限を踏まえた編集力を向上させる。

③　自分が一番書きやすい，伝えやすい型をより強固なものとする。または型を探せる。

④　何度も同じ問題を解くことで，知識の定着が図れる。

⑤　短時間なので自分の好きな時に好きな方法で練習することで，スキマ時間を活用できる。

【想定問題集の効果的な使い方】

■問題編

> Check：□□□ ❶
>
> （設問1）　A社がX社を友好的買収するにあたって，前の経営者と経営顧問契約を結び，ベテラン従業員を従来どおりの条件で継続雇用した理由は何か。100字以内で答えよ。

❺

> ●キーワード：モラール維持　ノウハウ承継　企業文化の融合 ❷, ❸

> →『全知識』参照項：事例Ⅰ　18. M&A（合併と買収） ❹

■解答編

> （解答例1）　❻
>
> 理由は①ベテラン従業員の雇用条件継続により従業員のモラールを維持し，②前経営者やベテラン従業員が持つ知識や技能，業務遂行ノウハウを承継し，③企業文化を早期に融合させ経営統合を円滑に進めるためである。

❶まずは何も見ずに，設問を自分の想定で問いてみる。

　（注）与件文がないため抽象的な問題になっています。一般的な知識で解答できる範囲で解答します。

❷どうしてもキーワードが思いつかない場合は，キーワード群を参考にする。

❸自分が書いた解答にキーワードが要素として入っているか確認する。

❹解答時に知識面に不安を覚えたら，姉妹書籍である『全知識』の参照項（項目別パッケージ）を読み返す。

❺何度もアウトプットして，知識として定着させつつ，マイベスト解答を作成。

❻時間がないときは，解答例やマイベスト解答を写経し，手に解答を馴染ませる。

※本書には想定問題とその解答例を各事例10問ずつ掲載しております。また，付録のWeb版では本書に掲載しきれなかった想定問題および解答例を掲載しておりますので，ご興味がある方はWeb版（下記よりダウンロード）もご活用ください。

> 同友館ホームページ　https://www.doyukan.co.jp

1. 【事例Ⅰ】 想定問題&解答例

■問題編

Check：□□□

> （設問1） A社がX社を友好的買収するにあたって，前の経営者と経営顧問契約を結び，ベテラン従業員を従来どおりの条件で継続雇用した理由は何か。100字以内で答えよ。

●キーワード：モラール維持　ノウハウ承継　企業文化の融合
→『全知識』参照項：事例Ⅰ　18．M&A（合併と買収）

Check：□□□

> （設問2） 研究開発型企業であるA社が相対的に規模の小さな市場をターゲットとしているのはなぜか。その理由を100字以内で答えよ。

●キーワード：ニッチ市場　価格競争　差別化　競争優位性　経営資源の集中
→『全知識』参照項：事例Ⅱ　2．競争戦略，3．市場細分化（標的市場の選定）

Check：□□□

> （設問3） A社は今後事業多角化により売上向上を図ろうと考えている。A社が多角化を行う際に留意すべき点について100字以内で答えよ。

●キーワード：成長市場　市場ニーズ　コア資源　シナジー効果　競争優位性
→『全知識』参照項：事例Ⅱ　1．大枠戦略検討，2．競争戦略

Check：□□□

> （設問4） A社は近隣の大学と共同で新製品開発を行っている。A社のように産学連携を行う中小企業が増えている理由としてどのようなことが考えられるか。100字以内で答えよ。

●キーワード：コア分野に集中　高付加価値　差別化製品開発　公的助成
→『全知識』参照項：事例Ⅰ　19．アウトソーシング，事例Ⅱ　6．Product ②共同開発

Check：□□□

> （設問5） A社は多角化した事業を行うにあたり事業部制組織を採用することにした。事業部制組織を採用する理由として，どのようなことが考えられるか。100字以内で答えよ。

●キーワード：権限委譲　迅速で柔軟な意思決定　利益責任の明確化　経営者育成
→『全知識』参照項：事例Ⅰ　4．組織形態（組織デザイン）

Check：□□□

> （設問 6）　同族会社である A 社は硬直化した組織を活性化させるために，組織全体の改革を行うことを考えている。組織改革を行うにあたりどのような点に留意すべきか。100字以内で答えよ。

●キーワード：経営トップの意識改革　適材適所の配置　能力開発制度

　　　　　　　　適正な評価・報酬　モチベーションの維持

→『全知識』参照項：事例 I　16．同族会社，非同族会社

Check：□□□

> （設問 7）　A 社は非正規社員の戦力化を考えている。非正規社員を戦力化する場合の施策について100字以内で答えよ。

●キーワード：成熟度評価　職場リーダー制　職務充実　正規社員への転換制度

　　　　　　　　能力向上　モラール向上

→『全知識』参照項：事例 I　8．モチベーションアップ，14．非正規社員の活用

Check：□□□

> （設問 8）　A 社はチャレンジ精神を維持して，独創性ある研究開発を持続して行いたいと考えている。そのための施策について100字以内で答えよ。

●キーワード：権限委譲　内発的動機付け　目標管理制度　能力開発　モラール向上

→『全知識』参照項：事例 I　8．モチベーションアップ，9．能力開発，11．評価

Check：□□□

> （設問 9）　研究開発を重視する A 社は年功序列型賃金体系を採用しており，これまで成果主義に基づく賃金制度をあえて導入していない。成果主義を導入しない理由としてどのようなことが考えられるか。100字以内で答えよ。

●キーワード：短期的視点　中長期的取り組み　個人主義的　協働意識　内発的動機付け

→『全知識』参照項：事例 I　11．評価，12．報酬

Check：□□□

> （設問10）　写真館を経営する A 社は従業員の写真技術研修制度や表彰制度を充実させている。そのような制度を充実させることによる効果について，100字以内で答えよ。

●キーワード：従業員の満足度向上　離職率低下　サービス品質の向上

　　　　　　　　顧客満足度・愛顧向上　口コミや紹介

→『全知識』参照項：事例 I　10．インターナルマーケティング

■解答編

（解答例・設問1）　

理由は，①ベテラン従業員の雇用条件継続により従業員のモラールを維持し，②前経営者やベテラン従業員が持つ知識や技能，業務遂行ノウハウを承継し，③企業文化を早期に融合させ経営統合を円滑に進めるためである。

（解答例・設問2）

理由は，①大手企業が参入しにくいニッチ市場において大手企業との価格競争を回避しつつ，②強みの研究開発力で差別化して競争優位性を築き，③限られた経営資源を集中して効率的に活用するためである。

（解答例・設問3）

留意点は，①市場の規模を調査して今後の成長が見込める市場を選択し，②市場のニーズを把握して自社の強みのコア資源を活かせる事業を選択し，③既存事業とシナジー効果を発揮し競争優位性を築く点である。

（解答例・設問4）

理由は，①大学に技術源を求めることで自社資源をコア分野に集中でき，②開発が進んだ大学の技術を活用して高付加価値な差別化製品開発が迅速にでき，③産学連携に対しての充実した公的助成を活用できるからである。

（解答例・設問5）

理由は，①権限委譲により外部環境の変化に対して迅速で柔軟な意思決定ができ，②利益責任の所在を明確にして収益の向上を図り，③事業部門長に権限を委譲することで次世代の経営者を育成できるからである。

（解答例・設問6）

留意点は，①組織全体の改革のために経営トップ自身が意識改革を行い，②能力のある人材を適材適所に配置し，③社員の能力開発制度や適正な評価・報酬システムの導入でモチベーションを維持する点である。

（解答例・設問7）

施策は，①成熟度による評価・賃金制度を導入し，②職場リーダー制を設け権限委譲により職務充実を図り，③正規社員への転換制度によりモラール向上を図り，④能力向上のために教育研修制度を充実させることである。

（解答例・設問8）

施策は，①研究開発への権限委譲により内発的動機付けを図り，②目標管理制度を導入し，長期的視野でチャレンジ精神を評価し，③先進技術の外部研修で能力開発を行うことである。以上で，社員のモラール向上を図る。

（解答例・設問9）

理由は，①短期的視点に陥り，高度技術開発やノウハウの蓄積などの中長期的取り組みが低下し，②個人主義的になり協働意識や組織の一体感の醸成ができず，③内発的動機付けが失われ意欲が低下するからである。

（解答例・設問10）

効果は，①従業員の満足度向上によりロイヤリティが醸成され，離職率が低下し，②サービス品質の向上により，顧客満足度が上がり，③顧客の愛顧向上による口コミや紹介により，新規顧客を獲得できることである。

Memo

2. 【事例Ⅱ】 想定問題＆解答例

■問題編

　事例Ⅱに関しては，知識解答型の設問はかなり少なく，与件文中の経営資源を活用していかに外部環境と合わせた施策を提案できるかを問われる設問がほとんどです。想定問題への解答についてはキーワードを参考に解答の方向性を確認し，どういった経営資源を用いればキーワードを絡めて施策を提案できるかを想定して取り組んでみてください。

Check：□□□

> **（設問1）** Ｂ社はＹ市で40年クリーニング店を営んでいるが，同じ市内にチェーン展開するＸ社が出店し，売上が減少傾向である。Ｂ社は丁寧な接客と高いシミ抜きの技術で顧客からの信頼が高いが，人手不足で短納期の対応は難しい。近隣には高層マンションが建ち，共働きの子育て世帯の人口が増加している。Ｂ社の状況についてSWOT分析をせよ。各要素について，それぞれ40字以内で説明すること。（書かれていない環境は想定して記述すること。）

●キーワード：顧客DBがある　HP活用が不十分　顧客ニーズ

　　　　　　　アイロンのいらないワイシャツ

→『全知識』参照項：事例Ⅱ　１．大枠戦略検討

Check：□□□

> **（設問2）** Ｂ社は風情ある城下町で伝統技術を継承した和菓子店を営んでいる。繊細で上品な練り菓子は手土産として人気があり，昔なじみ客に加えて近年はインバウンド客の増加で併設された和菓子茶屋の売上が好調であった。しかし，コロナ禍でインバウンド客が激減し，手土産の需要も減っている。また，同じ市内に低価格が売りの洋菓子チェーン店Ｙ社が和菓子販売を始め，主に30代を中心に顧客からの支持を得ている。Ｂ社の現状について，３Ｃ分析の観点から150字以内で述べよ。

●キーワード：人気　需要　インバウンド客　低価格

→『全知識』参照項：事例Ⅱ　１．大枠戦略検討

Check：□□□

> **（設問3）** 個人向けに木製家具の製造販売を行っているＢ社が始めた家具やフローリングのリペア（補修）サービス事業について，アンゾフの「製品・市場マトリックス」の考え方を使って30字以内で説明せよ。

●キーワード：アンゾフ成長マトリックス

→『全知識』参照項：事例Ⅱ　１．大枠戦略検討（２）

Check：□□□

（設問4）　（設問3）において，B社のリペアサービスが成功した要因について120字以内で分析せよ。

●キーワード：シナジー　ノウハウ　顧客ニーズ

→『全知識』参照項：事例Ⅱ　1．大枠戦略検討（6）

Check：□□□

（設問5）　高級住宅街の一軒家で世界の希少なチーズを多数取り扱っているチーズ専門店のB社は，ワインに合うチーズの選定アドバイスが近隣住民に人気である。B社はさらなる集客力向上のため格安ワインの販売を始めようとしているが，この事業展開に取り組むべきか，中小企業診断士として100字以内でアドバイスせよ。

●キーワード：新商品戦略　ターゲット層　ニーズ　ブランドコンセプト

→『全知識』参照項：事例Ⅱ　2．競争戦略，5．Product ①品揃え拡充

Check：□□□

（設問6）　Y市で薬局を40年営んでいるB社の近隣に低価格販売をするドラッグストアが出店した。B社は，長年蓄積した顧客情報を使ってアンケート調査を行い，回答に基づき興味に合わせた健康に関するメルマガの配信をすることにした。B社が採っている戦略をアンゾフの「製品・市場マトリックス」をもとに分析し，メルマガ配信の効果について100字以内で述べよ。

●キーワード：差別化　囲い込み　市場浸透

→『全知識』参照項：事例Ⅱ　1．大枠戦略検討（2）（3）

Check：□□□

（設問7）　住民の高齢化が進むY市において，リフォーム事業を営むB社が顧客の生涯価値を高めるための方策について100字以内で助言せよ。

●キーワード：関係強化　需要　定期的

→『全知識』参照項：事例Ⅱ　1．大枠戦略検討（3）

Check：□□□

（設問8）　事務機器販売を行っているB社が新規事業として自社の事例を活かしたICT導入サービスを始めた理由を100字以内で述べよ。

※ICT：Information and Communication Technology（情報通信技術）

●キーワード：シナジー　ノウハウ

→『全知識』参照項：事例Ⅱ　1．大枠戦略検討（6）

Check：□□□

> **（設問 9）** 無農薬栽培の野菜の販売をする B 社が60代以上の顧客をターゲットに取り込むために必要な方策について，100字以内で助言せよ。

●キーワード：顧客ニーズ　顧客満足度

→『全知識』参照項：事例Ⅱ　1．大枠戦略検討（5），3．市場細分化（標的市場の選定）

Check：□□□

> **（設問10）** イタリアン料理店を営む B 社の近隣にオフィスビルが建設された。これを受けて，B 社が行うべき製品戦略について120字以内で助言せよ。

●キーワード：新規顧客獲得　固定客化　ターゲット

→『全知識』参照項：事例Ⅱ　3．市場細分化（標的市場の選定），5．Product ①品揃え拡充

■解答編

（解答例・設問1）

S：

丁寧な接客と高いシミ抜き技術，配達サービス，顧客データベースを有すること。

W：

人手不足と機械の老朽化で短納期対応ができないこと。HP活用ができていないこと。

O：

共働きの子育て世帯の人口が増加しクリーニングの配達のニーズが高まっていること。

T：

X社の出店の影響を受け売上が減少傾向，アイロン不要のワイシャツによる需要低下。

（解答例・設問2）

顧客は，コロナ禍の影響により①和菓子茶屋に訪れるインバウンド客の減少，②手土産需要の減少，③30代を中心に低価格志向が見られる。競合は同市内に和菓子販売を始めた洋菓子チェーンのY社。自社の強みは伝統技術の和菓子づくりで固定客がいることだが，環境変化と競合他社によって売上が減少し，対応を迫られている。

（解答例・設問3）

既存顧客向けに新たなサービスを展開する新製品開発戦略。

（解答例・設問４）

①家具を販売した顧客の「いいものを長く使いたい」というニーズに応え，家具製作のノウハウを活かすことができ，既存の家具販売とのシナジーが発揮できたため。②フローリングのリペアから顧客との関係を築き，家具販売にも繋げることができたため。

（解答例・設問５）

格安ワインの販売は取り組むべきではない。理由は，①高級住宅街に住む顧客の，高くても良いものを選ぶ顧客のニーズに合っていないため。②チーズ専門店として専門性が薄れ，ブランドコンセプトから外れるため。

（解答例・設問６）

既存顧客に既存製品で差別化を図る市場浸透戦略である。蓄積した顧客情報を活用し，それぞれに合わせた情報発信によって商品以外の付加価値を高めて差別化し，顧客との関係を強化して既存客の囲い込みの効果がある。

（解答例・設問７）

方策は，①リフォーム後の定期メンテナンスによって顧客との関係を強化し，その後の環境変化に応じた提案をしやすくする。②高齢化に伴う介護需要に対応し，介護事業者と連携して，介護しやすい家づくり提案を行う。

（解答例・設問８）

理由は，①既存事業で有しているICT導入対応に苦戦している顧客情報を共有でき，②今までの外注業者とのICT導入実績ノウハウも活かすことでシナジー効果の発生が期待でき，より高付加価値な提案ができるため。

Memo

（解答例・設問9）

方	策	は	，		無	農	薬	野	菜	の	素	材	の	味	を	活	か	し	た	レ
シ	ピ	と	共	に	旬	の	野	菜	の	定	期	配	送	サ	ー	ビ	ス	を	行
う	。	ス	ー	パ	ー	ま	で	買	い	物	が	大	変	，	高	く	て	も	旬
の	食	べ	物	を	美	味	し	く	食	べ	た	い	，	と	い	っ	た	ニ	ー
ズ	に	応	え	，		顧	客	満	足	度	を	高	め	る	。				

（解答例・設問10）

オ	フ	ィ	ス	ビ	ル	勤	務	者	を	対	象	に	，		①	ラ	ン	チ	タ	イ
ム	の	ニ	ー	ズ	に	応	え	新	規	顧	客	の	獲	得	と	固	定	客	化
を	図	る	た	め	，		日	替	わ	り	ラ	ン	チ	の	提	供	や	ラ	ン	チ
の	テ	イ	ク	ア	ウ	ト	，		配	達	サ	ー	ビ	ス	を	行	う	。	②	デ
ィ	ナ	ー	タ	イ	ム	は	，		宴	会	や	接	待	の	ニ	ー	ズ	に	応	え
る	た	め	，		予	算	別	の	コ	ー	ス	を	設	定	す	る	。			

Memo

3. 【事例Ⅲ】 想定問題＆解答例

■問題編

Check：□□□

（設問1） C社が今後自社商品開発を行うにあたり，どのような点に留意すべきか。100字以内で助言せよ。

●キーワード：営業力　販路開拓　付加価値　新規顧客開拓
→『全知識』参照項：事例Ⅲ　17．販売に関する事項

Check：□□□

（設問2） C社は一部の加工工程を外注に委託している。外注を活用することのメリットを100字以内で答えよ。

●キーワード：コア技術　効率化　需要変動
→『全知識』参照項：事例Ⅲ　16．アウトソーシング

Check：□□□

（設問3） 多品種少量生産に適したレイアウトと，その長所と短所について100字以内で答えよ。

●キーワード：機能別レイアウト　稼働率　移動経路
→『全知識』参照項：事例Ⅲ　12．工場設置のSLP

Check：□□□

（設問4） C社は生産管理をIT化しようと考えている。整理すべき情報と活用方法を100字以内で助言せよ。

●キーワード：生産計画　生産統制　IT化
→『全知識』参照項：事例Ⅲ　9．IT活用

Check：□□□

（設問5） C社はロット生産を行っている。納期遅延が発生する原因と対応策を100字以内で答えよ。

●キーワード：生産リードタイム　内段取り　外段取り　ラインバランシング
→『全知識』参照項：事例Ⅲ　8．D（納期）

Check：□□□

> （設問6）　C社には営業部と製造部がある。生産リードタイムを短縮するための部門間での施策を100字以内で助言せよ。

●キーワード：IT化　コミュニケーション　DB

→『全知識』参照項：事例Ⅲ　9．IT活用

Check：□□□

> （設問7）　C社の複数ある工程のうち，機械加工工程の処理能力が低い。そのために生じている問題点と改善策を120字以内で助言せよ。

●キーワード：ボトルネック　ラインバランシング　リードタイム

→『全知識』参照項：事例Ⅲ　8．D（納期）

Check：□□□

> （設問8）　C社は外注先を増やそうと考えている。その際の留意点を100字以内で助言せよ。

●キーワード：外注費　情報管理　品質管理

→『全知識』参照項：事例Ⅲ　16．アウトソーシング

Check：□□□

> （設問9）　C社は作業のバラツキを解消したい。そのための改善策を100字以内で助言せよ。

●キーワード：標準化　マニュアル化　教育

→『全知識』参照項：事例Ⅲ　6．Q（品質）

Check：□□□

> （設問10）　C社は見込生産を行っているが，過剰在庫が発生している。考えられる原因とその改善策を100字以内で答えよ。

●キーワード：需要予測　適正在庫

→『全知識』参照項：事例Ⅲ　1．生産計画はどうあるべきか

■解答編

（解答例・設問1）

留意点は，市場調査やマーケティングを行い，他社や大学等との連携も視野に入れ，自社の強みを生かした付加価値の高い製品開発を行うこと。営業力を強化し，新規顧客開拓と販路開拓を行い，提案営業を行う。

（解答例・設問2）

メリットは，①コア技術に関する工程は自社で行い，そうではない工程を外注することで，経営資源を効率的に利用できること。②受注量や生産量の需要変動に対応できること。③人件費の変動費化ができること，である。

（解答例・設問3）

適したレイアウトは，同種の設備を1か所に集める機能別レイアウトである。長所は，製品ごとにレイアウトを変えなくてよいため，設備の稼働率を上げやすい点である。短所は，製品の移動経路が複雑になる点である。

（解答例・設問4）

整備すべき情報は，①受注に関する情報，②生産計画に関する情報，③生産統制に関する情報，④納期情報，等である。活用方法は，各種の情報を全社的に一元管理し，共有することで，生産性を向上させること，である。

（解答例・設問5）

原因は，段取り作業に時間がかかり，生産リードタイムが長期化している事。改善策は，①内段取りを外段取り化し，段取り時間の短縮を図る事。②段取り作業を標準化するため，作業マニュアルを作成する事，である。

Memo

362

（解答例・設問6）

Memo

施策は，①営業部の受注情報をDB化し，製造部と共有する事で，タイムリーな受注情報を生産計画に反映させること。②生産活動における余力情報や在庫情報を部門間で共有し，稼働状況に合わせた受注を行うこと，である。

（解答例・設問7）

問題点は，機械加工工程がボトルネック工程となり，仕掛品の滞留が発生，生産リードタイムが長期化し，納期遅延が発生している事。改善策は，①工程のラインバランシングを行い，ラインの最適化を図る事。②設備の改良を行い機械加工工程の処理能力を高める事。

（解答例・設問8）

留意点は，①外注先が増加する事により，外注費の増加や管理が煩雑になるため，専門部署や専任者を設置する事。②技術や顧客などの情報管理を徹底する事。③品質管理を徹底し，品質のばらつきを防ぐ事，である。

（解答例・設問9）

改善策は，①ベテラン作業員のノウハウを見える化し，作業マニュアルを作成，社内で共有し，標準化を図る事。②OJTやOFF-JTを実施し，技術力の底上げを図る事。③定期的にジョブローテーションを行う事，である。

（解答例・設問10）

原因は，①需要予測精度が低く，作りすぎているため，②適正在庫量の設定がない事，である。対応策は，①需要予測精度を向上し，作りすぎを防止する事，②適正在庫量を設定し，在庫量を加味した生産を行う事，である。

4. 【事例Ⅳ】 想定問題＆解答例

■問題編

Check：□□□

> **（設問1）** D社は同業他社と比較して売上総利益率が低い。その理由を60字以内で答えよ。

●キーワード：商品力　高付加価値　販売単価

→『全知識』参照項：事例Ⅳ　1．B/S,P/L分析

Check：□□□

> **（設問2）** D社は同業他社と比較して売上総利益率は優れているが，売上高営業利益率が劣っている。その理由を60字以内で答えよ。

●キーワード：人件費　広告費

→『全知識』参照項：事例Ⅳ　1．B/S,P/L分析

Check：□□□

> **（設問3）** D社は同業他社と比較して売上高営業利益率は優れているが，売上高経常利益率が劣っている。その理由を60字以内で答えよ。

●キーワード：支払利息　借入金

→『全知識』参照項：事例Ⅳ　1．B/S,P/L分析

Check：□□□

> **（設問4）** D社は同業他社と比較して売上債権回転率が低い。その理由を60字以内で答えよ。

●キーワード：売掛金　決済条件　債権管理

→『全知識』参照項：事例Ⅳ　1．B/S,P/L分析

Check：□□□

> **（設問5）** D社は同業他社と比較して棚卸資産回転率が低い。その理由を60字以内で答えよ。

●キーワード：在庫　不良品

→『全知識』参照項：事例Ⅳ　1．B/S,P/L分析

Check：□□□

> （設問6）　D社は同業他社と比較して有形固定資産回転率が低い。その理由を60字以内で答えよ。

●キーワード：建物　土地　設備投資

→『全知識』参照項：事例Ⅳ　1．B/S,P/L分析

Check：□□□

> （設問7）　D社は同業他社と比較して自己資本比率が低い。その理由を60字以内で答えよ。

●キーワード：借入金　自己資本

→『全知識』参照項：事例Ⅳ　1．B/S,P/L分析

Check：□□□

> （設問8）　D社は同業他社と比較して自己資本比率が低い。自己資本比率が低いことのメリットとデメリットを60字以内で答えよ。

●キーワード：安全性　資本コスト

→『全知識』参照項：事例Ⅳ　1．B/S,P/L分析

Check：□□□

> （設問9）　D社は今年度，当期純利益が黒字であったが，キャッシュフロー計算書による収支が赤字であった。キャッシュフロー計算書による収支が赤字になる理由を営業キャッシュフローの側面で，60字以内で答えよ。

●キーワード：売上債権　仕入債務　棚卸資産

→『全知識』参照項：事例Ⅳ　2．CF計算書の作成と基本分析

Check：□□□

> （設問10）　D社は今年度，当期純利益が黒字であったが，キャッシュフロー計算書による収支が赤字であった。キャッシュフロー計算書による収支が赤字になる理由を投資キャッシュフローの側面で，60字以内で答えよ。

●キーワード：固定資産　有価証券

→『全知識』参照項：事例Ⅳ　2．CF計算書の作成と基本分析

■解答編

（解答例・設問1）

理由は，ブランド力などの商品力がなく高付加価値化や差別化ができておらず販売単価が低く，売上高に対する売上総利益が低いため。

（解答例・設問2）

理由は，人件費や広告費，テナント代などの販売費及び一般管理費に費用を割いており，売上高に対する営業利益が低いため。

（解答例・設問3）

理由は，営業活動に見合わない多くの借入金を銀行から借り入れており，支払利息が多く，売上高に対する経常利益が低いため。

（解答例・設問4）

理由は，決済条件が悪い取引相手が存在するが，取引依存等で債権管理が改善されず，売上高に対する売掛金等が増加しているため。

（解答例・設問5）

理由は，商品力や販売力が低く利益に繋がる製品が少なく，不良品も発生しており，売上高に対する在庫や仕掛品が増加しているため。

（解答例・設問6）

理由は，営業活動に見合わない建物や土地を取得し，設備投資が利益に繋がっておらず，売上高に対する固定資産が増加しているため。

（解答例・設問7）

理由は，純利益で赤字が続き自己資本が減少し，かつ運転資金を銀行から追加で借入し，自己資本額に対する借入金が多くなったため。

Memo

（解答例・設問8）

メリットは，資本コストが低下し投資額に対する求められる利益額が少なくて済むこと。デメリットは，安全性が低くなること。

（解答例・設問9）

理由は，創出した利益額より売上債権と棚卸資産が増加し，仕入債務が減少したことで運転資金が増加し，キャッシュが減少したため。

（解答例・設問10）

理由は，創出した利益額や借り入れた現金以上に固定資産への投資や有価証券取得に現金を使用し，キャッシュが減少したため。

Ⅲ ▶▶▶ 受験生支援団体活用のススメ

中小企業診断士2次試験は，「情報戦」といわれており，試験に関する質の高いさまざまな情報を入手し，取捨選択することが合否を分けると考えられます。

本シリーズ『全ノウハウ』，『全知識』の読者の皆さまのなかには，資格の専門校などに通っていない独学者も多く，情報収集など試験合格に役立つ「受験生支援団体」があることを知らない人も多いと推察します。

そこで，ここでは無料で利用できる「受験生支援団体」のうち，主要な4団体を紹介いたします。

1．一発合格道場

2．ふぞろいな合格答案

3．タキプロ

4．ココスタ

本書で「令和4年度2次筆記試験考察」の執筆を担当した4名の合格者が，当該団体の代表者の方たちに直接インタビューし，団体の活動内容の紹介や受験生の皆さまへのメッセージをいただきました（注：2023年の取材です）。

各団体ごとに特徴がありますので，あなたのニーズに合った団体を見つけてはいかがでしょうか。2次試験合格に向け，きっと役に立つと思います。

1.　一発合格道場

【一発合格道場】

URL　https://rmc-oden.com/blog/

HP トップページ　バナー

中小企業診断士、目指してみませんか？

回答者：一発合格道場　14代目　うっかりアッパさん

インタビュアー：高橋　賢二

Q1：団体の概要について教えてください。

　2009年度に合格した4名の有志が結成し，2010年から開始された団体です。14代目メンバーは12名で，全員，R4年度の合格者です。主な活動内容は，①毎日のブログアップ，②年に数回のセミナー開催，③合格体験記の紹介，です。

Q2：団体の活動内容について，詳しく教えてください。

①**ブログ**：ほぼ毎日アップしているブログは，メンバー一同相当に力を入れており，コンテンツの質・分量・頻度は，他団体には負けていないと自負しています。「受験生に役立つ情報」ということを念頭に，執筆者が発信内容を自由に決めており，1次試験・2次試験のタイミングに合わせて，執筆者の勉強方法や勉強スケジュールなど多岐にわたって発信しています。

②**セミナー**：2022年度は，4月に「春セミナー」，6月に「多年度生向けのセミナー」，8月に「2次試験対策セミナー」，9月に「勉強会」，1月に「口述試験セミナー」をオンラインで開催しました。セミナーの後にはオンライン飲み会や，2次試験の後には"事例Ⅴ"としてリアル飲み会も開催し，とても盛り上がりました。2023年度も同じ程度の頻度で開催を検討しているほか，久しぶりにリアルでのセミナー開催も検討しています。

③**合格体験記**：毎年，受験者の「合格体験記」「不合格体験記」を募集しており，過去14年間分の体験記をHPでご紹介しています。2022年度は40人～50人程度の体験記を収集しており，ご自身の境遇に近い方を探していただくと，ご参考になると思います。

Q3：受験生にメッセージをお願いします。

受験勉強に，人生の大事な時間を費やし苦労されていると思いますが，これを通じて，ご自身の成長，周りとの新しい繋がりができ，人生が良い方向に進む良いきっかけになると思います。大変だとは思いますが，ぜひこの過程を楽しんでほしいと思います。

また，本道場のブログが，楽しむための一助になっていただければ嬉しいです。合格後は楽しいことがたくさんありますので頑張ってください！

●インタビュアーから一言

『一発合格道場』のブログは，私も受験生時代に愛用させていただいておりましたが，ブログの内容が非常に充実しており，受験勉強を効率的に進めるための情報が盛りだくさんです。

また，執筆者の熱い思いが入ったメッセージにより涙が出てくるような回もあり，日々のモチベーション維持にも役立つと思いますので，まだ見たことがない方は，ぜひ一度HPを訪れてみてください！

2.　ふぞろいな合格答案

【ふぞろいな合格答案】

URL　https://fuzoroina.com

HP トップページ　バナー

回答者：ふぞろい16期　はやとさん，ちさとさん

インタビュアー：成瀬　初之

Q1：団体の概要について教えてください。

　2005年に発刊した『80分間の真実』を源流とし，2008年から『ふぞろいな合格答案』のタイトルで毎年書籍を発刊している団体です。書籍執筆のほか，ブログでの情報発信，セミナー開催の活動もしています。

Q2：活動内容について，詳しく教えてください。

　メインの活動は，『ふぞろいな合格答案』（書籍）の執筆です。毎年，受験生から再現答案と試験結果を募集し，収集した結果をもとに事例分析を行っています。合格答案や高得点答案のみならず，不合格答案も丁寧に分析し，共通点を見つけ出すことで，合格答案に必要な解答の書き方やキーワード等を，多面的にご紹介しています。また，事例分析のみならず，「各事例の上位数名の再現答案を深掘りする」や「80分間のドキュメント」といった企画ページも用意し，受験生の皆さんに役立つ情報をたくさん掲載できるよう，24名で日々執筆活動に没頭しています。

　他方，公式ホームページにて，メンバー全員の持ち回りでブログを投稿しています。「この時期何をやっていたか」，「1次試験直前対策」など，受験生の皆さんが知りたいと思われる旬なテーマを選び，毎日投稿をしています。

　その他の活動として，セミナーも開催しています。例年，7月頃に「1次試験直前セミナー」，9月頃に「2次試験直前セミナー」，10月には「受験お疲れ様会」，1月には「口述試験対策セミナー」を実施しており，2023年も同様の開催を検討しています。前年まではオンライン開催のみでしたが，2023年は，状況を見ながらリアルセミナーの開催も検討したいと考えています。イベントの告知はHPにて行っています。ほかにも，YouTube や Twitter スペース（リアルタイムで音声を使った配信や会話が

できる機能）を活用したセミナーや勉強会といった新企画も進めていきたいと考えています。

Q3：受験生にメッセージをお願いします。

令和4年度は，合格発表と同時に全受験生の得点が開示される仕組みに変わった年です。2023年7月発刊の『ふぞろいな合格答案 エピソード16』は，例年以上に事例分析の精度が向上しており，受験生の皆さまのお役に立てる内容が盛りだくさんの書籍に仕上がるはずです。

中小企業診断士の2次試験は，正答が開示されず，対策が難しい試験ですが，書籍やブログを上手に活用して，ぜひ合格を勝ち取ってください。応援しています！

●インタビュアーから一言

私自身，毎年『ふぞろいな合格答案』は活用させていただいておりました。令和4年度から得点開示の仕組みが変わったこともあり，強みである事例分析の精度がますます向上しているとのことでした。私はすでに試験には合格していますが，最新版の書籍も購入したくなっております（笑）。

事例分析以外にもたくさんの企画を用意されているとのことなので，対策が難しい2次試験の心強い伴走者になってくれる団体だと，改めて感じました。

3.　タキプロ

【タキプロ】

URL　https://www.takipro.com

HP トップページ　バナー

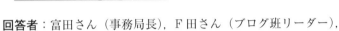

回答者：富田さん（事務局長），F田さん（ブログ班リーダー），

　　　　ゲンゾーさん（勉強会班リーダー）

インタビュアー：太田　拓己

Q1：団体の概要について教えてください。

　2009年設立，2023年度で14期目。通算メンバー約1,000名で14期は約180名（R4年度2次試験合格者）。「診断士を目指す方の合格確率を1%でも高める」ため，ブログ，勉強会等各種活動を展開しています。

Q2：活動内容について，詳しく教えてください。

　ブログは65名（2023年4月時点）で，365日毎日発信をモットーにして活動しています。多彩なキャリア・属性を有する執筆メンバーが，1人ずつ当番制で受験に役立つ情報を幅広く発信していることが強みです。新企画として，属性が近いメンバーが執筆者ユニットを結成し（例：「多年度受験生」，「50歳以上」），情報の質・密度を高めた特集を計画しています。

　勉強会は，Zoom，リアル，Facebook（以下，FB）の3つの形態で開催しています。教材は過去5年の過去問事例Ⅰ〜Ⅲの計15事例を用い，2週間に1回のペースで開催。時期は4〜10月です。

　Zoom勉強会は1回約2時間で，受験生4〜5人に対し合格者2名がアドバイスするスタイルです。受験生は事前に80分で解答し，勉強会に持ち寄ってもらいます。設問のなかから難易度の高い助言系の2問について，受験生が相互に解答を発表し，コメントし合い，合格者がアドバイスする形式で進行します。最後の30分はよろず相談会で，たとえば文具の使い方，おすすめ問題集，事例Ⅳの時間が足りない！など受験の悩みならなんでも相談でき，好評をいただいています。

　リアル勉強会は，東京，大阪，名古屋が中心ですが，同様の内容を対面で実施して

います。FB 勉強会は，コメントのみのやり取りで，Zoom 勉強会の1週間後に開催しています。受験生に80分で解答した答案をFBに投稿してもらい，合格者が，良い点と改善点を1週間以内にコメントします。

　セミナーは春，2次直前，口述対策など開催しています。定期的にHPを見てください。

Q3：受験生にメッセージをお願いします。

　がっつり勉強というより，悩みの解決やモチベーションの向上につながることを差別化ポイントとしてブログを運営しています。TKP43（超多年度生4名の合格までにかかった年数の合計が43）という企画も過去にありました。ぜひブログに遊びに来てください！

　また，勉強会に参加すると，毎回出席しなければ！と思い躊躇する方もいるかもしれません。そのため「気軽に参加できて，気軽に去れる」を意識して運営しています。サポートする合格者も多く，さまざまなアドバイスに触れられます。まずは予定の合う日に気軽に参加してみてください。

●インタビュアーから一言
　他団体と比べ活動人数が圧倒的に多く（合格者約1割！），「来るものは拒まず，去るものは追わず」が特徴と感じました。勉強会はその点からも本当に気軽に参加できると思います。

　ブログは他団体との差別化が意識されています。悩める受験生はブログを覗くと気持ちが楽になり，やる気が出そうです！

4.　ココスタ

【ココスタ】

URL　https://co-co-study.com

HP トップページ　バナー

回答者：s.t.o さん（リーダー），NMCAA 誠さん（サブリーダー），まそじさん（IT 班）

インタビュアー：戸松　隆宏

Q１：団体の概要について教えてください。

　受験生の勉強環境の地域格差を埋めるため，2019年に創設された診断士受験生支援オンラインコミュニティです。４代目運営は16名で，全員2022年度の合格者です。「良い環境×良い習慣×良い仲間」を合言葉にコミュニティを運営しており，２次筆記試験対策の勉強会は受験生が主体となって開催しています。

　主な活動は，①週３〜５回のオンライン勉強会，②オンラインセミナー，③勉強法等のお悩み相談です。また，④ SNS（Facebook，Instagram，Twitter），⑤ HP で情報発信しており，オフ会や合格後の OB・OG 会の活動もあります。

Q２：団体の活動内容について，詳しく教えてください。

①**オンライン勉強会**：２次筆記試験の直近10年分の過去問を題材とし，解答を見せあいコメントしあう「過去問勉強会」（週３〜５回開催），２次試験に使う１次知識を100字で解答する「解答作成トレーニング」（週１回開催）を行っています。2022年の１次試験終了後は，過去問勉強会の頻度をさらに増やし，最大で週７回開催していました。

②**オンラインセミナー**：2022年は，３月に「スタートダッシュセミナー」，６〜７月に「事例Ⅳセミナー」，８月に「２次スタートダッシュセミナー」，「しくじり授業・解法研究セミナー」，８〜９月に「事例Ⅰ，Ⅱ，Ⅲセミナー」を開催しました。2023年も，前年と同様の企画を実施予定です。

③**お悩み相談**：勉強会やセミナーの終了後，「談話」というお悩み相談を開催してい

ます。受験生が持つ，勉強法や教材などのお悩みを合格者や受験生同士で意見交換を行い，それが解決のヒントとなり，また，同じ目標を持つ受験仲間づくりが可能です。

Q3：受験生にメッセージをお願いします。

「ココスタ」は，運営メンバーが30代から60代まで，1回目（ストレート）で合格した方から超多年度生まで幅広く，受験生の多様な悩みに対応可能なことが特徴です。勉強会やお悩み相談，チャットツールにより，受験生と運営メンバーの相互交流機会が多く，受験生の相談に対し，運営メンバーが丁寧かつ迅速に回答しています。また，勉強会の回数が他団体に比べて圧倒的に多く，忙しい方でも，地方の受験生でも参加しやすいです。

前年度合格者と受験生で運営されており，営利目的ではないため，費用はかかりません。恐れずに，ぜひ一度参加してみてください！　歓迎します。参加はHPから可能です。あなたのご参加をお待ちしております。

●インタビュアーから一言

私も「ココスタ」勉強会に参加していました。勉強会はすべてオンラインで行われるため，地方在住の私でも気軽に参加できました。受験生同士の議論を通じ，自身の思考のクセを修正し，他の受験生の考え方，勉強法等を取り入れることができます。

運営メンバーも熱い人が多く，きっとあなたの合格に役立つことと思います。2次試験対策でお悩みの方に特におすすめできる団体です。

IV ▶▶▶ 合格者が実践した事例の復習方法

中小企業診断士2次試験は模範解答と採点基準が公開されない試験であり，そのために多くの受験生がどこに向かって勉強していけばよいのか到達点がわからず，勉強方法について悩みます。

特に，復習は受験生が頭を悩ませるものの1つです。暗記だけでは太刀打ちできない2次試験は，方向性のわからないなか，自分のなかで最善と思える解答を本番で作れるようになるために，"どのように復習すればよいのか，どれくらい復習すればよいのか"が合否を分けるといっても過言ではないかもしれません。しかしながら，あまり参考書などではその方法に触れられていないところでもあります。

ここでは，令和5年度合格者が行っていた事例Ⅰ～Ⅲにおける復習方法をご紹介いたします。皆さまの復習方法の1つの参考としていただければと思います。

【復習で確認する項目】

① 解答要素を網羅できているかのチェック

✓ 『ふぞろいな合格答案』で解答の採点を行い，解答の要素が網羅できているかを確認しました。解答要素が網羅できていない場合，それはⅰ）設問解釈の不備，ⅱ）与件文の読み落とし・読み取り間違い，ⅲ）1次知識の不足，などのいずれが（またはいくつかが複合して）原因になっているかを分析しました。

✓ 複数の参考書や模範解答に記載されている解答の要素を網羅できているかを確認しました。特に，複数の参考書や模範解答で共通して記載されている解答要素が抜けてしまっている場合は，重点的に知識インプットを行い，また参考書に記載されている解説を読み込んで与件文に対する考え方・読み解き方をなぞるようにしました。

② 設問解釈ができているかのチェック

✓ 解答が設問文の要求どおりになっているかを確認しました。設問の要求は確実に押さえなければならない項目なので，もし間違えた場合は，時制が間違っているのか，課題と問題点を間違えているのかなど，間違えた点を分析し，次回過去問を解く際の対策を立てました。（例：設問文に印を付ける癖をつけるなど）

✓ 設問文の要求解釈がわからない際は，本書『全ノウハウ』第2部の各事例の"1. 設問分析"パートを確認し，設問分析の方法を確認しました。

③ 与件文の読み落としがないかのチェック

✓ 与件文を正しく読み取れているかを，与件文を読み直して確認しました。解答要素に

なりえる単語や内容に着目できていたかを確認し，着目できていなかった場合は，その理由を分析しました。

✓ 与件文の解釈が間違っていた場合は，次回過去問を解く際の対策を検討しました。（例：与件文へのアンダーラインの色を変えるなど）

✓ 与件文の解釈の仕方がわからない場合は，本書『全ノウハウ』第2部の各事例の“2.与件分析とSWOT分析”を確認しました。

④ 不足している1次知識がないかのチェック

✓ 模範解答等にある解答要素で書けていない要素がある場合，なぜ書けなかったのか振り返りをし，原因が「1次知識不足のために書けなかった場合」は『全知識』や1次試験のテキストなどで関連箇所を参照し，知識のインプットを行いました。

✓ 抜けがちだったり，うまく与件文と紐づけて活用できなかったりする知識は，自分でも意識できるようにファイナルペーパーに入れることもしました。

⑤ 読みやすい文章になっているかのチェック

✓ 独学であったり，解答要素を詰め込み過ぎたりして，解答文が日本語としておかしくなっていることが多々あります。そんな時は，家族や友人など，他の人にチェックしてもらい，文章として違和感がないかを確認していました。

✓ 同じ理由で，オンライン上の受験生支援団体が開催している勉強会に参加して，同じく診断士を目指す受験生に解答を見てもらい，問題点を指摘してもらうことで文章の修正をしていました。

⑥ 復習が効果的であるかのチェック

✓ ここまでの項目は，一つひとつの事例に対して行うチェックですが，ある程度の数の演習が溜まってきたら，全体を俯瞰した復習も大切です。自分はどういう失点をしやすいのかを分析して，適切な対策を打つことが効果的な復習になります。たとえば，ⅰ）与件の読み落としが多い場合は，アンダーラインやマーカーの使い方とSWOT分析の再復習をする，ⅱ）解答要素の漏れが多い場合は，解答の骨子作成の方法をブラッシュアップする，などです。一つひとつの事例に深く向き合うことも非常に重要ですが，全体を俯瞰してみると，意外と“同じミスを何度も繰り返している”ことに気づくはずです。

✓ 1つ目の事例を演習した後に“ココ”がダメだった，と復習したにもかかわらず，2つ目の事例以降でも同じタイプのミスを繰り返しているのであれば，それが自分の最大の弱点部分であり，同時に最も得点が上がる可能性のある部分でもあります。自分の弱点の解像度を高めて，しっかりと把握することで復習がより効果的なものになります。また，自分の間違いの共通点を一覧にまとめて，いつでも見直せる状態（俗に

「ファイナルペーパー」等と呼ばれるもの）にしておくとよいでしょう。

【さらに合格者が自分の弱点を克服するために行っていた復習】

●中川の復習方法

　事例Ⅰ～Ⅲについては，過去問をできる限り多く解き，その都度，不足していた解答要素を解答用紙に赤ペンで記述しました。そして，次に同じ事例を解いた時に前回書けなかった解答要素が拾えているかを確認していました。拾えていなかった時は，その理由について深掘りしました。

　また，『ふぞろいな合格答案』で採点した結果をグラフ化して，点数が順調に改善していない事例については，解答の回数を増やし，同じ系統の問題が出た際の対応力向上に努めました。

●中野の復習方法

　私は，事例Ⅰ「事業継承関連」「人事施策関連」と事例Ⅲ「今後の事業展開系」のテーマが苦手な設問テーマでした。ふぞろい採点（『ふぞろいな合格答案』流採点基準）で半分も取れないこともざらにありました。

　そのため，それらの各事例について年度をまたいで同じテーマの問題をまとめて解いたり，模範解答を見比べたりして共通点などを見つけていき，自分のなかである程度の解答のパターンができるようにしていました。

●岡崎の復習方法

　特に事例Ⅰ～Ⅲは，過去問を解くのにまとまった時間が必要だったので，数をこなすよりも復習を重点的に行うことを意識しました。

　事例を1つ解いた後は，上記のチェック項目をそれぞれ行ったうえで，自分のなかでの最高の解答を作成し，足りない部分を分析するようにしていました。読みやすい文章を書くために，「聞かれたとおりの解答」，「採点者が採点しやすい解答」，「かっこいい解答ではなく誰もが書くような解答」を意識して復習していました。

●吉田の復習方法

　私は文章の構成や編集にはあまり苦手意識がなかったので，正しい設問解釈と解答要素のモレ撲滅に注力しました。1事例80分を確保するのが難しいなか，本書『全ノウハウ』第3部の「想定問答集」を活用することで細切れ時間でも解答骨子作成の力

をトレーニングできました。

　事例全体を俯瞰した復習も効果的でした。私はいつもSWOT分析のO（機会）が
うまく書けていない，ということにある時気づき，SWOT分析の基礎を再復習しまし
た。この復習以降，解答要素の充実と全体の一貫性が高まったように感じています。

第

章

事例別最頻出テーマと令和6年度予測

I ▶▶▶ 過去問題分析表

過去問題分析表

事例Ⅰ		平成29年度	平成30年度	令和元年度	令和2年度	令和3年度	令和4年度	令和5年度
業種業態		菓子製造業	エレクトロニクスメーカー	農業用機械・産業機械装置製造業	酒造業	印刷・広告制作業	農業法人	飲食業（蕎麦店）
企業の課題		今後の発展	今後の発展	今後の発展,経営改革の遂行	今後の発展	今後の発展	今後の発展事業承継	今後の発展経営統合
人事上のメインテーマ		組織体制整備と人的資源管理	チャレンジ精神・独創性の維持	チャレンジ精神の促進	組織体制の整備と人的資源管理	組織体制の整備と人的資源管理	組織構造の構築と人的資源管理	経営統合による企業文化の融合
ポイント		SWOT	SWOT	SWOT	SWOT	SWOT	SWOT	SWOT
		経営体制非正規社員活用	研究開発型企業	新規事業開発	企業買収	ファブレス企業	外部連携	経営革新
		事業活動拠点移設の戦略的メリット	新規事業開発	経営革新	相乗効果	多角化	両利きの経営	経営統合
		新規市場開拓経営リスク	人事制度	成果主義賃金制度	業務の定型化	外部連携	事業承継	相乗効果
		組織体制強化	組織体制強化	組織構造	人事制度	組織体制強化	組織構造	新規市場開拓
問題形態	抜出	15%	10%	30%	30%	30%	30%	30%
	知識	25%	20%	20%	20%	20%	35%	30%
	類推	50%	50%	50%	40%	40%	35%	40%
	アイデア	10%	20%	0%	10%	10%	0%	0%
解答字数		550	500	500	500	500	450	440

事例Ⅱ		平成29年度	平成30年度	令和元年度	令和2年度	令和3年度	令和4年度	令和5年度
業種業態		寝具販売店	小規模老舗旅館	ネイルサロン	農業生産法人	豆腐製造販売	食肉・食肉加工品製造販売	スポーツ用品販売店
企業の課題		業績拡大	経営継続	新規顧客開拓,客単価向上	事業拡大,地域振興	事業拡大	事業拡大,地域振興	事業拡大
生きる道		経営資源活用顧客関係性強化	新市場開拓戦略	市場浸透＋新市場開拓	新商品開発＋新市場開拓	新商品開発＋新市場開拓	新商品開発＋新市場開拓	新市場開拓＋顧客関係性強化
ポイント		SWOT	SWOT	SWOT	SWOT	SWOT	SWOT	SWOT
		未利用経営資源の利用	3C	競合との差別化	新規取引先開拓	地域企業連携	3C	3C
		顧客生涯価値	インターネット活用	インターネット活用	自社ブランド開発	インターネット活用	競合との差別化	マーケティング戦略
		顧客関係性強化	顧客関係性強化	顧客関係性強化	インターネット活用	フランチャイズ方式	地域企業連携	顧客関係性強化
		顧客データベース活用	プロモーション戦略	地域企業連携	顧客関係性強化	製品戦略	インターネット活用	インターネット活用
		地域企業連携	地域連携	シナジー効果	地域連携・地域資源活用	マーケティング戦略	製品戦略	SNS活用
		事業承継	インバウンド需要		地域活性化	顧客関係性強化	マーケティング戦略	プライシング
問題形態	抜出	20%	40%	55%	25%	50%	50%	40%
	知識	15%	5%	5%	15%	0%	0%	10%
	類推	40%	40%	30%	35%	40%	30%	25%
	アイデア	25%	15%	10%	25%	10%	20%	25%
解答字数		480	450	460	510	420	500	500

事例Ⅲ		平成29年度	平成30年度	令和元年度	令和2年度	令和3年度	令和4年度	令和5年度
業種業態		金属部品加工業	プラスチック成形加工業	金属熱処理・機械加工業	ステンレス製品の生産・据付	革製バッグ製造販売業	金属製品製造業	業務用食品製造業
企業の課題		生産管理+今後の発展	生産管理+今後の発展	生産管理+今後の発展	Dの改善+今後の発展	生産管理+今後の発展	生産管理(CD)+今後の発展	生産管理+今後の発展
生きる道		生産管理改善+新事業展開	生産管理改善+新事業展開	生産管理改善+新規顧客開拓	生産管理改善+既存事業拡大	生産管理改善+既存事業拡大	生産管理改善+IT活用	生産管理改善+新事業展開
ポイント		SWOT	SWOT	SWOT	SWOT	SWOT	課題抽出(SWOT)	SWOT
		生産管理	作業効率化	作業効率化	次世代生産技術活用	作業効率化	設計の短納期化	生産性向上
		標準化・マニュアル化	生産管理	生産管理	生産管理	生産管理	生産管理(小ロット化・段取改善)	生産管理
		顧客への訴求	IT化	新規顧客開拓	IT活用	技術承継	IT活用	自社企画開発
		製品・サービス高付加価値化	製品高付加価値化		情報共有	自社ブランド育成	高付加価値化,新市場開拓	新規事業戦略
					顧客への訴求			
問題形態	抜出	60%	65%	60%	50%	65%	55%	52%
	知識	20%	20%	0%	18%	0%	20%	6%
	類推	20%	15%	40%	32%	35%	25%	42%
	アイデア	0%	0%	0%	0%	0%	0%	0%
解答字数		560	560	560	560	540	540	520

事例Ⅳ		平成29年度	平成30年度	令和元年度	令和2年度	令和3年度	令和4年度	令和5年度
業種業態		染色関連事業	不動産・インテリア関連サポート業務	建材卸売業・不動産業	戸建住宅販売・飲食店運営	食品スーパーマーケット事業	総合自動車リサイクル事業	基礎化粧品開発製造販売
企業の課題		採算とコスト削減による収益性改善	今後の発展	収益性の向上	収益性の向上	収益性の向上	生産性の向上	収益性の向上
生きる道		価格交渉,設備投資と新規事業開発	設備投資と人材の確保	取引先との連携強化	低収益店舗改善と機会対応の強みの拡大	設備投資と新規事業開発	設備投資とリスクマネジメント	新製品開発と経営リスク分散
主要な財務的問題		適正料金設定できず採算性問題	販管費が高い	売上原価の増大	販管費の増大	販管費の増大	1人当たり売上高が低い	売上高営業利益率の低下
		機械設備等が原因の加工コスト高	営業利益率が低い	仕入債務と短期借入金の増加	短期借入金の増加	内部留保少,借入金依存の資本構造	有形固定資産回転率が悪い	総資本回転率の悪化
		内部留保少,借入金依存の資本構造	有形固定資産の効率悪化	棚卸資産の増加	有形固定資産の増加	不採算事業による収益悪化	設備生産性の悪化	予想される原価高騰
ポイント		一般経営指標	キャッシュフロー	一般経営指標	一般経営指標	一般経営指標	一般経営指標	一般経営指標
		予測損益計算書	WACC	CVP分析	CVP分析	NPVによる投資判断	セールスミックス分析	CVP分析
		CVP分析	CVP分析	キャッシュフロー	NPVによる投資判断	CVP分析	CVP分析	製品別セグメント分析
		取替投資に係る差額CF計算	企業価値	正味現在価値法・回収期間法	買収における会計処理	不採算事業への対処	NPVによる投資判断	販売数量の場合分けのあるNPVによる投資判断
		NPVによる投資判断	投資判断	NPVによる投資判断	ROI	将来CFによる永続価値判定		事業形態による財務的利点
		現在価値計算	費用構造分析				新規事業展開におけるリスクマネジメント	
問題形態	経営指標	25%	25%	25%	25%	30%	25%	20%
	類推と知識	75%	75%	75%	75%	75%	75%	80%
解答	計算	6	6	7	6	6	6	5
	字数	160	310	200	200	160	180	330

Ⅱ ▶▶▶ 事例Ⅰ（組織・人事）の最頻出テーマと令和6年度傾向予測

1. 最頻出テーマ

■SWOT分析	今後の予想：★★★★★

頻度：61%……過去23年中14回出題
配点：10点～20点
設問：第1問で問われる傾向にあります。
◆今後も出題される可能性は非常に高いです。配点比率は高くないと思われますが，全体戦略を考えていくうえで出題の有無にかかわらず検討すべき重要テーマです。

■モラール向上	今後の予想：★★★★★

頻度：57%……過去23年中13回出題
配点：20点～30点
設問：直接的な問題点や改善策として問われるほか，解答要素の一部としても採用しやすいテーマです。
◆人事上では今後も外せない最重要テーマです。企業規模にかかわらず，正規社員および非正規社員の定着率や業績に直接与える影響が大きく，経営戦略上不可欠な要素です。

■組織構造関連	今後の予想：★★★★★

頻度：61%……過去23年中14回出題
配点：20点～30点
設問：直接的に改善策を問われる傾向にあります。
◆今後も外せない重要テーマです。厳しい経営環境の変化の中で経営革新を行うには，組織構造の変革も求められます。

■多角化・新規事業	今後の予想：★★★★★

頻度：48%……過去23年中11回出題
配点：20点～30点
設問：直接的な問題点や改善策として問われるほか，解答要素の一部としても採用しやすいテーマです。
◆最近の事例傾向では現在の問題点を解決するものよりも，今後の継続発展に対する問題が増えてきているため，多角化は必ず押さえておきたいテーマです。多角化を行う際はターゲットセグメントとシナジー効果を意識することを心がけましょう。

■非正規社員の活用	今後の予想：★★★

頻度：22%……過去23年中5回出題
配点：15点～20点
設問：直接的な問題点や改善策として問われるほか，解答要素の一部としても採用しやすいテーマです。
◆今後も外せない重要テーマです。コスト削減を目的とした固定人件費の変動費化や，少ない正規社員で事業を運営するための手段，事業戦略に合わせた柔軟な組織体制を確保する方法の1つとして有効とされています。

■取引先依存脱却関連	今後の予想：★★★

頻度：26%……過去23年中 6 回出題
配点：20点～30点
設問：直接的な問題点や改善策として問われるほか，解答要素の一部としても採用しやすい
　　　テーマです。

◆今後も外せない重要テーマです。昨今の景気低迷や競争激化により，大企業も取引先の絞込
みや低価格圧力を強めているとともに，中小企業が仕入先に依存しすぎると価格交渉が不利
であったり，仕入先の倒産による仕入先の確保が難しくなるなど，事例 I に限らず近年の中
小企業の主たる経営課題の 1 つです。

2.　令和 6 年度傾向予測

■全体傾向	
出題業種	例年製造業の出題が多いなか，令和 5 年度は飲食業が出題されました。事例 I は，組織・人事がテーマであるため，組織構造のしっかりした比較的規模の大きな製造業の出題が多いのですが，日本のサービス経済化が進み労働人口がサービス業にシフトしていくなか，今後はサービス業の出題も予想されます。製造業の特徴だけでなくサービス業の特徴を再度確認しておきましょう。業種の特徴は今後の A 社の事業展開に影響しますが，「企業の課題」や「企業の生きる道」はどの業種でも同じです。慌てずに対応しましょう。
企業の課題	外部環境の変化に対して，経営戦略の見直しが求められ，経営戦略を実現するために必要な，組織体制の変更や組織形態の変革，また人事戦略として能力開発やモラール向上を行うことが課題となります。「組織は戦略に従う」，「組織体制も人事制度も戦略に従う」ことを常に意識しましょう。また，経営層や第一線を担ってきた従業員の高齢化と，労働人口の減少に伴い，若手人員の確保や育成の強化，事業承継も課題となる可能性が高いです。さらに，令和 5 年度のテーマである経営統合は，企業の生き残りをかけた戦略として今後も課題として考えられます。
企業の生きる道	変化していく外部環境に対応するために，柔軟性と機動性を併せ持ち，常に現状に満足することなく改善を図っていく企業を目指します。どのように企業の競争力を向上させていくかが意識するべきポイントです。経営資源の弱みを外部からの調達や連携で克服し，既存の経営資源とのシナジー効果を図るとともに，経営資源を強みである分野に集中させる戦略策定が主流です。また，時代とともに変わっていく顧客ニーズに対応し，大手と差別化した戦略を採ることは基本となります。また，既存事業の深掘りとともに新しい事業の探索も行う，両利きの経営も，企業が存続し続けるために必要になります。

●最頻出テーマ以外の予想される出題テーマ

競争戦略・成長戦略　リーダーシップ　経営者の資質・後継者の育成 同族会社の特徴（メリット，デメリット）　組織の成立と存続要件　組織文化 組織力（組織経験→組織の知）　採用・配置　能力開発　評価・報酬 事業承継・譲渡・買収(M&A)　アウトソーシング　高齢者・女性・外国人の活用 業務の定型化　IT活用　専門職の活用　技術承継　海外進出　両利きの経営
・特に近年では中小企業経営者の高齢化が進み，事業承継が中小企業にとって最も重要なテーマの１つになっています。中小企業に蓄積されたノウハウや技術を次世代に受け継ぎ，世代交代による更なる活性化を実現するためには円滑な事業承継を行う必要があります。経営者の資質・後継者の育成，M&Aといったテーマとともにチェックしておきましょう。 ・また，海外進出についても今後の継続発展を考えるうえで重要なテーマの１つであり，『中小企業白書』にも頻出の課題です。事例Ⅰで出題された場合に，組織・人事の視点からも解答できるよう現地の人材育成や経営の現地化など，課題点と対応方法を『中小企業白書』などでもチェックしておきましょう。

●設問の形態

知識解答型　　：30％ 与件抜出し型　：30％ 与件類推型　　：40％ アイデア出す型：0％	・知識解答型であっても，知識をベースに与件文に即した論点として解答を作成しましょう。 ・与件文から経営戦略を設定したら，戦略に沿った解答を心がけます。 ・経営的な視点（社長の目線）で全体（全社）を見渡して経営戦略を考えましょう。 ・設定した戦略を各設問で問われる下位の機能戦略（組織・人事戦略）に展開していきましょう。ただし，あまり固執せず，与件文に書かれた内容に沿って解答するよう心がけましょう。

●解答の総字数

450字前後……H28年度は500字でしたが，H29年度は550字と増加しました。H30年度から令和３年度までの４年間は500字でしたが，令和４年度は450字，令和５年度は440字と減りました。令和６年度も450字前後になることが予想されます。事例Ⅰでは与件文をそのまま活用する設問よりも，与件文を根拠として類推・知識で補充した解答を求められる割合が多く，初学者には難易度の高い設問が多いという特徴があります。難易度の高い設問は，他の受験生にとっても難しいことは同じなので，基本的な知識とノウハウを引き出しながら落ち着いて設問と与件文の内容を整理し，大きなミスを起こさずマス目を埋めていけば十分です。なお，２次試験の中で最初に解く事例であり，緊張や焦りを生じることも考えられますので，緊張対策とタイムマネジメントを徹底することに留意しましょう。

Ⅲ ▶▶▶ 事例Ⅱ（マーケティング・流通）の最頻出テーマと令和6年度傾向予測

1. 最頻出テーマ

■ SWOT 分析	今後の予想：★★★★★

頻度：74%……過去23年中17回出題
配点：10点～30点
設問：第1問で直接問われることが多いです。
◆令和4年度，令和5年度は3C分析でしたが，SWOT分析は今後も出題される可能性は高いです。他の設問の解答との関連を意識しつつ，与件文から必要な情報を抽出できるようにしましょう。

■ 顧客関係性強化関連	今後の予想：★★★★★

頻度：78%……過去23年中18回出題
配点：20点～30点
設問：コアとなる設問以外に，強化策の具体的提案や強みとして活用する方向性でも問われることがあります。
◆今後も出題される可能性は高いです。具体策を問われることが多いため，あらかじめ解答パターンを用意しておきましょう。

■ 新規事業（多角化，新市場開拓，シナジー効果）	今後の予想：★★★★

頻度：70%……過去23年中16回出題
配点：20点～40点
設問：最終問題で強みの活用や課題解決として問われることが多いです。
◆今後も出題される可能性は高いです。強みや機会の活用を志向するようにしましょう。

■ インターネット活用関連	今後の予想：★★★★★

頻度：65%……過去23年中15回出題
配点：10点～30点
設問：オンラインサイトやSNSの活用として問われることが多いです。令和5年度はスマートフォンアプリに関しても解答の範囲になっていました。
◆今後も出題される可能性は高いです。具体的活用方法と期待される効果を整理しておきましょう。

■ 地域連携・地域資源の活用	今後の予想：★★★★

頻度：43%……過去23年中10回出題
配点：20点～30点
設問：地域連携や地域資源を活用し，事業拡大，地域振興を図る方向で問われることが多いです。
◆令和4年度まで6年連続で出題されており，今後も出題される可能性が高いです。与件文から連携先や活用できる地域資源など必要な情報を抽出できるようにしましょう。また，強みや機会の活用による，具体的かつオーソドックスな提案を志向するようにしましょう。

■自社ブランド	今後の予想：★★★

頻度：39％……過去23年中９回出題
配点：20点～30点
設問：コアとなる設問以外に，強みとして活用する方向性でも問われることがあります。

◆近年は事例Ⅲでの出題が多いですが，事例Ⅱにおいても出題の可能性が高いテーマです。強みや機会の活用を志向するようにしましょう。

2. 令和６年度傾向予測

■全体傾向	
出題業種	令和５年度は，スポーツ用品店について出題されました。事例Ⅱで取り扱われる業種は非常に幅広いですが，マーケティングに関する事例のため，取り扱う製品やサービス，顧客の姿がわかりやすい製造小売業や小売業，サービス業の出題が多い傾向にあります。
企業の課題	新型コロナウイルス感染症流行による事業環境変化への対応が求められた令和３，４年度と異なり，令和５年度は「感染症の影響を考慮する」というような注意書きや，事例企業に関して感染症の影響に関する記述はありませんでした。今後も新型コロナウイルスを意識する問題は出ないと考えてもよいと思われます。 事例企業の業種はこれまでもさまざまであったため予測することは難しいですが，１つのポイントとして，「価格転嫁」が課題となっている企業が出題されることが考えられます。政府も「賃上げのための価格転嫁」を方針として挙げており，これに従った事例が出される可能性はあるでしょう。価格転嫁は簡単にできるものではありません。これまでと同じ商品やサービスであれば，顧客からの反発が大きいからです。ここで重要となるのは，「高付加価値」な商品やサービスの提供，直販，自社ブランドなど，価格を企業が決めやすく高価格でも売れる商材を提供することです。そのため，それらに関する助言問題の出題が予測されます。 もう１つの流れとしては，顧客とのコミュニケーションやプロモーションを「オンライン」で行うことです。いまはスマホさえあれば，だれとでもさまざまな形でつながり情報を得られる（提供できる）便利な世の中です。ツールを使う費用も安価になってきており，人手もかからないため中小企業が活用しない手はありません。顧客とダイレクトにつながれるため，顧客関係性強化や販売促進に関わる施策の提案が求められることが考えられます。媒体はこれまでのホームページだけでなく，SNSや自社アプリ，インスタントコミュニケーション（LINEのようなもの）などさまざまなものが対象となります。
企業の生きる道	何より顧客志向で商品・サービス（Product）を改善すること，販路を開拓すること（Place），地域密着，内部未利用資源や外部資源の有効活用（企業連携・地域連携，地域資源の活用を含む），などが主流です。インターネットを活用すること（Promotion），ニッチな市場で専門化といった観点も欠かせません。

●最頻出テーマ以外の予想される出題テーマ

地域密着　　地域ブランド　　地域・商店街の発展
企業間連携　　農商工連携　　6 次産業化　　PPM　　新商品開発
パブリシティ活用　　口コミ戦略
SNS（ソーシャル・ネットワーキング・サービス）活用　　リスクマネジメント
ニッチ戦略　　品揃え改善　　FSP　　おもてなし経営
CSR（企業の社会的責任，Corporate Social Responsibility）
SRI（社会責任投資，Socially Responsible Investment）
買い物難民・買い物弱者　　ペルソナマーケティング　　双方向コミュニケーション
共創マーケティング　　インターナルマーケティング　　コト提案
価格転嫁・価格戦略　　EC 利用

●設問の形態

与件抜出し型	：40％	・設問の全体構造を意識しましょう。第 1 問で SWOT 分析を行って現状・課題を整理し，企業の進むべき方向を確認した後に，第 2 問以降で具体的な施策を提案する流れが一般的です。
知識解答型	：10％	
与件類推型	：25％	・与件文のキーワードを見落とさずに活用しましょう。設問との対応を考えながら与件文を読むことで見落としが少なくなります。また，事例Ⅱは各施策の提案のヒントとなる記載が与件文に多くあります。
アイデア出す型	：25％	

●解答の総字数

500字前後 ……過去には600字を超える年もありましたが，ここ数年減少傾向であり，直近 5 年でみると420〜510字で推移しています。令和 5 年度は500字と平均よりもやや多くなりました。また，事例Ⅱに関しては，設問が 4 問構成というパターンも多くなってきました。設問数が減ると配点が大きくなる設問が出てくるため，解答の方向性を大外ししたときに挽回が大変になってきます。各設問への時間配分と最低限の点数を確保する手段を自身のなかで確立しておきましょう。

IV ▶▶▶ 事例Ⅲ（生産・技術）の最頻出テーマと令和6年度傾向予測

1. 最頻出テーマ

■ SWOT 分析 | **今後の予想：★★★★★**

頻度：91％……過去23年中21回出題

配点：10点〜20点

設問：第1問で問われることが多いです。

◆今後も高い確率で出題されますが，配点比率は低いです。「〜業界において」「創業からの変遷を理解した上で」などのように制約条件を付加する傾向があります。競争優位性などの表現を用いて，ストレートに強み・弱みとは表現していない場合もあります。

■納期短縮関連 | **今後の予想：★★★★★**

頻度：70％……過去23年中16回出題

配点：20点〜40点

設問：メイン・サブの両テーマで出題されることが多いです。

◆多品種少量化・個別受注生産に関連しての出題が多いです。多能工，ボトルネック，生産計画，社内コミュニケーション，IT活用，段取改善，技能継承などの基本テーマは重要です。

■生産システム関連 | **今後の予想：★★★★**

頻度：57％……過去23年中13回出題

配点：10点〜20点

設問：現在発生している問題の解決策や今後の課題の対応策として出題されます。

◆今後も出題が予想されます。「どこの部門で，どこの部門から何の情報を得て，何に活かすか」といった具体的な出題になると思われます。

■生産体制関連（工場間，本社と工場の役割の問題） | **今後の予想：★★★**

頻度：43％……過去23年中10回出題

配点：20点〜40点

設問：コアとなる設問として問われることが多いです。

◆社内・社外の連携強化を課題として問われることが多く，配点が高くなる傾向にあります。

■アウトソーシング関連 | **今後の予想：★★★**

頻度：26％……過去23年中6回出題

配点：10点〜30点

設問：重要度のバラツキが大きいですが，比較的出題されることが多いです。

◆出題可能性は高く，今後も外せないテーマです。

■品質改善関連 | **今後の予想：★★★**

頻度：26％……過去23年中6回出題

配点：15点〜20点

設問：数年おきに出題される傾向があります。

◆顧客満足度向上と生産性向上のため，設計品質，製造品質，満足品質を問われます。

2.　令和6年度傾向予測

■全体傾向	
出題業種	H18，20，22，26，27，29，30，令和元，3，4，5年度は下請として部品（資材）を取り扱う製造業であり，一般的に馴染みが少ない業種で，H19，21，23，24，25，28，令和2年度は下請以外の製造業で，取扱品種はある程度馴染みがある業種でした。 事例Ⅲでは業態に馴染みのないものが出題される可能性がありますが，特定の専門知識は問われないため，生産に関する基礎知識を習得することで十分対応できます。下請の製造業は完成品のメーカーとは異なる提案が必要なことに留意します。
企業の課題	基本はQCD改善のどれかで当てはまり，そうでない場合は企業全体としてのヒト・モノ（工場など）・カネのリソースの最大有効活用が課題となります。QCDの課題の真因は営業，設計，調達，作業，出荷業務のどこかにあります。稼働率，生産計画などです。営業〜出荷までの全体最適を実現するような提案を行います。
企業の生きる道	傾向として企業全体の戦略的な要素が課題になることが多かったですが，H21年度以降出題傾向が変わり，生産工程において高配点の設問が出題され始めたことから，生産に関する基礎知識は必須です。また，今後の発展のための課題が問われることが多く，発展のためのあるべき姿をイメージできることが重要です。 事例を問わず，下請企業にとって発展の方向性は主に3つあります。①自社ブランドを育成し下請以外の事業を進め販路開拓を図ること，②単一取引先依存を脱却し，取引先を拡大して経営のリスク分散を図ること，③既存顧客への付加価値を高め密着性を強めること，です。完成品メーカーの海外進出に対する中小企業の対応は基本として押さえつつ，完成品メーカーの国内回帰に対する中小企業の対応を問われる傾向が見られます。高付加価値化が重要になると考えます。

●最頻出テーマ以外の予想される出題テーマ

顧客とのコミュニケーション強化　　クレームマーケティング　　ユーザーへの直販体制 生産計画の立案方法の変更　　CS志向の生産体制　　製品開発 営業力強化(提案型営業)　　営業支援システム(SFA)　　マスカスタマイゼーション デカップリングポイント　　購買管理　　在庫削減　　小規模SCM構築 ナレッジマネジメント　　コンカレントエンジニアリング　　海外進出　　OEM/ODM/PB 従業員(熟練工)の高齢化，技能継承，従業員(熟練工)の負荷軽減と高付加価値業務へのシフト 設備保全　　5S　　SLP　　ボトルネック重点管理　　次世代生産技術　　IT活用

●設問の形態

知識解答型　　　：20% 与件類推型　　　：30% 与件抜出し型　　：50% アイデア出す型：0%	・基本的に与件文から抜き出して解答するパターンが多いですが，与件文に解答の明確な根拠が少ない場合，課題に対し，『全知識』の課題解決方法と与件文を照らし合わせて，最も妥当な手段を選択することが重要です。

●解答の総字数

約540字……設問ごとの解答字数の長短があります。終盤の問題では字数が多くなる傾向にあるため，時間配分を考慮する必要があります。

V ▶▶▶ 事例Ⅳ（財務・会計）の最頻出テーマと令和6年度傾向予測

1. 最頻出テーマ

■経営分析・財務分析	今後の予想：★★★★★

頻度：100％……過去23年中23回出題

配点：10点〜40点

設問：ほぼ必ず第1問で出題されます。

◆過去必ず出題されていることから，令和6年度もほぼ間違いなく出題されると考えられます。近年の出題のパターンは次の2つに分かれます。

  ①比較する財務諸表が与件文中にある場合（H22年度，H23年度，H26年度，H27年度，H28年度，H29年度，H30年度，令和元年度，令和2年度，令和3年度，令和4年度，令和5年度）。

  ②比較する財務諸表が与件文中になく，与件文のデータから自分で予想財務諸表を作成する場合（H24年度，H25年度）。

②のほうが計算量が多いので，難易度は高くなります。また，途中の計算を間違えると，当然に最後の数値や記述を間違えるため，最悪の場合，得点がゼロということもあり得ます。今後も，両方のパターンが考えられますが，どのような形にも対応できるよう，十分準備しておきましょう。

■投資判断関連	今後の予想：★★★★★

頻度：87％……過去23年中20回出題

配点：15点〜30点

設問：第2問以降に大問として出題されることが多いです。

◆複数年のCFを計算し，投資の判断や，投資の影響分析を行う設問です。設備投資の経済性計算について差額キャッシュフローを算出したのちに，正味現在価値法や回収期間法を用いて評価する問題が頻出です。まずは基本的な，正味現在価値，節税効果，企業価値などの論点を十分に理解しておきましょう。そして，運転資本の増減によるCF計算方法も整理しておきましょう。また，計算量が多く難問である傾向にあるので，全部を解答するのではなく，部分点を狙うことも考えながら解くことが必要です。

■キャッシュフロー関連	今後の予想：★★★★

頻度：70％……過去23年中16回出題

配点：20〜30点

設問：第2問以降に大問として出題されることが多いです。

◆まずは基本的な正味現在価値，節税効果等を踏まえた投資評価について十分に理解しておきましょう。計算量が多く難問になる可能性があるため，時間配分・解く順番を含め戦略的に取り組むこと，また部分点を狙うことも意識しましょう。

最近では，「NPVに何を入れるべきか？　何を入れないべきか？」を考えさせる設問が出ています（H27年度，H28年度，令和4年度）。具体的には，「経済対応年数終了時点での売却価額を投資判断のNPV計算に入れるのか」「投資時点で運転資本（在庫など棚卸資産）投入した場合に，評価期間の最終時点で売却価値としてNPVに入れるのか」等。機会損失あたりも今後絡められそうな論点です。さまざまな角度から問題提起してくるような出題があるため，普段から直近の過去問出題傾向を踏まえてよく考えて学習しましょう。

■損益分岐点分析関連	今後の予想：★★★★

頻度：70％……過去23年中16回出題
配点：20〜30点
設問：第 2 問以降に大問として出題されることが多いです。

◆H21年度以降，H25年度とH26年度を除いて令和 5 年度までほぼ毎年出題されています。令和元年度は変動費率と損益分岐点売上高を求めさせたほか，利益計画策定上の注意点や目標利益達成のための変動費率を算出させる問題でした。令和 2 年度は売上高に応じ変動費率が変動する問題でした。令和 3 年度は販売数量により販売単価が変わるなかで目標利益達成のための販売数量を算出させる問題でした。令和 4 年度はコストを固変分解し，社内作業を内製とすべきか外注に出す（業務委託）べきかを決定する仕入額を算出させる問題でした。令和 5 年度は損益分岐点比率が前年からどれだけ変動したかを求めさせる問題でした。

以前の出題パターンでは，計算過程を記述させる設問（H24年度・H27年度・H28年度・H30年度・令和元年度・令和 2 年度・令和 3 年度・令和 4 年度）が多かったですが，令和 5 年度は計算過程の解答欄がありませんでした。計算ミスせず，確実に正解にたどり着く必要があります。その他，グラフを描かせる設問（H22年度），経営判断を記述する設問（H22年度），高低点法による損益分岐点分析（H15年度，H19年度），営業レバレッジ（H21年度）などさまざまなパターンがありますので，過去問を繰り返し解いてマスターしましょう。

■場合分け問題（デシジョンツリー）関連	今後の予想：★★★

頻度：30％……過去23年中 7 回出題
配点：20〜30点
設問：第 2 問以降に大問または小問として出題されることが多いです。

◆複数のシナリオについて利益やキャッシュフローを求め，意思決定を行う設問です。設問の種類は，期待値計算や投資判断など多種多様であり，情報を整理し適切に計算する能力が求められます。令和 5 年度では，設備投資判断の問題で，初年度末に 2 年度目以降の販売数量が明らかになる場合分けでNPVの期待値を求めさせる問題が出題されました。

■知識問題関連	今後の予想：★★★

頻度：52％……過去23年中12回出題
配点：10〜30点
設問：第 2 問以降に大問または小問として出題されることが多いです。

◆ 1 次試験の知識を深掘りするような出題が過去にあります（情報システム・経済・運営管理等）。令和 5 年度では，OEM生産や新製品開発戦略の財務的利点を問われました。なかにはH25年度の予防コストの設問など，『意思決定会計講義ノート』（大塚宗春著）を読まないと解答不可能な出題も過去にはありましたが，事例Ⅳのために知識補充する必要性はそこまでなく，事例企業の状況に即して柔軟に対応できれば問題なく記述できるのが最近の傾向です（H27年度：主要取引先の影響リスクの問題，H28年度：予約システム導入による収益・費用増変化，令和元年度：EDI導入による財務的効果，令和 2 年度：買収における会計処理とリスク・ROIを経営評価指標に用いることのデメリット）。

H29年度，令和元年度は連結会計に関する知識が直接あるいは間接的に問われており，今後も子会社や関連会社を有する事例企業が出題される可能性は高いものと思われます（出資比率が100％に満たない事例企業が出題される可能性もあります）。 1 次試験で出題されている範囲で連結会計に関する知識は復習しておきましょう。

令和 5 年度では共通費の配賦基準について問われました。今後の新たな傾向として，セグメント別の原価計算や配賦などの会計処理の知識を出題される可能性があるので復習しておきましょう。

■加重平均資本コスト（WACC）関連	今後の予想：★★★

頻度：4％……過去23年中1回出題

配点：10点程度

設問：H30年度に初めて出題されました。

◆ H30年度では，第2問（設問1）①でプロジェクトの評価の際に用いる割引率を算定するための加重平均資本コスト（WACC），およびその計算過程が問われました。さらに（設問1）②では，①で算出したWACCを用いてCFの算出が問われました。そして（設問3）ではWACCを用いてキャッシュフローの成長率の算出が求められており，H30年度でWACCは非常に重要でした。今後もWACCの数値や計算過程が問われる可能性が高いと考えられるため，1次試験の知識を忘れないようにしましょう。

令和2年度では，ROIによる業績評価のデメリットを問う設問が出ており，間接的ではありますが，WACCを示唆する問題が出題されています。最近はROIとWACC両方を業績指標にする企業も増えてきており，今後も注視が必要と考えます。

■デリバティブの記述，計算	今後の予想：★★

頻度：13％……過去23年中3回出題

配点：15〜20点

設問：第4問に出題されています。

◆ 基本的に1次試験の知識があれば対応できる設問がほとんどです。予約とオプションの違い，アメリカンタイプとヨーロピアンタイプの違い，それぞれのメリット・デメリットの記述や，円高・円安になった場合に権利行使すべきかという判断基準についての設問が出題されています。為替変動による損益変化額の計算も出題されたことがありますが，こちらも1次試験の知識で対応可能ですので，簡単に復習しておきましょう。

2. 令和6年度傾向予測

■全体傾向	
出題業種	財務・会計の性質上，事例企業の業種・業態には偏りがないと考えられます。
企業の課題	大きく次のパターンがあります。 1. キャッシュ不足・在庫過多・借金増などの現存の財務上の問題を解消する場合 2. 財務体質の健全化を図ることで経営課題（外部環境変化への対応など）を解決する場合 3. 事業承継や企業買収による経営ビジョンを遂行する場合 いずれにしても，事例企業の問題・課題の把握は，事例Ⅳの解答作成において重要です。主として与件文と設問文から読み取れる定性情報と，財務諸表や計算結果から読み取れる定量情報との両方から，企業の問題点・課題を捉え，対策を講じることが肝要です。
企業の生きる道	一般的には，収益性および効率性の改善により財務体質を健全化し，キャッシュを確保することで安全性を向上させ，現下の経営課題を解決することが求められます。
難易度分析	易しい：経営分析・財務分析 普　通：キャッシュフロー関連，損益分岐点分析関連 難しい：投資判断関連

●最頻出テーマ以外の予想される出題テーマ

〈過去に出題されていない論点〉

全部原価計算と直接原価計算の関係（固定費調整）

キャッシュフローに関する比率分析（CF マージン，営業 CF 対流動負債比率，営業

CF 対固定負債比率）　　CF 計算書における投資 CF・財務 CF の計算過程

〈過去に出題されたことのある論点〉

取替投資・機会原価　　節税効果　　原価計算　　企業価値計算

財務諸表の作成（P/L，B/S，S/S）　　労働生産性（令和 4 年度）　　200％定率法

高低点法による損益分岐点分析（H15年度，H19年度に出題）

営業レバレッジ（H27年度）　　連結会計（H29年度，令和元年度）

情報システム関連※　　法務関連※　　リスクの分散※

※財務・会計以外のテーマと関連して，事例企業の課題解決に関する知識が問われること

があります（例：H20年度，H24年度，H27年度，H30年度，令和元年度，令和 2 年度）。

今後も注意が必要です。

●設問の形態

経営指標　：25％ 計算型　　：50％ 論述解答型：10％ 知識解答型：15％	・中小企業に即した財務・会計の論点は，出尽くしていると考えられ，今後は過去に出題された論点が再出題される可能性が高いと考えられます。計算過程の記述や，計算結果の定性的分析など，出題スタイルが変わることも想定されるため，過去に出題された論点は十分に理解しておきましょう。 ・令和 5 年度では，H30年度以来の300字以上の解答字数を要求されました。今後は，単なる計算力だけでなく，与件文の定性情報と財務諸表の定量情報から事例企業の経営状況を総合的に診断し，的確な助言ができる能力がより強く求められると考えられます。 ・他の事例と比べて，タイムマネジメントが重要になります。取り組みが難しい問題には時間をかけず，取り組みやすい問題を確実に押さえることが重要です。 ・他の事例にはない注意点として，1 つの処理ミス（情報読み落とし，情報の誤解，計算ミス）が数十点の失点につながる場合がありますので，処理ミスが発生するリスクも意識して，計算過程の要所で検算するなど，慎重に対応しましょう。

●解答の総字数

160～500字（自由記述除く）……解答の総字数は年度によってさまざまです。

　・H26年度，H27年度：字数の指示がない自由記述欄の設問がありました。

　・H25年度，H29年度，H30年度，令和元年度，令和 2 年度，令和 3 年度，令和 4

　　年度，令和 5 年度：30字～100字で記述させる設問が複数ありました。

　・H24年度：200字で記述させる設問がありました。

・H23年度，H24年度，H27年度，H28年度，H30年度，令和元年度，令和2年度，令和3年度，令和4年度，令和5年度：計算過程を記述させる設問がありました。

・令和5年度は，直近では珍しい解答字数の多さ（330字）でした。また，前の設問での計算結果を受けての論述を求められる設問がありました。

次の点を想定して学習しましょう。

1．自由記述欄に計算過程を記入する設問を想定します。

→自分なりの書き方を確立しておくとよいでしょう。

2．自由記述欄でも計算過程は不要な場合もあります（H27年度第3問（設問3））。

→設問文の指示をよく見ましょう。

　基本的には計算過程の記述と同様に，途中点が入りやすいように短文を列挙しましょう。たとえば，H27第3問（設問3）であれば，①用いる公式や定義の名称，②計算結果，③計算結果から導かれる結論，以上のようにそれぞれを独立させることで仮に一部が間違っていても部分点が入りやすいようにします。

3．出題が想定される記述問題は，自分なりの記述方法を固めてしまうとよいでしょう。

　たとえば，キャッシュフロー計算書作成問題が出題されるとしたら，その後にD社のCF状態を記述する設問が想定されます。例として，下記のように解答の骨子を固めておくとよいでしょう。

　「○○（例：在庫増）により営業CFがマイナスで，△△（例：資産売却）による投資CFのプラスでも賄えず，FCFはマイナスである。さらに，借入金により財務CFはプラスでも賄い切れず，総じて悪い状態である。」

4．H25年度およびH29年度に出題されたような30〜40字の設問，H30年度に出題されたような60〜70字の設問，令和4年度および令和5年度に出題されたような80〜100字の設問を想定します。

5．H21年度およびH23年度の解答総字数500字程度を想定します。

6．捨て問になりがちな高難度のNPV算出問題は，考え方は理解していることが採点者に伝わるように，「CFをαと置くと，『係数×α＋係数×α…－総投資額』の正負をもって実施可否を判断する。以下を計算すると，」など，実際の計算はしないまでも考え方を記載し，部分点を狙える解答を準備しましょう。

第
3
章

2次口述試験対策

I ▶▶▶ 口述試験の考え方

　口述試験はその合格率からしても**落とすための試験ではなく**，まず落ちるものではありません。しかし，過去に残念ながら不合格となった人がいることも事実です。仕方ない事情で口述試験に参加できない受験者のみが不合格者かと思うかもしれませんが，実際に口述試験の場でうまく話せず失敗した人もいるのです。

　中小企業診断士は，「**診る**」「**書く**」「**話す**」という３つの能力が必要です。「診る」「書く」は１次および２次の筆記試験でテストされますが，最後の「話す」という面は，この口述試験だけになります。それゆえ，本来の意味からすれば口述試験は大切です。

　実際には，口述試験は，あなたが「**人前で普通に話をすることが，尋常ではないくらい苦手な人でないか**」をチェックされる試験であると思ってよいです。そのため，特に気負うことはないですが，合格率でみるよりは実際の試験は簡単ではありません。決して軽視せず，合格を確実にするためにも真剣に取り組み，入念な準備をしておきましょう。

　なお，体調不良で受験できない場合は２次試験不合格となり，翌年度１次試験から再出発です。口述試験に向けて体調管理には特に留意してください。

　ここでは，念のためのアドバイスレベルの情報を紹介します。

II ▶▶▶ 口述試験ノウハウ

1. 試験の概要

■形　態　受験生１人 vs 試験官２人
■時　間　10分程度（１問当たり２分程度で答えるよう指示される）
■質問数　４〜７問（試験官や解答の程度によって異なる）
■内　容　すべて２次筆記試験の４事例に関する補足的，派生的質問
■評　価　（すべて著者の推察です）

　　　　　・30％：社会人としての基本的な資質，マナーが備わっているか？
　　　　　・30％：相手の目を見て大きな声で論理的に話すなど，プレゼンテーション
　　　　　　　　　能力があるか？
　　　　　・25％：質問に答えているか？
　　　　　・15％：解答内容が妥当なものか？

■午前・午後受験による質問の違い

　一般的に午前受験，午後受験の場合は，以下のような違いがあるといわれています。

　・午前受験：試験問題そのままの設問や事例企業の状況を踏まえた，比較的答えやす
　　　　　　　い設問が出る。

・午後受験：知識問題，試験問題から離れた比較的難しい質問が含まれることがある。

午後受験の問題が難しいといわれるのは，受験生仲間同士で口述試験問題（質問事項）を共有する可能性を考慮するのではないかと推察されます。

2.　実際の質問内容

すべて，2次筆記試験の4事例に関する補足的，派生的質問です。大別して以下の3通りに分けられます。

・診断…与件に記載されている事実，類推できること

・助言…今後の方向性等に関するアドバイス，アイデア

・知識…1次試験に要する知識，関連知識

また，解答に不足がある場合，もしくは解答がひとつの側面に偏っている場合，「他にはありますか？」「～の視点ではいかがですか？」と追加で質問されることがあります。

具体的に，令和5年度では次のような質問がありました。（これらの質問内容から，2次筆記試験の出題者の意図をかいま見ることができるという側面もあります。）

■事例Ⅰに関する質問

・A社のバブル期以降の売上減少の要因を説明してください。

・X社と経営統合をする際に留意すべき組織的課題を答えてください。

・A社が先代から事業承継して安定的に利益が確保できた理由を説明してください。

・A社とX社がそれぞれの強みを活かしてシナジーを発揮するにはどうすればよいですか。

・現経営者が行った戦略について，前経営者と比べて説明してください。

・X社を合併するにあたり，経営者はどのようにX社の従業員対応をすべきでしょうか。

・A社経営者は統合後もX社経営者に一定期間留まってもらうことにしました。その理由を説明してください。

・X社との経営統合において，誰が，どのような役割を担うべきでしょうか。理由と狙いを併せて答えてください（追加質問：具体的に接客リーダーはどのようなことを行いますか？）。

■事例Ⅱに関する質問

・B社の既存顧客の購買単価と購買頻度を上げるための方策を教えてください。

・女子野球チームがウェブサイトに掲載すべき情報を提案してください。

・B社はスポーツ用品以外の商品を販売しようと考えています。刺しゅうやプリント技術を保有していますが，どのような商品がよいでしょうか。

・B社の顧客の野球チームが女子を集めようとしています。どんな女子をターゲットにするべきでしょうか。

■事例Ⅲに関する質問

・C社は消費期限のある資材を発注しますが，効率的に資材管理を行うための留意点を説明してください。

・C社は中堅食品スーパーX社の製造を単能工で行う予定です。単能工のメリットを説明してください。

・C社がこれまで製品開発力が強化されてこなかった理由を説明してください。

・加工室をゾーニングするメリットを説明してください。

・C社の素材管理について助言をしてください。

・C社が高級旅館などの一部の顧客に依存している事業特性について意見を述べてください。

・C社が顧客別の生産体制をとっているメリットを述べてください。

・C社は製造に特化していました。その生産管理面や企画開発面での課題についてお答えください。

・製造に特化することは，顧客面ではどのような利点がありますか？

・C社が工場増築を検討する際に留意すべき点についてアドバイスしてください。

・C社が事業を多角化するメリットとデメリットを教えてください。

■事例Ⅳに関する質問

・損益分岐点比率を下げる方法を説明してください。

・棚卸資産が多いことのデメリットを説明してください。

・現金を多く保有することのデメリットを説明してください。

・D社は，新製品を自社生産するための投資に際し，悲観的や楽観的なケースを複数分析，比較しました。このような方法をとるメリットを述べてください。

・D社が男性向けアンチエイジング製品に新規参入する場合の留意点を述べてください。

・年間販売量が多いケースと少ない2つのケースでNPV分析をすることについて，複数ケースを想定することのメリットとデメリットを教えてください。

・新規開発した商品を拡販させる施策を教えてください。

・研究開発の経済的な判断指標はどのようなものがありますか？

　このように出題事例企業に関する質問が中心ですが，中小企業診断士としての一般的な見解も問われるような質問も多いことに気づきます。ただ単に2次筆記試験内容と自己再現解答を確認しているだけではダメなのです。しかし，解答で足りていない部分があった場合には，「○○ということがありますが，これについてはいかがでしょうか」というふうに助け船を出しくれるケースも多いようです。あまり怖がらず，笑顔で挑みましょう。

3.　基本的対策

（1）口述試験の準備期間

　口述試験は意外と軽視できないことはご理解いただけたと思いますが，口述試験の対策自体は，自分が2次筆記試験に受かったことがわかってからでも十分間に合いますので安心してください。少なくとも1週間ほどの準備期間があるはずです。

（2）なにをすべきか？

　以下の4項目は，必ず実施するべきと考えます。最後ですので抜かりなく行いましょう。
① 　2次試験の事例Ⅰ〜Ⅳの与件文を空で言えるくらい読んでおく
　→事例企業の状況（創業年，業種，人員構成，4P，SWOT）を確認しておきましょう。
　筆者の場合，与件文，設問，解答をスマホに録音して覚えたり，与件文を図式化して移動時間に眺めていました。
② 　筆記試験の自己解答を再度確認する
　→2次筆記試験が終わったら，必ずすぐに自己解答を記録しておきましょう。
③ 　各受験予備校の想定問答集を読んでおく
　→これはインターネットや口述対策セミナーに参加することで入手できます。
④ 　友人や家族に協力してもらい，模擬面接（Q&A）を行う
　→その際，回答の時間を計ってもらいましょう。2分間話すのは意外と長いです。

　さらに余裕に応じて，できる限り以下の項目も行っておけば万全です。
⑤ 　受験予備校や受験生支援団体の口述対策セミナーに参加する
⑥ 　受験予備校や受験生支援団体の模擬面接を受ける
⑦ 　模擬面接の様子をビデオや動画に撮り，自分で見直して改善する
⑧ 　与件文をパソコンに入力する（パソコンによる写経）
⑨ 　事例企業の業界情報，事例企業の顧客の業界情報を調べてみる
　→アイデア出す系の質問対策になります。

　ポイントは，「面接」という非日常的なシチュエーションで，落ち着いて話ができるような体験を直前に一度でもしておくことです。面接に慣れている人も多いとは思いますが，この体験をしておくのとしておかないのとでは，試験時の緊張度がまったく変わってきます。

（3）口述試験準備期間で診断士としての人脈を作る

　受験予備校や受験生支援団体の口述セミナー・模擬試験，その後の懇親会等において積極的に同期合格予定となる受験生に話しかけましょう。

次のツールを準備しておくと便利です。

・名刺

・Facebook の ID

・X（旧 Twitter）のアカウント

交流を広げることで以下のメリットがあります。

・試験情報や対策を共有できる

・合格後の実務補習，実務従事案件，中小企業診断（士）協会の情報を共有できる

・試験当日に知っている顔に会うことで緊張感が和らぐ

（4）口述試験対策上知っておくべきこと

以下の項目は必ず押さえておきましょう。

■面接室の入退室のマナー

これは別に中小企業診断士試験に限ったことではありませんが，あらゆるビジネスの基本ですので，再確認も含め再度押さえておきましょう。また，必ずここに書いてあるとおりに行うのではなく，臨機応変に対応しましょう。

《入室〜面接開始》

①　部屋に入る前にドアを3回ノックする

②　中からの「どうぞ」という言葉を聞いてから，「失礼いたします」と言ってドアを開ける

③　中に入り，ドアを閉めてから，面接官のほうを向いて「よろしくお願いいたします」と挨拶する

④　荷物置き場に荷物を置く

⑤　椅子の横に立ち，再度「よろしくお願いいたします」と一礼する

⑥　面接官から「座ってください」と言われてから椅子に座る

⑦　面接開始（面接官）「まず氏名，生年月日を和暦で言ってください」〜

⑧　（面接官）「これから事例Ⅰから事例Ⅳに関して質問いたします。中小企業診断士としてお答えください」〜

《面接終了〜退室》

①　面接官より「これで終了です」と言われてから，座ったまま「ありがとうございました」と挨拶をして立つ

②　自分の荷物を取り，ドアの前で再度面接官に向かって「ありがとうございました。よろしくお願いいたします」と挨拶する

③　退室

【面接室のイメージ】

面接官（2名）

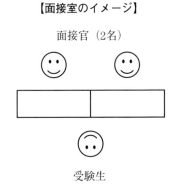

受験生

■**面接時の服装**

　こんなところで個性をアピールする必要性は皆無です。男性ならばビジネススーツに白シャツ，地味なネクタイ，黒靴下，黒靴，髪はフォーマルにまとめて清潔感のある服装および容姿を心がけ，ばっちり決めましょう。他の受験者と違う格好（普段着）をしていることで，心理的圧迫感を感じるムダを省く意図です。

■**面接官は皆よい人**

　冒頭で述べたとおり，口述試験は落とすための試験ではありません。変な答えをしてしまっても，すぐに減点をするような雰囲気ではなく，面接官も質問の仕方を変えるなどして温かく接してくれるはずです。「ベテランのおじさんたちと，ビジネス一般のちょっと堅苦しいおしゃべりをしに行く」程度の心構えでいけばOKです。変に構える必要はありません。

■**口述試験本番におけるその他の留意点**

　回答する際にはゆっくりと話すことを意識して，時間をたっぷり使って話すようにしましょう。気持ちが焦って早口で答えてしまうと，結果的に時間が余って，追加の質問がくる可能性が高くなり，自分を追い込んでしまうことになります。気持ちに余裕をもってゆっくり丁寧に話すことで，徐々に緊張がほぐれていく効果も期待できます。

　質問に対してうまく回答が思いつかなかったときは，以下の対応をとるようにしましょう。

①　面接官と視線を外さず，笑顔を保つようにする

②　「ご質問の内容は～ということでよろしいでしょうか？」と，問われた質問を繰り返して面接官に確認し，回答を考える時間稼ぎをする

③　与件文に記載されていた事例企業の強み，弱み，機会，ドメインを落ち着いて思い出す

→ 「強みを活かして〜する」「弱みを克服して〜する」「機会を捉えて〜する」「事業ドメインを意識して〜する」などの汎用的な回答が使えないか考える。

④ 単純な知識に関する質問などでまったく回答が思いつかなかった（知らない）場合は，適当にごまかした回答をせず，「申し訳ございません。今はあいまいな回答しかできませんので，別途調べてから回答させていただきたいと思います」と前向きに誠意をもった受け答えをする

→ 「他の質問をしっかりと回答することができれば必ず合格する」と信じて落ち着くこと。

（5）試験当日の流れ

・受験票に試験会場の建物・階数，試験の開始予定時間が指定されています。

・待機部屋があり，自分の受付順番が来るまで試験問題等を読みながら待つことができます。ただし，PC・スマホ等の通信端末や電子機器は使用できませんので，必ず"紙"の資料を準備しておきましょう。

・「試験の開始予定時間の約30分前までに受付を済ませてください」と案内があります。遅刻は厳禁！ 開始予定の1時間前には会場に行きましょう。受付は待機場所を出た廊下にあり，本人確認後は別の控室に案内されます。

・控室内では口述試験を受ける順に並んで座らされます。前に1〜2名いるのでお手洗いに行くことは可能です。

・優しそうな年輩の係の方から，名前と受験番号で呼ばれます（皆ボランティアの中小企業診断士です）。

・面接室の外の廊下の椅子で待機します。お手洗いに行く最後のチャンスです（係の方から「お手洗いは大丈夫ですか？」と聞かれることもあります）。

・5分ほど待機した後，面接室へ入るよう指示されます。

・面接開始です。

参考文献

『組織論』（桑田耕太郎・田尾雅夫著／有斐閣）

『MBA マーケティング』（グロービス・マネジメント・インスティテュート著／ダイヤモンド社）

『MBA ファイナンス』（グロービス・マネジメント・インスティテュート著／ダイヤモンド社）

『ザ・ゴール—企業の究極の目的とは何か』（エリヤフ・ゴールドラット著，三本木亮訳／ダイヤモンド社）

『入門ベンチャーファイナンス　会社設立・公開・売却の実践知識』（水永政志著／ダイヤモンド社）

『ファミリービジネス永続の戦略　同族経営だから成功する』（デニス・ケニオン・ルヴィネ＋ジョン・L・ウォード編著／富樫直記監訳／ダイヤモンド社）

『現代の経営〈上・下〉』（ピーター・F・ドラッカー著，上田惇生翻訳／ダイヤモンド社）

『創造する経営者』（ピーター・F・ドラッカー著，上田惇生翻訳／ダイヤモンド社）

『最強組織の法則』（ピーター・M・センゲ著，守部信之翻訳／徳間書店）

『逃げる顧客を引き戻せ！サービス・リカバリーのシステムと実践』（ロン・ゼンケ＆チップ・R・ベル著，田辺希久子訳／ダイヤモンド社）

『生産情報システム』（島田達巳監修，太田雅晴著／日科技連出版社）

『中小企業白書』各年版（中小企業庁編集）

『中小企業診断士スピードテキストシリーズ』（TAC 中小企業診断士講座著／TAC 出版）

『集中特訓　財務・会計—中小企業診断士試験計算問題集』（TAC 中小企業診断士講座編集／TAC 出版）

『中小企業診断士２次試験　ふぞろいな合格答案』（ふぞろいな合格答案プロジェクトチーム編／同友館）

『中小企業診断士試験　２次試験過去問題集』（同友館）

『中小企業診断士　第２次試験過去問題集』（TAC 中小企業診断士講座著／TAC 出版）

『ビジネス実務法務検定試験２級公式テキスト』（東京商工会議所編／東京商工会議所発行，中央経済社発売）

『経営をしっかり理解する』（岩崎尚人・神田良著／日本能率協会マネジメントセンター）

J-marketing.net　http://www.jmrlsi.co.jp/（JMR 生活総合研究所）

『スモールビジネス・マーケティング』（岩崎邦彦著／中央経済社）

『小が大を超えるマーケティングの法則』（岩崎邦彦著／日本経済新聞出版社）

『会計学大辞典』（安藤英義・新田忠誓・伊藤邦雄・廣本敏郎編／中央経済社）

『「まとめシート」流！　ゼロから始める２次対策』（野網美帆子／Kindle 版）

『両利きの経営』（チャールズ・A・オライリー＆マイケル・L・タッシュマン著／東洋経済新報社）

『世界標準の経営理論』（入山章栄著／ダイヤモンド社）

『「まとめシート」流！　実況解法』（野網美帆子／Kindle 版）

『TBC 中小企業診断士試験シリーズ　速修２次テキスト』（山口正浩監修／早稲田出版）

■編著者紹介

関山　春紀（せきやま　はるき）

2006年4月中小企業診断士登録。専門分野は，国際分野で，特に中国への中小企業の進出，パートナーシップ構築など。一介のサラリーマンとして会社で働く一方，飲食店，商店街などを中心に無償コンサルティング活動を行い，研究会活動，執筆活動，さらに企業経営者育成の独自研修資料制作を行う。2007年4月よりアメリカ・ニューヨークに転勤となり，中小企業診断士登録は07年5月をもって休止している。現在は，オンラインを中心に中小企業診断士試験を中心とした研究活動とアメリカ企業の研究を行っている。

川口　紀裕（かわぐち　のりひろ）

2006年中小企業診断士登録。食品商社にて人事・総務・経理の課長職として人事制度策定，人的資源管理，経営企画，財務会計等に従事。2009年川口経営コンサルティング事務所を開業。現在は，経営コンサルティング，人事制度設計コンサルティング，講演・研修講師，執筆などで活動。講演・研修テーマとしては，マネジメント研修，考課者研修，階層別研修，ハラスメント対策，メンタルヘルス対策，コンプライアンス研修など。メーカー，金融，商社，自治体，マスコミ，建設，サービス業，ITなど各業種で実績多数。

■執筆者紹介

中川　進次（なかがわ　しんじ）

2023年度中小企業診断士試験合格。大手電機メーカーに就職し，一貫して半導体の開発設計に従事。現在は商品化前の研究開発を担当している。資格取得で得た知識を活用して，受験生支援団体活動や執筆活動，地方の活性化に貢献すべく，中小企業への無償コンサルティングなど，積極的に活動の幅を広げている。

中野　葵（なかの　あおい）

2023年度中小企業診断士試験合格。医療系国家資格も保有。10数年間，医療機器メーカーや介護／医療系システムのITベンダーでマーケティングや広報などを経験した後，診断士合格を待たずに（待てずに）独立。独立後はマーケティングに関する支援を中心に新規事業立ち上げ，医療系ラボ設立などのコンサルティング業務も行っている。

岡崎　貴浩（おかざき　たかひろ）

2023年度中小企業診断士試験合格。プラントエンジニアリング会社に勤務。エンジニアとして複数の海外案件を担当後，新規事業開発部門や経営企画部門にて執務している。また，副業で中小企業向けのDX化支援，執筆活動を行っている。

吉田　和弘（よしだ　かずひろ）

2023年度中小企業診断士試験合格。印刷メーカーでの技術開発職（主に産官学連携事業），環境総合サービス業での計量管理者，品質保証部門，ISO内部監査員を経て，2023年にソピアコンサルを開業。受験生支援団体や士業のみで構成する一般社団法人に所属。科学技術と品質管理に強い経営コンサルタントとして，各所で執筆・講演・研究会など，積極的に活動の幅を広げている。

高橋　賢二（たかはし　けんじ）

2022 年度中小企業診断士試験合格。プラントエンジニアリング会社に勤務。配管エンジニア，プロジェクトエンジニアとして複数の海外案件を担当し，現在はプロジェクトマネージャーとして従事。資格取得を通じて得た知識を活用し，執筆活動や研究会での診断業務など，積極的に活動している。

戸松　隆宏（とまつ　たかひろ）

2022 年度中小企業診断士試験合格。地方公共団体勤務。産業振興部門で，中小企業向けの補助金，セミナー，新型コロナ・物価高騰経済対策等の企画立案や，中小企業・小規模企業振興基本条例制定等に従事。資格取得で得た知識を本業に活かしながら，受験生支援団体活動や執筆活動，中小企業への無償コンサルティングなど，活動の幅を広げている。

太田　拓己（おおた　たくみ）

2022 年度中小企業診断士試験合格。大手電機メーカーに就職し経験を重ねた後に，出身地の情報関連機器・精密機器メーカーに転職。一貫して経理・事業管理としてキャリアを重ねつつ，地方の活性化に貢献すべく，中小企業への無償コンサルティングや執筆活動と活動の幅を広げている。

成瀬　初之（なるせ　はつゆき）

2022 年度中小企業診断士試験合格。都市銀行に勤務し，中小企業・大企業の法人 RM として資金調達の支援，審査部としてファイナンス案件の審査業務に従事した後，現在は EB 関連の本部にて企業の DX 化を支援。資格取得で得た知識を本業に活かす一方，中小企業診断士として，受験生支援団体活動・執筆活動・研究会など，積極的に活動の幅を広げている。

2024年7月7日　第1刷発行

2024年版　中小企業診断士
2次試験合格者の頭の中にあった全ノウハウ

©編著者　関　山　春　紀
　　　　　川　口　紀　裕
発行者　脇　坂　康　弘

発行所　株式会社　同友館

東京都文京区本郷2-29-1
郵便番号　　113-0033
電話　03(3813)3966
FAX　03(3818)2774
https://www.doyukan.co.jp

落丁・乱丁本はお取替え致します。　　　　美研プリンティング／東京美術紙工
ISBN 978-4-496-05716-8　　　　　　　　　　　　　　　Printed in Japan